이웃집 살인마

THE MURDERER NEXT DOOR
by David Buss

Copyright © 2005 by David Buss
All rights reserved.

Korean Translation Copyright © 2006 by ScienceBooks Co., Ltd.
Korean translation edition is published by arrangement with David Buss c/o Brockman, Inc..
이 책의 한국어 판 저작권은 David Buss c/o Brockman, Inc.와 독점 계약한 (주)사이언스북스에 있습니다.
저작권법에 의해 한국 내에서 보호를 받는 저작물이므로 무단 전재와 무단 복제를 금합니다.

이웃집 살인마

THE MURDERER NEXT DOOR
by David Buss

Copyright © 2005 by David Buss
All rights reserved.

Korean Translation Copyright © 2006 by ScienceBooks Co., Ltd.
Korean translation edition is published by arrangement with David Buss c/o Brockman, Inc..
이 책의 한국어 판 저작권은 David Buss c/o Brockman, Inc.와 독점 계약한 (주)사이언스북스에 있습니다.
저작권법에 의해 한국 내에서 보호를 받는 저작물이므로 무단 전재와 무단 복제를 금합니다.

The Murderer Next Door

이웃집 살인마

진화 심리학으로 파헤친 인간의 살인 본성

데이비드 버스 | 홍승효 옮김

신디에게

한국어판 서문

『이웃집 살인마』의 한국어판 서문을 쓰게 된 것을 무척 영광스럽게 생각한다. 살인은 인간 행동 중 가장 이해하기 어려운 행위이다. 왜 인간이 살인을 저지르는지 설명하기 위해 기존 이론들은 주로 대중 매체에서의 폭력이나 문화의 영향, 잘못된 가정교육, 정신 질환 등을 인용해 왔다. 그러나 이러한 설명들 중 어느 것도 살인이 발생하는 주원인을 제대로 설명하지 못했다. 이 책은 진화 심리학이라는 새로운 과학적 접근 방식을 통해 살인이 일어나는 이유에 대해 참신하고 급진적인 설명을 제시한다.

이 책에서 나는 인간의 살인 심리를 설명하기 위해 다양한 분야에서 수집한 많은 자료들을 인용했다. FBI 살해 데이터베이스, 미시간 살인 사건 자료, 사람들이 갖고 있는 살인 판타지, 과거에도 살인이 발생했음을 보여 주는 고생물학적, 생물 고고학적 증거들, 그리고 실제 살인자들과의 인터뷰 등, 이 모든 정보들은 살인을 위한 심리 회로가 우리 모두에게 존재한다는 사실을 보여 준다. 나아가 어떤 상황에서 살인이 발생하기 쉬운지에 대한 깊이 있는 통찰력을 제공해 준다.

한국에서 이 책이 출간된다는 사실은 개인적으로 내게 매우 특별한 의미를 지닌다. 바로 유명한 행동 생태학자이자 내 오랜 동료인 최재천 교수와 진화 심리학 분야의 재원이자 대학원에서 내가 지도하고 있는 학생인 전중환 군 때문이다. 게다가 최재천 교수 아래에서 살인에 관한 진화 심리학으로 석사 학위를 받은 홍승효 양이 이 책을 번역하게 되었다니, 특히나 더 의미가 깊다고 할 수 있겠다.

혹시나 이 책에 담긴 '인간 본성의 어두운 면'들 때문에 불안해 할 독자들이 있을지도 모르겠다. 그러나 살인이라는 문제가 해결되는 그날까지 인간 내면에도 그러한 어두운 면들이 존재하고 있다는 사실을 더 이상 간과해서는 안 될 것이다.

2006년 7월
데이비드 버스

차례 한국어판 서문　7

1장 **살인 심리** — 11
2장 **살인의 진화** — 39
3장 **위험한 짝짓기 게임** — 75
4장 **사랑이 살인을 부를 때** — 105
5장 **성의 약탈자들** — 155
6장 **배우자 도둑들** — 201
7장 **피와 물** — 243
8장 **지위와 명예** — 291
9장 **우리 안의 살인마** — 339

감사의 글　363
주(註)　367
참고 문헌　379
옮긴이 후기　389
찾아보기　395

1장 살인 심리
The Murderer Next Door

"살인보다 매혹적인 범죄는 없다. 카인이 아벨을 살해한 이래 우리는 계속 살인에 매혹되어 왔다."

─ 에드워드 L. 그린스펀, 『격정의 범죄』 서문에서[1]

"원래 살인죄는 입이 없어도 스스로 그 죄를 실토한다고 하지 않던가?"

─ 윌리엄 셰익스피어, 『햄릿』

어느 밤, 칵테일파티에서 절친한 친구가 살의(殺意)를 느낄 만큼 격노하는 모습을 본 후, 나는 살인 연구에 본격적으로 흥미를 가지게 되었다. 우리는 오랜 친구였고, 나는 그들 부부와 어울려 많은 밤들을 즐겁게 보냈다. 비록 부부 관계는 당사자 이외에는 알 수 없는 법이라지만 내게 그들은 항상 유대가 강한 행복한 한 쌍으로만 보였다. 그 일이 벌어지고 나서야 실세로는 그들의 관계가 터질 듯한 긴장으로 가득 차 있었다는 걸 깨달았다.

그날 밤, 내가 도착했을 때 파티는 이미 한창이었다. 그러나 어디에도 친구의 모습은 보이지 않았다. 그의 아내에게 그가 어디 있는지 물어보자, 그녀는 넌더리를 내며 다른 방에 있다고 대꾸했다. 드디어 만났을 때, 친구는 나를 따뜻이 맞이해 주었지만, 어딘가 기분이 몹시 언짢아 보였다.

잠시 후 우리는 그의 아내 곁을 지나쳤다. 그녀는 파티에 온 남자 손님과 수다를 떠는 중이었다. 다른 남자와 시시덕거리며 얘기하는 그녀는 여느 때보다 더 아름답고 매력적으로 보였다. 그녀는 원체 눈길을 끄는 여자였고 남자들은 대개 그녀에게 넋을 잃곤 했다. 우리가 옆을 지나칠 때, 그녀는 자신의 남편을 비웃는 듯이 쳐다보며, 그의 외모에 대해 경멸적인 발언을 던졌다. 그러고는 곧장 뒤돌아서서 예의 그 남자와 계속 새롱거리며 대화를 나눴다. 순간 그는 엄청나게 격분했다. 나는 그때까지 그가 그렇게 화를 내는 걸 본 적이 없었다. "여기서 나가자." 내 팔을 움켜잡으며 그렇게 말한 후, 그는 나를 끌고 집 밖으로 뛰쳐나왔다. 그리고 거리로 나오자마자 약이 올라 씨근거리기 시작했다. 그는 대 놓고 다른 남자와 노닥거리는 아내의 행동이 자신을 열 받게 만들며, 다른 사람들 앞에서 노골적으로 자신을 멸시한 그녀에게 미친 듯이 화가 난다고 말했다. 또 "**오늘밤, 바로 지금, 이 순간**"에 그녀를 죽여 버리고 싶다고까지 말했다. 그 말에 나는 어안이 벙벙해질 만큼 몹시 놀랐다. 만약 그가 밖으로 나오지 않았다면 정말로 그녀를 죽였을 거라는 걸 추호도 의심하지 않았다.

순간 이상한 감정이 나를 엄습했다. 죽음에 대한 두려움이었다. 그날 밤을 회상할 때마다, 그때 느꼈던 본능적인 공포는 아직까지도 나를 깜짝 놀라게 한다. 분명 내게 화를 내고 있는 게 아닌데도 당시의 그는 분노로 너무 거칠어져 있어서, 팔 안에 닿는 생명체들을 모두 다 죽여 버릴 것처럼 보였다. 나는 그때까지 그렇게 자제심을 잃은, 살기등등한 사람을 본 적이 없었다. 그것은 정말이지 끔찍한 경험이었다.

이후 30분 동안 나는 생각해 낼 수 있는 모든 방법을 동원해 그의 분노를 가라앉히려고 노력했다. 우선 그의 이기심에 호소하기로 결심하고 그에게 그녀를 건드리기만 해도 지금까지 쌓아 온 모든 경력이 송두리째 무너져 내릴 거라며 으름장을 놓았다. 또 여생을 감옥에서 썩게 될 거라고도 말했다. 나는 더듬거리며 머릿속에 떠오르는 모든 말들을 쏟아 냈다. 마침내 그가 진정하자, 우리는 파티 장소로 되돌아갔다. 그리고 잠시 후, 나는 여전히 동요된 상태로 그곳을 떠났다. 어쩌면 그곳에 좀 더 머물면서 그 일에 대해 더 진지하게 걱정을 했어야만 했는지도 모른다. 그 일이 거기서 끝나지 않았기 때문이다. 새벽 2시에 그에게서 전화가 왔다. 우리 집 소파에서 잠시 눈을 붙여도 되냐는 것이었다.

파티가 끝나자마자, 그들은 무섭게 다투기 시작했다고 했다. 그는 주먹으로 욕실 거울을 내리쳐 산산조각을 냈으며 그녀를 죽이겠다고 위협하기까지 했다. 다행히도 그 후 그는 곧장 집을 나왔는데, 만약 당장 집을 떠나지 않으면 분명 그녀를 죽이게 될 거란 걸 깨달았기 때문이었다.

이 이야기의 가장 놀라운 부분은 그의 아내가 그날 밤 곧장 집을 빠져나와 다른 곳으로 숨어 버렸다는 것이다. 결국 그들은 이혼했으며, 그 밤 이후로 결코 다시 만나지 못했다. 나는 뻬어나게 지적이며, 사려 깊고 사회적으로 성공한 두 사람의, 진실한 사랑으로 성립되었다고 생각했던 결혼이 그런 식으로 끝나 버렸다는 데 적잖은 충격을 받았다. 또 내 절친한 친구가 살인자가 되었을 수도 있다는 사실에 몹시 당황했다.

그날 밤 그의 아내는 내가 살인에 대해 연구하면서 깨닫게 된 한 가지 사실을 분명히 인지했다. 그것은 모든 사람들, 심지어 우리가 사랑하고 또 우리를 사랑해 주는 사람들에게조차 살인을 저지를 수 있는 잠재력이 뿌리 깊게 내재되어 있다는 사실이다. 우리는 모두 이러한 사실을 깨닫고 경계해야 하지만 너무 많은 사람들이 이것을 제대로 이해하지 못하고 있다. 그러나 그날 밤 자신의 남편이 살의를 느낄 만큼 격노하는 모습을 보고 그녀는 지금 자신이 치명적인 위험에 노출되어 있다는 것을 기민하게 깨달았던 것이다.

만약 그녀의 반응이 지나친 것이며, 그날로 마을을 벗어나 남편을 한 번 만나 보지도 않은 채, 이혼을 신청한 그녀의 행동이 극단적이었다고 생각한다면 실라 벨루시 사건을 한번 고려해 봐야 한다. 실라 벨루시는 텍사스의 대부호인 앨런 블랙슨의 전처였다. 신문 기사에 따르면, 앨런은 모든 것을 다 가진 남자였다. 그는 의료 기기 사업을 통해 부를 축적한 잘생긴 남자였다. 실라와 이혼한 후에도 그는 다른 아름다운 여성과 재혼했으며, 네 번째 결혼이었던 이 결합에서 두 아이를 얻기까지 했다. 실라 역시 제이미 벨루시와 재혼했지만 앨런이 언제 자신을 죽일지 모른다는 공포감에 계속 시달려야 했다. 그들의 결혼은 추잡하게 끝이 났으며 그녀는 오랫동안 지속된 지긋지긋한 법정 공방을 통해 어렵게 두 딸에 대한 양육권을 얻어 낼 수 있었다. 여러 해 동안 그는 그녀를 괴롭혀 왔는데, 재혼을 한 후에도 그 괴롭힘은 계속되었다. 신변의 위협을 느낀 그녀는 자신의 여동생에게 다음과 같이 부탁하기도 했다. "만약 나한테 무슨 일이 생기면 수사를 지켜보겠다고 약속해 줘. 그리고 앤 룰(대중들에게 잘 알려지지 않은 사건을 조사해 책으로 펴낸 사건 기록(Crime Files) 시리즈로 유명한 논픽션 작가다. 국내에는 아직 알려져 있지 않지만 이 책에 인용된 『네 숨결 하나까지』를 비롯해 여러 편의 베스트셀러를 보유하고 있다.―옮긴이)을 찾아서 내 얘기를 책으로 써 달라고 부탁해."[2] 공포에 질린 나머지 그녀는 어느 날 밤 가족들(블랙슨과의 사이에서 낳은 두 딸과 새 남편과의 사이에서 낳은 네쌍둥이)를 모두 데리고 샌안토니오에 있는 자신의 집을 떠나 2,240킬로미터나 떨어진 플로리다의 새러소타로 이주했다. 그녀는 친형제에게조차 자신의 새 주소를 가르쳐 주지 않았다.

앨런과 그만큼 떨어져 있게 되어서야, 실라는 마침내 안도감을 느꼈다. 그러나 그것은 치명적인 실수였다. 몇 달 뒤, 그녀는 한낮에 자신의 집에서 살해되었다. 그녀의 네쌍둥이 아기들은 모친의 피로 뒤범벅이 된 채 울고 있었다. 실라의 13살 난 딸이 부엌에 들어갔을 때, 그녀는 얼굴에 총상을 입고 날카로운 것에 목이 찔린 채 숨져 있었다. 후에 경찰의 심문 조사에서 실라의 딸은 다음과 같이 대답했다.

"이런 짓을 할 사람이 누군지 아니?"

"네, 알아요. 하지만 그가 직접 엄마를 죽이지는 않았을 거예요. 십중팔구 살인 청부업자를 고용했을 거예요."

"그러니, 누구를 말하는 거니?"

"제 아버지요. 제 아버지, 앨런 블랙슨이요."[3]

앨런 블랙슨은 현재 텍사스의 헌츠빌에 있는 주 교도소에서 복역 중이다. 그는 어린 청부업자를 고용해 오스틴에서 2,240킬로미터나 떨어진 새러소타에서 자신의 전처를 살해한 혐의로 유죄를 선고받았다. 앤 룰은 실제로 『네 숨결 하나까지』라는 제목으로 이 사건에 대한 책을 썼다.

치명적인 위험에 대한 사람들의 직감은 대개 잘 들어맞는다. 또 평소 살인같이 극악한 행위는 결코 저지르지 않을 거라 생각되는 사람들도 특정한 상황에서는 당연한 듯 그렇게 행동하기도 한다. 앨런 블랙슨은 전처를 오랫동안 학대하고 괴롭힌 전력이 있었다. 이러한 사실은 판사들이 그에게 유죄 판결을 내리는 데 상당한 힘을 실어 주었다. 그러나 아내를 살해한 모든 남편들이 다 이러한 전조를 보이는 것은 아니다. 그날 밤 파티에서 보았던 친구의 분노는 그래서 더욱 인상 깊은 것이었다. 왜 그때 그에게 자신의 아내를 죽이고 싶단 생각이 그토록 강하게 들었는지 나는 정말이지 알 수 없었다. 이러한 난감함은 살인에 대한 사람들의 심층 심리를 조사하도록 만들었다. 내가 잘 알고 존경하는 사람도, 의지할 만큼 분별 있고 사려 깊으며, 판단력이 뛰어난 사람도, 때로 폭력적인 살인자가 될 수 있다는 사실을 명백히 깨닫기까지 나는 살인자들은 특수한 집단의 사람들이라고만 생각했다. 본성이 폭력적이거나, 싱싱 환경 때문에 폭력적으로 변했거나, 상습 범죄자, 또 극단적으로는 사이코패스들 말이다.

제정신이 아니거나 절박한 상황에 놓인 사람들만이 살의를 품는다고 믿었다. 폭력적인 문화에서 자라다 보면 타인에게 폭력을 행사하는 일에 점점 무뎌져서 살인까지도 저지르게 되는 것이라고 생각했다. 확실히 내 친구처럼 평범하며, 교육을 잘 받은, 사회에서 성공한 사람들은 대개 자신이 살인자가 될 것이라고는 심각하게 생각하지 않는다. 그래서 도대체 무엇이 그때 친구에게서 느꼈던 것과 같은 격렬한 살의를 불러일으킬 수 있는지 더욱 궁금했다. 나는 당시 친구가 품었던 분노를 완벽하게 이해할 수 있었다. 그러나 살의는 그보다 더 심층적인 심리 과정을 거쳐 작동하는 것처럼 보였다. 비록 난생 처음 살인적인 분노를 목격했다고는 해도 왜 그때 그토록 예민하게 나 자신이 위험에 처해 있다고 느꼈었는지도 나는 알 수 없었다.

냉혹한 살인 청부업자들이나 다른 범죄를 저지르다가 사람을 죽인 경우는 별반 이해하기 어렵지 않다. 이들은 돈을 얻기 위해 또는 범죄 행위의 목격자를 제거하기 위해 살인을 저지른다. 그러나 다른 많은 종류의 살인 행위는 이해하기가 상당히 어렵다. 사람들은 학교 댄스파티 중 화장실에서 낳은 아이를 쓰레기통에 버리고 다시 파티장으로 돌아와 데이트를 즐기는 어린 임산부를 이해하려고 노력한다. 또 실연당한 남자가 애인이 자신을 버렸다는 사실을 받아들일 수 없어 그녀의 차 타이어를 난도질한 뒤, 선혈이 낭자한 가운데 애인의 시체를 내버려 뒀다는 얘기를 듣고 두려움을 느낀다. 그리고 세르비아 사람들이 알바니아 사람들을 집단으로 강간, 학살했으며, 알바니아 사람들도 전세가 역전되자마자 보복하기 위해 세르비아 사람들을 죽이고 강간했다는 얘기에 대경실색한다. 나아가 사람들은 테러리스트들로 하여금 그토록 쉽게 자신의 생명을 희생하고 신의 영광을 위해 살인을 저지르도록 만드는 것이 들끓는 악(惡)임에 틀림없다고 신비화한다.

사람들은 살인에 매료된다. 인간의 행위 중 그만큼 사람들의 이목을 끄는 것도 없다. 살인에 대한 광범한 연구를 통해, 나는 사람들이 살인에 매혹되는 이유가 그들에게 긴 역사 동안 형성된 살인에 대한 통렬한 직관이 존재하기 때문이라고 믿게 되었다. 살인 행위가 아무리 낯설고, 믿을 수 없고, 극단적인 것으로 보일지라도, 살인에 대한 충동은 인간 본성의 일부분이다. 살인 성향은 깊고 무의식적인 심리 기제로부터 흘러나온다. 사람들이 살인에 매혹되는 것은 이치에도 맞다. 살인은 그 자체로 훌륭한 생존 전략이기 때문이다. 따라서 우리는 어느 날 자신의 생명을 위협할지도 모르는 인간 본성의 일부분에 대해 세심한 주의를 기울여야만 한다.

폭력 행동을 연구하는 전문가들, 특히 아동의 폭력 행동을 연구하는 사람들은 텔레비전과 영화 속에 만연한 폭력들이 사람들을 더욱 폭력적으로 만들며, 때로는 살인을 저지를 정도로 극한 상태로 몰아간다고 주장한다. 이들은 아이들이 「터미네이터」의 아널드 슈워제네거나 「다이하드」의 브루스 윌리스에게 반복적으로 노출될수록 비뚤어지게 된다고 경고한다. 어떤 사람들은 가학적인 포르노물이 세상에 밤의 스토커(night stalker)와 언덕의 교살자(hillside strangler)(1970년대 말 로스앤젤레스 인근을 공포의 도가니로 몰아넣은 두 명의 연쇄 살인범에게 붙은 별명. 사촌 사이였던 이들은 경찰로 변장한 다음 창녀들을 유인해 강간한 후 교살했다. 범행 후 시체를 할리우드의 동쪽 언덕에 버렸는데 버려진 사체의 자세가 극히 도발적이었기 때문에 이러한 별명이 붙게 되었다. 그 후, 이 별명은 비슷한 유형의 살인을 이르는 말이 되었다.—옮긴이 주)들을 양산했다고 확신한다. 또 다른 사람들은 가난과 마약, 폭력적인 문화의 역할을 강조한다. 나는 이러한 주장들 중 어느 것도 대다수 살인자들의 진정한 살해 동기를 설명하는 데에는 불충분하다고 생각한다.

나는 일반적으로 널리 통용되는 이와 같은 믿음들이 모두 잘못되었으며, 잘못되었어도 한참 잘못되었다는 사실을 발견했다. 살인 행위의 참된 원인을 이해하려면, 우리는 살인 심리의 근본 논리를 깊이 있게 살펴봐야만 한다. 그러면 살인자들에게 무자비하지만 합리적인 기본 원칙이 공통적으로 존재하며, 이러한 논리가 실제 살인을 저지른 사람들뿐만 아니라 모든 사람들의 마음 밑바닥에 자리 잡고 있다는 사실을 발견하게 될 것이다.

7년 전, 나는 인간 본성에 대한 세미나에서 살인에 대해 가르친 적이 있다. 학생들은 수업에 참석하기 전에 다음과 같은 질문에 대답해야만 했다. "살인에 대해 생각해 본 적이 있는가?" 만약 그렇다면, 학생들은 그러한 생각을 촉발시킨 구체적인 상황과 피해자와의 관계, 또 당시 생각했던 살인 도구 등에 대해 자세히 설명하도록 요구받았다. 위 과정들은 상당히 놀라운 결과를 안겨 주었고 나는 살인에 대해 진지하게 연구하기 시작했다.

사무실에서 사람들의 반응을 읽어 내려가며 나는 대경실색했다. 학생들의 보고는 완전히 예상 밖의 것이었다. 그들은 대부분 중산층 가정에서 태어난, 반듯하고 지적인 사람들이었다. 적어도 자신의 분노를 폭력적으로 표출하리라 여겨지는 갱단 구성원이나 골칫거리 가출 소년은 아니었다. 그런데도 그들 중 대부분은 적어도 한번쯤 다른 사람을 살해하는 강렬한 판타지에 사로잡힌 적이 있다고 응답했다. 사무실에 앉아 이들의 살인 판타지를 읽어 내려가며 나는 실제 발생한 살인 사건들은 단지 사람들 마음속 깊이 내재돼 있는 살의의 빙산의 일각에 불과한 게 아닌가 하는 의구심을 품기 시작했다. 살인 사건들을, 단지 살인을 실제로 저지르게 만든 보다 근원적인 동인(動因)들의 가장 분명한 결과물로 생각하는 게 가능할까? 살인에 대한 생각이 어떤 심리적 과정을 거쳐 실제 살인 행위를 낳게 할까? 살인 행위를 마음속에 떠올리는 일, 즉 살인 판타지에 어떤 목적이 있는 것일까?

이 조사 후, 우리는 살인 판타지에 대한 연구를 계속해서 진행하면서 사람들이 살인 판타지를 품는 이유와 계기, 구체적인 상황들에 대해 조사하였다. 이 연구는 살인 판타지에 대한 지금까지의 과학적 연구들 중 가장 대규모로 실시된 것이다. 이 획기적인 연구에는 샌안토니오에서부터 싱가포르까지 세계 각지에서 5,000명 이상이 참여하였으며, 연구에 참여한 사람들은 모두 집중 인터뷰에 응하였다. 아래는 인터뷰 내용 중 일부를 발췌한 것이다.

● 사례 5537, 여성, 20세

죽이고 싶다고 생각한 상대는 누구였나요? 전 남자 친구요. 우리는 두 달가량 함께 살았죠. 그는 매우 공격적인 사람이었어요. 저를 창녀라고 부르기 시작하더니, 더 이상 사랑하지 않는다고 하더군요. 그래서 헤어졌어요. 몇 달 뒤, 그가 다시 함께 살지 않겠냐며 전화를 해 대기 시작했죠. 물론 저는 그러고 싶은 마음이 없었구요. 그러자 그는 제가 만약 다른 남자를 사귄다면, 제가 다니고 있는 대학의 모든 사람들에게 우리의 섹스 비디오테이프를 보내겠다고 협박했어요. 그는 모르고 있었지만 사실 저에겐 이미 새 남자 친구가 있었어요. 그가 언제고 이 사실을 알게 되면 자신이 말한 대로 행동할지도 모른다는 생각에 끔찍했죠. 그때 갑자기, 그가 세상에서 없어지면 제 삶이 훨씬 행복할 거란 생각이 들었어요.

어떻게 그를 살해할 생각이었는지 하나하나 설명해 주세요. 저는 제 생각을 실제로 행동에 옮겼어요. 그를 저녁식사에 초대했어요. 샐러드를 만들기 위해 그가 부엌에서 우둔하게 당근 껍질을 벗기는 것을 보면서 그에게 나가갔죠. 조용히, 웃으면서, 그가 아무런 의심도 품을 수 없도록. 그리고 나서는 잽싸게 칼을 집어 죽을 때까지 그의 가슴팍을 난도질할 생각이었어요. 실제로 첫 번째 계획까지는 행동에 옮겼어요. 하지만 그가 눈치를 채고는 달아나 버렸어요.

당신 상태가 실제 살인에 얼마나 근접했었다고 생각하나요? 60퍼센트 정도?

● 사례 967, 남성, 28세

죽이고 싶다고 생각한 상대는 누구였나요? 그는 매우 좋은 친구였습니다. 저는 여러 번 그의 편에서 그를 옹호해 주었습니다. 제 20살 생일날, 그는 질투심 많은 제 약혼녀에게 제가 그녀에게 충실하지 않다고 거짓말을 했습니다. 정말로

새빨간 거짓말이었습니다. 그러고 나서는 제 약혼녀에게 수작을 걸기까지 하더군요. 제 인간관계에 있어서 이 일은 결코 해결할 수 없을 성질의, 엄청나게 큰 문제였습니다. 저는 그를 남동생처럼 여기고 아꼈는데, 이렇게 뒤통수를 칠 줄이야. 그것도 제 생일날, 최악의 장소에서…….

어떤 방법을 사용해서 그를 죽일 생각이었나요? 먼저, 그의 뼈를 다 부러뜨릴 생각을 했습니다. 손가락과 발가락부터 시작해서 큰 뼈까지, 하나하나 천천히……. 그 후에 허파나 여러 장기들에 구멍을 내 줄 생각이었습니다. 기본적으로 죽이기 전까지 그에게 최대한 많은 고통을 줄 생각이었습니다.

자신이 실제로 살인을 저지르는 데 얼마나 근접했었다고 생각하시나요? 80퍼센트요.

● 사례 108, 남성

죽이고 싶다고 생각한 상대는 누구였나요? 주차장에 있을 때였어요. 그 자가 시속 48킬로미터로 차를 몰고 와서는 제 차를 거의 들이받을 뻔했습니다. 사실 먼저 온 제가 길에 대한 권리를 갖고 있었거든요. 그런데도 그는 화를 내며 차 밖으로 뛰쳐나오더니 저를 향해 담배를 던지더군요. 그것도 모자라 제 차를 걷어차고 창문을 깨뜨리려고도 했어요. 저는 방망이를 움켜쥐고 차 밖으로 나왔죠. 그에게 막 휘두르려는 찰나, 그 겁 많은 자식이 계집애처럼 비실비실 꽁무니를 빼더군요. 아무튼 그 뒤에 전 곧 마음을 가라앉혔는데…… 아, 그 놈이 다시 나타나는 게 아닙니까. 그러고는 저와 제 여자 친구를 공격하려고 하더군요. 순간 그 놈을 죽이고 싶다고 생각했습니다. 방망이로 죽을 때까지 두들겨 패고 싶다고…….

그래서 실제로 무엇을 했나요? 만약 그 자가 계속 덤비면 뭘 해야 하나 생각했습니다. 아마도 방망이로 곤죽이 될 때까지 두들겨 줬겠죠. 정말 그 자를 죽였을지는 모르겠지만 당시 제 마음에 그런 생각이 떠올랐던 것만은 분명해요.

무엇이 실제로 그 사람을 죽이도록 당신을 몰아붙일 수 있었을까요? 만약 그 놈이 제 여자 친구에게 손 하나 까딱했다면, 전 정말 그 놈을 패 죽였을지도 몰라요. 의심의 여지가 없죠.

이 연구에서, 남성의 91퍼센트, 여성의 84퍼센트가 적어도 한번은 누군가를 살해하는 판타지를 선명하게 품어 본 적이 있다고 응답했다. 이 놀라운 발견을 찬찬히 살펴보며, 인간의 마음이 오랜 진화 과정을 통해 정교하게 조율되어 왔다는 점을 숙고하자, 혹 이 판타지들이 매우 구체적이고 계산적인 이유로 살인을 유도하는 심층 심리의 발현이 아닐까 하는 의심이 들기 시작했다. 7년간 거의 강박적으로 살인에 대해 연구하면서 나는 인간이 살인에 대한 적응(생존과 번식에 기여했기 때문에 자연선택에 의해 진화된 상태—옮긴이) 구조를 발달시켰다는 결론에 도달할 수밖에 없었다. 그 적응 구조는 깊게 뿌리박힌 사고방식의 형태로 종종 내적 대화(어떤 문제에 대해 자기 자신과 나누는 마음속의 대화—옮긴이)를 동반하며, 강한 감정 안에 고착된 모습으로 나타났다.

가난, 정신병, 부모, 매체 폭력 등 살인을 설명하기 위해 빈번히 인용되는 단순한 해석들은 어둠의 본질, 즉 살인 심리의 밑바닥에 놓인 근원적인 구조에 도달하는 데 철저하게 실패했다. 이 설명들이 실패한 데에는 여러 가지 이유가 있지만 가장 분명한 것은 살인이 단 한 가지 동인에 의해 발생하는 게 아니라는 것이다. 우리의 피를 들끓게 하여 살인을 저지르게 만드는 감정들에는 무엇이 있을까. 때로는 증오가 살인을 부른다. 때로는 시기심이, 때로는 탐욕이, 또 때로는 공포가, 질투심이, 악의가 살인을 부른다. 그리고 가끔은 이 감정들이 서로 뒤얽힌 복잡한 조합이 살인을 부르기도 한다.

게다가 동일한 감정이 서로 상이한 여러 유형의 살인을 유발하기도 한다. 질투심은 한 남성이 자기 경쟁자를 향해 총을 겨누게 만드는 강력한 동기가 될 수 있다. 그러나 동일한 분노가 다른 남성에게는 자기 아내의 목을 조르게 할 수도 있으며, 또 다른 남성에게는 총구를 입 안에 넣어 자살하게 만들 수도 있다. 어떤 사람들은 배우자의 부정을 막으려고 살인을 하며, 어떤 사람들은 배우자를 제거하기 위해 살인을 저지른다. 어떤 사람들은 사랑을 위해 살인을 하며, 또 어떤 사람들은 증오 때문에 살인을 한다. 마피아가 사람을 구타해 죽일 때처럼 일부 살인들에는 이상하리만치 '감정'이 결핍되어 있다. 또 미혼모가 신생아를 유기할 때처럼 근원적인 인간의 본성을 거스르는 듯이 보이는 살인 사건들도 존재한다. 적의에서 자비에 이르기까지 살인을 유발하는 심리 상태는 놀랄 만큼 광범해서 보다 심원한 이해를 요구한다. 테드 번디, 수잔 스미스, 잭 케보키안(죽음의 의사로 유명한 그는 안락사 논쟁의 핵심 인물이다. 130여 차례에 걸쳐 말기 암 환자를 안락사시킨 안락사 전문의로 자살 기계를 고안한 것으로 유명하다. 지난 1999년, 기소되어 이급 살인죄로 10~25년의 실형을 선고받고 현재 투옥 중에 있다.—옮긴이)과 오사마 빈 라덴의 살해 동기는 동일선상에 놓고 설명할 수 없을 만큼 서로 동떨어져 있다.

살인이 발생한 환경과 동기는 외관상 매우 다양해 보이나 그 이면에는 단편적인 동기들과 다양한 수단, 각종 기회들을 포괄하는 숨겨진 연결 고리가 존재한다. 이 연결 고리를 잇고 있는 튼튼한 실들은 수백만 년을 거슬러 올라가 인간 진화의 역사의 출발점까지 견고하게 뻗어 있다.

내가 구축한 이론에 따르면, 순간적인 감정에 의해 우발적으로 저질러지는 살인이건, 철저히 계획된 살인이건, 모든 유형의 살인들은 가혹한 진화적 논리의 우여곡절을 통해 설명될 수 있다. 살인은 무자비한 행위임에 틀림없지만, 정신 질환이나 문화적 환경에 의해 나타난 결과로만 생각할 수 없는 경우가 대부분이다. 살인은 인간이 오랜 진화의 역사 동안 반복적으로 대면해 왔으며, 적응해야만 했던 진화의 압력의 산물이다.

선조들의 살인 충동에 관한 최근의 발견들은 인간이 진화의 아주 초기 단계에서부터 타인들을 살해해 왔다는 사실을 말해 준다. 이탈리아의 알프스 산맥에서, 얼어붙은 시체로 발견된 '빙하 인간'은 5300년 전에 살았던 사람이다. 1991년, 도보 여행을 하던 두 명의 독일인에 의해 발견된 빙하 인간은 현재까지 발견된 인류의 표본 중 가장 보존 상태가 좋다. 발견 당시, 그는 눈 속에 얼굴을 묻고 엎드려 있는 자세였다. 그의 옆에는 활과 열네 개의 화살이 들어 있는 화살통이 놓여 있었으며, 소장 내에는 빵과 고기가 남아 있었다. 과학자들은 그의 사망에 대해 여러 가지 이론들을 내놓았다. 일부는 그가 힘들게 산을 오른 후, 기진맥진하여 쉬려고 누워 있는 동안 잠이 들어 동사한 것이라고 주장했다. 또 다른 사람들은 그가 낙상하여 갈비뼈가 부러져 사망했다고 주장했다. 또 어떤 사람들은 그가 눈사태에 밀려 눈 속에 파묻혀 버린 것이라고 주장했다.

과학자들이 진짜 이유를 밝혀냈을 때, 이 모든 주장들은 틀린 것으로 드러났다. 그는 등 뒤에서 쏜 화살에 맞아 죽은 것이다. 화살은 몸을 뚫고 들어와, 견갑골을 산산조각낸 후, 왼쪽 어깨에 박혔다. 그는 내부 출혈로 고통 받다가 몇 시간 후 사망했다. 그의 유해를 조사한 사람들은 처음엔 이 상처의 증후를 발견하지 못했다. 컴퓨터 X선 단층 촬영으로 알려진 다차원 영상 촬영법을 통해 마침내 이 2.5센티미터 길이의 화살촉이 발견되었다. 그가 공격자로부터 도망치다 죽은 건지, 아니면 놀라서 방심하다 떨어진 건지, 공격자가 한 명이었는지, 여러 명이었는지는 알 수 없다. 분명한 것은 그가 살해되었다는 사실이다. 빙하 인간은 오른손에 단도를 단단히 쥐고 있었다. 그의 팔뚝과 손에는 방어하다 생긴 상처들이 여러 개 존재했으며, 몸에는 적어도 두 명 이상의 다른 사람의 피가 묻어 있었다.

이외에도 여러 고고학적 증거들이 살인이 얼마나 오래전부터 인류의 삶에 존재해 왔는지를 재평가하게 해 준다. 최근 이집트 누비아(아프리카 북동부, 아스완으로부터 수단의 수도 하르툼 부근까지의 나일 강 하곡 및 누비아 사막을 포함하는 지역. 고대 이집트가 지배하였다.─옮긴이)에 위치한 게벨 자바하의 공동묘지에서 59개의 인간 유골이 발견되었다. 이 유골들은 구석기 시대 후기에 살았던 사람들의 것으로, 대략 1만 2000~1만 4000년 전의 것으로 추정된다. 이 무덤들의 40퍼센트 이상에 석기 투사물(投射物)이 함께 매장되어 있었으며, 여러 유골들에서 다수의 상흔이 발견되었다. 상흔의 대다수가 남성의 유골에서 나타났다. 상처는 대부분 두개골과 갈비뼈 왼쪽을 관통하고 있었다. 이는 피해자들이 마주했던 살인자들이 오른손잡이였음을 나타낸다. 미국 남서쪽의 아나사지 인디언들에게는 동족 살해의 사악한 관습이 존재했었다는 생생한 증거가 남아 있다. 머리 가죽을 벗기면 두개골에 특징적인 절단 흔적이 남는다. 선조들은 식인을 했던 것일까? 최근 아나사지에서 발견된 인간의 분변 화석에서 사람의 미오글로빈(근육 단백질 ─옮긴이)이 발견되었다. 인간의 근육이나 심장을 먹었을 경우에만 분변에서 미오글로빈이 발견된다.

캘리포니아에서 발견된 1000년 이상 된 인간 유골들을 연구한 결과, 이들 중 5퍼센트가 뼈 속에 화살촉을 품고 있는 것으로 나타났다. 이는 전쟁으로 사람들이 죽었다는 가장 직접적인 증거이다.[4] 남부 다코타에는 1325년경의 것으로 추정되는 선사 시대 유적지가 존재한다. 이에 대한 연구 결과도 부족 집단들 사이에 전쟁이 있었다는 극적인 증거를 제시해 준다. 한 구덩이에 묻힌 채 발견된 500년 정도 된 유골들은 모두 한 번의 습격에서 대량 학살된 것으로 드러났다.[5] 거의 모든 유골에 두개골 외상과 아물지 않은 절단 흔적들이 존재했다. 이는 날카로운 돌이나 칼로 머리 가죽을 벗겼다는 증표이며, 이들이 타인에 의해 살해되었다는 증거이다. 이중 대략 40퍼센트에서는 머리 가죽을 벗긴 상처 외에도 두개골에 움푹 파인 흔적들이 발견되었다. 흥미롭게도, 500개의 유골들 중에 젊은 여성의 것은 없었다. 이는 학살자들의 목적이 무엇이었는지를 알려 주는 절대적인 증거라고 할 수 있다.

일리노이 강의 범람원을 따라 발달한 오네오타 문명에서도 1300년경의 것으로 추정되는 유골들이 발견되었다. 연구 결과, 이들 중 16퍼센트가 폭행에 의해 사망한 것으로 밝혀졌다. 피해자들은 유골에 남은 상흔으로 자신들의 사망 원인을 증언해 주었다. 몸통과 사지, 두개골에 생긴 치유되지 않은 상흔들은 투사물에 의해 생긴 것이며, 두개골 상부와 뒷면의 함몰은 곤봉에 얻어맞은 흔적이었다. 두개골에 뚫린 구멍은 같은 장소에서 발견된 석기의 크기와 일치해 죽음의 원인과 방법에 대해 분명히 말해 주고 있다. 일부 유골에서는 뼈에 난 구멍이나 두개골 함몰 부위가 치유된 흔적이 남아 있었다. 이는 그들이 적어도 한 번, 이전에 일어난 다른 공격으로부터 살아남았다는 사실을 말해 준다. 미국의 대평원을 조사한 한 연구에서는 사람들의 19퍼센트가 대퇴부와 척추, 사지를 관통한 커다란 투사물에 의해 사망했다는 사실이 밝혀졌다. 이외에도 대량 학살된 미국 인디언들의 시체가 남부 캘리포니아의 태평양 연안을 따라 발굴되었다. 이 시체들은 100만 년 전의 것으로 추정되며 이들의 유골에 남은 상처들은 3분의 2가 두개골 정면의 좌측에 위치해 있었다. 이는 이들이 대부분 오른손잡이인 공격자들과 정면으로 맞서서 전투를 벌였다는 사실을 말해 준다.

그 밖에도 철퇴와 창, 손도끼, 단도, 검 등 고대의 무기가 새로 발굴된

바 있다. 이러한 여러 새로운 발견들은 살인이 방대한 인간 진화의 역사 동안 만연하게 이루어져 왔다는 사실을 뒷받침해 준다. 비록 단편적이고 불완전할지라도 이 새로운 고생물학(지질 시대의 동식물(고생물)의 체제·발생·생리·생태 등의 연구를 통하여 생물 진화의 양식이나 메커니즘의 해명을 지향하는 학문 분야. 고생물의 존재를 나타내는 구체적 증거인 화석(化石)이 주요 연구 대상이 됨.—옮긴이)과 생물 고고학의 증거들은 살인의 긴 역사에 대한 매혹적인 통찰을 제공해 주었으며, 내가 발전시킨 살인 이론에도 많은 정보들을 제공해 주었다.

나는 인간이 종의 진화 단계에서 왜 그렇게 일찍부터 폭력적이 될 수밖에 없었는지 곰곰이 생각했다. 그러다 진화의 냉정한 계산법에 따르면, 살인, 특히 가장 만연하게 나타났던 종류의 살인이 우리 선조들에게 생존과 번식의 경쟁에서 많은 이점을 제공했으리라는 깨달음을 얻었다. 나는 이 이점들에 대해 이 책 한 권에 걸쳐 설명할 계획이다. 살인이 적응이며, 이점을 가진다고 이야기하는 것이 기괴해 보일지도 모른다. 그러나 진화적 관점에서 보면, 살인이 주는 이점들은 너무나 실질적인 것이라서, 왜 살인이 진화의 역사에서 그렇게 만연했나가 아니라 왜 살인이 이보다 더 만연하지 않았는가, 즉 왜 이 정도밖에 안 일어났는가가 오히려 더 불가사의할 지경이다.

살인 심리는 일종의 군비 확장 경쟁처럼 진화했다. 살인의 위협에 대한 반응으로 인간은 잘 연마된 일련의 방어 기제들을 발달시켰으며, 이 방어 기제들은 살인에 대해 강력한 제어물로 작용했다.

초기 원시인에서 호모 사피엔스로 진화하는 동안 인간은 생존을 위협하는 세 가지 근본적인 위험들에 대항해 투쟁해야 했다. 그중 첫 번째가 추락, 기아, 익사 등 물리적인 환경에서 오는 위협이었다. 두 번째는 안으로는 기생충, 밖으로는 포식자 등 타종에 의해 생겨나는 위협이었다. 병들어 보이는 사람에 대한 본능적인 반감, 뱀과 거미에 대한 공포, 앞으로 일어날 일에 대한 예민한 감각들은 모두 이러한 위협에 대항해 진화한 방어 수단이다. 세 번째 위협은 같은 종의 구성원들에 의한 것이었다. 실제로, 현재 인간의 가장 잔인하고 적대적인 세력은 바로 인간 자신들이다.

동종의 구성원들이 끼치는 치명적인 위험이 오랜 시간 존재해 왔기 때문에 인간은 살해당하지 않도록 정교하게 조율된 방어 기제들을 발달시켰다. 자연선택의 원리에 따르면, 살해당하는 사람이 치르는 대가가 크면 클수록(물론 인생에서 이보다 더 비싼 대가를 치를 일은 없겠지만) 살인에 대비한 방어 기제들은 더 빠르게 발달한다. 확실한 것은 인간이 높은 곳과 거미에 대한 두려움을 진화시킨 것처럼 살인을 막을 만한 인상적인 능력들도 진화시켰다는 것이다.

놀라운 과학적 발견들 덕에, 이제 우리는 이러한 방어 기제들이 삶의 초기 단계부터 작동하기 시작한다는 사실을 알게 되었다. 이 방어 기제들은 심지어 태어나기도 전에, 아늑한 엄마의 자궁 속에 있을 때부터 자동하기 시작한다. 하버드 대학교의 생물학자 데이비드 헤이그가 발견했듯, 심지어 자궁 안에서도 살해당할 위험은 존재한다. 그중 대표적인 것이 바로 자연 유산이다. 대부분의 자연 유산은 자신이 임신했다는 사실을 알기도 전에 일어난다. 생리가 늦어져서 혹 자신이 임신한 건 아닐까 걱정했다가 다시 생리가 시작되고 나서야 뒤늦게 안심했던 경험이 있는 여성들 중 상당수는 실제로 태아가 자라는 단계에서 자연 유산을 경험한 것이다. 헤이그가 발견한 바에 따르면, 이처럼 미처 발견되지 않는 유산들은 종종 태아에게 유전적 결함이 있거나 태아의 건강 상태가 좋지 않다는 걸 모체가 감지했을 때 발생한다.

놀랍게도, 헤이그는 모체를 제어하고 태아를 보호하기 위한 방어 기제들 역시 진화했다는 사실을 발견했다. 태아에서 생산되는 인간 융모성 생식선 자극 호르몬이 바로 그것이다. 태아는 이 호르몬을 생산하여 모체의 피 속으로 분비한다. 그러면 여성의 몸에서는 고농도의 생식선 자극 호르몬을 태아가 건강하고 생명력이 있다는 신호로 해석하여 태아를 유산시키지 않는다. 자궁조차도 자신의 이익을 위해서는 남을 희생시키는 적대적인 환경이다. 그 가장 신성한 공간에서조차 우리는 살인 사건의 잠재적인 피해자이다.

출생 후 작동하는 살해 방어 기제는 바로 '울기'다. '울기'는 아기가 배고픔이나 고통을 부모에게 알리는 괴로움의 신호이다. 출생 후 6개월이 지나, 영아가 다른 곳으로 이동할 수 있는 능력을 비교적 갖추게 될 때까지, 영아에게서는 특화된 공포 반응이 나타난다. 바로 낯선 사람에 대한 공포 반응(낯가림)이다. 영아의 공포 반응은 낯선 사람 누구에게나 무차별적으로 나타나는 것이 아니라 주로 남성에게 집중해서 나타난다. 이는 인간의 진화 역사 동안 영아에게 가장 큰 위험의 대상이었던 성별과 정확히 일치하는 것이다.

우리가 발달시킨 살해 방어 수단들에는 밤늦게 어두운 거리를 홀로 걸을 때 느끼는 경계심도 포함되어 있다. 911 테러의 여파로 수많은 미국인들이 사로잡혔던 과도한 경계심과 심한 불안감도 이에 해당된다. 뿐만 아니라 우리는 살의를 가진 사람들의 마음을 읽어 내는 놀라운 능력마저 진화시켰다.

그것이 바로 실라 벨루시가 알렌 블랙슨으로부터 살해 위험을 감지할 수 있었던 이유이다. 오제이 심슨의 사례를 생각해 보자. 니콜 브라운 심슨은 자신이 위험에 처해 있다는 사실을 알아챘다. 그녀는 여러 번 "그가 나를 죽일 거야, 내 생명을 앗아 갈 거야. 왜냐하면 그는 오제이 심슨이니까."라고 말하곤 했다. 비록 오제이 심슨이 정말로 그녀를 죽였는지는 불확실하며 분명 그는 무죄 선고를 받았지만, 니콜 브라운 심슨의 방어 기제들이 살인을 막기 위해 작동했었다는 것만은 확실하다. 불행히도, 그녀의 살해범이 예외적인 인물이었기에 이 방어 기제들은 제 목적을 이루는 데에는 결국 실패했지만 말이다. 모순적인 것은 자연선택이 살인에 대한 방어 기제들을 고안해 낸 동시에 이들을 교묘히 피해 갈 수 있는 훨씬 정교한 살인 전략들 또한 만들어 냈다는 사실이다. 우리는 다른 이들로부터 위험을 감지하는 수단들을 진화시키면서, 동시에 희생자들을 속이고 놀라게 하는 능력 또한 진화시켜 왔다. 요컨대 희생자들 앞에서 살인 의도를 감추고 위장시키도록 진화한 것이다. 지금도 수천 명의 사람들이 살인자들의 비밀스러운 술책으로부터 자신을 보호하고자 하는 위험하고도 강한 충동에 자신의 삶을 의지해 살아가고 있다.

피에 대한 매료, 수백 명의 군중들 속에서 화난 얼굴을 골라내는 놀라운 능력, 그리고 살인자의 세부 사항들을 궁금해 하는 것 모두가 살해 방어 수단의 특징이다. 이러한 방어 기제들은 위험한 상황을 피하기 위해서뿐만 아니라 위기 상황에 놓였을 때 석의 공격을 퇴빋이치기 위해서도 발달했다. 살인을 고려해 본 적이 있는 많은 사람들이 발견했듯이, 누군가를 죽이려고 시도하는 일은 그 자체로 매우 위험한 행위이다. 진화의 과정을 거치는 동안 비축된 자기 방어 전략들은 만약 이것들이 없었다면 살인을 시도했을지도 모르는 사람들에게 매우 효과적인 억제책으로 기능했다. 잠재적인 살인자들은 방어 기제와 억제책들을 예민하게 인식하고 있으며, 이러한 인식은 살인에 대한 생각이 실제 행동으로 옮겨지는 것을 예방한다. 오랜 세월 진화된 살해 방어 기제들과 의식적으로 또 무의식적으로 살인의 대가를 계산하는 행동 덕분에 살인은 더 이상 흔하게 일어나지 않게 되었다.

그렇다면 이것이 대부분의 살인이 이성을 잃거나, 살인으로 인해 닥쳐올 위험들(자기 방어 기제에 의한 위험과 처벌의 위험)을 제대로 인지하지 못하는 상황에서 발생한다는 것을 의미하는가? 천만의 말씀이다. 많은 사람들은 살인을 유발하는 인간의 원초적 본능 중에 아직 남아 있는 것이 무엇이건, 그것이 소위 이성이라 불리는 강력한 제어 장치에 의해 통제될 것이라고 믿는다. 이 논리에 따르면, 살인 행위는 단지 비이성적인 행동일 뿐이다. 『격정의 범죄』라는 저명한 책에는 이와 같은 전통적인 시각이 매우 잘 드러나 있다. 이 책에서 심리학자인 진과 데이비드 레스터는 드물게 이 제어 장치가 실패하는 순간을 다음과 같이 표현했다. "대부분의 살인은 살인자의 감정이 이성을 넘어서는 상황에서 갑작스러운 충동과 열정의 폭발로 인해 발생한다."[6] 전문가들은 대개 전형적인 살인은 첫째, 격렬한 분노가 이성을 앞지를 때, 둘째, 판단을 잘못 내렸을 때, 셋째, 깊게 뿌리박힌 원시적인 감정이 표출될 때, 넷째, 논리가 열정에 압도당할 때 발생한다고 주장한다.

이성과 감정을 인위적으로 대조시키는 데서 유래한 이 가정들은 다음과 같은 두 가지 근본적인 이유로 잘못된 것이다. 첫째, 많은 살인이 사전에 계획된다. 대규모로 실시된 한 연구에서, 여성이 저지르는 살인 중 56퍼센트는 계획 살인(일급 살인. 미국에서는 살인의 고의성과 계획성, 악의 등을 기준으로 살인의 등급을 매기는데 일급 살인은 고의적으로 악의를 가지고 사전에 계획한 불법적인 살인을 말한다. 또 고의적이지는 않더라도 중범죄(방화, 주거 침입, 납치, 강간, 강도) 도중 실수로 사람을 죽인 경우도 일급 살인에 해당한다.)에 해당되는 것으로 보고되었다. 살인을 계획하고 반추하며 숙고하는 행위는 종종 며칠, 몇 주, 몇 달, 그리고 가끔은 몇 년 동안이나 계속된다.[7] 때때로 살인자들은 무기를 손에 넣고, 희생자를 공격하기 쉬운 시간대를 고르며, 알리바이를 수립하는 등 정교한 시나리오를 준비한다. 이처럼 신중하게 짜여진 계획을 비이성적인 행동의 표지로 여기기란 거의 불가능하다. 간혹 살인을 신중하게 계획한 사람들 중 일부가 정신 질환자로 밝혀지기도 하지만 대다수는 제정신인 상태에서 살인을 저지른다.

둘째, 때로 살인이 분노, 질투, 시기와 같은 강렬한 감정들에 의해 유발되기는 하나, 그렇다고 감정이 분별력을 흐려 놓는다고 단정하기는 어렵다. 사실, 내가 이 책을 통해 말하고 싶은 핵심은 '격정은 다분히 이성적'이라는 것이다. 격정은 인간 심리를 이루는 잘 설계된 구성 요소 중 하나이다. 그것은 인간이 특정한 적응적 문제들을 효과적으로 해결하도록 도와준다. 격정은 감정적이지 않은, 냉철한 생각들이 목적을 달성하는 데 실패했을 때, 그대로 그 역할을 이어받아 중요한 기능을 수행한다. 감정은 이성에 대립되는 것이 아니며, 목표를 성취하기 위해 필요한 대단히 효과적인 수단이다. 격정에는 기능적이며 무의식적인 논리가 존재한다. 살인의 경우, 격정은 살인을 촉발하도록 감정을 부추기는 역할을 수행한다. 때로 살인이 성급한 판단 때문에 발생하기도 하지만 많은 경우 살인은 복잡하고 조심스러운 계산을 통해 도달한 하나의 해결책이다. "화내지 말고, 되갚아 줘."라는 격언은 다음과 같은 기본적인 사실을 놓치고 있다. 즉, 이성을 잃을 정도로 화를 내는 것은 부분적이나마 '되갚으려는' 목적을 수행하기 위해서라는 점이다.[8]

사건 기록들은 사람들이 종종 극심한 분노에 사로잡혀 살인을 저지르며, 자신의 행위가 어떤 결과를 불러올지 제대로 인식하지 못하고 있다는 것을 보여 준다. 사람들은 살인자들이 미쳤음에 틀림없다고 생각한다. 그러나 실상은 그렇지 않다. 적어도 대다수의 사람들은 미치지 않았다. 미국의 다른 주들에서처럼, 미시간 주에서도 살인으로 기소된 피고인들은 대부분 최종 단계에서 숙련된 심리학자나 정신과 의사에게 정신 상태를 감정받는다. 제정신인지 아닌지, 재판을 받을 수 있는 상태인지 아닌지, 또 다른 정신 질환이 있는지 없는지 반드시 전문가의 감정을 받아야만 한다. 놀랍게도, 내가 연구했던 375건의 살인 사건 중 96퍼센트 이상이 제정신이고 재판을 받을 수 있는 상태이며, 어떤 정신 질환도 앓고 있지 않은 가해자에 의해 저질러진 것이었다. 그들은 자신의 행동이 불법이며, 잘못된 것이라는 걸 완벽히 인지하고 있었다.

간단히 말해, 대부분의 살인자들은 미치지 않았다. 그들은 뚜렷한 이유가 있어서 살인을 저지른다. 그 이유들에는 욕정, 탐욕, 시기, 공포, 복수, 지위와 명성, 또는 자신에게 해를 입히는 사람의 제거 등이 해당된다. 그들은 당신과, 또 나와 똑같은 사람들이다. 범죄 심리학자인 캐럴 홀든 박사는 18년 동안 살인자들을 인터뷰한 뒤 "우리와 살인자들을 구분하는 선은 사실상 존재하지 않는다."라고 말했다.[9] 아마도 유일한 차이점은, 손익 계산을 통해 그들은 치명적인 해결책에 도달했다는 사실뿐일 것이다.

이러한 관찰은 사람들이 살인을 저지르는 이유와 상황에 대해 의문을 제기한다. 살인자들이 그처럼 치명적인 결론에 이르게 되는 정확한 경위는 무엇인가? 살인을 결심하기 전 얼마나 많은 대안들을 고려하는가? 살인으로 인해 자신이 얻게 될, 그리고 얻을지도 모르는 이익이 위험을 무릅쓸 만한 가치가 있는지 어떻게 결정하는가? 수단과 동기는 어떻게 결정하며, 기회는 어떻게 잡는가? 조사를 통해 나는 이러한 의문들에 대한 멋진 답변을 얻을 수 있었다.

내가 여기서 소개하려고 하는 살인에 대한 진화 이론은 알려지지 않는 편이 더 나을지도 모른다. 적어도 나는 이와 같은 결론에 가볍게 도달하지는 않았다. 이 이론을 발전시키는 과정에서 나와 동료들, 그중에서도 특히 조슈아 던틀리는 이 이론을 검증하고 다듬으며, 광범한 연구를 수행하고 수많은 사건들을 파고들었다. 살인 판타지에 대한 대규모 연구 외에도 우리는 다음과 같은 연구들을 수행하였다.

▶ **살해 방어 적응들** 우리는 사람들이 어떤 상황에서 생명에 위협을 느

끼는지 조사하였다. 연구에 참가한 사람들은 1,000여 명으로 5개 문화권으로부터 모집되었으며, 연령대가 다양하였다. 연구는 우선 피험자들에게 아래 질문을 던지는 것으로 시작했다.

누군가 자신을 죽이고 싶어 할지도 모른다고 생각해 본 적이 있습니까?

놀랍게도 시험에 참가한 남성의 91퍼센트와 여성의 83퍼센트가 그렇다고 대답했다. 다음 단계로 우리는 아래 사항들을 알아내기 위해 엄밀한 조사를 실시하였다.

자신을 죽이려 할지도 모른다고 두려워했던 대상이 <u>누구인가</u>. 무엇이 이러한 공포심을 촉발시켰는가. 잠재적인 가해자에게서 나타난 <u>육체적, 행동적인 변화는</u> 무엇인가. 가해자가 택하리라고 상상한 <u>살해 방법은</u> 무엇이었는가. 마시막으로 가장 중요한 사항인 <u>살해되지 않기 위해 피험자는 무엇을 했는가.</u>

다른 연구와 연계하여 이 연구는 목숨이 가장 위태로운 상황과 가장 효과적인 살인 방지 전략들에 대해 정확한 안내서를 제공해 주었다.

▶ **FBI 살해 데이터베이스**   우리는 이전에 연구되지 않은 새로운 FBI 살해 데이터베이스에 접근했다. 이 자료에는 총 42만 9729건의 살인 사건들이 포함되어 있었다. 이중 남편이 아내를 살해한 사건이 1만 3670건이었다. 놀랍게도 아내가 살해되는 주요 정황은 '삼각관계'인 것으로 나타났다. 그리고 이 경우, 아내는 대개 남편보다 나이가 많이 어렸다. 이처럼 연령 차이가 많이 나는 결혼의 경우 아내가 살해될 위험은 급격히 증가하

는 것으로 나타났다.

▶ 미시간 살인 사건

미시간 주에서 살인죄로 기소되는 사람들의 50퍼센트 이상이 앤 아보에 위치한 법무부 치료 감호소를 거쳐 간다. 과학 수사 센터의 진단 서비스 부문장인 캐럴 홀든 박사의 협조로, 조슈아 던틀리 박사와 나는 지난 15년간 발생한 375건의 살인 사건에 대한 사건 기록들을 연구할 수 있었다. 처음으로 공개되는 이 파일 안에는 살인자와의 심층 인터뷰 내용과 목격자 증언, 수사 기록, 정신 감정서, 부검 기록 등이 실려 있다.

▶ 무엇이 살인을 저지르게 만드는가?

우리는 '무엇이 살인을 저지를 정도로 사람들을 자극하는가'에 대해 최초로 체계적인 연구를 수행하였다. 피험자들은 모두 100가지 서로 다른 시나리오를 받고, 각 경우 자신이 살인을 저지를 가능성에 대해 퍼센트를 매겼다. 이 자료를 분석함으로써 살인을 저지르기 쉬운 상황에 대한 이해를 얻을 수 있었다. 거의 모든 사람들이 살인자로부터 자기 자신과 자식들을 보호해야 할 경우, 살인을 저지를 의향이 있다고 답변했다. 사람들이 살인을 저지를 것 같다고 응답한 상황들을 분석한 결과, 우리는 몇몇 놀라운 사실들을 발견하게 되었다. 예를 들어, 남성들은 자신의 짝짓기 전망이 희박해질 때 살인을 저지르고 싶어진다고 응답한 반면, 여성들은 그렇지 않았다. 도어스의 짐 모리슨이 말했듯이, "당신을 거절할 때, 여자들은 사악해 보인다.(Women seem wicked when you're unwanted)"(1960년대 많은 논란을 불러일으키며 히피 문화의 상징으로 추앙받던 전설적인 록 그룹 도어스의 보컬 짐 모리슨이 가사를 쓴 「사람들은 이상해

(People are Strange)」에 나오는 구절이다.—옮긴이) 이 불온한 생각은 남자들이 살인을 저지르는 상황에 대한 연구 결과에도 그대로 반영되어 나타났다. 동시에 이 새로운 발견들은 우리의 삶이 가장 위기에 처하는 순간이 언제인지 말해 주었다. 이 주제에 대해서는 이 책 전체에 걸쳐 자세히 살펴볼 것이다.

▶ 명시된 살해 동기

위 연구를 수행하는 한편, 우리는 주요 살해 동기들을 종합하여 목록으로 정리하였다. 이 목록은 우선 범죄학과 법의학 문헌에 묘사된 살해 동기들을 취합하여 작성하였다. 그 뒤, 미시간에서 발생한 375건의 살인 사건 기록들을 검토하여 보완한 후, 주변 사람들로부터 개인적으로 추천받은 살해 동기들을 추가하여 완성하였다. 이 목록은 살해 동기에 대한 최초의 과학적이며 포괄적인 분류라고 할 수 있다. 우리는 이 분류 목록을 살인 동기들 간의 계층 구조를 수립하고 새 이론의 세부 사항들을 검증하는 데 사용하였다.

▶ 살인 사건 수사관과 범죄 정신 병리학자와의 심층 면담

살인 사건을 조사한 수사관 및 정신과 의사들과의 면담을 통해 새로운 살인 이론을 수립할 수 있는 근거들을 확보할 수 있었다. 일생을 살인 사건을 수사하고 해결하는 데 몸 바쳐 온 사람들은 살해 동기에 대한 남다른 통찰력을 지니게 된다. 나는 한평생 살인자들을 인터뷰한 범죄 심리학자와 정신과 의사들과도 긴밀히 협조하여 연구를 진행하였다. 이처럼 전문가들에 의해 제공된 통찰력은 경험적인 자료들을 보완해 주는 역할을 수행하였다.

살인이 인간의 마음속 깊은 곳에 내재되어 있으며 인간에게 마음이 진화한 순간부터 함께 존재해 왔다는 주장을 검증하기 위해 앞서 언급한 것과 같은 새로운 고생물학적 발견들도 조사하였다. 한 가지 종류의 과학적 증거들만으로는 어떠한 새로운 이론도 완전히 증명해 낼 수 없다. 지난 7년간의 연구를 통해 우리는 유례없이 다양한 종류의 증거들을 확보하게 되었다. 살인의 심층 심리에 대한 이러한 증거들은 이전에 결코 확보된 적이 없으며, 함께 모아 정리된 적이 없는 증거들이었다. 이 독특한 조사는 지금껏 제안되어 왔던 살인에 대한 이론들 중 가장 통찰력 있고, 납득할 만하며, 과학적으로 견고한 이론을 발달시키는 것을 가능하게 해 주었다. 이제부터 이들에 대해 차근차근 설명해 나가려고 한다.

2장 살인의 진화
The Murderer Next Door

"살인의 한 장면 한 장면을 성공적으로 상연해 온 자들의 직계 대표로서, 보다 평화로운 다른 가치들이 존재할지라도, 우리는, 타인들에게 해를 입히면서 자신은 수많은 대량 학살 속에서도 살아남을 수 있게 한 사악하고 우울한 특징들을 여전히 지니고 있으며, 어떤 순간이든 그 특징들을 쉽게 불러낼 수 있다."

— 윌리엄 제임스, 『심리학의 원리』

"다른 사람의 생명을 빼앗는 것은 자신의 적응도를 증가시키는 가장 효과적인 방법 중 하나이다."

— 조지프 로프레토, 『인간 본성과 생물 문화적 진화』[1]

지금까지 살인에 대해 많은 연구가, 좋은 의도로 행해져 왔다. 살인은 인간이 저지를 수 있는 가장 매력적이고, 신비로우며 기념비적인 행동이다. 따라서 살인과 관련하여 수천 가지 연구들이 과학 저널에 실리고 있으며, 수백 권의 책들이 서점의 책장을 채우고 있는 것은 그다지 놀라운 일이 아니다. 우리는 살인 발생률, 가해자와 피해자의 성별, 가해자와 피해자의 연령 분포, 사건 해결율과 다른 여러 세부 정보들에 대해 좋은 증거들을 많이 확보하고 있다. 그러나 살인에 대한 문헌과 통계학적 연구들은 우리가 살인에 대해 잘못된 믿음들을 가지고 있으며, 살인 행위의 기저에 놓인 심리를 이해하는 데 과학적인 접근이 거의 이루어진 적이 없다는 사실을 보여 준다.

우리가 제대로 인식하고 있는 유일한 사실은 살인이 치명적인 문제라는 것이다. FBI 통계에 따르면, 2003년에 미국에서 살해된 사람은 1만 6503명이며, 2002년에는 1만 6229명, 2001년에는 1만 6037명이다[2]. 2001년의 수치에는 911 테러로 비극적으로 사망한 2,992명은 포함되어 있지 않다. 어림잡아도, 20세기 들어 미국에서 살해된 사람은 대략 100만 명 이상이 될 것이다. 물론 이 수치에는 미국이 참전한 열두 번의 전쟁에서 사망한 수백만 명의 미국인들은 포함되어 있지 않다. 다른 나라의 경우, 살인에 대한 자료의 신뢰도가 다소 떨어지거나 아예 존재하지 않는 경우가 종종 있어 전 세계적인 통계치를 구하는 것은 어렵다. 그러나 어림잡아도, 지난 1세기 동안 최소 1억 명의 사람들이 타인에 의해 살해되었을 것으로 추정할 수 있다. 물론, 실제 수치는 그 두세 배가 될 것이다.

그러나 이 놀라운 수치조차 살인의 중요성을 상당히 과소평가한 것이라고 볼 수 있다. 왜냐하면, 이 수치는 매년 '실종자'로 분류되는 100만 명 이상의 미국인들을 고려하지 않은 것이기 때문이다. 실종자들의 99.5퍼센트가 결국 발견된다고 하지만, 그렇게 봐도 대략 5,000명 이상의 사람들이 끝내 행방불명된 상태로 남게 된다. 그중 일부는 단순히 사람들이 사는 곳을 피해, 어디선가 숨어서 잘 살고 있을 수도 있겠지만 누군가에게 살해된 채 아무도 모르게 잊혀지는 사람들도 상당수 있을 것이다. 또, 공격 후 사망할 때까지, 수일, 수주에서 수개월이 걸리는 경우, 분류상 살인으로 기록되지 않을 수도 있다. 이런 경우, 나중에 폭력에서 살인으로 범죄 분류를 변경해야 하는데, 그냥 넘어가는 경우도 종종 생긴다. 따라서 이 사례들의 일부는 아예 살인 사건으로 집계되지도 않는다. 그 외에도, 구급차와 현대 의료 기술의 발달로 과거였으면 사망했을 의도적인 살인 사건의 피해자들이 목숨을 구하는 경우도 많아졌다.[3] 의료 기술 때문에 미수에 그친 살인은 실제 목적을 이룬 살인보다 세 배 이상 많다. 매년 미국에서는 거의 100만 건의 심각한 폭력 사건들이 보고된다.(예를 들어, 2000년에는 91만 1706건, 2001년에는 90만 9023건) 그리고 그중 상당수는 살인 미수 사건들이다.

살인 미수와 같은 사건들은 보고되지 않은 채 그냥 묻힐 수도 있다. 피해자가 어떤 상처도 입지 않고 가해자를 피하는 데 완전히 성공하여, 사건에 대해 보고하지 않은 경우가 이에 해당한다. 내 친구 하나도 그랬다. 당시 그는 콜로라도에서 친구 한 명과 야영을 하는 중이었다. 새벽 4시에 눈을 떴는데, 침입자 한 명이 자신의 차를 부수고 있는 게 보였다. 그는 친구를 깨워 함께 강도 뒤로 다가갔다. 강도를 진압해 단념시킬 목적으로 손에는 칼을 뽑아 들고 있었다. 그런데 강도가 낌새를 채고는 갑자기 그를 향해 달려들어 칼을 빼앗아 버렸다. 그러고는 명백히 살해할 의도로 그를 공격하기 시작했다. 그는 자신을 향해 날아오는 칼날을 양손으로 힘껏 움켜쥐었고 결국 강도는 칼을 두고 도망쳤다. 칼날이 그 친구의 손가락 뼈마디까지 깊숙이 베어 들었지만 다행히도 목숨은 건질 수 있었다. 그는 이 일을 경찰에 보고하지 않았다. 잠재적인 희생자들이 애초에 생명이 위태로운 상황에 처하는 일이 없도록 조심함으로써 얼마나 많은 살인자들이 좌절을 겪는지는 앞으로도 결코 알 수 없을 것이다. 간단히 말해, 살인의 위협은 연간 FBI 통계청에 기록되는 공식적인 시체의 수보다 훨씬 더 만연하게 존재한다.

사람들이 살인에 대해 잘못된 생각을 갖게 되는 원인 중 한 가지로 대중 매체의 영향을 꼽을 수 있다. 연쇄 살인범들은 매체로부터 엄청난 관심을 받는다. 그러나 실제로 미국에서 발생하는 전체 살인 사건 중 연쇄 살인이 차지하는 비중은 겨우 1~2퍼센트에 지나지 않는다.[4] 한 연구에서, 신문지상을 가장 많이 장식한 살인이 유형은 테드 번디나 찰스 맨슨 같은 연쇄 살인, 찰스 휘트먼(1966년 텍사스 대학교 탑에서 45명을 쏘아 16명을 살해함)의 경우와 같은 대량 학살, 갱단 간의 살인, 폭도들의 충돌에 의한 살인, 저명인의 혹은 저명인에 의한 살인, 야만스럽고 잔혹하게 저질러진 살인, 사법 체계가 효과적으로 작동하는가 아닌가와 같이 주요한 정치적 이슈와 관련된 살인들인 것으로 나타났다. 그러나 이러한 유형의 살인들은 모두 합해 봐야 전체 살인의 겨우 5퍼센트에 지나지 않는다. 그렇기에 사람들이 대부분의 살인이 발생하는 이유와 방식에 대해 왜곡된 시선을 갖게 되는 것은 어찌 보면 당연한 일이다.[5] 언덕의 교살자라 불리는 존 웨인 개이시, 제프리 대머, 존 힝클리와 아일린 워노스는 일반적인 살인의 성격상 상당히 예외적이며 특별한 경우에 속하지 대표적인 경우라고 할 수 없다. 그럼에도 불구하고, 이러한 종류의 살인에 사람들이 공포와 흥미를 느끼는 것 역시 오랜 시간 진화한 살인 방어 심리 때문이다. 이처럼 드물고 예측 불가능한 살인자들은 불확실성을 다루도록 설계된 전문적인 방어 기제들이 제대로 작동하지 못하도록 만든다. 집단 간의 살인은 연합에 대한 사람들의 심리를 자극한다. 저명한 사람들이 살해당하면 권력, 지위, 명성에 극적인 변화가 발생한다.

살인에 대한 또 다른 오해는 살인이 대개 상습범에 의해 저질러진다는 생각이다. 살인 연구의 대가 중 한 명인 데이비드 레스터는 이러한 시각이 완전히 잘못된 것이라고 결론지었다.[6] 일례로, 한 연구에서 가석방된 살인자들 중 오직 6퍼센트만이 다른 살인으로 재구속되는 것으로 나타났다.[7] 반복해서 살인을 저지르는 직업적인 범죄자들도 분명 존재하지만 대부분의 살인자들은 오직 한 번만 살인을 저지른다.

이외에도 사람들이 흔히 갖고 있는 살인에 대한 잘못된 인식은 살인자들이 광기에 휩쓸렸거나 정신병에 걸렸을 거라는 생각이다. 확실히 몇몇 살인자들은 그렇다. 부검 결과, 탑에서 사람들을 저격한 찰스 휘트먼의 뇌에서 종양이 발견되었으며, 이 때문에 휘트먼이 살인에 탐닉했을 수도 있다. 희생자들의 인육을 먹는 것을 즐기고, 냉장고에 시체를 보관해 두었던 연쇄 살인범 제프리 대머는 분명 제정신이 아니었다. 그러나 미시간 살인자들 중 정신병이나 그에 준하는 이상 질환으로 진단받은 사람은 전체의 4퍼센트에 지나지 않았다.[8]

살인에 대한 통계 수치를 더 자세히 살펴보면, 몇 가지 두드러진 패턴들이 존재한다는 것을 알게 된다. 그중 일부는 상당히 놀라운 것이다. 살인 사건은 남성들이 독점하고 있는 현상이다. 매년 미국에서 발생하는 살인 중 87퍼센트가 남성에 의해 저질러진다. 더 놀라운 것은 살인의 희생자들도 대부분 남성이라는 것이다. 평균적으로 살해된 사람들의 75퍼센트가 남성이다. 1964년에 74퍼센트, 1974년에 77퍼센트, 1984년에 75퍼센트로 이 수치는 매년 크게 변하지 않고 안정적으로 유지된다. 남성 간에 살인 사건이 얼마나 많이 발생하는지 살펴보는 것도 매우 흥미롭다. 평균적으로 전체 살인의 65퍼센트가 남성이 남성을 죽인 경우이다. 비교해 보면 남성이 여성을 죽인 경우는 약 22퍼센트에 해당한다. 여성에 의한 살인은 평균적으로 전체 살인의 10퍼센트를 차지하며, 대부분이 여성이 남성을 죽인 경우로, 여성이 여성을 살해한 경우는 단 3퍼센트에 지나지 않았다.[9]

동성 간의 살인은 95퍼센트 이상이 남성 간에 벌어진다. 이러한 경향은 어떤 문화권이든 놀라울 정도로 동일하게 나타난다. 여러 문화권에서 행해진 35개 연구 결과를 살펴보면 브라질 97퍼센트, 스코틀랜드 93퍼센트, 케냐 94퍼센트, 우간다 98퍼센트, 나이지리아의 티브 족 97퍼센트 등, 동성 간 살인의 대다수가 남성에 의해 저질러진다는 것을 확인할 수 있다.[10]

이러한 결과들을 종합하여, 단순히 남성이 여성보다 폭력을 행사하는 경향이 훨씬 크다고 결론을 내릴 수도 있다. 이는 분명한 사실이다. 그러나 그것만으로는 왜 남성들이 폭력적이 되는지, 언제, 누구와 함께 있을 때 폭력을 행사하기 쉬운지를 설명할 수 없다. 살인 패턴에서 나타나는 이러한 놀라운 성차를 설명하는 그럴듯한 주장들이 있기는 하다. 사실 남성이 여성보다 더 높은 점수를 기록하는 인성 변수들은 일반적으로 범죄성이나 비행성과 연관된 것들이다. 충동성(신중히 생각하지 않고 행동함), 자극 추구(새로운 경험을 위해 위험을 무릅씀), 아동기 공격성, 공감 결핍과 도덕적 추론 결핍 같은 인성 변수들이 이에 해당한다. 그러나 이러한 인성 변수들 중 어떤 것도 확실하게 살인이라는 결과를 예측해 주지는 못한다.[11]

살인 사건과 관련된 또 다른 놀라운 패턴은 연령대에서 나타난다. 살인율은 20대에서 높게 나타난다. 살인율은 남성이 15세가 될 무렵부터 상승하기 시작하여 30대에서 40대까지 계속해서 높게 나타난다.[12] 연령별 피해자 수도 20대에서 가장 높게 나타나며 다른 연령대에서는 비슷한 분포 양상을 보인다. 미국의 연간 10만 명당 살인자 수는 10~14세에서는 겨우 1.6명이지만 15~19세에서는 10명으로 증가하며, 20~24세에서는 17.8명으로 늘어난다.[13] 그 후, 점점 감소하여 25~29세에서는 16.3명으로 줄어들고, 30~34세에서는 13.9명으로, 35~39세에서는 12명으로 감소한다. 이러한 수치를 통해 알 수 있는 사실은 남성의 번식 경쟁이 시작되는 나이가 되면 살인율이 급증한다는 것이다.

살인의 흥미로우면서도 직관에 반하는 특징 중 하나는 범죄가 진행될수록 가해자를 알아내기가 더욱 쉬워진다는 것이다. 실제로, 모든 범죄 중에서 살인의 사건 해결율이 가장 높다. 해결율은 범죄로 구속되었거나 형을 받았거나 기소당해 법정에 출두한 사람 수에 기초해 구해진다. 또 유죄 판결을 내릴 만큼 물증은 충분하지만 은둔이나 해외 도피, 사망 등의 사유로 실제로 가해자를 구속할 수 없는 경우를 고려해 경찰에 의해 인지된 가해자 수도 계산에 넣는다. 강도 사건의 경우 해결율이 14퍼센트에 지나지 않으며, 방화는 15퍼센트, 절도는 20퍼센트 등 해결율이 매우 낮은 반면, 살인 사건의 경우 해결율은 대개 69퍼센트 이상이다.[14]

살인의 사건 해결율이 높은 까닭은 대중의 인식이 사건을 해결하는 방향으로 드러나지 않게 작용하기 때문이다. 다른 어떤 범죄보다 살인을 해결하는 데 더 많은 노력을 쏟아 붓는다. 게다가 살인자와 희생자는 대개 면식 관계에 있다. 살인은 이방인들보다 지인, 친구, 가족 등 면식범들에 의해 더 많이 자행된다. 이 때문에 친구와 가족들은 종종 사건의 중요한 목격자가 되거나 범죄 동기를 밝혀 범인을 찾는 데 도움이 되는 단서들을 제공한다.

그럼에도 불구하고, 전체 살인 중 31퍼센트는 해결되지 않은 채 묻힌다. 살인자들은 종종 엄청나게 공을 들여 살인을 계획하고 알리바이를 수립하여 자신의 범죄 사실을 감춘다. 이는 살인이 분별없고, 제정신이 아닌 상태에서 일어나는 충동적인 행위가 아니라 전략적인 성격을 띠는 범죄임을 드러내 준다.

심리의 수수께끼

만약 대부분의 살인이 연쇄 살인범, 상습범, 혹은 정신병자들에 의해 저질러지는 게 아니라면, 사람들이 살인을 저지르는 이유를 우리는 어떻게 설명할 수 있을까? 여러 과학 문헌들을 섭렵하며 발견한 놀라운 사실 중 하나는 사람들이 살인을 저지르는 이유를 설명하기 위해 구체적으로 고안된 이론이 실제로는 하나도 존재하지 않는다는 것이었다. 과학자들이 제기한 이론들은 대개 폭력과 범죄성을 일반적으로 설명하기 위해 고안된 것들뿐이었다. 이 이론들에서 살인은 단지 폭력이나 범죄성의 연속선상에 놓인 극단적인 표출물로서만 다루어진다.

이 이론들이 부적당하게 여겨지는 까닭은 살인이 모든 다른 형태의 폭력들과는 질적으로 다르기 때문이다. 다른 폭력들과 달리, 살인의 희생자들은 영원히 생명을 잃는다. 타인을 살해할 때, 당신은 그 사람이 현재 갖고 있는 모든 것을 앗아 갈 뿐만 아니라 미래에 그 또는 그녀가 소유하게 될 모든 것까지 완전히 빼앗게 되는 것이다. 살인은 종종 시체를 결과로 남기는 고도로 계산된 행동이다. 게다가 살인 동기는 구타나 강도, 강간 같은 다른 폭력 범죄의 동기들과는 상당히 다른 것으로 판명되었다. 살인은 단일한 성격을 가진 현상이 아니다. 따라서 유형마다 다른 설명을 필요로 한다. 예를 들면, 아내 살해, 동성 간 경쟁에 의한 살해, 유아 살해, 의붓자식 살해, 전쟁에서의 대량 학살 등은 그 동기와 수법, 가해자의 특성이 굉장히 다르다. 폭력에 대한 일반 이론만으로는 이처럼 다양한 살인 유형들의 차이를 제대로 설명해 낼 수 없다.

그러나 폭력에 대한 일반 이론들을 제쳐 두기에 앞서, 일단 그들이 제대로 설명하지 못하는 부분이 무엇인지 명확히 하기 위해 이 이론들을 좀 더 자세히 조사해 볼 필요가 있다.

사회 환경 이론은 폭력을 설명하기 위해 가장 빈번하게 인용돼 왔다. 사회 환경 이론의 여러 갈래 중 가장 유명한 것이 앨버트 반두라의 사회 학습 이론이다. 사회 학습 이론은 사람들이 타인을 관찰하고 모방함으로써 사회적 행동을 체득하게 된다고 주장한다. 사람들은 자신의 행동에 대한 보상과 처벌에 의해 이후의 행동들을 결정한다. 이 이론은 남성이 여성보다 살인을 더 많이 저지른다는 사실을 설명하기 위해 제시되었다. 공격성에 대한 연구로 유명한 레너드 버코위츠는 다음과 같은 주장을 했다. "현대 서구 사회가 아동들에게 '싸움은 여성보다 남성에게 훨씬 적절한 행위'라고 가르치는 수단들에 무엇이 있는지 생각해 보자. 대중 문학과 매체들은 일관되게 여성이 아닌 남성들이 싸우는 모습을 보여 준다. 부모들은 아들을 위해서는 장난감 무기를 사지만 딸을 위해서는 인형을 산다. 부모들은 딸보다 아들에게서 공격적인 행동을 더 많이 승인하고 보상하는 경향이 있다. 반복적으로, 직간접적으로 젊은이들은 남성은 공격적이지만 여성은 그렇지 않다고 배운다."[15]

이 이론이 가진 가장 명백한 한계는 매체의 영향을 받지 않는 문화권에서조차 남성이 여성보다 더 자주 살인을 저지르며, 살인에서의 성차가 현대 서구 사회에만 존재하는 독특한 현상이 아니라 문화권에 상관없이 보편적인 성격을 띤다는 사실을 설명하지 못한다는 것이다. 또한 이 이론은 우리가 다양한 종류의 행동 모델에 노출되어 있으며, 이들을 통해 많은 것을 배운다는 사실을 고려하지 않는다. 행동 모델은 영웅적인 행동을 하는 정의의 사도에서부터 폭력 행동에 대해 처벌을 받는 사악하고 냉소적인 악한에 이르기까지 다양하게 존재한다. 게다가 우리는 어렸을 때부터 살인은 잘못된 행동이며 그런 행동을 통해 아무것도 얻지 못한다고 배워 왔다. 이 이론의 어떤 것도 우리가 접하는 방대한 종류의 행동 모델 중에서 누구를 모방 대상으로 택하게 되는지 설명해 주지 못한다.

범죄와 폭력의 **병리학 이론** 또한 살인을 설명하기 위해 자주 인용된다.[16] 이 이론에 따르면, 살인이란 아동 학대, 과도한 알코올 섭취, 유전자 이상에서 유래된 뇌 손상, 중요한 심리적 기능의 이상에 의해 발생한다. 몇몇은 질투나 분노 같은 사회적 감정을 통제하는 부위인 뇌의 편도(扁桃)에 손상이 생겨 살인을 저지르게 된다고 주장한다. 또 전두엽의 손상으로 감정이 사라지고 타인의 고통에 무관심해져 살인을 저지르게 된다고도 주장한다. 뇌 손상이나 심리적 이상 때문에 살인을 저지르는 경우도 있다는 것은 의심할 바 없는 사실이다. 이미 말했듯이, 미시간 살인자들은 대다수가 둘 중 어느 경우에도 해당되지 않았다. 게다가 뇌 손상 때문에 발생하는 살인은 대상이 무차별적이거나 감정이 없다는 특징이 있다. 혹은 매우 잔인하거나 비일상적인 요소를 수반한다. 이런 모든 특징들은 대다수의 보통 살인의 특징들과는 반대되는 것이다. 덧붙여 신경학자 조너선 핀쿠스가 『원초적 본능』에서 말했듯이, "뇌 손상을 가진 사람들 중 극소수만이 폭력적으로 변한다."[17]

범죄성에 대한 **사회학 이론**도 살인을 설명할 때 널리 사용된다. 이들은 자본주의, 가난, 경제적 불평등 등 큰 규모의 사회적 특징들을 주로 인용한다. 예를 들면, 자본주의는 사람을 탐욕스럽게 만든다. 가난과 경제적 불평등은 사람들을 평생 범죄로 몰아넣는다. 이처럼 사회학 이론이 가장 잘 설명할 수 있는 범죄 유형은 강도, 폭력, 마약 거래와 같은 경제적 자원을 얻기 위해 저질러지는 범죄들이다. 가난은 그 자체로 범죄에 대한 강력한 예측 지표가 되지 못하지만 경제적 불평등은 예측 지표가 될 수 있다. 매우 부유한 사람과 찢어지게 가난한 사람이 함께 사는, 소득차가 큰 지역에서는 재산 범죄와 폭력 범죄 모두가 증가하는 경향이 있다.[18] 그러나 범죄학자인 리 엘리스와 앤서니 월쉬에 따르면 살인이나 다른 유형의 범죄들이 사회주의 사회에서보다 자본주의 사회에서 더 많이 발생한다는 절대적인 증거는 없다.[19] 불행히도, 소득 불균형의 압박이, 경제 자원과 상관없이 발생하는 살인 사건들과 어떤 연결 고리를 갖는지에 대해서는 연구된 바가 없다. 이 이론은 인간의 심리가 소득 불균형을 인지한 후 왜 다른 많은 행동들 대신에 폭력과 살인을 선택하는지도 설명해 주지 못한다. 따라서 사회학 이론은 왜 인간이 살인을 저지르는지를 이해하는 데 제한적인 도움만을 줄 뿐이다.

진화 이론은 인간이 살인을 저지르는 이유에 대해 설명할 때 자주 인용되어 왔다. 그러나 이전에 제기된 진화 이론들 역시 이 책에서 다룰 여러 유형의 살인들을 설명하기에는 부족하다. 존 투비와 레다 코스미즈, 리처드 랭햄 같은 여러 진화 과학자들은 전쟁이나 집단 살인에 대한 감탄할 만한 진화 이론을 발전시켰다.[20] 한 예로, 투비와 코스미즈는 남성이 전쟁에 나가는 것은 근본적으로 여성에게 접근하기 위해서라고 주장했다. 이 주장은 내 이론과도 잘 부합하는 것으로 전쟁에 관해서는 9장에서 간략히 다룰 예정이다. 그러나 전쟁에 대한 진화 이론은 평범한 보통 사람들에 의해 자행되는 대다수의 살인을 설명할 수 없을 뿐 아니라 그러한 살인을 설명하려는 의도로 주창된 것도 아니다.

지금까지 살펴본 살인에 대한 이론들은 공통적으로 다음과 같은 점을 간과하고 있다. 즉, 이들은 모두 살인의 궁극적인 원인을 이해하기 위해 그 밑바탕에 놓인 심리를 깊이 있게 조사하지 못했다.

범죄 프로파일링

내가 살인의 심층 심리를 조사하려는 목적은 존 더글러스, 로이 헤이즐우드, 앤 버지스, 로버트 레슬러 등 전 FBI 요원이나 법의학자인 브렌트 터비, 범죄 심리학자인 데이비드 캔터 같은 범죄 프로파일러들이 이루어 놓은 뛰어난 업적들과는 구별되어야만 한다. 범죄 프로파일링(범죄 현장에 남겨진 범인의 흔적, 단서들로 범인의 윤곽을 잡아 가는 범죄 심리학의 기법——옮긴이)은 경찰을 도우려는 심리학자, 정신과 의사들에 의해 1세기 이상 비공식적으로 수행되어 온 일이다. 그 결과 현재는 버지니아 주 콴티코 기지에 위치한 FBI 행동 과학 연구소에서 공식적으로 수행하는 업무가 되었다. FBI의 주요 창설 멤버인 하워느 테텐과 팻 멀래니에 의해 1970년에 처음으로 가동되었으며 1970년대 말과 1980년대 초, 존 더글러스와 로버트 레슬러에 의해 더욱 정교해졌다. 행동 프로파일링의 일차 목표는 범죄 영상 분석, 희생자 특징, 범죄 수법, 부검 결과 등 출처가 다양한 증거들을 한데 맞추어 잠재적인 범인의 프로파일 내지는 특징을 작성하는 것이다. 그 과정을 통해 용의 선상을 점점 좁혀 궁극적으로는 실제 범인을 검거하고 유죄를 입증하고자 한다.

FBI가 기여한 중요한 공헌 중 하나는 범죄를 조직적인 범죄와 그렇지 않은 범죄, 두 가지 기본 유형으로 분류했다는 것이다. 이 분류 방식은 오늘날에도 사용된다. 조직적인 범죄는 대개 계획, 목표물 선택, 신체 은닉의 단계를 수반한다. 조직적인 범죄의 가해자들은 평균 이상의 지능을 갖고 있으며, 사회적인 능력이 있다. 그들은 종종 범죄를 저지르기 위해 알코올에 의지하며, 뉴스 등 언론 매체에 보도된 범죄를 모방하길 즐긴다. 또 종종 사회성에 문제를 갖고 있기도 하다. 타인과 공감하는 능력과 양심이 결여되어 있으며, 타인에 대해 착취적이며 병적인 거짓말을 한다.

자신의 가치를 과장되게 생각하며, 교묘한 방법으로 타인을 속인다. 반면, 비조직적인 범죄는 훨씬 자연스럽다. 사전에 계획된 흔적이 거의 보이지 않으며, 희생자와 가해자가 서로 아는 사이고, 폭력 행동은 갑자기 촉발된다. 시체는 노출된 채 남아 있으며, 종종 피해자가 사망한 후 성적인 행동을 하기도 한다. 비조직적인 범죄의 가해자들은 종종 정신 질환자들이다. 이들은 자주 망상과 환각을 경험하며 현실과 접촉하는 데 방해를 받는다. 법무부의 정신 병리학자인 브렌트 터비는 조직적인 범죄와 비조직적인 범죄로 이분화하는 것은 범죄를 지나치게 단순화시킨다고 주장한다. 현재 FBI 프로파일러들은 둘의 혼합된 형태 또는 중간 단계의 범죄 유형이 있음을 인정한다.[21]

범죄 프로파일링은 이따금 통계 정보나 프로파일러의 경험, 직관을 결합시키는 과정을 수반하는데 대개는 파악하기 어렵고 문제가 큰 연쇄 살인범이나 연쇄 강간범들을 체포하기 위해 사용된다. 조직적/비조직적 분류 체계를 활용하고 차량의 종류, 범행 수법, 연령과 성별, 혼인 상태, 기술 수준, 성격적 특성 등 범죄자의 특징들을 찾아냄으로써 프로파일러들은 연쇄 살인범들을 잡는 데 매우 가치 있는 역할을 수행한다. 범죄 프로파일러들은 전형적으로 그린 리버 살인 사건이나 애틀랜타 유괴 사건 같은 고도의 프로파일 사례들을 다룬다. 그러나 앞서 언급한 것처럼 이런 사례들은 매우 드물어서 전체 살인 사건의 겨우 1~2퍼센트에 해당한다. 내 일차 목표는 대다수의 살인범들, 즉 이웃의 평범한 살인자들의 심층 심리를 이해하는 것이다. 그러기 위해서는 살인자들의 마음에 더 가까이 다가갈 필요가 있다.

마음속의 살인

유명한 영화감독인 앨프리드 히치콕은 살인 사건을 자주 다루었다. 그의 고전인 『낯선 승객』은 퍼트리샤 하이스미스의 책을 영화화한 것으로 살인 판타지가 수행할 수 있는 기능에 대해 지적해 준다. 영화의 한 장면에서, 악역을 맡은 인물이 사교 파티에 모인 사람들에게 객실 게임을 제안한다. 그는 모두에게 만약 살인을 저지른다면 어떤 방법을 사용할 것인지 상상해 보라고 제안한다. 파티 참석자 한 명이 즉시 게임을 시작한다. "일전에 살인에 대해 읽은 내용인데 아이디어가 정말 괜찮았어요. 저는 남편을 차에 태우고 드라이브를 나가겠어요. 한적한 장소에 이르렀을 때, 망치로 그의 머리를 내려치는 거죠. 그러고는 차와 그의 몸에 가솔린을 붓고 모두 다 태워 버리는 거예요." 그녀는 얘기를 하며 웃음을 지었고 그녀의 이런 행동은 다른 파티 참석자들에게 공포를 지어냈다. 게임을 제안했던 악인은 후에 이중 살인의 잔인한 음모 속으로 한 낯선 승객을 꾀어내면서 이 가설화된 판타지를 사용한다. 그들 스스로는 알지 못했겠지만 히치콕과 하이스미스는 이 작품을 통해 가장 중요한 심리 회로 중 하나인 '살인 각본 구상' 회로가 살인자의 뇌 속에 장착되어 있다는 사실을 보여 주었다.

우리는 수집한 살인 판타지들을 찬찬히 살펴보면서 누군가를 해치는 생각, 판타지, 몽상, 내적 대화, 계획 수립과 각본 구상이 삶의 문제들을 해결해 나가는 데 이득이 되는지 궁금했다. 그것은 사회학자들이 완전히 간과해 왔던 것이었다.

6개 문화권에서 온 다양한 직업을 가진 수천 명의 살인 판타지를 연구하면서, 우리는 살인 판타지가 살인 시나리오를 수립하는 데 어떻게 사용되는지, 살의를 전환시켜 다른 해결책을 찾도록 어떻게 도와주는지, 살인을 고무하고 예행연습을 시키는 데 어떻게 사용되는지, 마지막으로 판타지를 실현시킬지 말지 결정할 때 특정한 감정들이 어떻게 상호작용하는지를 알게 되었다.

살인 판타지는 순간적으로 나타났다 사라지기도 하지만 종종 상세하고 정교한 형태를 띠기도 한다. 일반적으로 살인 판타지에는, 살인 시나리오를 놀라우리만치 구체적으로 구상하고 시연하는 과정, 다양한 수법들을 고려하고, 결과를 조심스레 예측하며, 대가와 이익을 산출하는 과정들이 수반된다. 살인 판타지에는 거의 항상 강렬한 감정들이 동반되며 이들은 종종 충격적이기까지 하다. 그러나 살인 판타지를 연구하면 할수록 이들이 단순히 위험한 격정의 표출만은 아니라는 사실을 깨닫게 된다. 오히려, 살인 판타지에 대한 면밀한 연구들은 이들에게 구체적인 패턴이 존재한다는 사실을 밝혀 준다. 예를 들면, 살인을 고려하게 되는 이유는 성별에 따라 상당히 다르게 나타난다. 사람들의 판타지는 살인을 저지르고 싶은 구체적인 이유들을 반복해서 말해 준다. 살인 판타지는 아무 조건에서나 마구잡이로 떠오르는 게 아니라 특정한 상황에서만 유발되며, 살인에 대한 심층적 동기로부터 표출되는 것이다. 살인 판타지는 실제로 하겠다고는 결코 생각해 본 적 없는 행동에 대한 비현실적인 공상이 아니다.

살인 판타지를 유발하는 계기들을 살펴보면 살인에 대한 급진적인 새 이론을 지지해 주는 일련의 패턴들을 발견할 수 있다. 대뇌에 저장된 전문화된 심리 회로들은 살인을 특정한 적응적 문제들에 대한 하나의 해결책으로 생각하게 만들었다. 이것이 바로 살인 판타지가 흔하게 나타나는 이유이며, 대다수의 사람들이 살아가면서 한번쯤은 살인에 대해 생각하게 되는 이유이다. 또 제정신이 아니거나 우울증에 걸렸거나 직업적으로 범죄를 저지르는 사람들뿐만 아니라 일반 사람들도 살인 판타지를 품게 되는 이유이다.

다음과 같은 흥미로운 사실을 생각해 보자. 인간의 뇌는 고작해야 체중의 2퍼센트밖에 나가지 않지만 신체에 필요한 에너지의 20~25퍼센트를 소모한다. 이러한 사실은 사고와 관련하여 중요한 사실을 알려 준다. 인지는 대사적으로 비용이 많이 드는 과정이다. 한 문제를 해결하는 데 소비되는 에너지는 다른 문제들을 해결하는 데 사용될 수 없다. 사고에 드는 비용은 단순히 소모된 열량의 차원에서만 생각할 수 없다. 한 문제에 대한 정보를 처리하는 시간 동안 인지 작용은 다른 문제를 처리할 수 없다. 이것이 바로 경제학에서 말하는 '기회비용'이다. 사람은 일에 대해 고민하면서 동시에 연애 문제를 생각할 수 없다.(연애 문제가 일을 방해하는 경우나 일이 연애 문제를 방해하는 경우만 아니라면!) 개인적 공상의 성격, 내용, 지속 정도는 우리의 마음이 해결하도록 진화한 문제들이 무엇인지에 대해 중요한 실마리를 제공한다. 대부분의 평범한 사람들도 인생에 한번쯤은 살인에 대해 생각한다. 친절한 동료, 헌신적인 남편, 침착성 있는 교사 등 우리가 선하다고 일컫는 사람들조차도 때로 살의를 느낀다.

살인을 저지를지 말지를 고민하는 것이 왜 인간 심리 구조의 일부분인지 이해하기 위해 대부분의 사람들이 일생 동안 꽤 많이 고민하는 중요한 문제인 '성(性)'에 대한 인지 활동을 고려해 볼 수 있다. 성적인 생각을 했다고 해서 반드시 성적인 행동을 하지는 않는다. 사실, 성적인 생각의 대부분은 실행에 옮겨지지 않는다. 다행스러운 일이다. 그럼에도 마음속에 펼쳐진 성적인 시나리오는 굉장히 유용한 기능을 제공한다. 이 시나리오를 통해 우리는 사람들을 성적으로 자극시키는 것과 흥분을 가라앉히는 것이 무엇인지 판단할 수 있다. 사람들은 실제로 정사를 갖지 않으면서도 그 일을 마음속에 떠올릴 수 있다. 성적인 판타지는 행동에 옮기기 전 성적 행동이 불러올 수 있는 결과들을 면밀히 조사할 기회를 제공해 준다. 비참한 행동을 실행에 옮기는 실수를 저지르기 전에 가능한 결과들을 영상화하여 떠올릴 수 있게 하는 것이다. 또 한편, 성적 판타지는 사람들을 자극하여 지나치게 수줍어서 시도하지 못했던 행동들을 시도할 수 있게도 해 준다.

살인에 대한 판타지는 여러 대안적인 시나리오들을 만들어 각각의 효과와 비용, 결과들을 판단할 수 있게 해 준다. 우리 연구에 참가했던 한 여성의 사례를 보자. 23살의 여성은 자신의 경쟁자를 살해하는 상상을 했다.

애인이 그 여자와 바람피웠어요. 정말 암캐 같은 계집이었는데……. 제 애인은 그 여자 때문에 저랑 헤어지려고까지 하는 거예요. 내 사랑을 뺏어 간 그 여자를 증오했어요. 그런데 그녀는 제 남자 친구를 지독하게 대하더군요. 저는 그 여자의 목을 조르고 머리를 난도질하는 상상을 했어요.

그녀에게 왜 이런 상상을 실행에 옮기지 못했느냐고 묻자, 그녀는 평생을 철창 속에서 갇혀 지내고 싶지 않았다고 대답했다. 또 만약 잡히지 않을 거란 확신이 있었다면 실제로 살인을 저질렀을 수도 있었을 거라고 대답했다. 머릿속에서 시나리오들을 돌려 보며 그녀는 여러 해결책들의 효과와 실현 가능성을 비교해 볼 수 있었다. 그녀는 자신의 경쟁자에 대해 악의적인 소문을 퍼뜨리는 것을 대안으로 선택했다. 그녀는 다른 사람들에게 자신의 경쟁자를 더러운 암캐라고 말하고 다녔다.

잠시만 생각해 보자. 순간적일지라도 누군가를 살해하는 상상을 해 본 적이 없는가?

사람들은 자신에게 영향을 미치는 사람들에 대해 수백 가지 종류의 살인 판타지를 떠올린다. 미시간에서 발생한 살인 사건 기록들에서 발견되는 것처럼 살인에 대한 상상은 대개 실제 살인에 선행해서 이루어진다. 그러나 살인 판타지가 항상 살인을 저지르도록 이끄는 것은 아니다. 사실, 살인에 대한 판타지는 대부분 살의를 억눌러 살인 충동을 제어하는 역할을 한다. 왜냐하면 사람들은 살인으로 인해 치러야 할 대가가 매우 크다는 판단이 서면 덜 위험하면서 더 효과적인 해결 방안을 선택하기 때문이다. 그렇다고 살인 판타지가 살의의 진정한 표출이 아니라고 말하려는 것은 아니다. 실제로 살인에 대한 상상은 거의 항상 실제 살인에 선행해서 이루어진다.[22] 살인을 저지르기 전, 사람들이 무슨 생각을 했는지 마치 그림을 보듯 세부적으로 묘사해 놓은 자료들은 거의 없다. 그렇지만, 우리는 미시간 살인 사건들에서 살인 판타지가 대개 실제 살인에 선행한다는 주장을 뒷받침할 만한 사례를 찾아볼 수 있었다.

아내를 죽이기 2주 전, 찰스 W.*(신분 보호를 위해 이름과 특정 세부 사항들을 변경했다. 가명 뒤에는 *를 달아 표시했다.)는 직장 상사와 대화하다 아내를 죽이고 싶다는 말을 했다. 그는 자신의 상사에게 "비슷한 감정을 느낀 적이 있으신가요?"라고도 물었다. 사건이 있기 전날, 찰스는 친구를 방문해 "수잔*의 엉덩이를 두들겨 패 주겠어. 그렇지 않으면 사람을 고용해 그녀를 죽일 거야."라고 말했다. 또 다른 증언에 따르면, 찰스는 당신이 어디 있는지 알고 있고, 당신을 죽일 만큼 충분히 화가 나 있다고 말하며 아내를 위협했다고 한다. 배경 이야기를 통해 그의 살인 동기를 파악할 수 있다. 찰스가 아내를 위협하기 2주 전, 수잔은 그를 떠났다. 찰스는 면담자에게 자신은 아내를 사랑했는데, 그녀가 뚜렷한 이유도 없이 이혼하자고 했다고 말했다. 사건 발생일, 그는 자식들에게 식사를 챙겨 주러 직장을 떠나 집으로 향했다. 실제로 찰스는 "아들들을 정말 사랑합니다. 그 애들이 매우 자랑스러워요. 저는 애들을 사랑하고 애들 역시 저를 사랑한다는 걸 알고 있어요."라고 말했다.

자식들과 식사를 마친 후, 찰스는 차를 타고 아내를 찾으러 나갔다. 그녀의 직장으로 찾아가 탐정 행세를 하며, 직원들에게 사기 혐의로 추적

중인 여자라며 아내의 사진을 보여 줬다. 그는 아내가 자주 들른다는 바에 가서도 같은 방법을 사용했다. 그 후 그는 아내의 친구 집에 찾아갔다. 친구의 증언에 따르면, 당시 그는 매우 예의가 발랐으며, 말투에서도 전혀 이상한 점을 찾아볼 수 없었다고 한다. 마침내 아내가 머무르고 있는 장소를 알게 되자, 그는 집으로 돌아와 조준경을 단 라이플을 집어 들고 차를 몰아 아내가 머물고 있는 장소로 달려갔다. 아내의 숙소에서 한 블록 떨어진 곳에 차를 주차시킨 후 그는 아내의 숙소까지 걸어갔다. 그러고는 창 밖에서 아내를 조준한 후, 방아쇠를 당겼다. 나중에 그는 아내를 죽일 의도는 없었으며, 단지 창 옆에 앉은 사람이 아내인지 아닌지 알아보려 했을 뿐이었다고 말했다. 조준경을 통해 그녀를 보고 있는데 이상하게도 총이 발포되었다는 것이다. 그는 총을 사용할 계획도 없었고, 단지 그녀를 놀라게 만들어 집으로 돌아오게 하기 위해, 그리고 자신의 진심을 보여 줄 요량으로 총을 가져간 것뿐이었다고 증언했다.

왜 아내를 쏘았냐는 질문에, 그는 다음과 같이 대답했다. "말하자면 길어요. 간단하지가 않습니다. 사건이 있기 40일 전, 아내가 집을 나간 날부터 말씀드리겠습니다. 퇴근해 집에 왔는데, 그녀가 제게 달려와서는 키스를 마구 퍼부었습니다. 그녀는 몹시 동요된 상태였죠. 겁먹은 사람처럼 행동했어요. 그녀의 공포에 질린 눈동자를 보고 있으니 마음 한구석에서 의심이 일더군요. 무언가 상당히 잘못되어 있었어요. 그녀가 아무하고나 놀아나고 있다는 사실을 전 이미 알고 있었죠. 그 후 그녀는 집을 나갔어요. 어디로 갔는지는 알 수 없었어요. 저는 그녀가 여성의 집 같은 보호 기관으로 갔을 거라고 생각했어요. 그런데 어느 날 집으로 전화해서는 이혼 서류를 작성했다고 말하는 겁니다. 가출한 지 2주가 조금 넘은 때였죠. 저는 완전히 절망했습니다. 그럴지도 모른다고 생각은 했지만 그녀가 아직도 절 사랑하고 있다는 걸 알고 있었기 때문에 실제로 그러리라고는 생각도 못했습니다. 저는 여전히 그녀를 사랑하고 있었고 그녀가 집으로 돌아오기만을 바라고 있었는데……. 직장도 잃었는데……. 이젠 아내마저 이혼하자고 하는 겁니다." 그는 또 아내와 정을 통하고 싶어 하는 남자가 있으며, 아내가 자기와 이혼하려 한다는 걸 아는 날에는 그 남자가 더더욱 그러고 싶어 할 것이라고 말했다. 그의 모든 행동, 상사와 친구에게 한 말들, 그리고 이어진 살인에 대한 설명들은 그가 살인에 대해 몇 주 동안 생각해 왔음을 말해 준다. 이는 계획 살인으로 판결을 내리기에 충분한 증거들이었다.

미시간에서 발생한 살인 사건의 72퍼센트에서 살인을 저지르기 전, 피의자가 미리 살인에 대해 곰곰이 생각했다는 명백한 증거들이 존재한다. 911 테러는 몇 년 동안의 치밀한 계획 끝에 나온 범죄이다. 테러범의 일기장은 연쇄 살인범에 대한 최근 연구들이 밝혀낸 바를 그대로 보여 주고 있다. 즉, 연쇄 살인범의 86퍼센트가 실제 살인을 저지르기 전, 살인에 대해 선명하게 반복적으로 생각한다는 것이다.[23] 물론, 살인에 대한 상상이 여러 날, 여러 달, 혹은 여러 해 동안 지속될 필요는 없다. 몇 시간일 수도, 몇 분일 수도, 혹은 몇 초일 수도 있다. 미시간에서 발생한 한 사건의 경우, 가해자는 다음과 같이 증언했다. "누군가 당신을 괴롭히고 심기를 거슬리게 해도 겉으로는 웃어 줄 수 있겠지. 하지만 속으로는 그를 두들겨 패서 죽이고 싶을 거야. 추측컨대, 그는 내 눈동자에서 뭔가 심상치 않은 기색을 읽고 자리를 떠난 것 같아. 나는 그를 불러 괜찮다고 말했지만 별 소용이 없더군. 그가 달아나기 시작했을 때, 난 총을 꺼내 그의 머리를 쐈지." 몇 초간 지속되든 몇 달간 지속되든, 살인에 대한 상상은 거의 예외 없이 실제 행동을 취하기 전에 나타난다.

살인 판타지가 이렇게 만연하게 나타난다는 사실과 살인에 대한 기존 이론들이 충분한 설명을 제공해 주지 못한다는 사실은, 내게 살인을 저지르는 이유에 대해 보다 깊이 있고 납득할 만한 이론을 고안해 내도록 재촉했다. 내 이론의 핵심은, 인간은 생존과 번식을 위한 기나긴 투쟁에서 마주치게 되는 문제들을 해결하기 위해 살인이라는 강력한 심리적 적응을 진화시켰다는 것이다. 이러한 적응은 마음속에 심리 회로로 존재하고 있으며, 특수한 적응적 문제들을 해결하기 위해 특정한 조건하에서 작동하기 시작한다. 대다수의 살인들에는 진화의 논리가 작동한다. 이 이론은 다른 이론들이 설명하지 못했던 살인의 여러 통계학적 특징들(살인의 피해자와 가해자가 대부분 남성인 이유와 같은)을 매우 설득력 있게 설명해 준다. 또 여성들이 살인을 저지르는 이유와 상황에 대해 타당한 설명을 제공해 주며, 자식 살해처럼 이해하기 어려운 형태의 살인조차도 설명해 줄 수 있다.

살인에 대한 진화 이론을 통해 나는 '유전자 결정론'을 주장하려는 게 아니다. 인간이 필연적으로 표출되고야 말, 무의식적인 살인 충동을 지닌 로봇이라고 말하려는 게 아니다. 또 살인 같은 극단적인 행동을 실제로 저질러야 하나 말아야 하나 고민할 때 우리에게 아무런 선택권도 없다고 말하려는 것도 아니다. 특정한 상황에서 살인을 저지르게 할 수도 있는 심리적 적응이 존재한다고 해서 우리가 반드시 살인을 저지르게 될 것이라고는 말할 수 없다. 단지 살인은 우리 선조들이 빈번히 마주쳤던 일련의 예측 가능한 적응적 문제들에 대한 한 가지 해결책이 될 수 있었다고 말하려는 것뿐이다. 다행히도, 대부분의 경우 사람들은 이러한 문제들을 해결하기 위해 살인 이외의 다른 방법들을 사용한다.

진화 심리학의 관점

내 이론은 진화 심리학이라는 새롭고 매우 흥미로운 학제적인 분야에서 나왔다. 진화 심리학은 인간의 행동을 이해하는 데 있어 과학적인 혁명을 일으켰다. 이 이론에 따르면, 우리는 자신의 행동을 조직하는 여러 심리적 적응들을 진화시켰다. 특정한 상황에서 살인을 저지르게 만드는 심리 기제는 이런 복잡한 심리 기제들의 오직 일부분에 지나지 않는다. 예를 들어, 우리는 협동, 이타주의, 평화 구축, 우정, 동맹 형성, 자기희생과 같은 적응들 역시 진화시켜 왔다.

진화 심리학이 발달하기 전 인간 본성에 대한 이론 중 가장 영향력이 컸던 것은 소위 '빈 서판' 이론으로 알려진 것이었다.[24] 이 오래된 패러다임(사고 체계)에 따르면 태어날 당시 인간에게는 일반적인 학습 능력을 제외하고는 본성이라는 것이 존재하지 않는다. 그러다 나이가 들고 성장하면서 이 '빈 서판' 위에 개개인의 특성이 쓰이게 된다. 즉, 인간의 본성은 부모, 선생, 친구, 사회, 매체, 문화 등 외부 요인에 의해 만들어진다는 것이다. 사람들이 살인을 지지르는 이유를 설명할 때, 이 이론은 나쁜 부모, 불충분한 사회화, 대중 매체의 메시지, 폭력을 찬양하는 문화와 사회의 병폐 등 세상 '밖에 있는' 다양한 유해 요인들을 지적해 왔다.

이와 달리, 진화 심리학은 인간이, 오랜 역사 동안 선조들이 마주쳐 온 다양한 적응적 문제들을 해결하도록 설계된 심리 구조를 갖추고 세상에 태어난다고 주장한다. 이 심리 장치는 먼 옛날부터 여러 세대에 걸쳐 인간이 직면해 온 생존과 번식에 대한 도전들을 제대로 처리하도록 도와준다. 물론 이 적응 기관들이 완전히 형성된 채로 태어나는 것은 아니다. 남자건 여자건 태어날 때부터 수염이 나 있거나 완전히 성숙된 가슴을 달고 나오는 경우는 없다. 이들은 번식기 동안 생겨나는 문제들을 해결하기 위해 나중에 발달한다. 비슷하게, 심리적 적응 장치들도 인간의 발달 과정에서 적절한 시간에 맞추어 나타난다.

진화 심리학은 발달 과정에서, 인간 본성에 대한 광범한 새로운 통찰들을 양산해 내기 시작했다. 이 이론은, 사람들이 외모는 가죽 한 꺼풀에 지나지 않는다고 누차 배워 왔음에도 왜 아름다움에 그렇게 매혹되는지에 대한 타당한 설명을 제공해 주었다. 또한 배우자를 사랑할 때조차 왜 사람들은 그렇게 많이 바람을 피우는지, 성관계에 대한 남녀의 생각은 왜 그렇게 다른지에 대한 해답을 제시해 주었다.[25] 이외에도 계부모의 존재가 아동 학대의 가장 큰 위험 요인이라는 사실을 발견해 내었다. 이 이론 덕분에 여성이 남성보다 공간 위치 기억(전에 봤던 사물의 위치와 장소를 기억해 내는 능력)이 더 뛰어나다는 사실이 발견되었으며, 여성의 성욕이 배란 주기에 따라 달라지는 이유도 처음으로 설명할 수 있었다.

진화 심리학은 인간 본성의 여러 측면들에 대해 타당한 설명들을 제공해 왔다. 따라서 살인 판타지가 놀랍도록 만연하게 나타나며, 사람들이 살인에 매료되어 있음을 깨달았을 때, 나는 인간이 살인에 대한 적응 기구들을 진화시켰을 가능성에 대해 깊이 생각하기 시작했다. 살인은 인간이 대면했던 몇몇 진화적 도전들을 해결할 수 있는 놀랍도록 효과적인 전략이었다. 그렇다면 우리 마음이 살인을 유발하는 심리 기제를 장착하게 됨으로써, 긴 진화의 시간 동안 우리는 살인 행위로부터 어떤 강력한 이익을 제공받을 수 있었을까?

선조들의 경쟁적인 유산

우리는 내쉬는 숨결 하나하나까지 조상들에게 신세를 지고 있다. 상상할 수 없을 만큼 긴, 끊임없는 혈통으로 이어진 선조들은 다윈이 말한 모든 "자연의 적대적인 힘"들에서 간신히 살아남은 사람들이었다. 진화 경쟁을 적자생존으로, 가혹한 환경에서 주어진 도전들에 대항해 살아남으려는 동물들의 가열 찬 투쟁으로 생각하기는 쉽다. 식량을 구하거나 포식자를 피하는 데 실패한 사람들, 질병에 굴복하거나 기생충에 뒤덮인 사람들은 진화의 먼지로 도태되었다. 이것은 대단히 명백하다.

이보다 덜 명백한 것이, 자연선택에 의한 진화 과정은 여러 세대에 걸쳐 일어나며, 장기적인 결과에 가장 중요한 요소가 바로 번식 경쟁이라는 점이다. 진화의 입장에서 승자란 살아남은 사람들뿐 아니라 번식에 가장 성공한 사람들, 즉 자식을 낳을 수 있는 자손들을 가장 많이 퍼뜨린 사람들을 의미한다. 번식에 성공하기 위한 경쟁이 인생의 가장 중요한 동력원이 된다. 경쟁은 상당히 치열하다. 매 세대마다 번식할 수 있는 남녀의 수는 고정되어 있다. 옛말에 이르길, 좋은 물건에는 다 임자가 있다고, 짝짓기 시장에서 어떤 배우자는 다른 배우자보다 훨씬 매력적이다. 각 남녀들은 다음 세대의 조상이 되기 위해 결국 다른 남녀들과 경쟁 관계에 놓이게 된다.

우리는 모두 이 번식 경쟁에서 성공한 사람들의 후손이다. 성공한 사람들의 후손으로서, 현대의 인간은 선조들이 경쟁에서 우세하도록 도왔던 이로운 신체적 특징들과 심리 구조를 가지고 있다.

우리를 만들어 낸 잔인한 진화 경쟁은 미묘한 본성과 심오한 함축을 지닌 이론적 통찰을 제공해 준다. 지금까지 행해진 여러 분석들은 인간 본성을 이해하는 데 실패했거나 인간 본성과 밀접하게 관련된 여러 혼란스러운 특징들 앞에서 뒷걸음치기 일쑤였다. 치열한 번식 경쟁에서 오랜 세월 동안, 살인은 진화적 성공(유전자 번식에 있어서의 성공을 말한다.—옮긴이)을 달성하기 위한 매우 효과적인 방법이었다. 물론, 문명화되면서 모든 인간 사회는 살인을 금지하는 법률을 제정했으며, 현대 사회에서 살인은 엄정한 처벌을 받을 수도 있는 위험한 행위이다. 따라서 짝짓기 경쟁자를 없애는 방법으로서 살인은 과거보다 훨씬 비용이 많이 드는 전략이다. 그러나 오랜 역사 동안 살인은 경쟁자를 물리치고 자신이 선택한 배우자를 통해 자신의 유전자를 확실하게 전달하는 가장 효과적인 수단이었을 것이다. 남성의 관점에서 경쟁자의 배우자를 살해하는 행위는 곧 경쟁자에게서 매우 귀중하고 어쩌면 대체 불가능한 번식 자원을 박탈하는 행위이다. 경쟁자의 자식을 살해하면 그의 유전자가 미래로 전달되는 것을 완전히 차단할 수 있다. 집단 살해나 대략 학살을 통해 경쟁자의 집단 전체를 파괴하는 행위는 살인자들과 그 자손들이 번성할 수 있는 새로운 가능성을 열어 준다.

살인이 적응이며 유리한 행위라고 이야기하는 것이 냉혹하게 들릴지도 모른다. 그러나 오랜 진화의 역사 동안 인간이 대면해 온 번식 경쟁의 속성을 고려하면 격렬한 진화 경쟁에서 살인 행위가 제공하는 이점이 무엇인지 이해할 수 있을 것이다. 진화적 측면에서 살인이 가지는 이점들은 중요하고 복합적인 것이었음에 틀림없다. 왜냐하면, 반대로 살해당할 때 지게 되는 번식적인 손해가 너무나 크기 때문이다.

어떤 신문도 "과학자들, 죽는 게 나쁘다는 사실을 발견함" 같은 헤드라인을 실을 리가 없다. 누구나 그 사실을 이미 알고 있기 때문이다. 그럼에도 진화적 관점에서 살해당하는 것은 우리가 깨닫고 있는 것보다 훨씬 더 나쁜 일이다.

이 중요한 통찰의 여러 면면들을 다 설명하는 데는 상당한 시간이 걸린다. 우선, 살해당하면 불운한 희생자의 유전자는 전달될 수 있는 모든 경로를 차단당한다. 결코 다시는 다른 여성을 유혹하거나 구애하지 못하며, 낯선 사람과의 성적인 접촉, 정부와의 밀통(密通, 부부가 아닌 남녀가 몰래 정을 통함—옮긴이)에 대한 모든 가능성이 완전히 없어져 버린다. 모든 미래의 짝짓기 행동들, 즉 미래의 모든 번식 기회까지 영원히 사라지는 것이다. 그러나 이것은 단지 시작에 불과하다.

만약 희생자에게 아내가 있었다면 그의 아내는 이제 다른 남자와 교제하기 적합한 상태가 된다. 죽은 남자는 더 이상 아내를 유혹하려 애쓰는 전 친구나 현재의 경쟁자들을 막아 내지 못한다. 이제 그의 침대에 다른 남자가 잠들며, 아내의 살결을 애무하고, 그녀를 임신시킬지도 모른다. 그의 모든 번식적 손실은 다른 남자의 잠재적인 번식적 이득이 된다. 그러나 살해돼서 치러야 할 대가는 아직 더 남아 있다.

희생자의 자식들은 이제 엄청나게 취약한 존재가 되었다. 희생자는 더 이상 자식을 양육하는 일을 도울 수 없으며, 자식들이 인생의 셀 수 없는 장애물을 통과하는 모습을 지켜보지도 못한다. 그는 더 이상 이방인이나 계부의 손에 의해 자식들이 구타, 성적 학대, 살해당하는 것을 막을 수 없다. 자식들 역시, 엄마가 재혼할 경우 부모의 관심을 잃을 위험에 처하게 된다. 그럴 경우, 엄마의 관심은 새 남편과의 사이에서 낳은 아이들에게로 옮겨 갈지도 모른다.

진화 경쟁의 계산 논법으로 이 비용들을 완전히 계산하면, 희생자의 손해는 열성적인 경쟁자가 얻을 잠재적 이익으로 변한다. 지위 계층에서 그가 사라진 빈 공간은 경쟁자가 올라설 수 있는 새로운 틈이 된다. 경쟁자의 아이들은 그의 자식들과의 경쟁에서 우세할 것이다. 아버지의 죽음 때문에 자식들은 성장을 방해받고, 친지들의 세력도 약해질 것이다. 간단히 말해, 희생자가 치러야 할 대가는 자기 자식, 손자, 증손자 및 친지들에게까지 확대되어 퍼진다. 동시에, 그 대가는 무자비한 경쟁 속에서 경쟁자가 누리는 이익으로 변한다. 요절로 인해 생기는 끝없는 어두움은 모든 유전적 연관 관계의 갑작스러운 종말을 동반한다.

인간 본성의 근원에 놓인 경쟁 동기에 대한 이러한 시선이 너무 가혹하다고 생각된다면, 선조들의 문화와 비슷하다고 여겨지는 남아메리카, 파라과이의 아케 인디언에 대한 연구 결과를 참조하라.

아케 인디언들 사이에서 고기는 매우 진귀한 자원이다. 채집된 장과류, 견과류, 곡식들은 가족 내에서만 공유되는 반면, 공동으로 사냥한 고기는 아케 인디언 전체에서 공유된다. 사냥꾼들은 자신이 잡은 사냥감을 중앙 분배자에게 가져다준다. 그러면 중앙 분배자가 가족 규모에 근거해 가족에 따라 수확물들을 할당한다. 훌륭한 사냥꾼은 높은 지위를 누린다. 집단은 훌륭한 사냥꾼들을 행복하게 해 주려고 애쓴다. 놀랍게도, 숙련된 사냥꾼이라 해서 공용 고기를 더 많이 얻는 것은 아니다. 그들은 두 가지 방식으로 자신의 기여를 보상받는다. 첫째로, 집단은 훌륭한 사냥꾼의 자식들에게 색다른 관심과 의료 혜택을 제공한다. 이 아이들은 시중을 받는 것을 즐긴다. 집단 구성원들은 이들을 먹이고, 발에서 가시를 제거하며, 아플 때 간호하는 데 많은 시간을 소비한다. 둘째로, 숙련된 사냥꾼들은 아케 여성들의 관심을 한 몸에 받는다. 이들은 여성들에게 매우 매력적인 존재가 된다. 숙련된 사냥꾼들이 정부나 처를 여럿 거느리는 일은 그다지 특별한 일이 아니다. 그러나 이런 이점들이 갈등을 야기할 수도 있다.

어느 날 숙련된 사냥꾼과 보통 사냥꾼 사이에 싸움이 발생했다. 갈등은 보통 사냥꾼의 아내 때문에 생긴 것이었다. 남편이 아내의 부정을 발견하고 상대 남자에게 도끼 싸움을 걸었던 것이다. 그러나 훨씬 건장했던 경쟁자의 칼날에 남편 쪽이 쓰러져 죽고 말았다. 며칠 뒤 그의 13살 된 아들의 운명을 결정하는 회의가 소집되었다. (사냥에 나갈) 아버지가 없다는 사실은 그가 지금 집단의 자원을 유출해 가기만 하는 존재라는 것을 의미했다. 집단은 결정을 내렸다. 그 아이는 죽어야만 했다. 결국 아버지의 죽음이 아들의 목숨마저 앗아 간 것이다. 여기에 죽은 남자는 자기 자식을 보호해 줄 수가 없다는 가르침이 있다. 이 경우는 살인이 희생자의 가족들에게 미치는 손해를 온전히 보여 준다.

따라서 죽음은 무척이나 안 좋은 일이다. 뒤집어 생각하면, 경쟁자를 제거하는 일은 놀랄 만큼 이로운 일이라는 말도 된다. 아래 목록은 살인을 저지름으로써 우리 조상들이 얻을 수 있었던 이점의 일부이다.

- 자기 자신, 배우자, 또는 친척들이 죽거나 다치거나 강간당하는 걸 막음
- 주요한 적대자들을 제거함
- 경쟁자의 자원이나 영토를 획득함
- 경쟁자의 배우자에게 성적으로 접근할 수 있음
- 다른 이성이 자신의 배우자에게 접근하는 것을 막음
- 흉포하다는 평판을 퍼뜨려 적의 침략을 단념시킴
- 유전적으로 아무 관계가 없는 아이들(의붓자식)에게 투자하지 않을 수 있음
- 번식에 필요한 자원을 보호함
- 번식 경쟁자들의 핏줄을 완전히 끊어 놓음

물론, 대다수의 사람들은 살인과 아무 상관없이 살아간다. 여러 가지 이유로 이것은 사실이다. 첫째, 문명화될수록 사람들은 문화적 조건화와 법체계를 통해 훨씬 효과적인 살해 방지책들을 발달시켰다. 그러나 살인 판타지에 대한 연구에서 밝혀졌듯이, 대부분의 사람들은 인생에 한번쯤은 살인을 저지르는 일에 대해 숙고하게 된다. 살인을 억제하는 또 다른 힘은 바로 진화의 유산이다. 마음속에 살인을 유발하는 동기들이 진화함에 따라 그것을 억제하려는 경향 또한 함께 발달하게 되었다. 살인은 위험한 전략이며 희생자들은 끔찍한 손해를 입는다. 죽으면 너무나 많은 손해를 보기 때문에 살해되는 것을 막기 위해 살인자를 살해하는 것 같은 무자비한 방어책들이 함께 진화하게 되었다. 따라서 잠재적인 희생자들

은 그 자체로 꽤 위험한 존재들인 것이다. 진화의 군비 확장 경쟁에서, 피살자들은 중요한 역할을 수행했지만 그 진가를 인정받지는 못했다. 이들 덕분에 살인 방지 도구들이 진화할 수 있었다.

이 살인 방지 도구들 덕분에, 살인은 종종 너무나 큰 대가를 치러야 하는 행위가 된다. 살인을 시도할 때, 당신은 취약한 존재가 된다. 당신이 노리는 희생자의 친구와 친척들은 그를 방어하려 혈안이 될 것이다. 살아남아 사체를 운반하는 데 성공할지라도 사람들로부터 배척되고 추방당할 위험이 남는다. 사람들은 대개 자신들 곁에 살인자가 있기를 원하지 않는다. 적대적인 집단과 마주쳤을 때, 살인자들이 꽤 유용한 역할을 했을지라도, 우리 선조들 역시 살인자들과 함께 있길 원하지 않았다.

상당히 많은 종류의 살인 방지책들이 존재한다는 사실은, 이러한 방지책들이 인간의 마음속에 새겨질 만큼 충분히 오랜 시간 동안 살인자들이 우리 곁에 있었다는 매우 확실한 증거이다. 뱀에 대한 사람들의 공포가 진화의 역사 동안 뱀이 인간의 생존을 위협했다는 증거가 되듯이, 잘 연마된 살인 방지책들은 살인자들이 인간의 생존을 위협했던 때가 있었다는 증거가 된다.

살인에 위험과 방해물들이 수반되기 때문에 경쟁자와 다툴 때 사람들은 살인 이외의 다른 대안들을 택하게 된다. 이러한 대안 전략 중 하나가 집단 내 다른 사람들과 동맹을 결성하는 것이다. 부족, 사회 집단, 노조 등이 모두 경쟁자를 몰아내기 위해 연맹을 형성하려는 시도라고 할 수 있다. 두 번째 대안 전략은 경쟁자와 친해지는 것이다. 그의 비위를 맞춰, 그를 당신네 동맹의 한 사람으로 만드는 것이다. 세 번째는 경쟁자의 평판에 흠집을 낼 요량으로 다른 사람들 앞에서 그에게 모욕을 주는 것이다. 그렇게 함으로써, 그의 지위를 약화시키고 보다 대체하기 쉬운 존재로 만들어 버린다. 네 번째는 풀밭의 뱀처럼 숨어서 기회를 모색하는 것이다. 그가 실패할 때까지 기다렸다가, 비로소 움직인다. 기다리는 동안 드문 기회가 생겨날지도 모르는 일이다. 마치 어느 날 갑자기 별들이 매우 독특한 구조로 늘어서 있는 걸 발견하는 것처럼 말이다. 살인으로 인해 치러야 할 대가는 예상외로 줄어들며 얻을 수 있는 이익은 갑자기 확대될지도 모른다. 어쩌면 적수를 자기도 모르는 새, 우연히 혼자서 마주치게 될지도 모른다. 갑자기 수단과 동기, 기회가 찾아오고, 적절한 순간을 포착하여 살인을 위한 심리 회로가 작동하기 시작할지도 모른다.

보다 객관적인 태도를 갖기 위해 잠시 인간에서 벗어나 우리와 가장 가까운 영장류인 침팬지를 조사해 보자. 침팬지와 인간은 약 700만 년 전 공통 조상인 고릴라에서 분기되었다. 그럼에도 불구하고 인간과 침팬지는 거의 99퍼센트의 유전자를 공유한다. 이것은 DNA 나선 위에 한 줄로 뻗어 있는 30억 개의 염기쌍 매 100개 중 99개가 완전히 똑같다는 이야기다. 물론, 차이점은 유사점 못지않게 중요하다. 인간은 누발보 셜으니 언어를 진화시켰다. 인간 여성은 배란을 은폐한다. 침팬지는 양손으로 나뭇가지를 붙잡아 이동하고, 언어를 사용하지 않고 의사소통을 하며, 암컷은 몇백 피트 멀리서도 눈에 보일 만큼 성기가 붉게 부풀어 오르는 주기적인 발정기를 가진다. 그래도 그들이 우리와 가장 가까운 영장류이기 때문에, 그들의 행동을 관찰하는 일은 때때로 인간의 행동을 이해하는 데 도움이 된다.

침팬지 무리를 쫓아 탄자니아의 정글로 간 한 인류학자의 관찰 결과를 살펴보자.[27] 어느 화창한 오후, 여덟 마리의 침팬지들이 영토의 경계선을 배회하고 있었다. 한 마리 빼고는 모두 수컷이었다. 그들은 대개 자기 영토 내에 머물렀지만 무리의 크기, 숫자가 가져다주는 보호감 때문에 대담해진 모양이었다. 경계선에서 멀리 떨어지지 않은 곳에서 그들은 수컷 침팬지를 추적했다. 고디라는 이름을 가진 침팬지는 나무 아래에서 혼자 평화롭게 과일을 먹고 있었다. 카하마 공동체의 구성원인 고디는 보통 여섯 명의 다른 수컷들과 무리를 이뤄 움직이는데 이날은 우연히 혼자 있게 되었다.

적대적인 무리를 발견한 순간 한 방울의 아드레날린이 고디의 혈관 속으로 분비되었다. 녀석은 음식을 떨어뜨리고 벌떡 일어나서는 동료들이 있는 방향으로 숲 속을 가로질러 뛰어 갔다. 놀랍게도 복병이 배치되어 있었고 이것은 공격자들에게 시간을 벌어 주었다. 눈 깜짝할 새 고디는 붙잡혔다. 선두에 있던 침팬지 중 한 마리인 험프리가 고디의 다리를 붙잡고 홱 잡아당겨 땅바닥에 내리 꽂았다. 50킬로그램에 달하는 몸무게를 이용해, 험프리가 고디를 꼼짝 못하게 눌렀다. 고디는 발버둥을 쳤지만 험프리와 여섯 명의 경쟁자들을 이길 수가 없었다. 이들 각각은 최상의 컨디션에 있는 네 명의 올림픽 선수에 맞먹는 힘을 가지고 있었다. 땅 위에 무력하게 엎드려 있는 고디를 다른 침팬지들이 두들겨 패기 시작했다. 격앙된 비명 속에서 그들은 무력한 희생자를 때리고 두들기고, 찍어 눌렀다.

영원 같은 10분이 지난 후, 마침내 공격자들이 동작을 멈췄다. 난폭하게 두들겨 맞아 수십 군데의 상처에서 피를 흘리며 고디는 남겨졌다. 그는 즉시 죽지는 않았지만 살아 있는 모습을 다시 보지는 못했다. 살해자 침팬지들은 아주 드문 기회를 잡았다. 아마도 몇 달간 이런 기회는 다시 오지 않을 것이다.

대개 우리는 인간 간의 싸움이라 하면 선전 포고를 한 적들 사이에서 일어나는 공식적인 전쟁을 생각한다. 그러나 전통적인 수렵 사회에서 살인은 침팬지에게서 목격된 것과 같은 기습의 형태로 더 많이 발생했다. 인류학자 나폴레옹 샤농은 몇 년 동안 베네수엘라에 있는 야노마모 원주민들을 관찰하던 중 그러한 기습을 목격했다.

기습이 있기 전날 밤, 카오바와라는 남자가 다른 남자들을 감정적으로 격앙시켰다. 그는 "나는 시체를 원해! 시체를 원해!"라고 노래하기 시작했다. 한 남자는 "나는 너무 사나워서 내가 쏜 화살은 강한 힘으로 적을 관통해 그의 피로 그의 집을 온통 더럽혀 놓네."라고 소리를 질렀다. 다음 날 새벽, 한 여성이 기습을 위한 음식으로, 저장해 놓은 많은 양의 플랜틴(바나나의 일종—옮긴이)을 가져다주었다. 남자들은 위장을 위해 검은 페인트를 얼굴과 온몸에 칠했다. 전사들의 어머니와 누이들은 "화살에 맞지 마라."와 같은 작별의 충고를 해 주었다. 그리고 그들의 안전을 걱정하며 눈물을 흘렸다. 적에게 가는 길은 멀고 여러 날이 걸렸다. 밤에, 습격대는 체온을 유지하기 위해 모닥불을 피웠지만, 어젯밤에는 적에게 들킬지도 모른다는 걱정으로 이러한 사치도 부리지 못했다.

여자들은 집으로 돌아와 초조해 한다. 남자들에 의해 보호받을 수 없는 여자는 이웃 부족들에게 유괴될 위험이 있다. 심지어는 같은 부족 사람들조차 믿을 수 없다. 습격대는 여섯 명씩 두 집단으로 나뉘었다. 이렇게 팀을 나누면 서로의 보호 아래 후퇴할 수 있다. 습격대는 두 명을 혹시 있을지 모를 추적자를 기다리도록 매복시킨 후 상대방을 공격했다. 이들은 독화살로 적들 중 한 명을 간신히 맞힌 후 달아났다. 집으로 돌아오면서 습격대 중 한 명이 부상을 당했다. 그러나 그는 살아남아 이후로도 습격을 계속할 수 있었다. 기습은 성공적이었다. 이들은 적들 중 한 명을 죽인 후 모두 살아서 돌아올 수 있었다. 마치 탄자니아의 침팬지들처럼 말이다.

물론 살인은 보통, 자신의 생명이 위험할 때조차도 일차 해결책이 되지 못한다. 집에서 무장한 침입자에게 위협당할 때, 당신은 맞서 공격하거나 숨거나 도망칠 것이다. 고대의 격언인 "맞서 싸우거나 도망쳐라."는 우리에게 가장 중요한 두 가지 방어책을 포착한 것이다. 살인을 멈추기 위해 발달한 방어 기제들은 살인 충동을 일으키는 심리 기제들과 나란히 진화했다. 불행히도, 공진화의 과정은 탈출구가 없는 순환 주기로 이루어져 있다. 새로운 적응이 그 방어책에 대항해 계속해서 발달한다. 방어 기제들을 발달시키는 순간조차도 우리는 여태 있었던 어떤 방식보다 효과적인 살해 방법들을 만들어 낸다.

전형적으로 공진화의 군비 확장 경쟁은 포식자와 피식자, 기생충과 숙주 같은 서로 다른 두 종 사이에서 일어난다. 포식자가 느리고 덜 기민한 피식자들을 잡아먹기 때문에 남아 있는 피식자들과 그 후손들은 붙잡히지 않기 위해 더 빠르고 숙련되도록 진화한다. 이후 피식자의 향상된 도주 능력은 포식자들에게 더 큰 선택압으로 작용하게 된다. 느린 포식자는 피식자를 잡는 데 실패하여 굶어 죽게 되므로 빠른 자들이 민첩한 자손들을 더 많이 낳게 된다. 한 종의 기술의 향상은 다른 종의 능력의 향상을 이끈다. 두 종은 어느 쪽도 빠져나갈 수 없는 끝없는 상승의 주기 속에 묶이게 된다.

공진화의 군비 확장 경쟁은 한 종 내에서도 일어난다. 이 놀라운 과정은 인간에서 살인과 살인 방지 전략들을 동시에 진화시켰다. 자연선택은 타살에 대비해 방어 도구들을 만들어 내는 동시에 이 방어 도구들을 빠져나갈 만한 훨씬 복잡한 살인 도구를 창조해 내었다. 희생자들이 살의를 간파하도록 진화했다면 살인자들은 자신의 살인 도구들을 위장하고 희생자들을 속이며 놀라게 만들도록 진화했다. 선조들은 습격에 대비해 집단으로 거주하기 시작했다. 동시에, 그들은 살인 동맹의 크기를 증가시키는 소집 전략을 진화시켰다.

동맹의 크기를 증가시키는 전통적인 소집 전략 중 하나는 여성에 대한 남성의 욕망을 이용하는 것이다. 911 테러의 주범 중 한 명인 모하메드 아타는 사랑에 불운했던 사나이였다. 아타의 집에서 발견된 암살 비밀 결사단의 지도서에 의하면 그를 모집한 사람은 그에게 내세에 "천국의 여성들"에게 둘러싸여 지내게 될 것이라는 믿음을 심어 주었다. 또 코란에 명시된 순교자에 대한 보답을 인용하며 "영원히 시들지 않는 젊음"을 누리며, "조가비 속의 진주처럼 크고 아름다운 눈을 가진 반려자"와 함께 지내게 될 것이라는 믿음을 서서히 주입시켰다. 젊은 여성과 권세에 대한 약속은 동맹을 소집하는 매우 강력한 수단이 되며, 뉴욕과 로스앤젤레스의 폭력단에서부터 종교단에 이르기까지 수많은 남성들로 하여금 살인을 저지르게 만드는 강력한 동기 부여가 되고 있다. 생명과 자유, 자손 추구를 위한 인간의 투쟁 속에서 끝없는 공진화의 군비 확장 경쟁은 오늘날에도 계속되고 있다.

  살인에 대한 진화 경쟁 이론이 실제로 현대 사회의 살인 동기를 설명할 수 있을까? 책 뒷부분에서 밝히겠지만, 이 이론은 가해자와 피해자에 관한 통계적 패턴들을 탁월하게 설명해 준다. 실제 살인 사건에서 나타난 살인자의 심리와 살인 판타지에서 엿보이는 살인 심리를 분식하면 할수록, 상당수의 살인이 짝짓기에 대한 강한 압력 때문에 발생한다는 사실을 충격적으로 깨닫게 된다. 다음 장에서는 짝짓기에 수반되는 강한 압력에 대해 살펴보겠다.

3장 위험한 짝짓기 게임
The Murderer Next Door

"한 가지 죄악은 또 다른 죄를 부르나니; 불꽃이 연기에 가깝듯 살인자의 마음은 정욕에 가깝다."

─ 윌리엄 셰익스피어, 『페리클레스』[1]

텍사스 사관생도 살인 사건.[2] 1991년 가을, 다이앤 자모라와 데이비드 그레이엄은 텍사스, 타란트카운티의 공군 보조 단체인 민간 항공 정찰대의 사관생도가 되기 위한 훈련을 시작했다. 1995년 8월, 다이앤과 데이비드는 데이트를 하기 시작했고 한 달 후에는 자신들의 진정한 사랑을 사람들 앞에서 공표했다. 가족들에게도 4년 후 사관학교를 졸업하자마자 결혼할 것이라고 알렸다. 그들은 사관생도들이 양옆으로 늘어서서 서로 검을 교차한 아름다운 결혼식을 꿈꿨다.

그러나 데이비드 그레이엄이 텍사스, 루박에서 열린 육상 경기 대회에 참가하고 돌아오던 중 이들의 사랑에 문제가 발생했다. 그는 차를 공립학교 뒤에 주차하고 팀 동료인 애드리안 존스와 뒷좌석에서 성관계를 가졌다. 이 배신행위에 대한 죄책감을 떨쳐 버릴 수가 없었던 데이비드는 12월 1일, 다이앤에게 자신의 부정을 모조리 자백했다. 다이앤은 격노했다. 그녀는 소리를 지르며, 눈물을 흘렸고 마침내 그가 부정 상대를 죽임으로써 자신에 대한 충실성을 증명해야 한다고 주장했다.

맨 처음 경찰에게 자백한 내용에 따르면, 그들은 함께 범죄를 구상했다. 데이비드는 데이트를 하자며 밤늦게 애드리안을 불러냈다. 애드리안이 눈치 채지 못하도록 다이앤은 차의 해치백에 숨어 있었다. 멀리 떨어진 호숫가에 도착했을 때, 다이앤은 밖으로 튀어나와 애드리안의 목을 부러뜨리려 시도했다. 그러나 애드리안은 그들이 예상했던 것보다 훨씬 기운이 셌다. 절망한 나머지, 다이앤은 아령을 움켜쥐고 애드리안의 머리를 반복해서 때리기 시작했지만 애드리안은 다이앤한테서 빠져나와 도망치기 시작했다. 그러나 그녀는 데이비드만큼 빠르지 못했다. 데이비드는 그녀를 따라잡은 후 총으로 쐈다. 다이앤과 데이비드는 피가 묻은 옷을 벗어 범죄 장소에서 몇 마일 떨어진 곳에 숨겼다.

다음날 농부가 시체를 발견했지만 살인자들은 9개월 동안이나 추적을 피할 수 있었다. 1996년 8월, 다이앤은 그녀의 새 룸메이트에게 그들의 사랑이 얼마나 깊은지 자랑했다. 서로를 위해 살인을 저지름으로써 사랑을 입증했다며 말이다. 룸메이트는 경찰에 이 사실을 알렸고 다이앤과 데이비드는 구속되었다. 그들은 처음에는 살인을 인정하다 나중엔 둘 다 사실을 부인했다. 각자 따로 재판을 받는 동안 서로를 비난했으며 둘 다 일급 살인으로 유죄 판결을 받았다. 이 둘은 종신형을 선고받았다.

어떻게 탄탄한 경력을 가진, 외관상 정상으로 보이는 두 젊은이들이 그런 극악한 범죄를 저지를 수 있었을까? 그것도 그렇게 냉혹하게 계산된 방식으로? 데이비드는 스스로 자신의 행동에 놀랐다고 고백했다. "우리는 둘 다 동요된 상태였어요. 자신의 행동에 놀라기까지 했구요. 여태껏 다이앤도 나도 그렇게 폭력적이었던 적이 없었거든요."[3] 그는 또 후회를 표출하기도 했다. "지금은 그 행동을 후회해요. 그 일로 인해, 학교, 친구, 애드리안의 가족, 심지어 내가 속한 공동체까지 가슴 아파할 것이라고는 결코 생각하지 못했는데……. 다이앤이 살인을 저질러서라도 얻을 만한 가치가 있다고 확신했을 때, 곧 그 일을 제 마음속에서 모두 지워 버렸다고 생각했어요. 다이앤이 제게 최후통첩을 내린 후, 저는 어떻게 그 일을 수행할지 오랫동안 열심히 고민했어요. 어리석었던 거죠. 하지만 전 사랑에 빠져 있었어요."[4] 다이앤도 살인을 고백했다가 나중에는 모든 책임을 데이비드에게 돌리며, 그 사실을 부인했다. 데이비드에 대한 영원한 사랑의 맹세에도 불구하고, 다이앤은 최근 교도소 내 다른 수감자와 약혼했다. 그녀가 이 결혼을 성사시킬 때까지는 58년이란 긴 시간이 지나야

되겠지만 말이다.

　이 사건의 여파로, 많은 사람들이 공포와 격분을 표출했다. 그중 한 사람은 다음과 같이 말했다. "전 데이비드와 다이앤이 애드리안에게 저지른 행동의 대가로 평생을 비참하게 살아야 한다고 생각해요. 그렇게 죽어도 될 만한 사람은 없어요. 누구도 그런 짓을 저지르는 걸 도와 달라고 다른 사람들에게 요구해서도 안 된다고 생각해요. 저는 그 두 사람이 감옥에서 계속 두들겨 맞았으면 좋겠어요. 아마도 그렇게 해야만 그 인간들은 진짜 고통이라는 것을 한번쯤 경험하게 될 거예요."[5] 모든 사람들이 다 이렇게 생각했던 것은 아니다. 놀랍게도 어떤 사람은 이렇게 말했다. "저는 다이앤이 한 짓이 나쁘다고 생각하지 않아요. 그녀는 일생의 동반자에게 상처를 받았어요. 그 창녀를 없애 버리고 싶었을 거예요. 애드리안은 그렇게 당해도 싸요. 저는 다이앤이 감옥에 가야 마땅하다고 생각하지 않아요. 그녀는 사랑을 위해 그런 짓을 했어요. 다이앤을 풀어 줘야만 한다고 생각해요."[6]

　수천 건의 살인 사건과 살인 판타지를 조사하면서 나는 수많은 살인 사건의 중심에 성적 경쟁 관계가 놓여 있는 경우가 얼마나 많은지에 크게 주목했다. 성적 경쟁자에 대한 격렬함이 표출된 사례를 검토해 보자.

● 사례 14, 여성, 23세

누구를 죽이고 싶었나요? 그녀는 집단 내에서 가장 쓸모 있는 남자 동료들을 지배하고 조종하려 들었어요. 남자의 주의를 끌기 위해 거짓 미소를 짓고, 그들의 무릎에 앉거나 젖꼭지에 피어싱한 것을 보여 주겠다며 셔츠를 들어올리는 등 창녀같이 행동하며 구역질 나게 굴었지요. 하지만 가장 비위에 거슬렸던

건 바로 남자들이었어요. 그들은 그런 걸 좋아하더라구요. 머저리들 같으니....... 그녀를 쿵푸 스타일로 흠씬 두들겨 패는 상상을 했어요. 그녀가 저지른 죄에 대한 응징이었죠. 누가 보기에도 그녀가 잘못했다는 건 명백하거든요. 남자들은 제가 왜 난폭한 공격을 할 수밖에 없었는지 동의할 거예요. 그들의 외경심과 각성을 얻으려 이러한 술책을 사용했으니까요.

그래서 실제로 무엇을 하셨죠? 남자 동료들에게 그녀에 대해 험담을 했어요. 그들도 동의하더군요. 하지만 여전히 그녀와 어울리고 싶어 했어요. 남자들이란!

- 사례 124, 남성, 32세

누구를 죽이고 싶었나요? 아내와 동침한 놈이요. 그는 아내의 전 남자 친구였죠. 아내는 그를 얼마나 많이 좋아했는지 이야기했었고 그와 계속 친구로 남고 싶어 했어요. 전 남자 친구가 마약 갱생소에 가게 되면서 둘은 헤어졌고 그가 다시 나왔을 때, 친구로 남기로 했지만 거의 만나지 않았습니다. 그 후 아내와 전 결혼했구요. 약 1년 후, 그들은 성관계를 가졌습니다. 그놈이 저희 집에 와서는 제 소파 위에서 아내와 섹스를 했어요. 물론 전 몹시 화가 나고 상처를 입었습니다. 그에게 분노를 모두 다 쏟아 부었습니다. 그게 그를 죽을 때까지 두들겨 팬다는 걸 의미한다 할지라도.

무슨 일이 벌어졌다면 실제로 그를 살해했을 것 같습니까? 두 사람이 섹스하는 순간 집에 들어갔다면 아마도 그랬을지 모릅니다.

● 사례 P273, 남성, 24세

누구를 죽이고 싶었나요? 전 여자 친구의 현재 애인이요. 지금 28살입니다. 제가 아직 그녀와 사귀고 있을 때도 그들은 그 짓을 하고 다녔죠.

그를 어떻게 죽일 생각이었죠? 질식시키는 거죠. 의식을 잃을 때까지 얼굴을 마구 친 후 머리를 발로 찹니다.

왜 죽이지 못했죠? 몇 달간 그를 만나지 못했습니다.

무슨 일이 벌어졌다면 실제로 그를 살해했을 것 같습니까? 그를 만난다면. 만약 취해 있을 때 그가 날 자극한다면, 그럴 수도 있을 것 같습니다.

● 사례 P2366, 남성, 19세

누구를 죽이고 싶었나요? 제 여자 친구랑 잔 놈이요. 도로 위에서 그의 차를 발견했는데, 글쎄 그놈이 제 여자 친구랑 섹스를 하고 있는 겁니다. 전 차 문을 잠그고, 주먹으로 지칠 때까지 그를 두들겨 팼습니다. 만약 방망이 같은 게 있었다면 그를 죽였을지도 모릅니다. 제가 한 짓은 옳지 않았지만, 당시 미치도록 화가 나 있어서 어쩔 수가 없었습니다.

어떻게 그를 죽일 생각이었죠? 야구 방망이로 그를 반복해서 두들겨 줄 생각이었습니다.

왜 그를 죽이지 못했나요? 방망이가 없었거든요.

무슨 일이 벌어졌다면 실제로 그를 살해했을 것 같습니까? 전 벌써 그런 상태였습니다.

수많은 살인 판타지와 살인 사건 이면에 성적 경쟁 관계가 자리하고 있는 이유를 이해하기 위해서는 먼저 배우자를 성공적으로 찾을 수 있는지 없는지, 그중에서도 번식적으로 가치 있는 배우자를 찾을 수 있는지 없는지가 진화 경쟁에서의 성공 여부를 결정한다는 사실을 이해해야 한다. 누가, 왜 살인을 저지르는가는 이 핵심 사실과 크게 연관된다. 앞 장에서 논의한 것처럼 살인의 발생 패턴 중 가장 놀라운 것 하나는 여성보다 남성이 훨씬 더 살인을 많이 저지른다는 사실이다. 전체 살인자의 87퍼센트가 남성이다. 이 통계치를 고려하여 단순히 남성이 여성보다 훨씬 더 폭력적이다라고 결론을 내릴 수도 있다. 그러나 그것이 왜 살인을 저지르는가 하는 이유에 대한 설명은 되지 못한다.

앞서 인용한 판타지 속에서 여성들이 표출했던 감정은 남성들이 표출했던 감정만큼이나 공격적이었다. 일반적으로 여성은 남성만큼 강하지 않기 때문에 시간이 지날수록, 폭력이 여성에게 있어 그다지 현명한 전략이 아니게 되었을 거라 추측할 수도 있다. 이러한 추측은 살인 발생률에서 나타나는 성별의 차이를 부분적으로는 잘 설명해 줄 수 있을 것이다. 만약 폭력이 여성들에게 훨씬 효과적인 전략이었다면 여성을 더 크고 강하게 만드는 쪽으로 선택이 작용했을 것이다. 그 결과 물리적인 힘에서 남녀의 차이가 그리 크지 않게 되었을 것이다. 현재 남성 간 살인 사건은 전체 살인의 65퍼센트에 달할 정도로 많이 발생하고 있다. 이러한 사실

뒤에는 심층적인 정신 작용이 있으며, 이는 짝짓기 게임에서의 특정 도전들과 관련이 있다.

성선택의 과열 경쟁

성적 경쟁 관계는 셰익스피어에서 나보코프(중년 남성이 어린 소녀에게 치명적으로 빠져드는 내용의 소설 『로리타』를 쓴 작가—옮긴이)에 이르기까지 널리 알려진 여러 이야기들에 고루 침투되어 있다. 알 그린이 부른 사랑 노래에도, 에미넴의 랩 가사에도 성적 경쟁 관계에 대한 내용이 가득하다. 초기 선조들이 모닥불에 둘러 앉아 나누던 뜬소문에서부터 오늘날 사무실에서 프린터 주변에 둘러 앉아 나누는 잡담에 이르기까지 성적 경쟁에 관한 드라마는 오직 한 가지 이유로 우리를 매혹시킨다. 짝짓기 게임의 보상이 크기 때문에 사람들은 다윈이 성선택이라고 부른 법칙의 상세한 내용들을 알 필요가 있다. 성선택이란 남녀가 다른 배우자들보다 매력적인 특정 상대에게 호감을 표시하고 맘에 드는 짝을 차지하기 위해 서로 경쟁하는 과정이다.

원칙적으로, 인간은 모든 것에 다 주의를 기울일 수 있다. 심지어는 풀이 자라는 속도까지도 주목할 수 있다. 그러나 실제로 인간은 그렇게 모든 사물들에 다 주의를 기울이지 못한다. 인간의 마음은 적응적 가치가 큰 사건들에 더 많이 끌리도록 진화했다. 타인의 연애 사건이 어떻게 흘러갈지 세심한 주의를 기울이면서 사람들은 짝짓기 경쟁에서 어떤 전략이 효과적이며, 어떤 전략이 실패하는지에 대한 귀중한 교훈을 얻는다. 물론 이렇게 얻은 지식이 내 자신의 연애사에서 항상 성공적으로 작용하지는 않을지라도 말이다.

어떤 사회 조직에서든, 사람들의 관계를 추적함으로써 우리는 누구의 사회적 지위가 상승될지, 또 누가 지위에서 밀려날지를 알 수 있다. 또 어떤 상대를 사람들이 매력적이게 여기는지, 그들의 결점은 무엇인지도 알게 되며, 그 혹은 그녀를 어떻게 유혹하는지 훔쳐보면서, 우리가 사용할 전략은 무엇이며, 경쟁자가 우리의 관계를 망쳐 놓기 위해 구사할지도 모르는 전략은 무엇인지 배우게 된다.

왜 성적 경쟁이 우리 삶에서 그렇게 강력한 힘을 발휘하며, 왜 그렇게 많은 살인 사건의 배후에 존재하는지 이해하기 위해 어떤 사람은 다른 사람보다 짝짓기 게임에서 더 유리한 위치를 점한다는 사실을 이해해야 한다. 경기는 공평하지 않으며, 게임에 참가하는 모든 사람들이 다 짝을 찾거나 배우자를 지킬 수 있도록 예정되어 있는 것도 아니다. 진화의 냉정한 계산에 따르면, 단지 유전자를 전달할 자식을 갖고 있는 것만으로는 장기적인 경기에서 살아남기에 부족하다. 자신의 유전자를 전달할 최상의 기회를 가진 자는 인생의 여러 도전에 대응해 최상의 유전자를 물려받은 자손들이다. 이러한 이유로, 인간의 마음속에는 단순히 짝을 찾으라는 것뿐만이 아니라 괜찮은 짝(유혹하여 계속 함께할 수 있는 최상의 상대)을 찾으라는 명령이 뿌리 깊게 박혀 있다. 이러한 명령이 모든 차이를 만들어 낸다.

만약 우리가 사랑 때문에 경쟁하지 않아도 된다면 인생이 (훨씬 지루하겠지만) 얼마나 더 단순해지게 될지 상상해 보자. 모든 종들이 다 유성생식을 하지는 않는다. 많은 종들이 무성생식을 한다. 무성생식을 하는 경우를 생각해 보자. 무성생식을 하는 종의 구성원들은 배우자를 찾을 필요가 없다. 즉 이들은 배우자를 찾아 경쟁하다 거절당하는 고통과 괴로움을 겪지 않아도 된다. 이들은 또 배우자와 성공적으로 관계를 맺기 위해 복잡하고 때로는 성가신 구애의 춤을 추지 않아도 된다. 무성생식을 하는 종의 개체들도 여전히 많은 도전에 직면한다. 이들은 주위 환경으로부터 살아가는 데 필요한 자원을 획득해야만 하고 포식자를 피해야 하며, 자신과 똑같은 유전자를 가진 자식들을 낳아야만 한다. 그러나 데이트를 할 필요는 없다.

유성생식은 약 12억 년 전 지구상에 처음으로 나타났다. 유성생식의 진화로 삶은 급격하게 복잡해졌으며, 투쟁과 다툼은 증가하게 되었다. 우리는 자연의 위협에 대항한 투쟁이라는 점에서 적자생존을 경쟁이라고 생각한다. 또 우리 중 몇몇은 다른 사람들보다 그러한 위협에 맞설 준비가 더 잘 되어 있다고 가정한다. 이러한 치열한 경쟁 때문에 살인마저도 발생하게 된다.

다윈의 발견 중 가장 중요한 것 하나는 성선택의 진화가 수행하는 주요 역할에 관한 것이다. 성선택은 생존에 이익을 가져오기 때문이 아니라 단지 배우자들이 그것을 좋아하기 때문에 특정 형질이 선택되는 과정이다. 수컷 공작의 정교한 꼬리가 이러한 형질의 가장 고전적인 예라고 할 수 있다. 선호되는 특징을 가진 개체들은 짝짓기에서 유리한 위치를 점하게 된다. 흥미롭게도, 선호되는 특징들은 선호될 만한 타당한 이유를 갖고 있는 경우가 많다. 이 특징들은 대개 배우자로서의 번식 적응도(번식 능력이 있으며 번식 연령까지 살아남은 자손의 평균 수를 말한다.—옮긴이)를 나타내는 지표가 된다. 다윈은 장기간의 진화 경기에서, 배우자를 성공적으로 찾기 위해서는 단순히 반대 성의 개체를 아무나 데려 오는 것 이상의 일을 해야 된다는 것을 깨달았다. 불임인 상대보다 임신 가능한 상대를, 기생충에 감염된 상대보다는 건강한 상대를 구별하여 선택해야만 한다. 시간이 지날수록, 건강과 임신 능력에 관계된 형질들(인간에서는, 깨끗한 안색, 강한 육체, 균형 잡힌 가슴 등)이 선택되었고, 가장 탐이 나는 특징을 가진 상대와 짝을 맺으려는 요구가 짝짓기 경쟁의 중심이 되었다.

다윈은 암컷의 선택을 강조했다. 왜냐하면 여러 종에서 암컷이 상대에 대해 선택권을 행사하는 경우를 많이 목격했기 때문이다. 심지어 그는 이러한 특징을 암컷 선택이라고 불렀다. 그러나 이제 우리는 선택권이 양방향으로 작동한다는 것을 이해한다. 수컷들 역시 꽤나 까다롭기 때문이다.

성선택은 지구의 생명의 역사에서 전에는 결코 존재하지 않았던 완전히 새로운 종류의 종내 갈등을 일으켰다. 즉 동성 구성원들은 가장 매력적인 반대 성의 개체에게 접근하기 위해 서로 격렬하게 경쟁하게 되었다.

전투에서 뿔을 맞대고 있는 두 마리의 수사슴은 동성 간 경쟁의 전형적인 예이다. 우리는 남성이 이러한 종류의 경쟁에 훨씬 더 자주 내던져진다고 생각하는 경향이 있다. 물론 이는 사실이지만 남성만이 배타적으로 치열한 경쟁 상태에 놓이게 되는 것은 아니다. 승리자는 암컷에게 성적으로 접근할 수 있다. 반면 패배자는 뿔이 부러지고 상처를 입은 채 패배감 속에 남겨진다. 진화 경쟁의 측면에서 무엇보다도 중요한 것은 패배자는 짝을 얻지 못한 채 일생을 끝마친다는 것이다. 이러한 경쟁에서 패배한 수컷은 당연히 계속해서 다른 짝을 찾으려 할 것이다. 그러나 그 작업은 전보다 한층 더 어려워진다. 인간 사회에서도, 지위가 일단 낮아진 사람은 '손상된 상품'으로 취급받는 경향이 있다.

배우자 선택은 종의 진화 방식에 큰 영향을 미친다. 만약 암컷이 밝은 깃털을 가졌거나 둥지 짓는 기술이 정교하거나 광대한 영토를 가진 수컷을 선호한다면, 이러한 특징을 가진 수컷들은 좋은 배우자를 보다 쉽게 얻을 수 있을 것이다. 그리고 그들의 자손들은 훨씬 밝은 깃털을 갖게 될 것이며, 보다 정교한 둥지 짓는 기술을 발달시킬 것이다. 이것이 수컷 공작이 어떻게 해서 정교한 꼬리를 갖게 되었나에 대한 이론이다. 선호되는 특성을 소유하지 못한 개체들은 무시되고 회피되어, 결국 번식에서 완전히 제외된다. 시간이 지날수록, 선호되는 특성을 훨씬 많이 가진 개체들로 종은 붐비게 된다. 물론, 승리를 이끈 특징들이 개체군 내에 증가하게 되면, 경쟁은 훨씬 더 치열해진다. 군비 확장 경쟁이 점차 가속화되는 것이다.

성선택의 압력은 일상에 큰 긴장감을 가져다준다. 우리는 더 매력적인 존재가 되기 위해 분투한다. 만약 인간이 진화하는 동안 대부분의 여성들이 영토를 소유했거나, 우수한 사냥 기술을 보유했거나, 다른 남자를 제거할 만큼 강인한 육체를 가진 남자들을 가치 있게 여겼다면, 남성들은 여성의 욕망을 충족시키기 위하여, 다른 남성들과 다투도록 강요받았을 것이다. 오늘날, 원시적인 특성을 보다 많이 갖고 있는 문화권의 남성들은 여전히 이런 면에서 자신이 경쟁자들보다 우월하다는 사실을 증명하기 위해 계속 경쟁한다. 이들은 영토를 얻기 위해 다투고 곰이나 들소를 잡기 위해 여러 날을 소비할 것이다. 또 전투 기술을 배양하려 애쓸 것이다.

개발도상국에서는 이러한 경쟁이 자신의 지위를 높이고, 금전을 취득하며, 막대한 재산과 좋은 차를 얻기 위해 겨루는 모습으로 표출되기 쉽다. 만약 남성이 건강하고 육체적으로 매력적인 젊은 여성을 선호한다면, 여성들은 남성이 원하는 육체적 특징들을 향상시키기 위해 서로 경쟁할 것이다. 물론, 여성들은 이런 일을 하는 데 많은 돈과 시간을 소비할 것이다. 본질적으로, 각 성의 구성원들은 기꺼이 반대 성의 욕망과 변덕의 희생자가 된다. 우리가 대면한 가장 무자비한 형태의 경쟁은 원하는 짝을 차지하기 위한 경쟁이었다. 이것이 이 경쟁이 인간의 인생과 대부분의 문화권에서 무엇보다도 중요한 위치를 차지하고 있는 이유이다. 짝을 얻기 위한 경쟁은 두 가지 기본적인 방식으로 작동한다. 첫째, 우리는 동성 경쟁자와 직접적으로 경쟁한다. 남성은 남성에 대해, 여성은 여성에 대해 종종 극단적일 정도로 경쟁적이 된다. 둘째, 우리는 반대 성의 구성원에게 매력적으로 보이기 위해 많은 시간을 투자해 노력한다.

배우자 선호와 살인의 연관 관계

폭력 행동에서 성차가 나타나는 이유는 남녀가 배우자에게 가치 있다고 여기는 부분이 서로 달라, 대면해야 하는 진화의 압력도 달라졌기 때문이라고 설명할 수 있다.

남성 폭력을 고려해 보자. 남자 대 남자의 오랜 경쟁 기간 동안 위험한 전략들이 종종 유리하게 작용하는 경우가 있었다. 위험한 전략은 때로 일찍 죽게도 만들었지만 짝짓기에 있어서 이점을 제공하는 한 계속 사용되었다. 예를 들어, 큰 짐승을 사냥하는 것은 음식을 구하는 방법 중에서도 위험한 방법이다. 들소를 잡는 과정에서 들소가 아닌 본인이 상처를 입거나 목숨을 잃을 수도 있다. 그러나 여성들이 집에 고기를 가져다주는 남성을 선호했기 때문에 남자들은 사냥 중에 죽거나 부상을 입더라도 사냥에 적응하도록 진화했다. 불행히도, 배우자 경쟁에서는 남성이 폭력적이 되도록 부추기는 요소들이 너무나 많다. 남성에게 있어 폭력이란 경쟁자를 제거할 수 있는 수단이자 짝이 한 명도 없는 최악의 상황을 피하기 위한 필사적인 전략이다. 여성이 자신을 보호해 줄 만한 육체적 능력을 가진 남성을 선호하기 때문에 폭력을 통해 자신의 강함을 드러내는 것이 육체적 능력을 주장하는 방식으로 기능했다. 대조적으로, 여성은 다른 여성에 대해 폭력을 행사하라는 자극을 크게 받지 않는다. 아름다움이나 정조 같이 남성들이 대부분의 배우자에게 원하는 특성들은 폭력을 통해 보여줄 수 있는 것이 아니다. 자식을 보살피는 일이 여성에게 중요하다면, 번식 성공의 면에서 폭력이란 여성에게 크나큰 대가를 지불해야만 하는 일로 판명되었을 것이다. 왜냐하면 폭력은 여성들을 다치게 하거나 심지어는 죽일 수도 있기 때문에 자식들이 성인이 될 때까지 지켜볼 수 있는 기회를 빼앗아 가기 때문이다. 남녀에게 가해지는 진화의 압력 차가 어떻게 살인 동기를 설명할 수 있는지 이해하기 위해서는 남녀가 배우자에게 원하는 조건의 차이를 더 깊이 알아봐야 한다. 물론, 남녀 모두 상대에게 공통적으로 바라는 기본적인 특징들이 있다. 그러나 그것을 제외하면, 이들이 상대에게 바라는 점은 극단적으로 달라진다. 그 차이가 작용하는 방식은 누가, 누구를, 언제 살해하는가에서 나타나는 경향들을 상당 부분 설명해 준다.

남성이 원하는 것 vs 여성이 원하는 것

지금까지 행해진 비교 문화 연구 중 가장 규모가 컸던 연구는 6개의 대륙과 5군데의 섬에서 37개 문화권을 대상으로 1만 47명의 배우자 선호도를 조사한 연구이다.[7] 연인에게 제일로 바라는 특징은 남녀 모두 상당 부분 일치하는 것으로 나타났다. 이들은 모두 친절하고, 이해심이 있으며, 신뢰할 수 있고, 똑똑한 배우자를 선호했다. 이러한 특징들의 적응적 가치는 꽤 명백하다. 친절은 자신이 선택한 짝이 우수하고 헌신적인 부모가 되어 줄 것이며, 협조적이고 이타적인 사람이라는 신호이다. 신뢰성은 상대가 의지할 수 있는 사람이라는 신호이다. 신뢰성이 있는 배우자는 자신을 버리거나 학대하지 않을 것이며, 자식들을 잘 먹이고, 사회에 매끄럽게 편입시키며, 정시에 침대로 데려가 주는 믿음직한 부모가 되어 줄 것이다. 지성은 여러 가지 긍정적인 특성들의 복합체이다. 그중에서도 특히 매일 가족들이 대면하는 적응적 문제들을 해결하는 능력이 가장 중요하게 여겨진다. 남녀 모두 자식들과 잘 지내고, 친척들과 협동하며, 자신의 친구들과도 잘 지낼 수 있는 배우자를 선호한다. 양성 모두 사교성 좋고, 사회에서 성공했으며, 성격 좋고 삶을 즐겁게 해 줄 만한 유머 감각이 있는 배우자들에게 끌린다.

그러나 남성 배우자들이 여성 배우자들보다 더 가치 있게 여기는 세 가지 중요한 자질들이 있다. 그들은 외모와 젊음에 최상의 가치를 부여한다. 즉, 남성들은 젊은 여성을 더 좋아한다. 또 이들은 여성의 성적인 정절을 크게 강조한다. 반면, 여성들은 경제력, 좋은 직업, 사회적 지위를 가진 남자에게 더 큰 호감을 표시한다. 아름다움, 젊음, 정절에 대한 남성의 갈망은 살인 동기로 많이 등장한다. 경제적 성공과 높은 지위를 가진 남성에 대한 여성들의 갈망 역시 그렇다. 남녀가 직면한 진화 경쟁의 압력 측면에서 이 선호도를 자세히 조사해 보면, 그들이 이러한 특징들을 원하는 데에는 합당한 이유가 있다는 사실을 깨닫게 된다.

남성들이 배우자를 고를 때, 육체적 아름다움과 젊음을 따지는 태도가 때로는 피상적으로 여겨지겠지만 여기에는 나름대로 심오한 이유가 있다. 지난 세기 동안 사회 과학자들 사이의 공통된 믿음은 미모의 기준은 피상적이고 임의적이며 문화권마다 크게 다르다는 것이었다. 그러나 지난 몇십 년간의 조사들은 이 오래된 전통적인 믿음을 뿌리에서부터 철저하게 바꿔 놓았다. 매력이란 단지 가죽 한 꺼풀 이상의 것이다. 남자들이 매력적이라고 생각하는 특징들, 깨끗하고 부드러우며 잡티 없는 피부, 윤기 있는 머릿결, 적당한 근육, 대칭적인 외모, 0.7의 비율을 이루는 날씬한 허리와 풍만한 엉덩이는 모두 건강과 젊음, 따라서 생식 능력의 확실한 지표들이다.

여성의 아름다움에 대한 이러한 기준들은 마르고 살찐 것에 대한 선호도 같은 몇 가지 두드러진 예외를 제외하고는 문화권마다 거의 동일하게 나타난다. 우연히도 생식 능력이 뛰어난 여성을 선호했던 남성은 훨씬 더 많은 후손들을 남길 수 있었을 것이다. 반면 늙고, 폐경한 여성과 결혼했던 남성은 자식을 한 명도 낳을 수 없었을 것이다. 아물지 않은 상처 같은, 건강이 좋지 않음을 나타내는 시각적 신호를 가진 여성과 맺어진 남성은 그렇지 않은 경우보다 후손을 적게 남겼을 것이다. 왜냐하면 배우자가 일찍 죽었거나, 자식을 많이 낳지 못했거나, 생존을 위협하는 질병을 자식에게 전해 줬을 가능성이 더 크기 때문이다. 몇천 세대에 걸쳐 이러한 과정을 반복하면서 남성은 최상의 생식 능력을 나타내는 특성을 가진 여성들을 선호하도록 진화했다. 간단히 말해, 아름다움의 기준은 적응의 시점에서 결정된 것이다.

남성이 배우자의 정조에 큰 가치를 두는 이유는 남성에게 가해진 또 다른 진화의 압력 때문이다. 배우자가 부정을 저지른 남성은 배우자가 낳은 자식이 정말 자기 자식인지 확신할 수 없게 된다. 아주 최근에 와서야 부성 검증과 같은 기술이 발달되었지만 인간은 체내 수정을 하는 동물이기 때문에 여성은 모성을 100퍼센트 확신할 수 있는 반면(자기 배로 아이를 낳고도 그 아이가 제 아이인지 의심할 여성은 없다.), 남성은 그렇지 못하다. 따라서 배우자가 자신에게 충실한지 확신할 수 없는 남성은 경쟁자의 아이에게 몇십 년 동안 시간과 에너지, 자원과 노력을 쏟아 부을 수도 있는 위험을 떠안게 된다.

아내의 성적 외도에 무관심한 남성은 아내의 부정을 참아 내지 못한 남성보다 결국 훨씬 자주 경쟁자의 아이를 키우는 입장에 놓였을 것이다. 따라서 현대 남성은 이 무관심했던 남성의 후손이라기 보다 배우자에 대한 성적 접근권을 배타적으로 행사하려 노력하고, 많은 경우 그 일에 성공했던 남성의 후손일 것이다. 앞으로 살펴보겠지만, 남성이 여성을 살해하는 경우는 대부분 이러한 성적 통제권을 유지하려는 욕망과 관련이 있다. 반대로 여성이 남성을 살해하는 경우도 상당수 이와 관련이 있다. 이 주제에 대해서는 5장에서 자세히 살펴보겠다.

물론 여성들은 잠재 의식적으로 남성의 이러한 선호도에 대해 잘 알고 있으며 그 욕망을 충족시키기 위해 왕성하게 활동한다. 남녀 불문하고 동성 구성원과 경쟁할 때 일반적으로 따르는 두 가지 기본 전략이 있다. 우선, 당신은 배우자가 원하는 특성들을 획득하거나 보여 줌으로써 자신의 매력을 증가시킬 수 있다. 또 경쟁 상대의 매력을 깎아내려 상대적으로 자신의 매력을 높일 수도 있다. 전 세계 여성들은 이 두 가지 전략을 다 구사한다. 700억 달러 규모의 화장품과 성형외과 시장은 주로 자신의 매력을 증가시키려는 여성들에 의해 유지된다. 여성들이 경쟁자들을 깎아내리는 방법도 상당 부분 정해져 있다.

가장 흔히 쓰는 방법은 말로 경쟁자를 헐뜯는 것이다. 남성들이 여성의 정절을 중요시하기 때문에 여성들은 자신의 정절을 강조하면서 상대방의 정절은 비난하는 방식을 사용한다. 한 연구에서, 여성들은 굉장히 사악한 방법으로 경쟁자의 정절을 깎아내리는 것으로 나타났다. 이들은 상대방을 창녀, 암캐, 갈보, 매춘부, 걸레 등으로 불렀다.[9] 어떤 여성들은 꽤 창의적이었다. 그들은 상대방을 매트리스로 된 등, 민첩한 성기, 선물 상자, 날개를 편 독수리(사지를 벌리고 누웠다는 뜻), 치피, 스트럼핏, 허시(셋 다 창녀라는 뜻), 뜨거운 변기, 성병 상자, 스텀프섬퍼(기둥을 탁 치는 사람)라고 불렀다. 위 욕설 중 몇몇은 상대 여성이 여러 명의 남자 친구와 즐기는 사이며, 자주 짝을 교환할 뿐만 아니라, 성병에 걸렸다는 사실을 은밀하게 암시해 준다.

남성들이 아름다움을 매우 가치 있게 여기기 때문에 여성들이 구사하는 폄하 전략 중 상당수는 경쟁자의 육제적 특징에 초점을 맞춘다. 남성보다 여성들이 경쟁자를 뚱뚱하다, 매력 없다, 못 생겼다고 말함으로써 경쟁 상대에게 창피를 주려고 시도한다. 이들은 축 처진 엉덩이, 뚱뚱한 허리, 육중한 허벅지, 두꺼운 발목 등 경쟁자의 특정한 신체적 특징에 주목한다. 이러한 전략은 종종 매우 효과적이다. 어떤 이들은 남성들이 타인의 말에 영향을 받지 않고 오로지 자신의 시선으로만 여성의 외모를 평가할 것이라고 생각할지도 모른다. 그러나 조사 결과는 사회적 시각이 매력에 대한 사람들의 인식에 실제로 영향을 줄 수 있다고 나타났다.[10] 여성들은 경쟁 상대의 불완전한 부분에 주의를 집중시켜 남성의 인지 영역에서 그 부분의 중요성을 증대시킬 수 있다. 문자 그대로, 남성이 지각한 상대 여성의 미모 수준을 변화시키는 것이다. 여성 간 경쟁에서 단순히 헐뜯는 것 이외의 다른 작전들이 사용되기도 한다.[11] 자메이카의 수도인 킹스턴 같은 일부 문화권에서는 여성들이 때로 경쟁자들의 얼굴에 산을 튀기기도 한다. 아름다운 여성의 외모를 평생 사라지지 않을 끔찍한 흉터 자국으로 변형시키는 것이다.[12] 살인 판타지에 대한 아래의 놀라운 예들은 여성들도 치열한 경쟁 속에서 상대를 죽일 생각을 할 수 있다는 것을 보여 준다.

● 사례 89, 여성, 19세

그녀를 알게 된 지는 2년 정도 됐어요. 우린 친구였지만 알면 알수록 그녀는 사악해 보였어요. 당시 전 몸매에 정말 자신이 없었어요. 그녀는 그걸 알면서도 제 몸매를 놀리며 재미있어 했어요. 그것도 더는 참을 수 없을 때까지……. 제가 앞서 들었던 예들 역시 그녀를 살해할 생각을 하는 데 큰 역할을 했어요……. 둔기로 머리를 내리쳐 그녀를 죽이고 싶었어요.

비록 여성이 경쟁자 여성을 살해하는 일이 매우 드물지라도, 치열한 짝짓기 경쟁으로 인해 여성이 마주치게 되는 고난들을 살펴보면 여성이 살인을 저지르게 되는 상황들을 상당 부분 설명할 수 있다. 이 점에 대해서는 다음 장에서 자세히 살펴볼 것이다. 자, 이제 여성이 배우자에게 바라는 바가 짝짓기 시장에서 남성에게 압력을 행사하며, 또한 남성이 살인을 저지르는 이유를 설명해 준다는 논점으로 다시 돌아가자.

여성의 선호도는 어떻게 남성을 조종하는가

여성의 선호도가 남성 간 경쟁에서 어떻게 작용하는가? 또 살인이 남성들에게 경쟁 전략이 될 수 있는 이유는 무엇인가?

여성들 역시 잘생긴 외모를 가진 배우자를 선호한다. 그러나 그녀들은 높은 지위를 가진 성공한 남성에 대해 훨씬 더 강한 선호도를 보여 준다. 여성들이 남성의 성공에 그토록 주목하는 이유는 천박하거나 탐욕스러워서가 아니다. 인간의 진화 역사 동안, 여성들이 대면해야 했던 문제는 남성들이 해결해야만 했던 문제들과는 몹시도 다른 것이었다. 가장 핵심적인 차이는 바로 투자의 규모였다. 9개월 동안 아이를 임신하고 출산하는 사람은 바로 여성들인 것이다.

여성들은 자식을 낳는 데 많은 투자를 하기 때문에, 짝짓기 게임에서 엄청난 교섭권을 줄 비장의 카드를 쥐게 된다. 그의 아이를 9개월 동안 몸속에서 운반하며 그녀는 태반에서 태아로 영양을 전달하기 위해 여분의 열량을 쏟아 붓는다. 또 그의 아기를 위해 자신의 뼈에서 칼슘을 뽑아내기까지 한다. 실제로 그녀는 그에게 번식적으로 가치 있는 자원을 제공해 주고 있는 것이다. 남성들은 이 사실을 잘 인식하고 있다. 가치가 큰 자원을 소유한 사람은 그 자원을 아무에게나 무차별적으로 나눠 주지 않는다. 우리의 선조 여성들도 짝을 선택할 때 극히 까다롭고 매우 통찰력 있도록 진화했다.

역사적으로 여성의 번식 성공은 그들이 거느릴 수 있는 배우자의 수가 아니라, 한 배우자의 유전적 자질과 자원 수집 능력, 그리고 이 자원을 여성과 그 자식들에게 집중하여 투자하려는 배우자의 의지에 의해 결정되었다. 모든 현대 여성은 어머니로서 성공한 조상들로부터 배우자에 대한 이러한 기호들을 물려받았다.

번식에 있어 이러한 기본적인 생물학적 차이는 전체 짝짓기 체계를 거치면서 증폭된다. 이러한 차이는 우선, 남성들이 역사적으로 진화 생물학자들이 짝짓기 노력이라고 부르는 일에 훨씬 더 많은 노력을 쏟아 부어야 했던 이유를 설명해 준다. 짝짓기 노력에는 다른 남성과 경쟁하는 일뿐만 아니라 배우자를 유혹하고, 구애하고, 쫓아다니는 모든 과정이 포함된다. 번식 적응도의 면에서 여성들은 짝짓기에 들이던 투자를 곧 급격히 줄인다. 일단 함께 있고 싶은 배우자를 발견하면 여성은 남성보다 쉽게 정착하길 원한다. 이는 그녀의 적응도(다음 세대의 유전자 풀에서 특정 유전형이 나타나는 빈도에 대한 한 개체의 총기여도—옮긴이)가 한 남성의 능력과 자식에 대한 투자에 많이 좌우되기 때문이다. 일반적으로 여성의 번식 성공도는 섹스 파트너의 수를 늘려도 증가하지 않는다. 오히려 감소할지도 모른다. 그러나 배우자가 불임일 때, 현재의 관계를 끝내고 싶을 때, 혹은 정사로부터 우월한 유전자를 얻을 수 있을 때처럼 예외적인 경우들도 물론 존재한다.[13]

여성은 남성을 미래의 자원 획득 능력과 상관있다고 여겨지는 특징들로 판단한다. 지위는 자원과 연관되기 때문에, 지위가 높은 남성은 섹시해 보인다. 헨리 키신저는 "권력은 최음제다."라는 말로 이러한 통찰력을 포착해 내었다. 그는 "내가 파티에서 사람들을 지루하게 해도 사람들은 그것이 자기 잘못이라고 생각한다."라고도 말했다. 예외는 있지만, 이것이 바로 전 세계 모든 문화권에 속하는 여성들이 대부분 남성의 지위에 최상의 가치를 두는 이유이다.

볼리비아 동쪽의 시리오노 사람들에 대한 연구에서 짝짓기에서 지위의 중요성에 대한 예를 찾을 수 있다. 사냥 능력이 뛰어나지 않았던 한 남자는 자신보다 숙련된 사냥꾼에게 아내를 여럿 빼앗겼다. 그의 지위는 밑바닥이었다. 그러나 인류학자인 A. R. 홈버그가 그와 함께 사냥하며, 총 쏘는 법을 가르치고, 그의 것으로 주장할 수 있는 고기를 가져다주기 시작하자, 그의 지위는 극적으로 높아지기 시작했다. 그는 최상의 지위에 올라 여러 명의 새 섹스 파트너를 얻었으며, 자신이 당했던 것처럼 다른 남자들을 모욕하기 시작했다.[14]

특히 흥미로운 점은 비록 남성들이 육체적으로 매력적이 되기 위해 여성들처럼 격렬하게 경쟁하지는 않지만, 남성의 매력은 여성의 매력보다 복장이나 다른 외부 장신구의 품격에 훨씬 더 많이 영향을 받는다는 것이다. 인류학자인 존 마셜 타운센드는 동일한 남성에게 옷을 다르게 입힌 후 여성들에게 누가 더 매력적인지 평가하게 했다. 그 남성은 한번은 버거킹 유니폼에 야구 모자를 쓰고, 다른 한번은 롤렉스 시계를 차고 유명 디자이너가 만든 셔츠를 입은 채 사진을 찍었다. 사진을 본 여성들은 맵시 있게 차려 입은 남성을 훨씬 매력적이라고 평가했다. 그녀들은 지위가 낮아 보이는 옷을 입은 남성과는 데이트를 하거나 성관계를 갖거나 결혼을 하고 싶지 않다고 대답했다.[15] 이러한 결과는 직관적으로 명확해 보인다. 그러나 남성을 대상으로 실시한 동일한 실험에서는 전혀 다른 결과가 나왔다. 남성들은 입고 있는 옷에 관계없이 여성의 매력을 거의 동일하게 평가했다.

여성들이 높은 지위를 가진 남성을 선호하기 때문에 남성들은 지위 계층에서 선두에 서기 위해 여성들보다 훨씬 더 많은 노력을 투자한다. 그들은 한 가지 일에 집중할 때 여성보다 훨씬 편집적이 되며, 육체적으로 고되고 대단히 오래 시간을 투자해야 하는 일일지라도 급료가 센 직업을 선호한다. 급료 수준은 높지만 건강에 안 좋은 오염된 도시에 살아야 하는 직업이 있을 경우, 남성은 여성보다 그 직업을 선택하는 경향이 더 높은 것으로 나타났다.[16] 심리학자인 재클린 에클레가 자신의 연구에서 보여 준 것처럼 남성들은 자신의 직업에 성실하게 몰두하며, 다른 염려들을 배제한 채 오직 일에만 과다한 관심을 쏟는다.[17]

한 연구에 따르면, 남성들은 여성을 유혹할 때 자신의 지위와 자원을 과시하는 데 집중하는 경향이 있다고 한다.[18] 여성을 감명시키려고 할 때 남성들은 자신의 성취에 대해 자랑하고, 자신의 직위를 과장하며, 재력을 과시하고, 비싼 차를 몰고, 권세를 과장하며, 자신의 빛나는 직업적 전망에 대한 힌트를 흘린다. 또 정확히 이런 면에서 경쟁 상대를 깎아내린다. 남성들은 경쟁자가 성취해 놓은 것을 비웃고, 상대방에게 야망과 투지가 부족하다고 지적하며, 상대의 직업적 전망이 얼마나 열악한지 얘기하고, 경쟁자의 차, 집, 스테레오 시스템, 혹은 텔레비전의 크기 및 품질을 헐뜯는다.

짝짓기 경쟁에서 남녀 사이의 가장 크고 중요한 차이는 남성이 여성보다 훨씬 폭력적으로 변하는 경향이 크다는 것이다. 남성들은 여러 사람 앞에서 자신을 모욕하며 지위에 손상을 입힌 상대에게 폭력을 행사하는 경향이 있다. 직업이 없는 남성은 벼락출세한 남성보다 살인을 저지를 가능성이 더 크다. 여성보다 남성이 직장에서 잘렸을 때 미친 듯이 화가 나서 자신을 비난한 상사나 동료에게 폭력적으로 보복할 가능성이 크다. 남성은 짝짓기 경쟁 상대를 능가하기 위한 수단으로 폭력을 사용할 동기를 더 많이 가진다. 그러나 남성이 폭력을 훨씬 많이 사용하는 근본 이유는, 짝짓기 게임의 보상이 여성보다 남성에서 훨씬 더 크기 때문이다. 즉 번식 성공의 편차가 여성보다 남성에서 훨씬 더 크게 나타나기 때문이다.

좀처럼 나타나지 않는 배우자를 찾느라 필사적인 여성의 이야기가 최근 인기를 끌고 있지만 연구 결과들은 거의 모든 문화권에서 매 세대 거의 모든 여성들이 끝내는 배우자를 찾아 자식을 낳는다는 사실을 보여 준다.[19] 반대로, 남성들은 매 세대마다 많은 수가 짝짓기 시장에서 완전히 배제된다. 대신 일부 남성들은 여러 명의 여성에 대해 성적 접근권을 얻는다. 그 여성들은 정부, 섹스 파트너, 하룻밤 상대, 심지어는 일부다처제 사회에서의 다수의 아내들일 수도 있다. 여러 명의 여성을 독점한 남성이 있는 만큼, 쓸쓸히 혼자 자도록 강요받는 남성도 있다. 높은 번식적 편차는 훨씬 격렬하고 잔인한 동성 간 경쟁이 일어나게 만들었으며 그러한 경쟁 때문에 살인이 남성의 전략 중 하나로 자리 잡게 되었다.[20]

번식 기회의 편차가 남성에서 더 크다는 사실은 일련의 중요한 성차들을 설명할 수 있는 실마리가 돼 준다. 남성이 여성보다 크고 강한 이유는 육체적 능력을 사용한 경쟁을 더 많이 하기 때문이다. 준비가 되기 전에 경쟁에 참가하지 않고 강한 경쟁에 대비해 힘을 보강하기 위해, 남성은 여성보다 평균 2년 늦게 성적으로 성숙한다. 남성들이 위험한 오락 경기에 더 자주 참가하는 이유는 자신의 용기를 보여 주기 위해서다. 남성은 자신의 육체적 능력을 과시하기 위해 위험한 경쟁 활동에 참가한다. 그 결과가 축적되어 남성은 여성보다 평균적으로 7년 먼저 사망하게 된다. 무엇보다도 이러한 사실은 왜 남성이 번식 경쟁을 수반하는 특정한 상황에서 살인 같은 극단적인 폭력을 행사하도록 진화했는지 설명해 준다. 아주 많은 살인들이 번식 경쟁의 결과 진화된 심리로 설명될 수 있다. 이는 남성에서의 높은 폭력 발생률을 설명하기 위해 지금껏 제시되었던 어떤 이론들보다도 훨씬 더 타당하다.

극단적인 폭력, 피로 뒤범벅된 시체, 분비물을 쏟아 내는 상처, 골절된

뼈, 쏟아진 창자 등은 목격자들에게 구역질 나는 광경이다. 몇 주간 핏기 없는 희생자들의 총천연색 사진들로 뒤덮인 살인 사건 기록들을 계속 들여다보며 나는 혐오감을 느꼈다. 이토록 역겹게 시체들을 훼손해 놓은 사람들은 확실히 제정신이 아닌 게 틀림없다. 그들의 뇌 회로는 근본적으로 부패했으며, 환경적 외상에 의해 변형되고 독성 물질의 축적에 의해 비틀렸으며, 어떤 유전적 결함에 의해 뒤틀렸음에 틀림없다. 살인은 질병, 기능 장애, 혹은 병리 현상임에 틀림없다. 만약 그렇다면 살인을 이해하는 것은 훨씬 쉬운 일일 것이다.

불행히도, 살인이 병리 현상이라는 설명은 간단히 들어맞지 않는다. 난폭하고 폭력적인 남성 중 기질적인 결함을 갖고 있는 사람들이 소수 존재할지라도, 대다수는 그렇지 않다.[21] 법적으로 가해자가 제정신이 아니라고 판단이 내려진 사건들에서조차, 살인자들의 심장에서 성적 경쟁이 여전히 작용하고 있다는 사실을 완전히 부인하지는 못한다. 셰익스피어가 『햄릿』에서 언급했듯이, "광기에도 질서가 있다."[22] 특정한 질환을 가진 사람들은 실제로 자신의 살인적 분노를 잘 억제하지 못한다. 이 살인적 분노는 이미 내재되어 있는 살인에 대한 심리 회로를 작동시킨다. 그러나 이들의 질병은 애초에 인간이 살인 회로를 갖게 된 이유를 설명해 주지는 못한다.

알코올이 공격에 대한 통제력을 감소시킨다는 것은 의심할 바 없는 사실이다. 그러나 살인과 폭력 범죄의 3분의 2 이상이 완전히 맑은 정신 상태에서 저질러진다.[23] 서구 사회 사람들이 폭력적인 여성의 이미지보다 남성의 이미지에 더 많이 노출되어 있는 것도 사실이다. 그러나 대중 매체 노출 이론은 대중 매체가 완전히 존재하지 않는 문화, 보츠와나의 쿵 산, 베네수엘라의 야노마모, 파라과이의 아케, 서아프리카의 제부시, 알래스카의 이누이트 족에서도 폭력 행동에서 남녀 간의 성차가 동일하게 나타나는 이유를 설명하지 못한다. 남성이 더 크고 강하기 때문에 여성보다 더 폭력적이다라는 주장은 남성이 여성을 향해 폭력을 잘 행사하는 이유를 부분적으로 설명해 줄 수 있다. 그러나 극단적인 폭력의 대다수가 역시 크고 육체적으로 만만찮은 남성들 사이에서 발생하는 이유는 설명해 주지 못한다. 게다가 육체적인 크기를 원인으로 드는 것은 애초에 왜 남성이 여성보다 더 크고 힘이 센가(즉 왜 남성은 여성보다 신체적으로 훨씬 더 강하게 진화했는가)를 설명해 주지 못한다.

이 비진화적인 설명들은 방대한 범위의 영장류와 포유류를 조사할 때, 더욱 힘을 잃는다. 이 근연종들에서도 폭력의 성차는 유사하게 나타난다. 수컷 개코원숭이 두 마리가 이빨과 발톱으로 서로를 공격하는 것을 볼 때, 수컷 엘크(북유럽, 아시아, 북아메리카 산의 큰 사슴—옮긴이) 두 마리가 서로 뿔을 맞부딪치는 것을 볼 때, 또 수컷 바다사자 두 마리가 상대가 죽을 때까지 엄니로 서로 찌르는 것을 볼 때, 병리 현상, 매체 노출, 양육 습관 등을 떠올린다면 확실히 문제의 핵심을 놓치고 있다고 말할 수 있다.

짝짓기 경쟁의 압력이 어떻게 남성의 폭력 패턴을 더 잘 설명해 주는가? 자원이 거의 없고, 사회적 지위가 낮은 남성의 경우를 생각해 보자. 그는 여성들에게 아무 매력이 없는 존재이다. 여성들이 원하는 것을 가지고 있지 못하기 때문에 그는 짝짓기 시장에서 완전히 제외된다. 그는 아무것도 가진 게 없다. 그렇기에 잃을 것도 없다. 폭력은 그에게 자신의 전망을 향상시킬 수 있는 매력적인 수단이다.[24] 경제학자들에 따르면, 그는 위험을 무릅쓸 경향이 매우 큰, 혹은 위험을 찾는 상태에 있다. 그는 총을 뽑아 가게를 털지도 모르고, 자신의 지위와 명성을 높이기 위해 다른 남자에게 결투를 신청할지도 모른다. 폭력은 그에게 미래를 바꿀 수 있는 기회를 준다. 일시적이었을지라도, 폭력이 남성에게 자원이나 경의를 얻을 수 있는 방법을 제공하고, 배우자를 유혹하는 것을 도와주었다면, 폭력을 사용하는 전략이 진화했을 것이다. 이는 지난 역사 동안 왜 전사와 모험가, 탐험가들이 주로 자원과 지위를 얻을 대안이 거의 없는 낮은 신분에서 배출되었는지를 훌륭히 설명해 준다.[25] 또한 이것은 번식 사다리의 제일 아래 칸을 차지한 남성들이 훨씬 자주 폭력을 휘두르는 이유에 대해서도 잘 설명해 준다.[26]

역사적으로 위험한 전략들은 남성에게 우월한 위치에 대한 전망을 제공해 주었다. 공포의 정복자 칭기스 칸(1167~1227년)의 경우를 살펴보자. 칭기스 칸은 우두머리가 되는 전략으로 살인을 사용하였다. 그는 정복한 부족의 여성과 성관계를 맺는 것을 공공연히 즐겼다. "가장 큰 즐거움은 당신의 적들을 정복하는 것이오. 당신 앞에서 그들을 쫓고, 재산을 빼앗아 그들의 소중한 사람들을 슬프게 만들며, 그들의 말을 타고 그들의 아내와 딸들의 하얀 복부 위에서 잠을 자는 것이오."[27]

물론 전문적으로 훈련을 받은 경찰과 가혹한 처벌이 있는 현대 서구 문명에서는 살인이 남성에게 최고의 지위를 가져다주는 일은 거의 없다. 그러나 남성은 형법전이 있는 현대의 환경에서 진화하지 않았다. 우리의 심리는 공격성이 때로 놀랄 만한 보상을 안겨 주던 환경의 용광로에서 연마된 것이다.

오랜 진화의 시간 동안 어느 문화를 막론하고 살인은 짝짓기 경쟁에서 남성들이 구사할 수 있는 효과적인 전략 중 하나였다. 역사적으로 승리한 살인자에게는 풍부한 성적 이익이 주어졌다. 이러한 사실은 기록된 역사와 성서의 구절을 통해서도 찾아볼 수 있다. 「구약 성서」의 한 구절을 그 예로 들 수 있다. "그러므로 아이들 중에 남자는 다 죽이고, 남자와 동침하여 사내를 안 여자는 다 죽이고, 남자와 동침하지 아니하여 사내를 알지 못하는 여자들은 다 너희를 위하여 살려 둘 것이다."[28]

여성들은 살인을 매우 역겨운 행위로 여길 것이라고 생각하는 사람도 있을 것이다. 그러나 사실은 그렇지 않다. 고어 비달이 말했듯이, "여성들은 항상 권력에 매혹된다. 남편만큼 흉포한 아들을 배게 될까 봐 여성이 동침하길 꺼릴 정도로 잔혹한 정복자가 있을 거라고는 생각하지 않는다."[29]

놀랍게도, 오늘날에도 기소된 살인자들을 매력적으로 여기는 여성들이 남아 있다. 최근 아내와 태아를 살해한 죄로 기소된 스코트 피터슨은 여성들로부터 수백 통의 연애편지와 프러포즈를 계속해서 받고 있다.[30] 연쇄 살인범인 테드 번디는 여성들로부터 수천 통의 연애편지를 받았으며, 실제로 감옥 안에 있는 동안 한 여성과 결혼했다. 여러 명을 살해한 찰스 맨슨은 아직도 계속 여성들을 매혹하고 있다.

지위 상승이 남성들이 짝짓기 게임에서 살인 전략을 구사하는 유일한 동기는 아니다. 살인은 경쟁자를 배우자한테서 떼어 놓는 방법이자, 더 나아가 경쟁자를 완전히 제거할 수 있는 방법이다. 이러한 동기들은 남성에 의해 자행되는 살인 패턴에서 모두 나타난다. 이에 대해서는 뒤에서 더 자세히 다룰 것이다.

남성들 사이의 번식 성공의 큰 편차는 오랜 시간 동안 여러 세대를 거치면서, 짝 없이 번식 경쟁의 밑바닥에 내던져지는 걸 피하기 위해, 또 번식 성공의 최고점에 도달하기 위해 폭력적인 전략을 선택하도록 만들었다. 선택압은 남녀 모두에게 심하게 작용하지만, 남성에게는 폭력을 부추기는 요소들이 더 많았던 반면, 폭력을 억제하는 요소들은 훨씬 적었다.

짝짓기 경쟁의 압력이 많은 살인들에서 강력한 배후 동기라는 사실은 앞서 관찰한 살인 패턴들을 제대로 설명해 준다. 왜 대부분의 살인이 남성들 사이에서 발생하는지, 왜 살인 사건의 피해자들은 종종 생식 능력이 절정에 달한 연령대의 남성들인지, 또 왜 남성들이 살인을 그렇게 많이 저지르는지를 설명해 준다. 또 왜 살인의 대다수가 지인들 사이에 발생하는지도 설명한다. 그뿐 아니라 이러한 사실은 왜 대다수의 살인이 모순되게도 사랑 때문에 저질러지는지도 설명해 준다. 이 주제에 대해서는 다음 장에서 자세히 살펴보겠다.

4장 사랑이 살인을 부를 때
The Murderer Next Door

"만약 당신이 나랑 살지 않겠다면, 당신은 그 누구하고도 살 수 없어."

─ 그녀를 죽이기 바로 직전 그가 했던 말[1]

2002년 7월 24일 저녁, 텍사스, 휴스턴의 번화가에서 44살의 클라라 해리스는 호텔 주차장에서 자신의 메르세데스 벤츠로 치과의사인 자신의 남편, 데이비드 해리스(44세)를 살해했다.² 자신의 차를 무기로 사용하여 그녀는 그를 치었다. 그러고도 분노가 가라앉지 않자, 그녀는 주차장을 한 바퀴 돈 후, 쓰러져 있는 그를 다시 한번 차로 치었다. 그녀가 정확히 몇 번 후진하여 1,815킬로그램에 달하는 차로 남편을 뭉개 버렸는지 목격자들마다 증언이 달랐다. 한 사람은 다섯 번이라고 대답했고, 다른 사람은 네 번이라고 주장했으며, 세 번째 목격자는 겨우 두 번이라고 대답했다. 호텔 경비 카메라에 찍힌 비디오테이프를 분석한 결과, 정확한 횟수는 세 번으로 밝혀졌다. 마침내 그녀가 운전을 멈췄을 때 차는 그의 몸 위에 주차해 있었다. 어떤 사람들은 클라라가 사악하며 여생을 감옥에서 썩어 마땅하다고 생각했다. 그러나 그 살인을 정당한 것으로, 혹은 적어도 이해할 수 있는 것으로 보는 사람들도 있었다.

데이비드는 그의 전 직장 동료인 게일 브리지와 오랜 불륜 관계를 맺어 오고 있었다. 뭔가 낌새가 이상하다는 것을 눈치 챈 클라라는 블루문 사립 탐정 사무소에 의뢰해 그의 부정을 알게 되었다. 그녀는 그 문제로 데이비드와 대면했다. 그가 죽은 날 아침, 데이비드는 클라라에게 부정한 관계를 끝내 버리겠다고 맹세했다. 그날 밤, 클라라는 자신의 의붓딸 린지와 함께 데이비드를 찾아다니기 시작했다. 린지에 따르면 마침내 한 호텔에서 그를 발견했을 때, 그녀는 그를 죽이고 지금껏 고통 받아 왔던 모든 일들을 끝내 버리겠다고 말했다고 한다.

사실, 클라라는 그의 부정을 발견한 이후로 몇 주 동안 남편을 되돌리기 위해 상당한 노력을 기울였다. 클라라는 전에는 '미의 여왕'으로 뽑힌 적도 있었다. 자신의 부정이 들킨 후, 데이비드는 클라라를 앞에 놓고 그녀와 게일을 조목조목 따져 가며 비교했다. 데이비드는 자신의 아내를 과체중으로, 정부는 밤새 끌어안고 싶을 만큼 완벽한 몸매를 가진 아담한 여성으로 묘사했다.[3] 데이비드는 정부의 풍만한 가슴에 사로잡힌 것처럼 보였다. 그는 클라라의 손과 발, 눈이 더 아름답다고 말하면서도 게일의 완벽한 몸매를 극찬했다. 린지는 클라라가 "아빠가 게일이 아니라 그녀를 원하도록" 진정 아름다워지는 데 최선을 다했다고 이야기했다.

살인이 발생하기 전주에 클라라는 연회비 1,500달러짜리 피트니스 클럽에 가입했고 태닝 살롱에서 시간을 보냈으며, 매일 미용실을 방문했다. 그녀는 또 성형외과 상담을 받고 지방 흡입과 유방 확대 수술에 5,000달러의 예치금을 넣는 데 동의했다. 운명적인 살인의 날까지 클라라는 몸무게를 약 7킬로그램 감량하고 머리를 밝게 염색했으며, 성적으로 훨씬 도발적인 의상을 입기 시작했다.

클라라의 질투에 찬 격분은 그녀의 이러한 노력들이 아무런 보상 없이 허공으로 사라져 버렸기 때문에 한층 심화되었다. 어쩌면 그 호텔이 10년 전 발렌타인 데이에 데이비드와 결혼했던 장소라서 그녀가 그렇게 격앙했는지도 모른다.

남편이 정부와 다정히 손을 잡고 호텔 엘리베이터에서 나오는 모습을 보자 그녀는 격노했다. "너! 그는 내 남편이야!" 그녀는 게일에게 소리를 질렀다. 그리고 게일의 블라우스를 잡아 찢고 땅바닥에 그녀를 넘어뜨렸다. 게일에게 더 많은 상처를 주고 싶었지만, 데이비드가 그녀를 정부에게서 떼어 냈다. 한 목격자에 따르면, 그가 클라라의 얼굴을 움켜쥐고는 그녀를 뒤로 밀쳐 버렸다고 한다. 호텔 점원은 클라라를 호텔 밖으로 단호하게 끌고 나갔다. 그녀가 로비를 떠날 때, 데이비드는 그녀에게 "끝났어! 끝났어! 다 끝났다구!"라고 소리쳤다.

린지의 증언에 따르면 클라라는 이때부터 이상할 정도로 조용해지기 시작했다. 클라라는 조용히 자신의 차에 올라탔다. 눈물이 멈추지 않고 흘러내렸다. 데이비드도 주차장에 있던 자신의 시보레를 향해 걸어갔다. 모두가 갈등은 이제 다 끝이 났다고 생각했다. 갑자기 액셀러레이터를 밟고 타이어에서 끼익 소리를 내며, 자신의 차로 남편을 들이받을 때 클라라는 냉정하고 침착했다. 그 후 그녀는 주차장을 한 바퀴 돈 후, 남편을 다시 차로 쳤다. 그녀는 이 과정을 한 번 더 반복했다. 그녀의 의붓딸은 차에서 빠져 나가려 시도했지만, 클라라가 차를 멈출 때까지 기다릴 수밖에 없었다. "엄마가 아빠를 죽였어."라고 린지가 말했을 때에야 차는 마침내 멈춰 섰다.

목격자에 따르면 클리리는 차 밖으로 나와서 앞바퀴 밑에 깔려 있는 데이비드에게 사과하며 사랑한다고 말했다고 한다. 재판을 받는 동안에도, 클라라는 여전히 남편을 사랑한다고 이야기했다. 정상을 참작하여, 많은 텍사스 주민들은 클라라의 끔찍한 행동을 사악하게 생각하지 않았다. 몇몇은 데이비드가 그렇게 죽어 마땅하다고까지 생각했다. 그러나 재판관과 배심원들은 이에 동의하지 않았다. 그들은 검사의 주장에 동의했다. 검사는 "만약 남편이 외도를 한다면, 당신은 이 주에 있는 다른 여성들이 하는 것처럼 행동했어야 합니다. 당신은 그를 빈털터리로 만들었어야 했어요. 죽이는 게 아니라."라고 주장했다.[4] 그녀는 징역 20년과 1만 달러의 벌금형을 선고받았다. 2004년 12월 16일, 텍사스 주는 법원의 판결에 대해 항소했다.

클라라가 호텔 로비에서 자신의 경쟁 상대를 공격하게 만든 질투의 감정은 그다지 이상한 것이 아니다. 남편의 배신을 목도하고 그에게 살인적인 분노를 느끼는 것 역시 그다지 이상한 일이 아니다. 순환 도로와 수영장이 딸린, 시가로 60만 달러가 넘는 흰 벽돌집에 사는 중산층 부부에게도 이러한 감정은 이상한 것이 아니다. 모든 계층의 여성들이 남편이 외도하는 것을 발견했을 때 엄청난 질투를 느낀다. 그러나 대부분의 여성들은 살인을 저지르지 않는다. 남성들이 그렇게 행동하는 경우가 훨씬 많다. 이 장에서는 이러한 차이가 나타나는 이유를 알아볼 것이다.

한밤의 뉴스를 굳이 언급하지 않더라도 텔레비전에서 방영되는 살인 미스터리와 범죄 드라마들은 격정의 범죄에 대한 이해를 대중화시켰다. 격정의 범죄란 남성 혹은 여성이 자신의 연인이나 연인의 부정 상대를 죽이는 경우를 말한다. 이러한 범죄의 동기는 질투 혹은 복수, 응징으로, 꽤 명백해 보일지도 모른다. 이때 살인은 버림받은 것에 대한 보복이다. 확실히 이러한 범죄들에는 대개 앞서 말한 감정들이 동반한다. 살인자의 입으로 이 사실은 확인된다. 우리가 연구한 미시간 살인 사건들에서 자신의 애인을 살해한 한 남자는 이렇게 말했다. "저는 그녀를 깊이 사랑했어요. 그녀도 그걸 알았죠. 그녀가 다른 남자와 함께 있는 걸 봤을 때, 전 격분했어요." 다른 사건에서, 살인자는 아내와 섹스를 하던 중 "내가 다른 남자와 하고 난 직후에 하니까 기분이 어때?"라는 아내의 말에 질투와 분노를 폭발시키고 말았다. 그는 그 자리에서 그녀의 목을 졸라 버렸다.

그러나 조금 더 깊이 생각하면, 왜 이러한 격정이 누군가로 하여금 그토록 사랑하던 사람을 죽이게 만드는지 의문스럽지 않을 수 없다. 왜 상대를 죽이고 싶어 했을까? 아마도 단순히 사랑이 증오로 변해서라고 말할 수도 있을 것이다. 그러나 우리가 조사한 많은 사건들에서 살인자들은 여전히 자신이 죽인 사람들을 사랑하고 있는 것으로 나타났다. 다음 사례를 한번 살펴보자. 아래 글은 33세 남성이 20세 된 아내를 찔러 죽인 후 경찰에게 자백한 내용을 발췌한 것이다. 이들은 6개월 동안 별거한 뒤 막

재결합한 상태였다.

그때 그녀는 4월에 집에 돌아온 후로도 열 번 정도 그 남자랑 잤다고 말했어요. 저는 그녀에게 그놈이랑 놀아나면서 어떻게 사랑과 결혼을 얘기할 수 있냐고 말했어요. 전 완전히 미쳐 있었죠. 부엌에 가서 칼을 가지고 방으로 돌아와 그녀에게 물었어요. "그 말 사실이야?" 그녀는 그렇다고 하더군요. 우리는 침대 위에서 싸웠고 전 그녀를 칼로 찔렀어요. 그녀의 할아버지가 와서 칼을 제 손에서 뺏으려고 했어요. 저는 그에게 가서 경찰을 불러오라고 말했어요. 왜 그녀를 죽였는지 정말 모르겠어요. 전 그녀를 사랑해요.[5]

배우자 살해 사건을 연구하며, 또한 실제 살인과 살인 판타지에 대한 기록을 꼼꼼히 읽으며, 우리는 심층 심리가 작동하고 있음을 보여 주는 여러 패턴들을 발견했다. 그중 하나가 바로 남녀 간의 뚜렷한 성차였다. 앞 장에서 말한 것처럼 우리는 여성이 사랑하는 남성을 죽인 경우보다 남성이 사랑하는 여성을 죽인 경우가 더 많을 것이라 예상했다. 조사 결과, 우리의 예상은 사실로 판명되었다. 그뿐 아니라 연인에 의해 살해된 여성의 비율은 어마어마하게 높은 것으로 나타났다.

1976년부터 1984년까지 미국에서는 매년 평균적으로 4,507명의 여성이 살해되었다.[6] FBI 통계 자료에는 그 배후 동기가 적혀 있지 않지만, 특정 지역에 대한 세부 연구들은 대다수의 여성이 자신을 깊이 사랑한 남성에 의해 살해되었다는 사실을 보여 준다. 오하이오, 데이턴에서 5년 동안 발생한 여성 살해 사건에 대한 연구는 가해자의 전형적인 비율을 밝혀 주었다. 살해된 여성의 19퍼센트는 남편에 의해, 8퍼센트는 현재 남자 친구에 의해, 17퍼센트는 소원하게 지내는 남편에 의해, 8퍼센트는 전 섹스 파트너에 의해 살해된 것으로 나타났다. 놀랍게도 이 비율은 모두 합쳐 52퍼센트에 달했다. 이와는 달리, 남성은 전체 피해자의 오직 3퍼센트만이 연인 사이였던 여성에 의해 살해된 것으로 나타났다.

1976년부터 1998년까지 미국에서 발생한 살인 사건을 대상으로 한 대규모 연구에서, 여성의 3분의 1 이상이 친밀한 상대에 의해 살해된 것으로 보고되었다. 물론 이 수치는 과소평가된 것이다. 전체 사건의 약 3분의 1이 범인을 파악조차 하지 못한 미결 사건들이었기 때문이다. 대조적으로, 살해된 미국 남성의 4퍼센트만이 아내나 연인에 의해 살해된 것으로 밝혀졌다.[7] 호주 원주민들에서 인도의 문다 족까지 전 세계적으로 비슷한 통계 결과가 나타난다.[8]

1950년대에 범죄학자인 맨프레드 거트마처는 31건의 배우자 살해 사건을 분석하여 발표했다.[9] 이 연구는 볼티모어에서 발생한 가족 내 살인을 대상으로 한 것으로 사건의 특징들이 매우 잘 분석되어 있다. 이 사건들 중 25건은 마틴 데일리와 마고 윌슨이 "남성의 성적 소유욕"[10]이라고 명명한 것에 의해 유발되었다. 이중 14건은 새 섹스 파트너 때문에 남편이 아내를 학대한 결과 발생하였다. 나머지 11건은 여성의 문란함(5건), 남편의 병적인 질투(4건), 간통 의혹(1건), 다른 남자와 섹스 중인 아내 발견(1건)으로 발생하였다.

여성이 자신의 배우자나 애인을 죽인 경우에도 역시 남성의 성적 질투심이 중요한 역할을 하였다. 여성들은 때때로 자신의 부정 혹은 변절로 인해 분노한 남성들에게서 자신을 보호하기 위해 살인을 저지른다. 아래 사례는 이러한 경우를 보여 준다.

전처를 계속 학대해 왔던 남성이 이혼 후에도 여러 번 그녀의 집에 찾아가 폭력을 휘둘렀다. 결국 그녀는 자신을 보호하기 위해 총을 사서 침실에 보관했다. 전남편은 다시 그 집에 찾아왔고, 아이들 중 한 명이 그를 안으로 들여놔

주었다. 그는 전처를 침실까지 쫓아갔고, 그녀는 문을 잠그고 침실 안에 숨었다. 그는 문을 부숴 버렸다. 그녀는 총을 손에 들고 더 이상 다가오면 쏘아 버리겠다고 경고했지만 그는 아랑곳하지 않고 그녀에게 다가갔다. 그녀가 바닥에 총을 한 발 쏘았지만 그는 멈추지 않았다. 그래서 그녀는 전남편을 쐈다. 그녀는 중과실 치사로 유죄 판결을 받고 징역 20년형을 선고받았다.[11]

22년간 캐나다에서 발생한 모든 아내 살해 사건에서, 여성의 별거 요구가 전체 살인의 63퍼센트에서 주요한 사건 동기인 것으로 판명되었다.[12] 19세기에 뉴사우스웨일스와 오스트레일리아에서 발생한 아내 살해 사건에서는 살해된 아내의 거의 절반이 살해될 당시 남편과 별거 중이었던 것으로 드러났다.[13] 21세기에 오스트레일리아에서 발생한 아내 살해 사건에서는 217명의 희생자 중 45퍼센트가 살해될 당시 남편에게 헤어지자고 했거나, 이혼 수속 중이었던 것으로 나타났다.[14]

우리는 FBI 데이터베이스에서 수집한 42만 9729건의 살인 사건을 연구하여 동기에 대해서는 덜 상세하지만 완전히 동일한 패턴을 보이는 강력한 상황적 증거들을 확보할 수 있었다.[15] 이 대규모 표본 중에서 1만 3670건이 남편이 법적인 아내를 살해한 경우였다. 살해 당시의 정황에 대한 정보를 담고 있는 사건들 중에서 가장 자주 언급된 상황은 FBI가 "삼각관계"라고 지정한 범주에 해당되었다. 이 범주가 너무 광범하여 각 사건별 세부 사항을 정확히 알 수는 없었지만, 대다수의 사건이 여성이 다른 남자 때문에 남편을 떠나거나 부정을 저지를 경우, 아니면 이 두 경우 다에 해당되었다.

1991년부터 1993년까지 노스캐롤라이나에서 연인이나 남자 친구에게 살해된 여성 293명 중 43퍼센트가 연인을 떠난 후에, 아니면 떠나려고 시도한 뒤에, 그것도 아니면 떠나겠다고 상대를 위협한 뒤에 살해된 것으로 나타났다.[16] 캐나다의 온타리오에서 행해진 연구 결과, 친밀한 동반자에게 살해된 551명 중 32퍼센트가 이혼이나 별거 때문에 살해된 것으로 나타났다. 그 외의 11퍼센트는 부정을 의심받거나 부정이 발각되어 살해된 것으로 보고되었다.[17] 대부분의 경찰 보고서에는 정황이나 동기에 대한 정보가 누락되어 있기 때문에 이 수치는 실제 수치보다 과소평가되었을 것이다. 일부 전문가들은 연인이나 배우자에 의해 살해된 여성의 비율이 전체 피해 여성의 50~70퍼센트에 달할 것이라 말한다.[18] 이러한 연구 결과들을 종합해 보면, 결별이 성적 부정보다 훨씬 강력한 살해 동기가 된다는 것이 명확해진다. 냉혹한 번식 경쟁의 측면에서 어떤 남성들에게는 배우자를 잃는 일이, 특히 경쟁자에게 빼앗기는 일이 살인을 분별 있는 해결책으로 인식할 만한 적응적 문제이다.

비교 문화 자료가 부족하긴 하지만 아프리카에서 행해진 여러 연구들이 이러한 동기들에 대한 자료를 보강해 준다. 우간다에 거주하는, 바소가족에서 발생한 98건의 사건 중 42건이 남성이 여성을 살해한 경우였다. 거의 모든 경우에 희생자들은 가해자의 아내거나 전처였다. 이중 32건이 경찰에 의해 동기가 밝혀졌는데, 3분의 1은 간통으로, 3분의 1은 학대나 섹스 거부로, 나머지 3분의 1은 논쟁과 같은 다양한 이유로 발생했다.[19] 콩고에서 수행한 연구에서는, 유죄가 입증된 275건의 살인 사건 중 59건이 남성의 성적 질투가 원인이 되어 발생한 것으로 분류되었다. 이 59건 중에서 16건이 부정한 아내를 살해한 경우였고, 13건이 이혼했거나 이혼하겠다고 위협한 아내를 살해한 경우였으며, 3건이 전처의 새 배우자를 살해한 경우였다.

살인에 대한 나의 이론은 배우자 살해가 이렇듯 빈번하게 나타나는 이유를 설명해 줄 수 있다. 우리는 상대의 구체적인 특징들에 초점을 맞추거나, 그러한 특징들이 우리 자신의 것과 얼마나 상보적인지 강조하면서 매우 특별한 이유로 상대를 사랑한다고 생각하는 경향이 있다. 우리는 그들이 그들이기 때문에 사랑한다. 그들의 유머 감각, 차분한 성품, 뛰어난 인격과 육체적인 매력을 좋아하기 때문이다. 두 사람이 만나 사랑에 빠지게 되는 마법 같은 일은 전문가들의 오랜 연구에도 불구하고 신비로 남아 있다. 그러나 사랑에 대한 진화 심리학적 연구는 우리가 사랑에 빠지는 이유와 근원적인 동기, 일반적인 패턴을 알려 주는 방대한 결과들을 생산해 왔다. 이러한 결과들은 때로 사랑이 치명적일 수 있는 이유에 대해 많은 것들을 말해 준다. 다소 불온하나, 사랑에 대한 진화 심리학의 발견들 중 가장 심오한 것 하나는 사랑이 성선택의 지시에 많은 영향을 받는다는 것이다.

사랑의 진화

20세기 사회 과학이 퍼뜨린 일반적인 신화와는 달리 사랑은 몇 세기 전 서부 유럽 시인들에 의해 고안된 것이 아니다. 증거는 정반대의 결론을 지지해 준다. 즉, 사랑은 문화를 막론하고 전 세계에 존재하며, 아마도 인간의 진화 역사에서 장기간의 결합 관계가 나타난 이후로 쭉 존재해 왔다는 것이다. 남아프리카의 줄루 족에서 알래스카의 이누이트 족에 이르기까지 전 세계 사람들은 서구 사회 사람들이 사랑에 빠질 때 느끼게 되는 격정적인 감정과 사로잡힌 마음을 똑같이 경험한다고 한다.

168개의 다양한 문화권을 대상으로 한 조사에서, 인류학자 윌리엄 얀코비악은 거의 90퍼센트의 문화권에서 낭만적인 사랑이 존재한다는 강력한 증거를 발견했다. 나머지 10퍼센트는 인류학적인 증거가 너무 피상적이어서 확정적인 결론을 내리기 어려운 경우였다. 보츠와나의 한 쿵 산

족 여성은 사랑을 다음과 같이 표현했다. "두 사람이 처음 만났을 때는, 감정이 불타오르고 격정도 매우 크지요. 잠시 후에 그들은 계속 서로를 사랑하지만 방식은 많이 달라지게 돼요. 따뜻하고 신뢰할 수 있는 방식으로 말이죠."[21]

낭만적인 사랑은 인간 사회에 보편적으로 나타나는 현상이다. 그뿐 아니라 넘쳐 나는 데이트 시설, 데이트 충고 서적, 데이트 텔레비전 쇼 프로그램들이 만들어 낸 인상들에도 불구하고 사람들은 사랑할 상대를 찾는 데 꽤 뛰어나다. 실제로는 사랑의 대상을 찾는 일보다 그들과 결혼하여 함께 머무르는 일이 분명 훨씬 더 어려운 일이지만 말이다. 사회학자인 슈 스프레처와 그녀의 동료들은 러시아, 일본, 미국에 거주하는 남녀 1,667명을 인터뷰했다. 러시아 남성의 61퍼센트와 러시아 여성의 73퍼센트가 현재 사랑에 빠졌다고 대답했다. 일본에서는 41퍼센트의 남성과 63퍼센트의 여성이, 미국에서는 53퍼센트의 남성과 63퍼센트의 여성이 그렇게 대답했다.[22]

사랑은 매우 경이로운 것이다. 그것은 강력한 마약이다. 그러나 한편으로 사랑은 가슴을 아프게 한다. 상황이 잘못되어 갈 때, 사랑은 호되고 지독한 악몽으로 변한다. 왜 이런 감정을 갖게 됐는지 묻는 것이 어리석어 보일지도 모른다. 그러나 생각해 보면, 사랑은 소란으로 가득하며, 종종 우리 삶에 씻을 수 없는 큰 상처를 남긴다. 따라서 진화의 역사 동안, 이토록 강렬한 사랑이 왜 이점이 될 수 있었는지 물어보는 것은 꽤 훌륭한 질문이 될 것이다. 만약 사랑이 보편적인 인간의 감정이라면, 왜 인간의 머릿속에 그러한 감정이 진화하게 되었을까? 이 질문에 대한 답변은 연인들이 그들의 영혼의 동반자를 살해하는 근원적인 이유를 보다 잘 이해하게 해 줄 것이다.

초기 영장류에서 인간으로 진화하는 동안 발달된 주요한 변화 중 하나는 여성의 배란 시기가 은폐되었다는 것이다. 이것은 인간에서 장기간의 결합 관계가 진화하게 된 강력한 동인으로 입증되었다. 인류 이전의 조상들과 앵무새 등 몇 종의 조류를 제외하고는 현재 동물 사회의 대부분의 종들은 단기적인 짝짓기 관계만을 가진다. 따라서 장기적인 관계는 분명히 대비되는 인간의 특징이다. 만약 남성이 여성의 배란 시기를 맞힐 수 있었다면, 또 다른 짝짓기 체계가 발달했을 것이다. 피부가 살짝 홍조를 띠며, 성욕이 미세하게 증가하는 등, 배란기에 여성의 신체가 미묘하게 변한다 할지라도, 남성이 여성의 배란 시기를 쉽게 분별해 낼 수 있다는 증거는 없다. 이러한 특징은 우리 선조들이 여성의 배란 주기 동안 다른 동물들보다 더 길게 성관계를 나누도록 하는 데 기여했다.

배란 시기의 은폐는 장기간의 결합 관계가 진화하는 데 핵심적인 역할을 했음에 틀림없다. 또 남녀 모두가 자식에게 과중하게 투자하게 된 데에도 일정 부분 기여를 했을 것이다. 대부분의 포유류와 영장류에서, 아버지는 자식을 먹이고 기르고 돌보는 데 거의 아무런 기여도 하지 않는다. 그러나 진화의 어느 시점에서, 인간 남성은 자식을 돌보는 데 실질적인 기여를 하기 시작했다. 사냥에서 얻은 고기는 자식에게 공급된다. 남성이 자식에게 쏟아 붓는 시간과 자원과 보호는 여러 명의 배우자를 임신시키려고 노력하지 않는 데에서 손해로 환산될 수 있다. 시간과 에너지가 한정되게 주어지기 때문에, 대부분의 헌신적인 아버지들은 다른 여성에게 구애하는 데 심리적인 자원을 투자할 수 없다. 남성은 이 상충 관계(trade-off)의 긴장감을 예리하게 인식하고 있다. 진화 생물학에서 부모의 노력은 짝짓기 노력을 희생한 대가로 얻어진다.

배우자와 장기간의 관계를 맺고 자식을 키우는 데 헌신하는 것이 진화의 측면에서 얼마나 비범한 변화인지 깨닫고, 수반되는 비용을 이해하기 위해서는 뒤로 한 발짝 물러설 필요가 있다. 일부 여성들이 배란 시기마다 당시에 군림하고 있는 최고 수컷과 관계를 가지는 대신에 한 남성을 택해 자신의 번식 생애를 온전히 내맡기기 시작했다. 남성들도 배우자를 보호하고 자신의 짝을 유혹할지 모르는 경쟁 남성들을 쫓아내는 데 노력을 기울이기 시작했다. 일시적인 성관계로 암컷을 유인하는 데 쓰이던 잉여 자원은 이제 아내와 자식들에게 전해졌다. 이로 인해 남성들이 잉여의 자원을(특히 귀중한 아미노산과 풍부한 단백질을 포함하고 있는 고기의 형태로) 획득하려 한층 더 애쓰게 되었다.

장기간의 결합 관계가 진화하기 위해서는 단 한 명의 배우자에게 모든 자원을 투자하는 것이 번식적 이익을 보장하게 만드는 일련의 심리 회로가 존재해야 한다. 경제학에서 가치 있는 자원을 가지고 있는 자들은 그것을 아무에게나 무차별적으로 주지 않는다고 이야기한다. 진화는 자신의 유전적인 자식을 생산할 수 없는 장기적인 관계에 번식적으로 가치 있는 자원을 헛되이 낭비하는 자들을 무자비하게 차별한다. 사람들은 여러 배우자들 중에서 온갖 고난을 무릅쓰고 아플 때나 건강할 때나 평생 함께할 단 한 명의 특별한 배우자를 결정할 수 있는 수단을 필요로 했다. 간단히 말해, 상대가 평생 자기에게 충실할 여성이자 자신의 아이들에게 최상의 투자를 계속해 줄 남성임을 확신시켜 줄 확실한 해결책을 얻길 원했다.

사랑은 서약에 우리를 얽어 맬 수 있는 강력한 끈이다. 사랑과 서약 사이의 긴밀한 연결 관계에 대한 내 연구 결과는 진화 경제학자인 로버트 프랭크가 제안한 이론과 완전히 일치한다. 그는 우리가 사랑이라고 부르는 감정이 서약의 문제에 대한 해결책으로 진화했다고 주장했다.[23] 만약 배우자가 여러 조건들을 고려해 순전히 합리적인 이유로 당신을 선택했다면 조건이 더 좋은 탐나는 상대를 발견했을 때 그 혹은 그녀는 주저 없이 당신을 떠날 것이다. 그러나 만약 그 또는 그녀가 오직 당신만을 향한 통제할 수 없는 사랑에 눈이 멀었다면, 당신이 아프고 가난해져도 배우자의 서약은 여전히 굳건할 것이다. 사랑이란 당신이 그 혹은 그녀에게 감정적, 경제적, 유전적 자원을 기꺼이 오랫동안 투자할 의지가 있다는 것을 알려 주는 감정이다.

서약의 문제를 성공적으로 해결했을 때 사랑의 경험은 유쾌한 심리적 황홀감을 제공해 준다. 그것은 짝짓기 게임에서의 도전들이 승리했다는 사실을 말해 주는 뇌 속의 마약이다.[24] 문자 그대로 사랑에 빠진 사람들은 행복감, 심적 도취, 관념적 황홀감을 가져다주는 뇌에서 분비되는 화학물질인 도파민, 아드레날린, 세로토닌의 홍수를 경험한다. 이 심리적 보상은 우리에게 섹스를 하고, 사랑에 투자하고, 아이를 갖는 것과 같이 번식 성공을 가져다줄 행동들을 계속해서 수행하게 한다.

불행히도, 사랑의 진화에 대한 이야기는 해피엔딩으로 끝나지 않는다. 진화는 자신이 선호하는 전략들이 갖고 있는 괘씸한 점들에는 완전히 무관심하다. 진화는 버식적으로 가치 있는 사원늘을 획득하게 해 주는 전략이라면 그것이 무엇이든 지지한다. 설사 그 전략이 타인에게 어마어마한 손해를 입히더라도 상관없다. 짝짓기에 있어서도 진화는 우리에게 한 가지 전략만을 사용하도록 지시하지 않았다. 오히려 여러 전략들을 동시에 고려하도록 만들었다. 진화는 우리에게 사랑에 빠지는 동기와 장치들을 제공함과 동시에, 사랑을 배신하고 외도하려는 동기 또한 강하게 부여했다. 정원에는 감정의 천국에서 파란을 일으키는 뱀들이 존재한다.

일단 사랑에 대한 욕구가 존재하게 되면, 그것은 남녀 모두에 의해 무자비하게 이용되고 조종될 수 있다. 예를 들어, 남성들은 단지 단기간의 성적 접촉을 얻을 요량으로 여성들에게 자신의 사랑의 깊이를 속인다.[25] 오비디우스가 몇백 년 전에 지적했듯이, "사랑이란…… 남성이 여성의 마음을 사로잡아 결과적으로 그녀와 동침하기 위해 사기와 거짓을 사용하는 성적 행동의 운동 경기이다." 여성들도 성적으로 이용되는 것을 방어하기 위한 전략들을 함께 진화시켰다. 그녀들은 관계를 갖기 전에 더 긴 구애의 과정을 요구하며 상대의 말과 행동에서 거짓을 찾아내려 시도하고, 비언어적인 신호들을 더 잘 해석하게 되었다. 또한 여성들도 때로는 상대를 속인다. 예를 들면, 남성의 자원을 빼앗아 달아날 궁리를 하는 한편, 겉으로는 그를 사랑하고 있다고 상대방으로 하여금 굳건히 믿게 만들 수도 있다. 기만과 폭로의 공진화의 군비 확장 경쟁은 끝없이 계속될 것이다.

또 다른 문제는 비상하는 것은 종종 추락한다는 것이다. 사람들은 사랑에 빠질 때처럼 갑작스럽게 사랑에 흥미를 잃는다. 우리는 누구의 사랑이 식을지 확신을 가지고 예측할 수 없다. 그러나 최근의 연구 결과들은 이에 대해 몇몇 중요한 단서들을 제공해 준다. 사랑에 빠질 때, 욕구의 충족이 중대한 것처럼, 욕구의 방해는 갈등과 이혼을 예고한다. 부분적으로 그가 가진 부와 야심 때문에 선택된 남성은 직업을 잃게 되면 버림받을지도 모른다. 또 부분적으로 젊음과 미모 때문에 선택된 여성은 젊은 모델이 자신의 배우자를 유혹하면 물러나야 할지도 모른다. 처음에는 자상하던 상대가 잔인하게 변할지도 모른다. 반복해서 관계를 가졌음에도 임신이 되지 않으면 부부는 각자 다른 곳에서 더 비옥한 결합을 찾을지도 모른다.[26]

오랜 사랑에 가장 파괴적인 타격은 짝짓기 시장의 혹독함에서 온다. 처음에는 전체적으로 동등했던 두 남녀의 매력이 시간이 지날수록 점점 더 격차가 크게 벌어지게 될지도 모른다. 처음에는 직업적 수준이 비슷했던 한 쌍을 고려해 보자. 여성은 빠르게 출세하는데, 남성은 해고되었다면 그것은 둘 다에게 제약으로 작용할 것이다. 짝짓기 시장에서 이 둘의 가치는 달라졌기 때문이다. 여배우로서 맥 라이언의 경력이 남편인 데니스 퀘이드의 경력을 능가했을 때, 그녀는 떠오르는 스타인 러셀 크로와 바람을 피웠다. 지위의 갑작스러운 상승은 새로운 짝짓기 기회를 열어 준다. 전에는 닿을 수 없었던 '9'(여기서 9는 짝짓기 시장에서의 등급을 나타내는 숫자이다. 숫자가 높을수록 등급이 높다.—옮긴이)가 이제 접근 가능한 상대가 된 것이다. 우리는 실패자 남편 곁을 지키고 있는 여성을 찬양할지도 모른다. 그러나 그렇게 행동한 사람들은 거의 우리 조상이 되지 못했다. 현대의 인간은 파경으로 인해 얻을 이익이 그로 인한 손해보다 몇 배 더 높을 때 배우자를 바꾼 사람들의 후손인 것이다.[27]

여성이 바람피우는 이유

한밤중에 수쿠 문다는 문 밖에서 세 명의 남성이 부정한 관계를 맺으려 그의 아내를 부르는 소리를 들었다. 수쿠는 그녀를 말리려고 노력했지만 그녀는 나가겠다고 주장했다. 수쿠는 그녀를 놀리(날카롭게 깎은 무기)로 구타했고 그녀는 상처를 입고 죽었다. 수쿠는 제정신이 아니었다는 이유로 법정에서 무죄로 석방되었다.[28]

배우자를 선택하여 유혹하고, 장기적인 사랑을 확인하고 혼인을 맹세하는 소모적인 과정을 겪은 후에도 왜 여성들은 갑자기, 자신의 일생을 망칠 수 있는 일시적이며 덧없는 성적 즐거움을 위해 위험을 무릅쓰는 것일까? 이러한 질문은 수세기 동안 과학자들을 당황케 했다. 그러나 이제 우리는 그 해답의 윤곽을 그릴 수 있다. 살인처럼 짝짓기도 다수의 동기를 가진다.

첫 번째 동기는 좋은 유전자를 가진 남성들을 무의식적으로 유혹하는 것이다. 이를 이해하기 위해서는 짝짓기 시장에서의 번식 논리를 간파하고 있어야 한다. 보통의 여성들은 장기간의 사랑보다는 단기간의 성적 관계에서 훨씬 조건이 좋은 남성을 유혹할 수 있다. 왜냐하면 매우 조건이 좋은 남성도 장기적인 약속에 말려들 부담만 없다면 번식 가치가 낮은 여성과 기꺼이 성관계를 맺으려 하기 때문이다. 짝짓기 시장에서 '9'에 해당하는 남성은 종종 '7'에 해당하는 여성과도 기꺼이 관계를 맺는다. 농구 선수인 코비 브라이언 같은 성공한 운동선수들이나 주드 로, 조지 클루니 같은 성공한 영화 스타들이 자신을 유혹하는 여자가 없어 고통을 겪는 일은 없다. 번식 적응도의 면에서도 그런 여성과 관계를 맺는 것이 성공한 남성에게 좋다. 왜냐하면 그는 적은 비용으로 생식 능력이 있는 여성에게 접근할 수 있기 때문이다. 그러나 그녀의 남편의 번식 가치는 동류교배(자신과 비슷한 표현형을 가진 개체들과 짝을 짓거나, 반대되는 표현형을 가진 개체들과 짝을 짓는 작위적인 교배의 한 종류. 인간의 짝짓기에 있어 동류교배란 서로 비슷한 표현형을 가진 개체끼리 짝을 짓는 경향(백인은 백인끼리, 키가 큰 사람은 키가 큰 사람끼리, 잘생긴 사람은 잘생긴 사람끼리)을 의미한다.—옮긴이)의 법칙에 기초해, 대략 그녀와 같은 수준일 것이다. 즉, 그 또한 '7'일 것이다. 아내가 자신보다 훨씬 매력적인 남성과 부정을 저지르는 일이 남편에게는 살인 동기가 될 수 있다.

자기 남편보다 더 탐나는 상대와 짧게 성관계를 맺음으로써, 그녀는 남편에게 상대적으로 부족한 중요한 자원들을 획득할 수 있는 기회를 갖게 된다. 즉, 자신의 아이들에게 우세한 유전자를 전달할 기회를 갖게 된다. 우수한 유전자는 그 보유자를 여러 면에서 매력적으로 보이게 한다. 그중 하나가 건강에 대한 유전자이다. 상처나 종기 등이 없는 깨끗한 피부와 고운 머릿결, 견고한 걸음걸이 등 건강 상태를 나타내는 징후들은 관찰이 가능하며, 확실한 정보를 알려 준다. 진화 생물학자들은 건강에 대한 훨씬 예민한 징표를 찾아내었다. 바로 대칭성이다. 인간은 좌우 대칭이다. 당신의 이마 중앙에서 일직선으로 선을 내려 그으면 나눠진 절반은 서로에 대해 대략 거울상일 것이다. 그러나 완전히 똑같은 거울상은 아니다. 상처, 기생충, 영양 부족과 성장 과정에 영향을 미친 다른 환경적 상해에 의해 양쪽이 서로 다를 수 있다. 어떤 사람들은 이런 환경적 악영향에 유전적으로 다른 사람들보다 더 취약하다. 반면 그런 악영향에 저항력이 세거나 이들을 피해 가는 능력이 뛰어난 사람들도 있을 것이다. 저항력이 더 강한 사람들은 취약한 신체를 가진 사람들보다 더 건강한 유전자를 갖고 있거나 훨씬 안정적인 발달 과정을 겪었던 사람들일 것이다.

진화 심리학자인 스티브 갱지스태드와 진화 생물학자인 랜디 손힐은 인간의 짝짓기에서 이 대칭성이 갖는 효과에 대해 탐구한 선구자들이다.[29] 중지의 길이에서 귓볼의 길이에 이르기까지 이들은 피험자들의 신체 각 부위의 넓이와 길이를 정확하게 측정하기 위해 캘리퍼스(측정기)를 사용했다. 그들은 신체 부위의 비대칭적인 정도를 보이기 위해 신체 각 부위마다 다른 점수를 매겼다. 이 점수들을 합하여 갱지스태드와 손힐은 대칭성에 있어서 개인 차를 나타내는 총괄적인 지표를 얻었다. 미국의 문화적 아이콘들 중에서는 라일 로벳(줄리아 로버츠의 전남편으로 컨트리 가수이자 배우이다.—옮긴이)이 최하의 점수를 얻었고 브래드 피트가 최고의 점수를 얻었다.

건강 지표를 확실하게 측정한 후, 그들은 대칭성과 짝짓기 사이의 관계를 탐구했다. 203쌍을 조사한 결과, 그들은 비대칭적인 남성과 맺어진 여성들이 대칭적인 남성과 맺어진 여성들보다 부정을 저지르는 경향이 더 많다는 것을 발견했다. 바람피우는 여성들은 자신의 배우자보다 훨씬 대칭적인 남성을 외도 상대로 선택했다. 실제로, 대칭적인 남성들은 비대칭적인 남성들보다 타인의 배우자와 밀회를 가지는 일이 더 많은 것으로 보고되었다. 이는 대칭적인 남성의 섹스 파트너 중 상당수가 이미 다른 남성과 진지한 관계를 맺고 있는 여성들이라는 것을 의미한다.

하이디 그레일링과 함께 수행한 연구에서 우리는 여성의 배우자 선호도가 장기적인 상대를 고를 때와 단기적인 상대를 고를 때 극적으로 달라진다는 것을 발견했다.[30] 우리는 단기적인 관계를 가질 때 여성들은 '섹시한 아들' 유전자를 추구한다는 정황적인 증거들을 찾아냈다. 장기적인 관계에서 희망하는 자질들과는 대조적으로, 단기적인 관계에서 여성들은 섹시하고, 이성에게 인기가 있으며, 육체적으로 매력적인, 잘생긴 외모의 남자들에게 특히 매혹된다. 이러한 행위를 통해 번식 성공에서 여성이 얻을 수 있는 이익은 자식 수의 증가가 아니다. 일시적인 외도를 통해 여성들은 '섹시한 아들'을 낳을 가능성을 증가시킬 수 있다. 섹시한 아들은 다음 세대의 여성들에게 매우 매력적인 남성이 될 것이다. 따라서 여성은 섹시한 아들을 통해 손자의 수를 증가시킴으로써 자신의 번식 성공도를 증가시킬 수 있게 되는 것이다.

배란 주기 동안의 여성의 성적 변화에 대한 연구를 통해 여성의 외도 동기가 '우수한 유전자'라는 주장을 뒷받침하는 훨씬 놀라운 증거들이 발견되었다.[31] 장기적인 배우자가 있는 여성들은 임신이 가능한 배란기에 다른 남성을 유혹하고, 그들에게 성적 욕구를 느끼며, 그들에 대해 성적 상상을 더 많이 갖는다고 보고되었다. 그러나 이러한 현상들은 오직 여성들이 상대적으로 비대칭적인 배우자와 관계를 맺고 있을 때에만 나타났다. 더 충격적인 사실은, 외도를 하는 여성들이 자신의 배란 시기에 다른 남자에게 정욕이 발동하며, 이 시기에 맞춰서 정부와 성관계를 하는 것처럼 보인다는 것이다. 반면 자신의 정기적인 상대와는 임신할 가능성이 가장 낮을 때를 골라서 성관계를 가지는 것으로 보였다. 여성들이, "지금 배란 중이야, 나가서 우수한 유전자를 확보하는 게 좋겠어."라고 머릿속에서 생각하는 것은 분명 아니다. 그렇다기 보다 현대 여성들은 임신하기 가장 좋은 상태에 있을 때, 외도에 대한 욕구가 증가하도록 진화했다고 생각하는 것이 맞을 것이다. 역사적으로 이러한 욕구들은 겸손하며, 장래를 약속했지만 불행히도 좋은 유전자 조합을 갖추지 못한 정기적인 짝보다 우수한 유전자를 가진 외도 대상의 아이를 낳게 하는 효과를 가졌을 것이다.

우수한 유전자는 여성이 외도를 하는 이유에 대한 한 가지 설명을 제공해 준다. 그러나 아직 여성의 외도에 대한 서로 다른 강력한 동기들이 적어도 세 가지 이상 남아 있다. 자원 획득, 배우자 보험, 배우자의 상향 조정이 그것이다. 자원 획득에 대한 설명은 간단하다. 비록 현대 사회에서는 강력한 동기로 작용하지는 못하겠지만, 옛날에는 식량 부족이 진화의 병목(병목 현상이란, 질병, 한파 등 개체들의 생존과 번식을 위협하는 외부적 환경의 변화에 의해 짧은 기간 동안 개체군의 수가 급격히 줄어드는 현상을 말한다. 여기서는 식량 자원의 부족이 이러한 병목 현상을 일으킬 만큼 강력한 원인이 되었다는 의미이다.—옮긴이)을 만들어 낼 만큼 중요한 것이었다. 희귀한 식량에 접근할 수 있었던 사람들은 진화의 병목을 통과할 수 있었으며, 접근할 수 없었던 사람들은 자손을 한 명도 남길 수 없었다. 이것이 바로 여성들이 단기적 관계를 맺을 때 엄청난 자원을 가진 남성에게 최상의 가치를 부여하는 원인일지도 모른다.[32]

현대 사회에서는 많은 사람들이 사고와 화재 등 불행에 대비해 차와 집을 보험에 들어 둔다. 과거에는 사람들이 장기간의 배우자에 상당하는 것들을 찾아 두려 했다. 유사시에 현재 배우자를 대체할 수 있는 여별의 배우자를 갖고 있으면, 번식 성공의 면에서 엄청난 이점을 누릴 수 있었을 것이다. 예비 배우자들은 특별한 자질들을 소유해야만 했다. 그들은 능력과 매력이 있어야 하며, 여성에게 자원을 기꺼이 제공해 줄 수 있어야 한다. 또 그들은 다른 남자들의 성적 공격으로부터 그녀를 보호할 수 있을 만큼 충분히 강해야 한다. 연구 결과, 여성들은 외도 상대에서 정확하게 이러한 특징들(자신을 보호할 수 있고, 육체적인 능력이 뛰어나며, 힘과 남성성을 과시하고 육체적으로 건강한 남성들)을 높이 평가하는 것으로 나타났다.[33] 또 우리는 이성에게 꼬리를 치는 것이 예비 배우자를 양성하기 위한 기능도 수행한다는 사실을 발견했다. 나아가 여성들이 이성 친구와 교제하는 이유 중 하나는 배우자가 없을 때를 대비해 빈자리를 채워 줄 사람을 미리 확보해 놓기 위해서다.[34]

마지막으로, 여성의 외도의 매우 중요한 네 번째 기능은 더 멋진 배우자로 상대를 교체하는 것이다. 배우자를 바꾸는 게 더 유리한 경우들이 있다. 첫째, 만약 여성의 현재 배우자가 매력이 없어졌다면, 책임을 회피하려 한다면, 집에 자원을 가져다줄 수 없다면, 여성을 학대하기 시작했다면, 자원을 다른 여성에게 낭비하고 있다면, 그녀에게 있어 그의 가치는 다른 남성들에 비해 현저히 낮아질 것이다. 둘째, 지위의 상승, 미모의 향상 등으로 자신의 매력이 증가한 경우, 그녀는 배우자로서 더 나은 가치를 가진 남성을 유혹할 수 있을 것이다. 셋째, 이주나, 배우자의 죽음 등으로 전에는 유용하지 않았던 새로운 인물이 짝짓기 시장에 등장한 경우, 그녀는 상대를 바꿈으로써 이익을 얻을 수도 있을 것이다. 마지막으로 자식이 죽는 경우처럼, 현재의 관계에 그녀를 붙들고 있던 존재들이 사라진 경우, 갑자기 그녀는 전에는 닿을 수 없던 사람들에게 훨씬 매력적인 존재가 될 수 있다. 이런 모든 변화들은 여성에게 짝짓기 시장에서 배우자를 상향 조정할 수 있는 의지와 능력을 부여해 줄 것이다.

요약하자면, 외도를 한 여성이 누릴 수 있는 이점은 상당히 많다. 그들은 (현재의 배우자보다) 더 우수한 유전자를 가진 아이를 낳을 수 있으며, 부가의 자원을 얻을 수도 있다. 또 유사시를 대비해 배우자 보험의 형태로, 교체가 가능한 예비 배우자들을 미리 양성해 둘 수도 있다. 덧붙여 외도는 더 우수한 자질을 갖고 있는 배우자로 현재의 관계를 상향 조정할 수 있는 지렛대로 사용될 수도 있다. 그러나 뒤에서 살펴볼 것처럼, 다른 남성과 밀회를 갖는 일은 매우 위험한 행위이다.

남성들 역시 배우자를 상향 조정하기 위한 전략으로 외도를 이용한다. 몇 가지 이유로 남성들이 보다 쉽게 그렇게 할 수 있다. 자원과 지위가 여성들이 원하는 것의 핵심이기 때문에 지위가 상승되고 자원이 늘어난 남성은 전에는 상대할 수도 없던 여성들에게 매력적인 존재로 급부상한다. 그러나 많은 남성들에게, 외도란 단순히 다수의 여성에게 성적으로 접근하여 자식 수를 늘리기 위해 진화한 전략이다. 물론, 남성들은 "내 번식 성공도를 늘리기 위해 외도를 해야겠어."라고 머릿속으로 생각하지는 않는다. 단지 그들에게 다른 여성이 매력적으로 보일 뿐이다. 위험이 적은 기회가 주어진다면, 그들은 종종 외도를 할 것이다. 희극 배우인 크리스 락이 말했듯이, "남자는 그가 선택할 수 있는 한도 내에서만 충실하다." 여성과 남성의 외도 동기를 비교한 연구들은 한결같이 순전히 '섹스'가 남성들의 주된 외도 동기라는 것을 발견했다. 물론 이러한 사실이 반드시 그들이 아내를 사랑하지 않는다는 것을 의미하지는 않는다.

실연의 위험

실연에는 어두운 면이 많다. 프랑스의 우화 작가인 셀레스틴은 "사랑의 기쁨은 순간적이지만 사랑의 슬픔은 평생 동안 지속된다."라고 썼다. 실연은 남녀 모두에게 심리적 외상을 남기며, 여성들에게는 종종 신체적으로도 큰 위험을 끼친다. 실연은 인간이 경험할 수 있는 가장 괴로운 사건 중 하나로 평가된다. 자식의 죽음처럼 끔찍한 사건으로 인한 마음의 상처만이 실연의 고통을 능가한다. 사랑하던 여성에게 거절당한 남성들은 종종 상대를 감정적으로나 신체적으로 학대한다. 몇몇 남성들은 반복적으로 전화를 걸고, 예고 없이 방문하며, 폭력으로 위협하는 등 그들의 전 애인을 스토킹한다. 스토킹 피해자들은 심리적인 공포와 업무 방해, 새로운 관계 접촉의 어려움을 경험한다. 내 최근 연구에서, 놀랄 만큼 많은 수의 남성들이 갑자기 버림받은 뒤 살인 판타지를 가지기 시작했으며, 그중 상당수는 이 판타지를 실행했던 것으로 드러났다. 이에 대한 세부 사항들은 다음 장에서 설명하겠다.

아래 사건은 텍사스, 휴스턴에서 1년 동안 발생한 살인 사건들을 체계적으로 편집한 데서 발췌한 것이다. 매우 오싹한 사건이다.

● 사건 번호 191

집안싸움으로 시작됨. 37세 백인 여성과 42세 남성이 술을 마시고 말다툼을 하였음. 아내가 먼저 이웃에 사는 자매의 아파트로 달려갔음. 그러나 아파트에는 그녀의 11세 된 조카 혼자 깨어 있었음. 그녀는 이웃의 도움을 청하기 위해 자매의 집을 떠남. 도로를 건너던 중, 남편에게 붙잡힘. 논쟁이 계속됨. 그녀는 남편에게서 달아나며 주위에 도움을 청하기 위해 소리를 지름. 그녀가 보도 위에서 피를 흘리며 누워 있는 것을 이웃들이 발견하고 구급차를 부름. 남편은 경찰에게 아내가 자신을 더 이상 사랑하지 않았기 때문에 이 모든 일이 시작된 거라고 진술함……. (이 때문에) 그는 주머니칼을 꺼내 아내의 가슴을 찌름.[35]

그러나 버림받은 남성이 느끼는 고통만으로는 그가 부정을 저질렀거나 자신을 떠난 여성을 살해하는 이유를 설명하지 못한다. 배우자 살해는 심각한 수수께끼를 제시한다. 어떻게 이 기괴한 행동이 진화할 수 있었을까? 결국, 배우자 살해는 중요한 번식 자원을 파괴하는 행위다. 진화는 필수적인 번식 자원을 파괴하는 것보다 보호하는 것을 선호했어야만 한다. 배우자 살해는 번식의 측면에서 자신의 이익에 포악하게 반하는 행위로 여겨진다.

이 수수께끼를 풀기 위해, 우리는 진화가 차별적인 번식(자원이 한정적이기 때문에 개체의 번식과 생존은 차별적일 수밖에 없다. 즉, 개체들은 다른 개체에 대해 한정된 자원을 놓고 경쟁하는 관계에 놓이게 된다. 따라서 번식 경쟁에서 성공 여부를 따질 때 중요한 것은 자손의 절대적인 숫자라기 보다는 경쟁자와 비교했을 때의 상대적인 숫자이다.—옮긴이)의 원리에 의해 작동된다는 사실을 기억해야만 한다. 그렇기에 특정한 조건에서, 자연선택은 부정한 배우자를 살해하려는 동기를 선호할 수 있다. 이러한 논리에 대해 더 세부적으로 살펴보자. 우선 대부분의 경우, 부정한 배우자를 살해하는 행위는 가해자에게도 해로운 일이다. 부정을 저질렀다 할지라도 그녀는 남편에게 여전히 귀중한 번식 자원일 수 있다. 만약 그녀가 계속 그의 성적 자원이 되어 준다면, 그녀를 살해하는 일이 자신의 적응도를 손상시키는, 헛된 복수심으로 가득 찬 악의적인 행동이 되는 셈이다. 마고 윌슨과 마틴 데일리가 정확하게 관찰한 것처럼 "살해된 여성은 교체하기에 너무 큰 비용이 든다."[36] 만약 그녀가 자신의 아이를 낳았다면, 어머니의 죽음으로 인해 아이의 생존과 번영의 기회는 극적으로 훼손된다. 마지막으로, 그는 보복당할 위험에 처하게 된다. 그녀의 형제나 아버지는 그에게 그녀의 죽음을 똑같이 앙갚음할 생각을 할 수 있다. 이 모든 이유로 배우자 살해는 대개의 경우 아내의 부정에 대해 상당히 무능한 해결책이다.

그러나 때로 대가와 이익의 방정식에 관여하는 요소들이 재배열되어 특정 환경에서는 살해의 이익이 그에 수반되는 대가보다 통계적으로 더

클 수 있다. 어떻게 그것이 가능한지 이해하기 위해, 여성의 부정이 왜 그렇게 남성에게 불리한 것인지 살펴봐야 한다.

오쟁이 진 대가

여성의 사랑을 잃은 남성은 소유하고 있던 가장 큰 번식적 재산을 잃은 것이다. 만약 그가 유전적으로 상관없는 아이를 키우고 있고 그 사실을 모른다면, 그는 수십 년간의 시간과 자원을 경쟁자의 아이에게 투자할 위험을 지게 된다. 이는 그의 번식 적응도의 면에서 이중의 재앙이 아닐 수 없다. 남의 아이를 키울 위험은 실제로 존재한다. 지난 30년간 수행된 혈액과 DNA 지문 검사에 대한 연구 결과에 기초해 추정해 보면, 아버지가 자신과 유전적으로 관련이 없는 아이를 키우고 있는 경우가 전체의 9~13퍼센트에 해당되는 것으로 나타났다.[37] 이는 여성 약 10명 중 1명이 자신의 배우자가 아닌 다른 사람의 아이를 임신했었다는 이야기다.

역사적으로, 오인된 부성은 남성에게 엄청난 손해를 입혔다. 첫째, 여성을 찾고 구애하고 유인하는 데 쏟았던 그의 모든 노력이 도리어 자신의 적응도를 낮추는 역할을 했다. 둘째, 경계에서 폭력까지, 관계를 지키고 유지하려던 그의 모든 노력이 아무 소용도 없어졌다. 그가 배우자와 자식에게 제공했던 자원들은 그녀가 다른 남자의 아이를 가졌을 때 이미 낭비되어 버린 것이다. 셋째, 오쟁이 진(부정한 아내를 두는 것. 혹은 아내가 낳은 다른 남자의 아이를 자신의 아이로 알고 키우는 것—옮긴이) 남성은 기회비용으로 고통받는다. 잃어버린 짝짓기 기회는 다시 회복할 수 없는 것이다. 부정한 아내에게 투자함으로써 그는 일시적인 정사든 장기간의 낭만적인 관계든, 다른 여성들과 짝 지을 기회를 포기한 셈이 된 것이다.

사실 오쟁이 진 대가는 이보다 훨씬 더 크다. 본인뿐 아니라 배우자의 양육 노력까지 경쟁자의 아이에게 빼앗기기 때문이다. 원래는 자신의 아이에게로 향했을 배우자의 양육 노력이 도리어 경쟁자의 아이에게 이익을 주고 있는 것이다. 만약 오쟁이 진 남성에게 이미 생물학적 자식이 있거나, 앞으로 가질 예정이라면, 부정의 산물인 이 아이는 유전적으로 자기 자식들과 친형제가 아니라 반쪽 형제가 된다. 이는 이익에 대한 유전적 갈등을 일으키며, 자신의 아이가 고통을 받게 될지도 모른다. 반쪽 형제들은 친형제들보다 서로의 행복에 대한 유전적 이해관계를 덜 공유한다.(친형제는 서로 50퍼센트의 유전자를 공유하고 있다. 이복형제는 친형제에 비해 절반 즉, 25퍼센트의 유전자를 공유하고 있다.—옮긴이) 오쟁이 진 대가는 여기서 끝나지 않는다. 인간 같은 사회적 동물들에게는 타인의 존경과 평판이 매우 중요한다. 오쟁이 진 남자는 훼손된 평판과 자긍심으로 고통 받을지도 모른다. 아래는 오쟁이 진 남편에 대한 그리스 문화의 반응이다.

아내의 부정은…… 남편에게 불명예를 가져온다. 그는 케라타스로 불린다. 케라타스는 나약함과 불완전함을 함축하는 수치스러운 별명이며, 그리스 남자에게 최악의 모욕이다.…… 여성들에게는 부정한 남편을 참는 것이 사회적으로 수용되지만, 남성들에게는 부정한 아내를 참아 내는 것이 사회적으로 묵인되지 않는다. 그렇게 행동한 남자는 사람들에게 남자답지 않게 행동했다고 조롱받을 것이다.[38]

오쟁이 진 남편을 조롱하는 행위는 그리스에만 국한되어 나타나지 않는다. 아래 살인 사건은 성적인 부정을 가장 용인하는 문화 중 하나인 프랑스에서 발생한 것이다.

살인 사건은 로와 강에 위치한 오를레앙 시에서 발생했다. 이본느 쉐발리에는 정치가이자 참전 영웅이었던 남편 피에르 쉐발리에 박사와 사이가 좋지 않았다. 피에르는 성공하여, 정치계에서 최고의 자리로 단숨에 올라갔다. 그는 엘리트 모임에서 활동하며 전에 알지 못했던 사회적 성공을 즐기고 있었다. 이본느는 많은 시간을 집에 홀로 남아 있었다. 반면, 피에르는 로저 페로의 아내인 자네트 페로와 바람피우기 시작했다.

이본느는 남편의 코트 주머니에서 쪽지를 발견하고 그의 부정을 눈치 챘다. 그 쪽지에는 "친애하는 피에르, 당신이 없는 인생은 내게 조금도 아름답지 않고 아무런 의미도 없어요, 자네트."라고 적혀 있었다. 이본느는 코끼리도 멈출 만큼 화력이 센 7.65밀리미터의 거대한 자동 권총을 손에 넣었다. 총기 허가를 신청할 때, 그녀는 남편이 정치계의 명사이기 때문에 반드시 주의를 해야 한다고 설명했다. 이본느는 그의 부정에 대해 남편과 대면했다. 기회를 잡자, 그는 그녀와 이혼하고 싶다고 말했다. 그녀는 그를 네 번 쏘았다. 그러고는 현장을 목격한 아들을 데리고 시종의 부축을 받으며 아래층으로 내려갔다. 그 후 그녀는 현장으로 되돌아와 남편에게 다섯 번째 총성을 날렸다. 머리에 두 방, 몸에 세 방을 맞은 뒤 그가 살아날 가망은 없었다.

자네트 페로의 남편 로저 페로의 증언에 대한 사람들의 반응은 매우 흥미로운 것이었다. 법정을 채우고 있던 사람들은 그가 걸어갈 때 머리 뒤에 뿔을 만들어 오쟁이 졌다는 신호를 보내며 공공연히 그를 비웃었다. 조롱은 그가 법정에서 아내가 외도를 했다는 것을 알고도 그것을 묵인해 주기로 결심했다고 말했을 때 최고조에 달했다. 그는 아내가 전에도 바람피운 적이 있으며 그 상대들을 자기가 쫓아냈다고 고백했다. 즉, 그의 아내는 누가 보기에도 "멋진 베레모 아래 붉은 머리를 길게 늘어뜨린, 큰 눈과 감각적인 입술을 가진"[39] 기절할 만한 미인이라는 것이다. 몇 가지 이유로 그는 피에르와 아내의 부정을 있을 수 있는 일이라고 생각했다. 그는 청중들로부터 더 많은 조롱을 받았다. 그가

"아뇨. 이상해 보일지도 모르지만 저는 피에르가 호감 가는 사람이라고 생각했습니다. 그와 매우 사이좋게 지냈죠."라고 대답했을 때, 법정 가득 조소가 터져 나왔다. 이 모순된 이야기에서, 이본느 쉐발리에는 살인죄로 유죄를 선고받지 않았다. 프랑스는 '격정의 범죄'라는 별도의 살인 범주를 갖고 있다. 이 경우에 속할 때, 살인자들은 특별히 감형 처분되며, 때로 이 경우에서처럼 완전히 무죄를 선고받기도 한다.

실제로, 전 세계적으로 오쟁이 진 남편들은 조소와 경멸의 대상이 된다. 그들의 평판은 때로 파국을 맞을 만큼 엄청나게 훼손된다. 한 개인의 평판은 단지 사회적 고상함 이상의 의미를 가진다. 그것은 비상한 가치를 지닌다. 때때로 한번 잃어버린 평판은 다시 회복되지 않는다. 평판은 사람들이 살인을 고려할 만큼 보호할 가치가 있는 것이다.

평판이 손상은 남자의 사회적 지위를 위태롭게 만든다. 미래의 사회 계층에서 그의 지위가 상승되는 것을 방해하며 미래의 배우자를 얻을 수 있는 능력에도 손상을 입힌다. 남성들은 그를 비웃고 여성들은 부자연스럽게 대한다. 오쟁이 진 남편은 일단 그가 이용당했다는 사실이 알려지면, 쉽게 이용당할 수 있는 자라는 평판을 얻게 된다. 여성들은 그를 다른 남성의 침입을 막을 능력이 없는 사람으로 가정한다. 짝짓기 시장에서 그의 가치는 바닥으로 곤두박질친다. 이 모든 요소들은 오쟁이 지는 것이 적응도에 미치는 엄청난 손해로 합쳐진다.

불행히도, 자신을 버렸거나 오쟁이 진 배우자를 살해함으로써 자신의 지위와 평판을 지켜 내는 이들도 있었다. 적어도 인간들이 진화했던 소집단의 거주 환경에서는 이런 행동이 평판을 지켜 내는 역할을 톡톡히 수행할 수 있었다. 그녀를 살해함으로써 그는 집단 내 모든 사람에게 자신이 보복의 두려움 없이 쉽게 이익을 침해할 수 있는 사람이 아니라는 신호를 보낸다. 이러한 신호는 그가 자신의 배우자를 붙잡지 못한 오쟁이 진 사내라는 인식을 제거하고 다른 아내들(일부다처제라면), 혹은 미래의 배우자들에게 그들이 자신을 떠나거나 외도를 하면 응분의 대가를 치르게 될 것이라고 경고한다. 그의 폭력은 다른 남자들을 위협해 자신의 짝을 훔치려는 앞으로의 시도들을 단념시킨다. 지위의 저하를 조기에 막음으로써, 그는 그러지 않았다면 완전히 잃게 됐을 평판을 상당 부분 회복할 수 있다. 동시에, 살인은 최측근의 경쟁자들이 그가 이전에 소유했던 번식 자원에 더 이상 접근하지 못하도록 하며, 무정한 번식 경쟁에서 그를 유리한 상태에 올려놓는다. 특정한 상황에서의 배우자 살해는 번식적으로 유리한 일이었을 것이다. 그 결과 배우자 살해에 대한 심리 회로가 진화하게 되었을 것이다.

물론 그 상황들은 매우 구체적이어야만 한다. 우선 근처에 아내의 형제와 아버지가 없어야, 살인자는 친지들로부터의 폭력적 보복으로 덜 고통 받을 것이다. 이족 결혼을 하던 전통 부족 사회에서는 이런 경우가 매우 흔했을 것이다. 이족 결혼을 하는 사회에서는 대개 여성들이 결혼 후, 자신의 부족을 떠나 남편의 친족 집단으로 이주한다. 둘째, 둘 사이에 아이가 없어야, 배우자를 살해하는 일이 자기 자식들의 생존마저 위태롭게 하지 않을 것이다. 따라서 나는 아이가 없는 부부에서 배우자 살해가 더 자주 발생할 것이라고 예측한다. 셋째, 그의 사회적 평판이 아내의 부정이나 도망으로 인해 너무나 심각하게 손상받아서 그의 지위가 회복할 수 없을 만큼 추락하고, 다른 배우자를 유혹할 수 없게 된다면, 아내 살해는 지위의 추락을 멈추는 데 도움이 될 것이다. 다행히도, 도망쳤거나 부정한 아내를 살해하는 행위는 대개 너무나도 큰 대가를 요구하므로 대부분의 남성은 그런 행동을 저지르지 않는다. 그러나 남성의 살인 회로는 이익이 대가를 능가하는, 매우 드문 상황에 동조하여 예측할 수 있는 형태의 배우자 살해를 유발한다.

잠시, 배우자 이외의 경우에 이 주장의 논리를 적용해 보자. 당신은 방금 자신과 가족이 먹을 사냥감을 죽였다. 그런데 당신이 미처 그걸 먹기도 전에 스캐빈저(썩은 고기를 먹는 동물을 말한다.—옮긴이)가 다가와서 사냥감을 훔쳐 가 버렸다. 이때 당신은 그 손해로 괴로워할 것이다. 그런데 만약 고기를 훔쳐 간 게 스캐빈저가 아니라 당신의 경쟁자라면? 진화적 적응도의 면에서 그 손실은 더 커지게 된다. 왜냐하면 선택은 **상대적인** 번식 성공의 원리에 의해 작동하기 때문이다. 당신의 손해는 곧 경쟁자의 이익이 된다. 당신의 자식들이 굶주리며 죽어 갈 동안, 그의 아이들은 살아남아 번영할 것이다.

동일한 논리가 짝짓기에도 적용된다. 짝짓기에서 당신이 입은 손실이 경쟁자의 성적 이익이 된다면, 오쟁이 지는 것이 적응도에 입히는 손실은 한층 심화된다. 이 이론은 직관에 반하는 예측을 낳는다. 즉, 여성이 젊고 건강하고 매력적일수록, 오쟁이 진 남성이 입게 되는 손실은 더욱 커질 것이며, 그녀와 동침하게 된 경쟁자가 얻는 이익도 더 커질 것이다. 이러한 예측은 더 혼란스러운 예측을 만들어 낸다. 즉, 예쁘고, 건강하고, 생식 능력이 뛰어난 여성일수록, 남자는 그녀의 성적 부정을 발견했을 때, 그녀를 살해하려는 마음이 더 많이 들 것이다.

남성이 배우자를 살해하는 상황과 이유에 대한 실제 증거들이 이 이론을 뒷받침하는가? 우리는 연구를 통해, 여성이 관계를 떠나게 만드는 불화와 여성의 부정이, 남성에게 지속해서, 반복적으로 그녀를 죽일 생각을 하게 만드는 두 가지 가장 강력한 예측 인자라는 것을 발견했다. 여기 한 가지 예가 있다.

그녀는 자기에게 사기를 쳤다며 절 고소했습니다. 저는 너무 화가 나서 여전히 그녀를 사랑함에도 불구하고 그녀와 헤어져 버렸습니다. 그러자 그녀는 제 가장 친한 친구와 성관계를 갖기 시작했습니다. 그녀가 저만을 사랑한다고 말했었기 때문에 저는 머리끝까지 화가 났습니다. 그녀는 암캐입니다. 유감스럽게도 예쁘기는 하지만. 그녀랑 제 친구 모두 죽어 버렸으면 좋겠다고 생각했습니다. 그녀의 보트 위에서, 저는 그녀에게 말을 겁니다. 그녀는 저더러 내리라면서, 불안해 하기 시작합니다. 그래서 저는 손발을 묶어 그녀를 배의 조종대에 잡아맵니다. 그녀의 우라질 머리는 핸들 바깥쪽으로 향하게 하구요. 그 후 그녀에게 술을 많이 먹여서 똑바로 생각할 수 없게 만듭니다. 그리고 그녀 집 앞에 있는 절벽 바로 앞까지 배를 조종합니다. 거기서 저는 뛰어내리고 보트가 떨어져 폭발하는 것을 지켜봅니다.

그녀를 죽이지 않은 이유는 무엇입니까? 저는 이성적인 사람입니다. 전 그녀가 단지 멍청한 암캐라는 걸 깨달았습니다. 그녀가 나이 들수록 살찌고 추해지길 바랍니다.

무엇이 당신이 살인을 저지르게 만들 수 있었을까요? 우리가 아직 사귀고 있는 동안 그녀가 제 친구랑 바람피우고 있었다는 걸 포착했더라면 그랬을지도 모르겠습니다.

이 판타지에는 주목할 만한 요소가 두 가지 있다. 첫째는 여성이 젊고 아름다웠다는 것이다. 이것은 그녀가 번식적으로 매우 가치 있다는 것을 의미한다. 둘째는 그녀가 남자의 가장 친한 친구와 섹스를 했다는 것이다. 이제 그 친구는 경쟁자가 되었다.

남성이 느끼는 사랑의 강도는 종종 그의 살인 판타지의 강도에 반영된다. 다음 경우를 살펴보자.

● 사례 145

그녀를 5년간 알았습니다. 제 생애 최고의 순간들을 그녀와 함께했습니다. 저는 절규하며 그녀의 모든 사진들을 찢어 버렸습니다. 그녀가 바람피운 남자를 흠씬 두들겨 팼습니다.…… 지난 5년간 친구였고 1년 반 동안 저와 사귀었던 제 여자 친구는 몇 명의 코카인 중독자들과 함께 지내면서 점점 저에게 전화를 하지 않기 시작했습니다. 이제 그녀는 코카인 중독자이고 그녀가 만났던 그 머저리들과 섹스를 합니다. 저는 그녀를 구제하기 위해 제가 할 수 있는 모든 것을 다 시도했지만 마침내 포기했습니다.…… 저는 그녀의 목을 잡고 공중으로 들어올려 그녀가 저질렀던 모든 끔찍한 행동들과 그로 인해 제가 느낀 감정들을 그녀의 얼굴에 대고 소리치고 싶습니다. 그리고 그녀와 그녀를 걸려들게 한 녀석들을 모두 쏘아 버리고 싶습니다.…… 때로는 맨주먹으로, 때로는 총으로…….

왜 그렇게 하지 못했죠? 양심과 현실적인 자아 때문입니다. 저는 어떤 이유도 사랑하는 사람의 생명을 뺏는 것을 정당화해 주지 않는다는 것을 압니다. 또 제 행동의 결과로 무엇을 받게 될지도 알구요.…… 사실 저는 지금껏 사랑했던 그 무엇보다 그녀를 더 많이 사랑했습니다. 저는 그녀를 위해서라면 행복하게 죽을 수 있었을 테고 두근대는 마음으로 그녀와 결혼했을 겁니다. 그 때문에 그녀는 제가 지금껏 겪었던 어떤 상처보다 더 저를 아프게 했습니다. 전 살고 싶지 않았고 그녀도 죽었으면 싶었습니다.

미시간 살인자들에 대한 연구 결과에서도 정확히 같은 주제들이 나타난다. 부정을 의심한 남자는 애인의 직장으로 총을 가지고 갔다. 총을 차 안에 남겨두고 그는 그녀에게 자신의 의심에 대해 이야기했다. 그녀는 사실을 인정했다. 그러자 그는 차로 돌아와 총을 꺼내 그녀를 쏘았다. 그는 면담자에게 다음과 같이 말했다. "전 그녀를 사랑해요. 정말로 깊이 사랑합니다. 그녀도 그걸 알아요. 그녀가 다른 남자와 그랬다는 데 정말 상처를 입었습니다." 또 다른 남자는 아내와 이혼하고도 계속 그녀와 성관계를 맺었다. 그는 그녀를 여전히 "자기 여자"라고 생각했다. 그녀가 바람피우고 있다는 걸 의심했을 때, 그는 모텔까지 그녀를 쫓아갔다. 그녀가 자신보다 작고 아무 무기도 갖고 있지 않았는데도 그는 칼로 그녀를 다섯 번이나 찔렀다. 그럼에도 불구하고, 그는 면담자에게 "그녀를 사랑합니다.…… 그녀를 죽일 생각은 없었습니다."라고 말했다. 세 번째 남자는 최근 자신을 버린 애인을 살해했다. 그는 "그녀는 제가 지금까지 사랑했던 여자 중 가장 아름다운 여자였습니다."라고 말했다.

실제 살인과 살인 판타지에 대한 연구들은 놀라운 심리적 유사성을 보여 준다. 그들은 모두 아내나 애인의 육체적 아름다움에 대해 말한다. 또 그들은 자신의 사랑의 깊이를 이야기한다. 이 남성들의 분노는 앞으로 동등한 가치를 가진 배우자를 만날 가능성이 적다는 데서 생겨난다. 그들은 오직 한 측면에서만 다르다. 살인에 대한 판타지만을 떠올린 남자들은 자신의 살인 판타지를 실제로 실천하지 않은 반면, 미시간 살인자들은 실제로 실천했다는 것이다.

어떤 남성들이 자신의 배우자를 살해하는가

대부분의 남성들은 바람피우거나 일방적으로 자신을 떠난 배우자들을 죽이지 않는다. 많은 사람들은 탐나는 유인물로 그녀를 잡아 두려 시도한다. 그들은 변화를 약속하고 선물 공세를 퍼부으며, 변하지 않는 사랑을 맹세한다. 몇몇 사람들은 호전적으로 변해서 만약 돌아오지 않으면 해를 입히겠다고 위협한다. 어떤 사람들은 그녀가 다른 남자와 친해지려 할 때마다 방해하며, 그녀 뒤를 몰래 쫓아다니기 시작한다. 또 어떤 사람들은 상심한 마음을 달랜 후 재기하여 짝짓기 시장으로 되돌아가, 다른 짝을 만난다. 만약 고통스러운 기억이 있다면 파경에 따른 감정적 상처가 마침내 아득하게 줄어들 때까지.

남자들이 반응하는 방법을 예측할 수만 있다면(누가 애걸하며 간청할지, 누가 위협할지, 누가 스토킹 할시, 누가 떠나갈지 그리고 누가 살해할지) 상당한 고통을 줄이고 많은 생명을 구할 수 있을 것이다. 그러나 우리는 그럴 수 없다. 살인이 상대적으로 드문 사건이기 때문에, 언제, 어디서, 누가 살인을 저지를 것인가를 예측하는 것은 엄청나게 어려운 일이다. 그러나 여성의 생명이 특히 더 위험한 상황과 그녀가 살해당할 위험이 증가하는 조건들을 식별할 수는 있다.

한 가지 확실한 예측 인자는 다른 남자와 성관계를 맺는 순간을 남자가 포착하는 것이다. 이 경우는 이미 미시간 살인 자료 및 FBI 통계 자료, 비교 문화 연구 자료, 남성의 살인 판타지들에서 높은 빈도수를 보였다. 유감스럽게도, 이 예측 인자는 예방의 기능을 하지 못한다. 여성들이 오랫동안 계속해서 자신의 부정을 숨길지라도, 남성들 역시 상대의 부정을 파악하는 능력을 진화시켰다.[41] 자기 배우자가 다른 남자와 벌거벗고 누워 있는 광경에 대부분의 남성들은 미치도록 분노한다.

두 번째 예측 인자는 알코올이다. 오스트레일리아에서 행해진 한 연구에서 배우자 살해범의 대략 50퍼센트 이상이 살인 전에 여러 시간 알코올을 섭취했다고 한다.[42] 잘 알려진 폭력 유발 물질인 알코올은 성욕에서부터 질투가 유도한 분노에 이르기까지 감정을 통제하는 기능을 약하게 만든다.[43] 예를 들면, 스웨덴에서 행해진 한 연구에서 알코올 섭취가 증가하면 전국적인 살인율도 증가하는 것으로 밝혀졌다.[44] 반면 배우자 살해의 거의 50퍼센트는 알코올을 섭취하지 않은 상태에서 발생한다.

알코올을 섭취하고 발생한 사건들에서조차도, 살인이 반드시 취기 때문에 발생했다고 볼 수는 없다. 사실 배우자의 성적 부정을 발견했을 때, 남자들이 사용하는 대응 전략 중 하나가 바로 나가서 취할 때까지 술을 마시는 것이다. 이 경우 부정이 음주를 유도해 대가와 이익에 대한 판단을 흐리게 하고 살인의 대가를 낮게 인지하게 하여 살인이 발생할 가능성을 증가시켰는지도 모른다. 알코올은 진화된 살인 기제를 선택적으로 탈억제(심적 부담을 주던 환경이 사라지면서 억제되고 눌려 있던 감정과 욕망이 자유롭게 드러나는 심리 현상—옮긴이)시킨다.[45] 알코올은 자신의 힘과 용기에 대한 남성의 인식도 증가시킨다.[46] 취했을 때, 남성들은 훨씬 자신이 살인을 저지르고도 벌을 받지 않을 수 있다고 생각하기 쉽다. 알코올은 남성들이 살인의 위험과 보상을 인식하는 방식을 바꿔놓는다. 따라서 알코올은 진화된 살인 회로를 활성화시켜 실행하도록 자극하는 물질로 여겨진다. 그러나 흥미롭게도, 자신의 배우자를 살해한 여성의 상당수는 꽤 맑은 정신 상태에서 일을 저지른다. 오직 24퍼센트만이 살인을 저지르기 전에 알코올을 섭취한다.

남성의 연령은 배우자 살해의 또 다른 예측 인자이다. 한 대표적인 연구에서 배우자를 살해한 남성의 81퍼센트가 20세에서 49세 사이인 것으로 나타났다.[48] 이 연령 분포는 무장 강도나 패거리 전쟁 같은 다른 종류의 폭력 범죄에서 나타나는 연령 분포와 대조적이다. 다른 폭력 범죄에서는 범인의 대다수가 16세에서 24세 사이에 집중해서 분포하는 것으로 나타난다.⁴⁹ 일단 남성이 50세에 도달하면 배우자 살해율은 급격히 감소한다. 40대 남성들이 전체 배우자 살해의 23퍼센트를 차지하는 반면, 50대 남성의 배우자 살해율은 7.7퍼센트이다. 그렇지만 흥미롭게도, 배우자를 살해한 여성들은 거의 변함없이 젊었다. 배우자를 살해한 여성들의 79퍼센트가 16세에서 39세 사이의 가장 좋은 번식 연령대에 속했다. 이 차이는 살해 동기에서의 성차에 대해 중요한 실마리를 제공해 준다. 이에 대해서는 다음 장에서 자세히 살펴볼 것이다.

배우자 살해율은 남성이 60세가 된 이후에 다시 증가하기 시작한다. 이 시기에 배우자 살해율은 11퍼센트에 달한다.⁵⁰ 이때의 증가는 두 가지 요인으로 설명할 수 있다.

첫째, 안락사나. 배우자의 부정으로 인한 분노보다는 상대에 대한 동정심이 이 시기의 사건 발생율을 다시 증가시킨다. 미시간에서 발생한 한 살인 사건에서 72세의 남성이 74세인 아내의 등 뒤로 다가가 납 파이프로 그녀의 머리를 세게 내리쳤다. 그의 아내는 암으로 고통 받아 왔다. 그는 자기네 부부가 오랫동안 그 일에 대해 의논해 왔으며, 그날 밤에도, 살인을 저지르기 전 그 일에 대해 많이 생각했다고 보고했다. 그는 더 이상 그녀가 아파하는 모습을 볼 수 없었고, 그녀를 고통에서 벗어나게 해 주고 싶었다고 말했다. 그는 그녀를 매우 많이 사랑하며 그녀를 죽여서 유감이라고도 말했다.

두 번째, 소위 5월과 12월의 결혼이라고 불리는 나이 차가 많이 나는 결혼이다. 자기보다 많이 어린 배우자와 결혼한 남성은 나이 차가 적은 배우자와 결혼한 비슷한 연령대의 다른 남성들보다 더 높은 빈도로 배우자를 살해한다.⁵¹ 이 경우, 살인의 원인은 종종 성적 부정이다. 훨씬 매력적이고 생식 능력이 뛰어난 젊은 여성은 다른 짝짓기 기회를 많이 갖고 있으며, 매우 자주 배우자 도둑(타인의 배우자를 훔치는 사람)들의 표적이 된다. 게다가 어린 여성과 결혼한 남성들은 대개 배우자를 동등한 가치를 가진 다른 여성으로 교체하는 데 더 큰 어려움을 느낀다. 결혼한 커플들에 대한 내 연구에서 성적 부정과 배우자에 대한 강한 보호는 남녀 사이에 나이 차가 클수록 증가하는 것으로 나타났다.[52] 어린 여성과 결혼한 나이 많은 남성은 훨씬 경계심이 증가하며 더욱 폭력적이 된다. 텍사스, 휴스턴에서 1년간 발생한 모든 살인 사건 중 32건이 배우자 살해였다. 이중 25퍼센트가 10살 이상의 나이 차를 보였다.

《플레이보이》의 올해의 '플레이메이트' 출신인 도로시 스트래튼이 삼류 도박꾼인 폴 스나이더에 의해 살해된 사건은 배우자 가치의 불일치에 대한 좋은 예다. 도로시가 데어리 퀸에서 일할 때 둘은 만났다. 그녀는 17세, 그는 26세였다. 짧은 구애 기간 후, 그들은 연인이 되었다. 그는 그녀가 완벽한 몸매와 눈부신 얼굴을 갖고 있으며, 《플레이보이》를 통해 함께 부와 명성을 얻을 수 있다고 그녀를 확신시켰다. 그는 그녀의 나체 사진을 찍은 후, 휴 헤프너(《플레이보이》 창간자—옮긴이)에게 사진을 보냈고 이틀 만에 답장을 받았다.

그녀는 플레이보이 맨션으로 거처를 옮겼다. 폴은 따라가겠다고 주장했다. 1979년, 그달의 플레이메이트로 선정된 도로시는, 그해의 플레이메이트로도 선정되었으며 4반세기의 플레이메이트가 될 것으로 여겨졌다. 《플레이보이》 독자들은 그녀의 젊고 투명한 피부와 건강미 넘치는 균형 잡힌 몸매, 그리고 이웃집 소녀처럼 순수한 눈동자에 사로잡혔다. 휴 헤프너는 상스러운 폴을 경멸하다가 마침내 그가 플레이보이 맨션에 오는 것을 금지했다. 폴은 실업자 상태였다. 한편, 휴 헤프너는 도로시를 할리우드 배우와 제작진들에게 소개했다. 그중에는 『페이퍼문』, 『마지막 영화

관』 등으로 잘 알려진 피터 보그다노비치 감독도 있었다. 밴쿠버에서 온 역겨운 폭력배인 폴은 쫓겨나고도 계속 치근덕대며 도로시에게 청혼했다. 그녀는 자신의 성공을 그에게 빚지고 있다고 느꼈기 때문에 결혼에 동의했다. 그러나 그녀는 곧 피터 보그다노비치 감독과 가망 없는 사랑에 빠지고 말았다. 폴과의 모든 접촉을 끊게 하려는 친구들의 노력에도 불구하고, 도로시는 마지막으로 한번 더 만나자는 그의 말에 동의하고 말았다. 그녀는 이 마지막 만남을 승낙함으로써 그에게 은혜를 갚았다고 생각했다.

1980년 8월 14일, 그녀는 둘의 관계를 영원히 끝내기 위해 그를 만났다. 그녀는 핸드백에 수천 달러를 들고 나갔다. 그녀는 이 선물이 그들의 이별을 수월하게 만들어 줄 거라 희망했다. 폴은 총으로 그녀를 쏘아 죽였다. 수사관들이 피로 범벅된 그녀의 시체를 발견했다. 수백만 권의 잡지 표시에서 빛나던 순수한 얼굴은 완전히 파괴되었다. 수사관들은 그녀의 엉덩이에서 피에 절은 폴의 손자국 두 개와 강간의 증거를 발견했다. 삼류 실업자였던 폴보다 배우자로서의 가치가 훨씬 컸던 도로시 스트래튼은 20세의 나이로 요절했다. 모순적이게도 그녀의 플레이메이트 보고서에서 그녀는 지루한 사람 중 하나로 "질투가 심한 사람"을 열거했다. 스트래튼 사건은 여성에게 거절당한 남성이 살인을 저지를 위험이 가장 큰 때에 대한 모든 요건들을 보여 준다. 즉, 여성이 젊고 매력적일 때, 여성이 실질적으로 나이가 더 많은 남성과 맺어졌을 때, 경쟁자가 그녀에게 성적으로 접근했을 때, 파경 후 처음 몇 달 동안, 그리고 버림받은 남성이 그녀와 배우자로서 동등한 가치를 갖는 다른 여성을 얻을 전망이 거의 존재하지 않을 때가 바로 그것이다.

일반적으로 젊은 여성들은 그들을 사랑한다고 고백하는 사람들로부터 살해당할 특별히 위험한 상황에 처해 있다. 오스트레일리아에서 짐바브

웨까지, 여성은 젊으면 젊을수록 성적 부정이나 이별의 결과로 살해당할 위험이 더 높아지는 것으로 나타난다.[55] 15세에서 24세 사이의 여성들에서 위험도가 가장 높게 나타난다. 25세에서 34세까지의 여성들에서는 위험이 25퍼센트까지 떨어진다. 그 후로 나이가 들수록 위험은 계속해서 감소한다. 왜 가장 어린 여성들이 가장 큰 위험에 처하게 되는가?

그 해답은 연령과 연관된 사실들에서 찾을 수 있을 것이다. 여성은 젊을수록 생식 능력이 뛰어나며, 번식 가치(해당 연령에서 앞으로 남은 일생 동안 낳을 수 있을 것으로 기대되는 자식 수의 평균값. 자식 수는 번식을 시작할 연령까지 생존할 자식 수를 유효값으로 친다.—옮긴이)도 크다. 따라서 그녀를 잃을 경우 남성에게 더 큰 번식적 손실을 입힐 수 있다. 젊은 여성은 이별 후 재혼할 기회도 많다. 즉, 그의 손실이 경쟁자의 번식적 이익이 될 기회가 많다. 이는 남성이 입는 손해를 한층 더 악화시킨다. 차별적인 번식 성공의 냉혈한 게임에서 이별한 젊은 아내를 죽이는 것은 나이 든 아내를 죽이는 것보다 경쟁자에게 더 큰 타격을 입힐 수 있다.

또 다른 중요한 예측 인자는 결별 기간이다. 결별의 기간이 짧으면 짧을수록, 살해당할 위험은 커진다. 결별 후 버림받은 남편에게 살해당한 217명의 오스트리아 여성들의 47퍼센트가 관계를 끝낸 지 2개월도 채 안 된 사람들이었다.[56] 오스트레일리아에서 이루어진 다른 연구에서 전처 살해는 대부분이 헤어진 지 1년 안에 일어나는 것으로 나타났다.[57] 시카고 시에서 발생한 살인에 대한 연구들은 아내 살해의 50퍼센트가 결별한 지 2개월 안에 발생하며, 아내 살해의 85퍼센트가 1년 내에 발생했음을 보여주었다.[58] 여성들이 끔찍한 결혼으로부터 성공적으로 도망쳤다고 느끼는 그 순간이 바로 가장 큰 위험에 처하게 되는 순간인 것이다.

주요한 위험 표지는 시간의 길이 그 자체가 아니다. 아내를 완전히 잃었으며 그녀가 결코 되돌아오지 않을 것이란 사실을 남성이 깨닫게 되는 순간이다. 이별한 지 1년이 지난 뒤에 발생하는 배우자 살해 사건이 매우 적다는 사실은 이를 뒷받침한다. 헤어진 부부들은 결별 후 1년 동안은 성적 접촉을 가지는 것으로 보인다. 섹스에 의해 암시된 그녀가 돌아올 거라는 희망은 그가 그녀를 살해할 가능성을 낮추면서 보호적인 완충제로 작용한다. 그러나 섹스가 멈추고, 그녀가 결코 돌아오지 않으리라는 걸 깨달을 때, 그녀의 삶은 위험에 처한다. 여성의 살인 예방 사고(思考)에 대한 연구에서 적절한 예를 찾을 수 있었다.

그는 계속 제게 전화해서 사랑한다고 말했어요. 그리고 제가 자신을 완전히 떠나 버리면 뭘 해야 할지 모르겠다고도 말했구요.…… 제가 사는 곳을 알고 있기 때문에 집에 찾아와서 절 죽일지도 모른다고 생각했어요.

살해당하지 않기 위해 무엇을 했나요? 그에게 제발 혼자 있게 해 달라고 계속 애원하고 간청했어요. 그밖에 무엇을 해야 할지 몰랐어요. 부모님께 말하고 싶지도 않았구요.

그가 당신을 살해하지 못한 이유는 무엇입니까? 저를 너무나 사랑했고 우리가 미래에 다시 잘 될 수도 있을 거라고 생각했기 때문이에요.

어떤 경우, 그가 정말 당신을 죽일 수도 있었을까요? <u>만약 제가 다른 사람과 데이트를 했다면 그랬을지도 몰라요.</u>

그녀를 영원히 잃었으며, 그녀가 다른 남자에게 갈지도 모른다는 사실을 충분히 인식할 때, 살인의 가능성은 극적으로 증가한다.

또 다른 위험의 징후는 배우자 가치의 불일치이다. 즉 여성의 배우자 가치가 남성보다 눈에 띄게 더 높을 때이다. 나이 차이가 엄청나게 많이 나는 결혼이 그 한 예이다. 그렇다고 연령만이 유일한 변수인 것은 아니다. 경제적인 자원은 가치의 불일치를 낳는 또 다른 문제가 된다. 여성의 가치가 더 높다는 것은 남성이 그 여성을 대체할 만한 사람을 결코 찾을 수 없거나 찾을 확률이 매우 낮다는 것을 의미한다. 대체성의 문제를 가장 통렬하게 마주하는 남성은 여성들이 장기적인 배우자에게서 원하는 특성들을 제대로 소유하지 못한 사람들이다. 게으름뱅이거나 직업이 없거나 마약이나 도박에 돈을 낭비하고 있는 남성은 대부분의 여성에게 배우자로서의 매력이 없다. 따라서 자신의 배우자를 대체할 수 없는 남성들은 여성들이 원하는 특성들을 갖고 있지 못한 사람들이다.

실제로 7가지 혈액형 종류에 기초에 남성과 자식을 짝 지은 한 연구는 자원이 없는 남성들이 유전적으로 관련이 없는 아이를 키울 위험, 즉 오쟁이 질 위험이 얼마나 높은지를 명확하게 보여 주었다.[59] 사회 경제적으로 최상위 계급에 속하는 남성의 경우, 자식들의 겨우 2퍼센트만이 다른 남성의 아이였다. 중류 계급에서는 유전적으로 오쟁이 질 확률이 12퍼센트로 증가했다. 그리고 최하위 계층에서는 오쟁이 질 확률이 20퍼센트까지 증가했다. 유전적으로 오쟁이 지는 일은 여성이 혼외정사를 가졌을 때에만 나타날 수 있기 때문에 자원이 없는 남성일수록 더 많은 부성 불확실성을 경험하게 됨은 명백하다.

따라서 실업자이기 때문에 여성들이 원하는 자원을 갖고 있지 못한 남성들이 자신을 버린 여성을 대체할 새로운 짝을 구하는 데 어려움을 겪는 것은 그다지 놀라운 일이 아니다. 이 남성들은 버림받았을 때 살인을 저지르거나 저지르려고 시도할 가능성이 크다.[60] 살인에 대한 통계 자료는 이 중요한 예측을 입증해 준다. 한 연구에서 배우자를 살해한 남성들의

64퍼센트가 살해 당시 무직이었던 것으로 나타났다.[61]

그리고 자신의 배우자에게 살해당할 가능성이 가장 큰 남성 역시 이들이다. 이들의 배우자들은 반복적으로 자신을 학대해 왔거나 죽이겠다고 위협했거나 죽이려고 시도한 남편에 대항해 자신을 방어하려 살인을 저지른다. 범죄 심리학자인 앤젤라 브라운은 남편 살인죄 혹은 살인 미수죄를 저지른 여성 42명을 면담하였다.[62] 이 여성들의 배우자들은 아내보다 사회적 지위와 평균 교육 정도가 더 낮았다. 또한 대다수가 최저 경제 능력을 보여 주었다. 결혼 생활 동안 정규직으로 근무했던 사람은 절반도 안 되었고, 28퍼센트가 일시적인 일자리만을 갖고 있었다.

적은 자원과 낮은 지위를 가진 남성이 살인을 저지를 가능성이 더 클지라도, 남부럽지 않은 직업을 가진 남성 역시 살인을 저지른다. 아래 사건이 바로 그 예이다.

> 매튜와 카렌은 둘 다 30대 초반이었다. 그는 개업의로 성공했으며, 그녀는 경영 관리자였다. 자식이 한 명 있었고 카렌은 임신 7개월이었다. 가정 내 폭력에 대해 알려진 바는 거의 없지만, 매튜는 몇 년 전부터 가정에 불성실했다고 한다. 카렌은 매튜의 외도를 발견하고 이혼하겠다고 위협했다. 매튜는 만약 이혼하려고 시도하면 그녀를 죽여 버리겠다고 위협했다. 그녀는 그 관계에 머물렀지만 살인이 발생하기 몇 달 전부터 다른 남자와 친밀한 관계를 쌓기 시작했다. 매튜는 세 명의 남자가 집에 침입해 카렌을 쏘고 자신을 차 트렁크에 가뒀다고 주장했지만 경찰에 의해 수집된 증거들은 그가 그녀를 죽였음을 입증해 주었다. 매튜는 살인죄를 선고받았다.[63]

경제적 자원의 부족이 배우자의 부정과 배우자 살해의 가능성을 증가시킬지라도, 배우자의 부정 및 이와 관련된 배우자 살해는 모든 사회 경제적 계급에서 발생한다. 앞서 살펴본 전처를 살해한 샌안토니오의 백만장자 앨런 블랙슨의 경우는 그 좋은 예가 될 수 있다. 비록 남성의 안정된 수입이 배우자가 바람피울 위험을 낮춰 줄 수는 있지만 이러한 관계에 있는 여성들 역시 때때로 탈선하고 싶은 유혹에 빠진다. 그리고 실제로 그런 행동을 했을 때, 사랑하는 남자의 손에 의해 살해될 위험에 처한다.

모든 남성은 배우자 살해를 위해 진화된 심리를 가지고 있다. 이러한 심리들은 그들의 머릿속에 잠재되어 있다. 많은 남성들에서, 이러한 심리는 결코 활성화되지 않는다. 왜냐하면 그들은 배우자의 부정이나 가출 같은 적응적 문제들을 결코 경험하지 않거나 적어도 살의를 유발하는 방식으로 경험하지 않기 때문이다. 마찰이 없는 세상에 살아야 피부 경결이 생기지 않듯, 일부일처제이며 평생 사랑이 지속되는 나라에 살아야 남성의 배우자 살해 기제가 작동하지 않을 것이다. 남성의 배우자 살해 기제는 여성에게 심각한 손해를 입힐 수 있다. 따라서 여성들은 이에 대한 강력한 방어책들을 진화시켰다.

배우자 살해에 대한 여성의 방어 전략

배우자의 부정을 접했을 때, 남성이 여성보다 살인을 저지를 생각을 더 많이 하며, 실제로 그러한 생각을 행동에 옮길 가능성도 더 크다면, 여성은 이런 상황에서 배우자에게 살해되지 않기 위한 여러 방어 전략들을 남성보다 더 많이 진화시켰을 것이다. 이러한 방어 전략 중 하나가 배우자가 자신의 성적 부정을 의심하거나 눈치 챌 경우 살해될지도 모른다는 두려움이다. 살인 예방 사고에 대한 연구에서, 많은 여성들이 이러한 공포심을 드러내었다.

● 사례 340, 여성, 26세

누가 당신을 죽일지도 모른다고 생각했습니까? 제 애인이요.…… 제가 그의 친구였던 전 애인이랑 바람을 피웠거든요.…… 그는 너무 화가 나서 잠시 동안 무엇을 해야 할지 몰라 했어요.…… 그가 그 순간 제가 사라지길 원할지도 모른다고 생각했어요.…… 그는 저를 죽이려 하지 않았어요. 하지만 그의 마음속에 그런 생각이 떠올랐을 거라고 확신해요. 그는 결코 저를 육체적으로 해치려 하지 않았지만요.

왜 그는 당신을 죽이지 않았을까요? 그는 마음을 가라앉힌 후 그 자리를 떠났어요. 실제로 그가 절 죽였을 거라고는 생각하지 않아요.

이 사례에서 흥미로운 점은 애인이 어떤 확실한 징조도 보여 주지 않았다는 것이다. 그가 그녀를 죽이고 싶어 한다는 어떤 암시도, 신호도, 위협도 없었다. 단지 그가 부정을 알아챘다는 사실만으로 자신을 죽이고 싶어 할지도 모른다고 생각한 것이다. 내재된 심리 회로가, 남성이 자신의 부정을 눈치 챘다는 자각과 그가 살인적인 분노를 일으킬지도 모른다는 생각을 곧장 연결시킨 것이다.

다음 사례는 여성의 부정은, 애인이 그 사실을 모를 경우에도 그 자체만으로 자신의 안위에 대한 걱정을 충분히 유발시킨다는 것을 보여 준다.

● 사례 543, 여성, 32세

누가 당신을 죽일지도 모른다고 생각했습니까? 제 남자 친구요. 생각해 보면, 그가 정말로 저를 해쳤을 거라고는 생각되지 않아요. 하지만 그때 제가 느낀 위협은 매우 실질적인 거였어요. 최소한 그가 저나 제 가족을 육체적으로 다치게 할 거라고 생각했어요. 그는 제가 다른 남자와 바람피운 사실을 결코 알아채지 못했어요. 하지만 그는 극단적으로 질투심이 많은 사람이거든요. 게다가 전에 저더러 만일 바람피웠다간 지독한 짓을 당할 거라고 말하기도 했었구요. 다행히도, 그는 제가 다른 남자와 바람피운 사실을 발견하지 못했어요.

예상되듯이, 살해되는 것에 대한 공포는 여성의 부정이 들통 났을 때 더욱 강해진다.

● 사례 458, 여성, 21세

누가 당신을 죽일지도 모른다고 생각했습니까? 제 애인이요. 그는 성질이 매우 고약한 사람이에요. 그의 남자 가족들은 모두 성격이 안 좋기로 소문났답니다. 그는 고등학교 때부터 내내 제 애인이었어요. 제 숙명의 연인이죠. 하지만 그가 바람을 피기에 저도 맞바람을 폈어요. 물론 그는 그 사실을 별로 마음에 들어 하지 않았죠. 저를 밀치고 엿 같은 기분이 들도록 제게 욕을 퍼부었어요. 하지만 그를 사랑했기에 저는 그걸 다 감내했어요. 어느 날 학교에서 그가 제 목을 움켜쥐더군요. 이대로 날 질식시키려나 보다 하고 생각했어요. 그는 숨을 못 쉴 만큼 세게 제 목을 쥐어짰어요. 저는 그를 사랑해요. 제 생각에 아마도 그는 자신이 절 상처 입히고 있다는 사실을 알아챘던 것 같아요. 그가 실제로 저를 죽이지 못할 거라는 걸 전 알아요. 그는 단지 기분이 언짢았던 것뿐이에요. 그는 자신이 무엇을 하고 있는지 깨달았어요. 전 그가 절 사랑하며 그럴 수 없다는 걸 알아요.

여성의 살인 방어 전략들은 남성에 의해 이용될 수도 있다. 그중 한 가지가 상대의 부정을 방지하기 위해 죽이겠다고 위협하거나 그러한 암시를 주는 것이다. 배우자에 의해 살해되는 걸 두려워한 많은 여성들은 이 암묵적이지만 실제적인 위협에 대해 증언했다.

● 사례 398, 여성, 24세

누가 당신을 죽일지도 모른다고 생각했습니까? 제 애인이요. 그는 매우 질투심이 강하고 자신의 분노를 제대로 통제하지 못하는 사람이에요. 우리는 그의 차를 타고 있었어요. 그는 취한 상태였는데, 바람피웠다고 저를 비난하는 거예요. 화가 나면 날수록 그는 더 빠르고 무모하게 차를 몰았어요. 마치 충돌하기를 원하는 것 같아서 죽을지도 모른다는 생각을 했어요. 왜냐하면 그가 에어백이 운전석에만 달려 있다고 말했었거든요.…… 그는 자신의 행동에 대해 걱정하지 않는 듯 보였어요. 마치 미친 사람 같았어요. 게다가 그는 취해 있었어요. 대개 취해 있을 때 그는 매우 충동적이 되곤 해요.…… 저는 그가 저를 죽이려고 보조석 쪽으로 의도적으로 충돌을 유도하고 있다고 생각했어요.

살해당하지 않도록 당신은 무엇을 하셨나요? 글쎄요, 일단 전 안전벨트를 단단히 매고 그의 의심을 깨끗이 풀어 주려고 노력했어요. 그는 정말로 제가 바람피 운다고 생각하는 것 같았어요. 그래서 전 그렇지 않다고 그를 확신시키며 진정시켜야만 했어요. 저는 그가 저를 의심한 데 대해 근본적으로 죄의식을 느끼도록 유도했어요. 전 상대가 죄의식을 느끼게 하는 데 능숙하거든요. 그게 효과가 있었는지 그도 진정했구요.

무엇이 그가 당신을 죽이지 못하게 했을까요? 그와의 대화요. 전 차분히 그의 비난이 완전히 잘못됐으며 비현실적이라고 그에게 확신시켰어요.

어떤 경우, 그가 정말 당신을 죽일 수도 있었을까요? 만약 제가 바람피운 사실을 인정했다면, 아니면 어쨌든 제가 바람피웠다는 이유로 비난받았기 때문에 앞으로 진짜 그럴 것이라고 말했다면 그는 절 죽였을지도 몰라요.

많은 여성들이 실제의 부정이나 부정에 대한 의심에서 촉발된 배우자의 질투로 살해될지도 모른다는 두려움을 가졌던 데 반해, 연구에 참가한 남성들 중 이러한 공포심을 드러낸 사람은 오직 한 명뿐이었다. 이 경우, 그의 공포심은 그가 애인을 찼기 때문에 더욱 심화되었다.

● 사례 307, 남성

누가 당신을 죽일지도 모른다고 생각했습니까? 제 애인이요. 제가 다른 여자랑 바람피우고 그녀와 헤어졌거든요. 일주일 뒤, 그녀는 만약 다른 여자랑 자면 절 죽여 버리겠다고 위협하더군요.…… 그녀는 금방 화를 냈고 항상 매우 감정적으로 행동했어요. 또 그녀는 저보다 훨씬 성욕이 강했구요.

그녀가 당신을 어떻게 죽일 거라고 생각했나요? 제가 자고 있을 때…… 그녀의 아버지 총으로요.

살해당하지 않기 위해 당신은 무엇을 하셨나요? 저는 그녀가 진담으로 그렇게 말한 게 아니길 기도했어요. 방문을 잠궜구요. 직감적으로 그녀가 진심으로 그런 말을 한 게 아닐 거라고 생각했지만 어떤 위험도 무릅쓰고 싶지 않았어요.

무엇이 그녀가 당신을 죽이지 못하게 했을까요? 그녀의 가족과 친구들이 그녀와 내화를 나눈 것이요.

무슨 일이 일어났다면, 그녀가 정말 당신을 죽일 수도 있었을까요? 만약 새 애인과 같이 있는 게 그녀의 심기를 건드렸다면.

연인이나 배우자에게 살해당할 거라 두려워하는 남성의 수는 여성에 비해 매우 적다. 왜냐하면 배우자에게 살해당하는 것에 대한 적응적 문제가 항상 여성보다 남성에서 훨씬 적었기 때문이다. 여성은 남성보다 배우자의 성적 무분별함을 훨씬 쉽게 용서해 주었다. 특히 배우자의 부정이 일회성이고 외도 상대에게 어떤 감정적, 심리적 흔들림도 없다면 더욱 그랬다. 그러나 여성 역시 특정 조건하에서는 살인적으로 변할 수도 있다. 다음 장에서는 그 경우들에 대해 구체적으로 살펴볼 것이다.

5장　성의 약탈자들
The Murderer Next Door

이제부터 영원히…… 죽음이 우리를 갈라놓을 때까지.

"여자가 한을 품으면 오뉴월에도 서리가 내린다."라는 말은 여성의 성질에 대한 풍자문으로 널리 알려져 있다. 조지프 키플링(영국 소설가이자 시인. 인도 봄베이 출생, 1907년 노벨 문학상을 수상했다. 『병영의 노래』, 『정글 북』, 『킴』 등이 호평을 받았다. ─옮긴이)은 "인간의 암컷들은 수컷들보다 훨씬 치명적이다."라고 단언했다. 프리드리히 니체는 "사랑과 복복에 있어 여성은 남성보다 훨씬 잔인하다."라고 단언했다. 그러나 방금 앞 장에서 살펴본 것처럼, 니체가 한 말은 완전히 틀렸다. 남성들이 훨씬 살인적이다. 예를 들면, FBI 데이터베이스에 있는 42만 9729건의 살인 사건 중 37만 8161건이 남성에 의해 저질러졌으며, 5만 1567건이 여성에 의해 저질러졌다. 여성이 살인적으로 변할 때는 특정한 적응적 이유가 있다. 이 이유는 남성을 자극하는 이유와 상당히 다르다.

여성의 살인 동기가 남성의 살인 동기와 얼마나 다른지는 통계 자료에서 이미 드러난다. 배우자를 살해하는 상상을 한 남성의 54퍼센트가 실연 때문에 그런 생각을 했다. 이와는 달리, 배우자를 살해하는 상상을 한 적이 있는 여성 중 실연 때문에 그런 생각을 했던 여성은 겨우 13퍼센트였다.[1] 그럼에도 불구하고 1976년에서 1994년 사이에 여성에 의해 저질러진 약 3만 2000건의 살인 중 43퍼센트가 남편, 전남편, 애인, 전 애인을 살해한 경우였다.[2] 남성에서처럼, 여성에서도 짝짓기와 살인은 긴밀히 연관되어 나타난다. 그러나 여성의 살인 심리가 진화된 조건과 진화된 심리가 작동하는 때는 남성과 상당한 차이를 보인다.

친밀한 성의 약탈자들

여성의 살인 판타지에서 보이는 오싹한 내용들은 여성으로 하여금 자신의 배우자를 죽이게끔 자극하는 것이 무엇인지 구체적으로 알려 준다.

● 사례 P2308, 여성, 18세

누구를 죽이고 싶었나요? 전 애인, 제프리요. 고등학교 때 친구를 통해 그를 만났어요. 그는 21살이죠. 사귀는 내내 그는 제게 언어폭력을 휘둘렀어요. 제가 뚱뚱하며, 일생 동안 아무것도 이루지 못할 거라고 말했어요. 그는 가는 곳마다 저를 따라와서는 친구들을 못 만나게 하고, 억지로 섹스를 하거나 성적으로 저질스러운 행동을 시키는 등 별로 하고 싶지 않은 일들을 하게 했어요.

어떻게 그를 죽일 생각이었죠? 고등학교 때, 저는 큰 폭력단에 속해 있는 친구 몇 명을 알고 있었어요. 그들이 제 전 애인을 죽을 때까지 두들겨 패는 상상을 했어요.

무엇이 당신이 실제 살인을 저지르게 할 수 있었을까요? 저나 제 가족의 생명이 위험에 처하지 않는 한, 저는 살인을 할 수 있는 사람이 못 돼요. 그렇기 때문에, 만약 그가 저나 제 가족을 실제로 다치게 할 거라고 느꼈다면 살인을 정말 고려했을지도 몰라요.

위 여성의 애인은 그녀와 친구들의 관계를 단절시켰다. 그는 그녀에게 원치 않는 섹스를 하도록 강요했다. 그는 끊임없이 그녀의 자긍심을 떨어뜨렸으며, 여성이 자신의 매력과 신체적 외양을 평가하는 핵심적인 일면을 손상시켰다. 비록 그녀가 살인을 저지르지 않고 그 관계로부터 탈출하기는 했지만, 배우자와의 문제에 대한 해결책으로 살인을 고려한 것만은 사실이다. 이것은 다른 여성의 사례에서도 많이 나타난다.

● 사례 P96, 여성, 19세

누구를 죽이고 싶었나요? 마이클, 제 전 남자 친구요. 1년 반 동안 겪은 사건들 때문에 그런 감정이 는 것 같아요. 하나의 단일한 사건이 아니죠. 그를 죽이고 싶은 생각이 들도록 만든 사건들은 다음과 같아요. 그는 무엇을 볼지, 무엇을 할지, 어디에 언제 갈지 등등 모든 것을 통제하려고 했어요. 일단 우리가 대학에 같이 다니게 되자, 그는 제 삶 전체를 다 통제하려 들었어요. 제게 야속한 말을 하고 욕을 하기도 했어요. 그리고 스스로가 가치 없게 느껴지게끔, 그 외에 다른 사람은 찾을 수 없다고 생각하게끔 만들었어요.(비록 이제는 그게 사실이 아니라는 걸 알지만, 전 여전히 그보다 더 나은 사람을 발견할 수 없는 게 아닐까 하는 생각을 하고는 해요.) 살인을 생각하게 만든 두 가지 사건이 있었어요. 첫째, 그가 제 엄마랑 크게 싸웠고, 둘째, 그가 절 창녀라고 불렀어요.

그를 어떻게 죽이고 싶었나요? 그를 어떻게 죽일지 실제로 계획을 짜 본 적은 없어요. 전 단지 다른 사람들보다 훨씬 강하게 그가 죽었으면 좋겠다고 바랐을 뿐이에요. 반드시 제 손에 죽을 필요는 없었어요.

왜 그를 죽이지 못했나요? 전 다른 사람을 죽이겠다는 생각을 결코, 실제로, 해

본 적이 없어요. 전 도덕적인 사람이고 기독교인이에요. 제게 누군가의 생명을 앗아 갈 권리가 있다고는 생각하지 않아요. 단지 그가 제게 상처를 입혔기 때문에 그를 상처 입히거나 죽이는 상상을 했을 뿐이라고 생각해요.

무엇이 당신이 실제 살인을 저지르도록 만들 수 있었을까요? 아무것도……. 글쎄요, 실제로, 만약 그가 저를 때리는 등의 신체적 상해를 입히기 시작했다면 그를 살해하는 걸 심각하게 고려했을 거예요.

이 사례에서도, 남자 친구가 그녀의 자긍심을 훼손시켰으며, 세상 누구도 그녀를 원하지 않을 거라 믿게 만들었다는 내용을 볼 수 있다. 기독교적 가치관에도 불구하고, 무엇도 자신이 살인을 저지르게 만들지 못할 거라는 맨 처음 대답에도 불구하고 그녀는 물리적인 학대가 살인 판타지를 현실화시킬 가능성이 높다는 말로 끝을 맺었다. 흥미롭게도, 그녀의 살인 판타지는 우리 연구를 통해 드러난 살인에서의 근본적인 성차를 또 한번 밝혀 준다. 즉, 남성과 달리 여성은 단순히 상대의 죽음을 바랄 뿐, 스스로 살인을 저지르고 싶어 하지는 않는다는 것이다. 그러나 항상 그렇지만은 않다. 몇몇 여성은 학대하는 애인이나 배우자를 죽일 방법을 구체적으로 상상하였다.

● 사례 S483, 여성, 43세

누구를 죽이고 싶었나요? 제 애인이요. 올해 47세죠. 전 매우 쾌활하고 태평스러운 여자예요. 제 안이한 성격 탓에 그런 남자를 만나게 된 거죠. 친구의 소개로 그를 알게 되었어요. 처음엔 모든 게 잘 돼 갔죠. 나중에서야 전 제가 이 남자의 통제(요술일지도 몰라요.)하에 있다는 걸 깨달았어요. 전 매우 교활해졌어요. 그는 제가 더 이상 사람들과 어울리지 못하게 했어요. 때때로 제가 친척들과 형제자매를 보러 갈 때면, 그는 불같이 화를 냈어요. 아파트에서 제 옷들을 아래로 내던졌고, 사람들 앞에서 제게 소리를 지르고 으르렁거렸어요. 때로는 저를 때리기도 했어요. 어느 날 그는 제가 오빠와 함께 있는 걸 발견하고는, 다짜고짜 오빠한테 주먹을 날렸어요. 둘은 싸우기 시작했어요. 심지어 그는 오빠에게 오지 말라며 위협하기까지 했어요. 그날부터 저는 그를 더욱 증오하게 되었어요.

그를 어떻게 죽이고 싶었나요? 일을 하고 있을 때, 제 생각은 마구 난폭해져요. 저는 그의 음식에 독을 넣는 상상을 해요. 제 상상은 그가 집에 돌아와 씻으러 가는 것부터 시작돼요. 저는 식탁 위에 저녁을 차리고 수프를 담을 그릇 두 개를 꺼내요. 그의 그릇에는 쥐약을 담을 거예요. 의심하지 않고 그는 그 수프를 마실 거예요. 그리고 전 그가 위통으로 괴로워하는 모습을 보는 거죠. 그는 입에 흰 거품을 뿜으며 쓰러져요.

왜 그를 죽이지 못했나요? 감옥에 가는 게 두려웠어요.

무엇이 당신이 실제 살인을 저지르도록 몰아 갈 수 있었을까요? 만약 그가 제 형제들을 다치게 했다면, 그를 죽였을지도 몰라요.

이 사례는 여성의 살해 동기와 방법에 대해 여러 중요한 사실들을 알려 준다. 자긍심의 손상 이외에, 살해 동기로 여성이 남성보다 훨씬 많이 언급하는 것이 바로 그녀들의 유전적 친척들이 입는 손상이었다. 위 사례에서 여성의 애인은 그녀의 형제를 모욕하고 위협했다. 그 전 사례에서도, 여성은 남자 친구가 자기 엄마와 싸웠다고 말했다. 다른 많은 사례들에서는 남성이 여성의 자식들에게 손상을 입힌 것이 살인 판타지를 유발한 원인으로 언급되었다.

이 사례가 지적하는 남녀 사이의 또 다른 놀라운 차이점은 바로 살인 방법이다. 평균적으로 남성이 여성보다 크고 강하다. 따라서 여성들은 살인을 위해 다양한 수단을 사용해야만 한다. 심지어 자신이 원하는 것은 무엇이든 할 수 있다고 가정하게 되는 판타지 속에서조차 그들은 여러 수단들을 등장시킨다. 우리가 조사한 다른 많은 여성들처럼, 위 여성도 배우자의 음식에 독을 넣는 방법을 생각했다. 실제 살인에서도, 여성들은 남성들보다 독을 훨씬 더 많이 사용한다. 실제로 우리가 조사한 5,000명 이상의 참가자 중 오직 한 남성만이 자신의 살인 판타지에서 독약을 언급했다.

아래 사례는 오스트레일리아에서 발생한 배우자 살해에 대한 연구에서 인용한 것이다. 이 사례는 아내가 변절했다고 생각함으로써 절박해진 남성의 행동 변화와 여성에 의한 배우자 살해가 얼마나 근접해서 일어나는지를 보여 준다.

슈와 돈은 결혼한 지 14년 된 부부로 자식이 두 명 있었다. 확실히, 이 결혼은 지난 몇 년간 경제적 곤란 때문에 어려움을 겪었다. 돈은 언어적으로, 신체적으로 아내를 학대하게 되었다. 돈이 가한 신체적 학대에는 정기적으로 머리를 때리고, 죽이겠다고 위협하고, 옷장에 가둬 놓고, 자신이 아내를 폄하하는 동안 거울을 쳐다보며 앉아 있도록 강요하는 등의 갖가지 굴욕이 포함되어 있었다. 살인 사건이 일어난 날, 돈은 그녀를 죽이겠다고 위협하며 슈의 목에 칼을 들이댔다. 그는 또한 옷장 속에 그녀를 가두고 그녀의 얼굴에 오줌을 눴다. 그날 밤 늦게, 돈이 자러 간 후 슈는 도끼로 그의 목 옆쪽을 대략 세 번 찍었다. 그 후 그녀는 큰 조각도로 그의 배를 여섯 번 쑤셨다. 슈는 이 일련의 행동들을 분명히 기억해 내지 못했다. 경찰이 도착했을 때, 그녀는 진정제가 필요할 정도로 제정신이 아닌 상태였다.³

충분한 돈을 벌어다 주지 못해서 생기는 경제적 곤란은 여성이 관계를 끝내게 하는 강력한 통계적 예측 인자다. 이것은 여성이 자신의 배우자에게 바라는 것이 무엇인지에 대한 진화적 논리와 일치한다. 슈가 떠나는 걸 막기 위해, 돈은 지독한 배우자 유지 방법에 점차 의존하게 되었다. 그는 그녀가 스스로를 매력적이지 않다고 느끼게 만들기 위해 그녀의 외모를 흠잡고 그녀의 얼굴에 오줌을 눔으로써 그녀에게 굴욕감을 주었으며, 도망가지 못하게 그녀를 가뒀다. 돈은 전형적인 성의 약탈자가 되었다.

미시간 살인 사건에서 발췌한 아래 사례 역시 여성의 살인 스위치가 잘못 작동한 특수한 상황들을 보여 준다.

20대 후반이었던 한 여성은 마침내 자신이 참을 만큼 참았다고 생각했다. 그녀는 당뇨병 환자인 남편의 구타를 7년 동안이나 견뎌 왔다. 그녀가 떠나려고 할 때마다 상황은 더 악화되었다. 마침내 그녀는 행동하기로 결심했다. 흥미롭게도, 그녀는 몰래 만나고 있던 애인에게 도움을 요청했다. 여러 달 동안 그녀는 애인과 그 일에 대해 의논했으며 살인만이 유일한 탈출구라고 결정을 내렸다. 그들은 치사량에 달하는 고순도의 헤로인을 확보했다. 살인을 하기로 한 날, 그녀는 처음에는 머뭇거렸다. 그러나 다시는 구타를 당하고 싶지 않았다. 그날 남편은 그녀의 얼굴에 대해 혹평했다. 그녀는 마음을 굳혔다. 일은 잘 될 것이다. 그녀는 헤로인을 남편이 정기적으로 맞는 인슐린에다 섞어 넣었다. 겉으로는 심장 마비로 보일 것이다. 그녀는 학대에서 벗어나기 위해 남편을 살해했다.

많은 학대받는 여성들이 자신을 학대하는 배우자들 곁에 머무른다는 사실은 학대받는 여성의 가족과 친구들을 매우 당혹시키며 심지어 화나게 만든다. 그러나 만약 학대하는 남편이 사용하는 무시무시한 방법들을 조사하고 장기적인 배우자 관계의 근원적인 심리적 동력을 고려한다면, 많은 학대받는 여성들이 여전히 관계에 머무르는 이유와 그들 중 몇몇이 마침내 살인을 저지르게 되는 이유를 이해할 수 있을 것이다.

실연당했을 때, 남자들은 불확실한 짝짓기의 바다에 내던져진다. 그들은 다른 여성을 발견하기 위해 미친 듯이 주위를 헤매고 다녀야만 한다. 이러한 대가를 치러야 하기 때문에, 그들은 종종 버려지는 걸 막고자 지독한 방법에 의지하게 된다. 그들은 여성이 떠난 후 따라올 나쁜 결과들을 사전에 방지하기 위해 여성에게 매달린다. 육체적, 심리적 학대는 역설적이게도, 장기간의 사랑을 붙잡아 놓기 위해 고안된 것이다.

'가정 폭력'이라는 기묘한 문구와 심리학자들이 전형적으로 사용하는 분석 방법은 남자들이 자신의 배우자를 때리는 근본적인 이유를 밝혀내는 데 실패했다. 그들은 아내 구타가 대개 병리 현상, 사내다움에 대한 문화적 가치, 모든 여성을 억압하려는 공동 이익하에 모든 남성이 연합하는 부계 사회 등으로 인해 발생한다고 이야기한다. 그러나 이 설명들은 남성의 심리가 진화한 방식에 완전히 어긋난다. 남성들은 억압이라는 공통된 이익을 위해 다른 남성과 연합할 수 없다. 왜냐하면 남성들은 근본적으로 다른 남성과 경쟁 관계에 놓여 있기 때문이다.[4] 남성들은 모든 여성을 억압하는 것을 원하지 않는다. 왜냐하면 그들에게는 보호하고 방어해 주고 싶은 자매와 어머니, 딸과 조카들이 있기 때문이다. 남성들은 자신의 배우자만을 통제하고 조정하도록 진화했다. 그리고 거기에 학대로 연결되는 끔찍한 다리가 놓여 있다.

남성들은 특정한 적응적 문제들을 해결하는 수단으로써 배우자를 학대한다. 학대는 여성의 자긍심을 손상시키는 작용을 한다.[5] 자긍심은 짝짓기 시장에서의 자신의 가치를 스스로가 어떻게 인식하고 있는가 감시하는, 여성 내부의 탐지 도구이다.[6] 자긍심이 낮아지면 여성은 자신이 추하고 가치 없기 때문에 어떤 남성도 자신을 원하지 않을 거라고 느끼게 된다. 배우자의 자긍심을 손상시킴으로써, 남성은 여성에게 다른 남자들은 그녀를 거들떠보지도, 배우자 후보로 대접하지도 않을 것이기 때문에 자신과 함께 있는 게 엄청 다행한 일이라고 주지시키려 하는지도 모른다. 배우자가 떠나는 걸 막으려는 그들의 강박적이며 소유욕이 지나친 노력 속에서, 남성들은 전형적으로 가족 및 친구와 배우자의 사회적 유대를 끊어 놓으려고 시도한다. 그럼으로써 다른 잠재적 배우자들에 대한 사회적 접근권을 박탈하고, 인위적으로 손상된 그들의 자긍심을 회복할 수 있는 대항적인 정보들을 접하지 못하게 만든다. 강력한 배우자 감시 전략인 학대와 고립은 여성을 손상된 관계에 잡아매는 극악한 기능을 수행한다.

그러나 여성들은 남성의 통제 전략에 손 쉽게 걸려드는 수동적인 볼모가 아니다. 학대가 매우 자주 배우자에 대한 남성의 통제력을 유지하도록 작용했을지라도 여성들은 스스로를 보호하는 방어 전략들을 진화시켰다. 그 첫 번째는 가족 및 친구들과의 접촉을 계속 유지하려고 애쓰는 것이다. 여성들은 또한 배우자로서의 자신의 매력을 정확히 평가하기 위한 수단으로 다른 가망 있는 배우자들로부터 관심을 유발한다. 만약 학대로 너무나 큰 손실을 입게 되면, 여성들은 학대로부터 벗어나기 위해 필사적인 방법들에 의지하게 될 것이다. 때때로 이들은 살인에 의지한다. 학대받는 상황에서 살인을 저지르게 되는 심리적 논리를 이해하게 됨으로써

'매 맞는 아내 증후군'을 들어 여성 가해자를 변호하는 것이 합법적이게 되었다. 이러한 움직임은 시간이 지날수록 점점 성공하고 있다.

폭력 남편에 대해 정당방위로 살인을 저지른 여성들은 점점 감옥에 가지 않게 되고 있다. 그러나 문제는 여성들이 일반적으로 배우자보다 작고 약하기 때문에 공격을 당하면 방어하기가 어렵다는 것이다. 그 결과 학대받는 많은 여성들이 자신의 배우자가 취했을 때나 자고 있을 때처럼 취약해졌을 때 살인을 저지른다. 생명이 절박한 위험에 처했을 때만 법률상 정당방위가 적용되기 때문에, 변호사들은 남편이 잠들 때까지 기다린 여성의 행동이 정당방위였음을 배심원들에게 설득하느라 애를 먹는다. 그러나 대다수는 유죄 판결을 받으며, 대개 최소 4년에서 25년에 달하는 징역형을 선고받는다.

앞서 묘사한 슈와 돈의 경우가 완벽한 그 예다. 슈는 남편을 살해한 죄로 징역 5년을 선고받았다. 판사는 "이성적인 인간"이 비슷한 상황에서 취했을 행동에 비추어 선고를 내렸다. 현대 서구 사회의 법적 논리의 고착물인 이성적인 인간의 기준은 "보통 사람"이 비슷한 상황에서 했을 행동들을 결정하기 위해 구축된 것이다. 요약문에 따르면, "이성적인 인간"은 성적으로 무기력하지 않으며, 술에 취하지 않은 상태고, 간통 고백을 듣는 것만으로는 자기 통제력을 잃지 않으나 배우자의 간통 현장을 목격했을 때는 균형을 잃는다.[7]

유감스럽게도, 법은 "이성적인 여성"과 "이성적인 남성"이 엄청나게 다른 진화적 해결책을 요구하는, 엄청나게 다른 적응적 문제들을 대면한다는 사실을 인지하지 못했다. 신체 크기와 힘의 세기의 차이 때문에, 아내에게 학대받는 남성이 겪는 물리적 위협이나 강압적인 고립은 전혀 여성과 비슷한 수준이 아니다. 남성들은 문밖으로 보다 쉽게 걸어 나갈 수 있다. 그러나 이 책 초반에 인용한 실라 벨루시의 경우처럼 여성들은 그렇지 못하다. 부분적으로는 매 맞는 아내 증후군에 대한 조사들 덕분에 오늘날 법은 살인에 일반적으로 적용하던 "이성적인 인간"의 기준이란 존재하지 않는다는 사실을 점점 인식하고 있다.

그러나 남편을 살해한 죄로 유죄를 선고받은 수잔 라이트의 경우에는 이와 같은 사실들이 아무런 소용이 없었다. 이 사건은 여성에게 살인(본질적으로 성의 약탈자가 된 남편으로부터 달아나려는 필사적인 시도)을 저지르도록 자극하는 구체적인 살인 유발 인자가 무엇인지 보여 준다.

2003년 1월 13일, 금발이 매력적인 27세의 수잔 라이트는 45세의 남편 제프리 라이트를 텍사스, 휴스턴에 위치한 자택에서 사냥칼로 193번 찌른 후 뒤뜰에다 묻었다. 이 사건은 텍사스 전체를 충격으로 몰아넣었다. 법원 텔레비전은 미국 전역에 재판을 중계 방송하여, 수백만 시청자들의 이목을 끌었다. 성공한 카펫 판매원이었던 제프리는 매력적이고 외향적인 남성으로 친구와 가족뿐 아니라 많은 여성들의 사랑을 받았다. 외관상으로 수잔과 제프리는 두 명의 아이를 가진 행복한 중산층 부부였다. 그러나 이것은 제프리의 어두운 면이 가려진 채 펼쳐지는 한낱 쇼에 지나지 않았다.

부부는 수잔이 웨이트리스로 일했던 텍사스, 갤버스텐의 해변가에서 만났다. 제프리에게 진지하게 만나는 여자가 없었던 것처럼 수잔에게도 진지하게 사귀는 남자가 없었다. 이전에 그녀는 스트립 바에서 일한 적이 있었다. 탁월한 미모로 손님들에게 인기를 끌었지만, 체질에 맞지 않아 두 달 만에 그만두었다. 수잔과 제프리의 만남은 로맨스 소설처럼 시작되었다. 제프리는 자주 수잔에게 꽃을 사 주고 깜짝 선물 공세를 폈다. 집, 좋은 차, 가족, 애완견 등 보통 사람들이 갖고 싶어 하는 걸 그도 갖기를 원했다. 그러나 겉으로 평탄해 보이는 결혼 생활의 실상은 달랐다. 제프리는 스트립 바에 자주 갔고 바람도 피웠다. 수잔에 따르면, 그의 외도로 인해 그녀는 헤르페스(바이러스의 감염으로 피부 또는 점막면에 크고 작은 수포가 생기는 피부병—옮긴이)에도 감염이 되었다. 그 후 모든 것이 변했다.

첫 아들 브래들리를 출산한 후, 제프리는 지나치게 그녀를 통제하려 들었다. 그녀를 감시하기 위해, 하루에도 여러 번 전화를 걸어 댔다. 또 수잔의 소재를 밤낮으로 통보해 달라고 요구했다. 그는 그녀가 아주 잠깐 동안만 집에서 떠나 있을 수 있도록 허락했다. 만약 그녀가 부모를 방문하거나 미리 보고하지 않고 가게에 들르는 등으로 예정보다 몇 분이라도 더 지체하면, 득달같이 달려와 질투로 미칠 듯이 화를 내며 바람피웠다고 그녀를 비난했다. 그는 집이 먼지 하나 없이 깨끗하기를 요구했고 집이 약간이라도 완벽하지 않다고 느껴지면 그녀에게 소리를 질렀다. 제프리는 코카인을 복용하기 시작했다. 마약에 취해 있을 때, 그의 분노는 한층 폭력적이 되었다. 여러 번 그는 수잔을 벽으로 밀치고 그녀의 가슴을 주먹으로 때렸다. 수잔의 자매들은 그녀의 팔과 다리에서 멍을 발견하기 시작했다. 눈에 멍이 들어 나타난 적도 두 번 있었다. 제프리의 지나친 감시는 둘째 딸 카일리를 낳은 후 더 심해졌다.

2003년 1월 13일, 학대는 끔찍한 변화를 겪었다. 권투 수업에서 돌아온 후, 제프리는 아들을 구타하기 시작했다. 브래들리는 울며 수잔에게 갔다. 수잔의 증언에 따르면 이때 처음으로, 그녀는 자신과 아들에 대한 폭력을 더는 참을 수 없다고 결심했다고 한다. 제프리의 학대는 그녀가 결단을 내리도록 강요했다. 마약을 끊고 폭력을 멈추지 않으면, 떠나 버리겠다고 그녀는 최후통첩을 했다. 제프리를 떠날 생각은 부분적으로는 경제적인 요인에 의해 자극받은 것이었다. 제프리의 코카인 남용은 가족들에게 지불해야 할 청구서만 잔뜩 안겨 주었다. 그는 마약을 구하기 위해 사람들로부터 돈을 빌리기 시작했다. 또 일도 점차 하지 않게 되었다. 그러나 무엇보다 큰 살해 동기는 자기 보호였다. 그녀는 그를 떠나면 그가 무슨 짓이라도 저지를 것 같아 두려웠다. "전 계속할 수가 없었어요. 그가 무서웠어요. 만약 제가 떠나면 그가 절 죽일 거라는 걸 알았어요. 그런데도 전 그에게 도와달라고 말해야만 했어요. 그게 큰 실수였어요."[8]

수잔의 증언에 따르면, 제프리는 분노로 폭발해서 그녀를 바닥에 넘어뜨리고 발로 배를 차기 시작했다. 연거푸 발길질을 한 후, 그는 그녀를 침대 위로 끌어올려서 강간했다. 그가 과거에도 반복적으로 했던 일이었다. 눈을 떴을 때, 그녀는 그가 "죽어, 암캐."라고 말하는 소리를 들었다. 그녀는 그의 손에 사냥칼이 들려 있는 걸 눈치 챘다. 생존을 위해, 필사적으로, 자식에 대한 일념으로 한층 자극되어, 그녀는 무릎으로 그의 성기를 걷어찼다. 그리고 그가 고통으로 몸을 구부렸을 때 칼을 움켜쥐었다. "그가 절 죽일지도 모른다는 생각에 겁에 질렸어요."라고 그녀는 말했다. "제가 멈추는 순간 그가 칼을 빼앗아 절 죽일 거라는 걸 알았어요." 그녀는 반복해서 그를 찔렀다. 브래들리가 침실 문을 두드렸을 때, 그녀는 순간적으로 동작을 멈췄다. 그리고 아무 일 없다고 브래들리를 안심시킨 후, 문을 닫고 계속해서 남편을 찔러 193군데의 상처를 입혔다. "그가 저를 걷어찼던 횟수만큼 그의 머리와 목과 가슴, 배, 다리를 찔렀어요. 그리고 제가 원치 않았을 때 절 강간한 횟수만큼 그의 성기를 찔렀어요."[10] 수잔의 자매, 신디는 다음과 같은 증언을 통해 이것을 확인해 주었다. "그녀는 자신이 그를 그렇게 여러 번 찌르는 이유를 알고 있었어요. 그녀는 자신의 가슴을 때렸던 횟수만큼 제프리를 칼로 찔렀고, 밤중에 자신을 강간한 횟수만큼 그의 성기를 찔렀다고 말했어요."[11]

수잔은 살인 후 닷새 동안 안개 속에 있는 것 같았다고 했다. 제프리의 시체를 끌어내 뒤뜰의 구멍에 넣고, 그 위를 덮은 뒤에도, 그녀는 여전히 그가 벌떡 일어나 자신을 죽일지도 모른다는 생각에 두려웠다. 닷새 후, 그녀는 엄마에게 무슨 일이 있었는지 말했다. 그들은 변호사에게 연락해 경찰을 불렀다. 경찰은 꽃병에서 칼을 발견했다. 칼끝은 제프리의 해골 속에 박혀 있었다.

검사는 냉혈한 계획 살인이라고 주장했다. 그들은 수잔이 정당방위나 코카인 중독자 남편의 반복적인 학대로부터 도망치고자 살인을 저지른 것이 아니라 탐욕 때문에 살인을 저지른 것이라고 주장했다. 제프리는 20만 달러짜리 생명 보험에 가입해 있는 상태였다. 검사는 수잔이 변태 섹스로 제프리를 침실로 꾀어내 그의 팔과 다리를 침대 기둥에 묶고 죽을 때까지 잔인하게 찌른 것이라고 주장했다. 그들은 수잔이 겁에 질린 아내 역할을 잘 연기하는 사악한 사기꾼이라고 주장했다. 수잔은 보험의 수익에 대해 전혀 알지 못했으며 게다가 제프리는 많은 것을 그녀에게 알려주지 않았다고 주장했다. 오히려 제프리가 그녀 앞으로 생명 보험을 들기를 원해서 걱정했다고도 했다. 여러 증인들, 제프리의 친구들, 수잔의 자매, 수잔의 미용사와 이웃들이 모두 제프리의 코카인 남용과 학대, 수잔의 몸에 생긴 멍들에 대한 그녀의 증언을 확증해 주었다. 사실, 그는 스트리퍼를 폭행한 혐의로 유죄 판결을 받은 적도 있었다. 이와는 대조적으로 수잔은 누구 말을 들어도 훌륭한 엄마이며 어떤 종류의 폭력이나 범죄 전과도 없는 사람이었다.

5시간의 긴밀한 심의 끝에 배심원은 2004년 3월 2일에 평결을 내렸다. 그들은 193번의 자상, 아들을 보살피는 동안 잠시 살인을 멈췄던 점, 뒤뜰에 시체를 의도적으로 묻었던 점을 들어 계획성이 느껴지며 살해 당시 그녀가 옳고 그름을 분간할 능력이 있었으며, 이성적인 상태였음이 인정된다고 말했다. 배심원은 수잔에게 일급 살인죄로 유죄 판결을 내렸다. 그녀는 25년의 징역형을 선고받았다. 12주간 복역한 후 그녀는 가석방 자격을 얻게 될 것이다. 수잔 라이트는 현재 항소한 상태다.

이 사건은 살인에 대한 심리 구조가 남녀 사이에 어떻게 다른지를 명백히 보여 준다. 반복된 육체적, 성적, 심리적 학대는 여성들이 보인 살인 판타지의 가장 공통된 원인이었다. 또 여성이 배우자를 살해하는 경우에 대한 주요 예측 인자였다. 자식 학대는 살인을 한층 부추기는 역할을 했다. 제프리를 떠나면 목숨을 잃을지도 모른다는 수잔의 공포는 여성들이 학대적인 관계를 청산하기로 결심했을 때 직면하는 위험을 드러내 준다. 일반적으로 우리는 남편을 성의 약탈자라 생각하지 않는다. 그러나 아내를 고립시키고 그녀의 성을 지나치게 통제하며 그녀를 강간하는 학대적인 남편은 사실상 성의 약탈자라 할 수 있다.

간략히 말해, 여성들에 의해 저질러지는 살인의 주된 동기는 자기 보호와 위험한 결혼으로부터 도망치려는 필사적인 욕망이다. 이렇게 학대적인 관계에 처한 여성들은 자신이 처한 위험을 제대로 인식하고 있다. 자신의 배우자를 떠나려 시도한, 비슷한 환경에 처해 있는 많은 여성들이 수잔 라이트보다 더 운이 없었다. 적어도 수잔은 자신의 목숨은 건질 수 있었다.

여성의 살인 판타지들

여성들도 실연 때문에 자신의 배우자나 전 배우자를 죽이고 싶어 한다. 사회적 지위에 가해지는 타격 역시 여성들에게 살인 동기로 작용한다. 그러나 결코 자주 작용하지는 않는다. 아래 한 여성의 선명한 살인 판타지가 지적해 주는 것처럼, 아마도 다른 문제들 역시 동기로 작용할 것이다.

● 사례 F1, 여성, 38세

제 전 남자 친구요. 그는 거짓말쟁이에다 사기꾼에다 식객이에요. 처음에 저는 그의 서랍에서 콘돔을 발견했어요. 그리고 3주 후 거리에서 아내와 딸과 함께 있는 그를 마주쳤어요. (거기는 그가 있다고 말한 곳에서 560킬로미터나 떨어진 곳이었어요.)

그를 어떻게 죽이고 싶었나요? 차와 함께 그를 날려 버리기 위해 폭발 전문가들을 고용해요. 차가 폭발하면, 그도 끝장나는 거지요.

왜 그를 죽이지 못했나요? 그건 잘못된 일이고 청부업자를 고용할 비용이 없었어요.

무엇이 당신이 실제로 살인을 저지게 만들 수 있었을까요? 복권 당첨이요.

얼마나 오랫동안 그를 살해할 생각을 했나요? 270일 이상이요.

당신은 실제로 어떤 행동을 했나요? 그를 국세청에 고발해서 재산상의 손해를 입도록 조치했어요.

위 사례에서 주목할 점은 강한 살인적 분노를 유발시킨 요인이 상대의 성적 부정이 아니라는 사실이다. 분노에 불을 지핀 것은 그의 거짓말이었다. 또 그가 다른 여성 및 그녀의 아이와 소중한 시간을 보내고 있다는 사실도 그녀를 화나게 했다. 그녀는 청부업자를 고용할 재산이 없었기 때문에 남성에게 있어 가장 큰 손해인 경제적 손해를 입히는 방법으로 복수를 했다.

우리 연구에서, 남성들은 자신을 거절한 여성들을 죽이는 상상에 평균적으로 여성들보다 더 많은 인지적 노력을 쏟아 붓는 것으로 나타났다. 남성들은 매일 거의 15분씩을 일시적인 상상에 투자하며, 때로 몇 주에서 몇 달까지 이러한 상상을 지속시키기도 했다. 대조적으로, 여성들은 하루에 오직 4분만을 투자하였다.

사랑을 거절당했을 때 느낀 분노가 얼마나 되는지, 그 정도를 나타내는 지표는 살인 판타지에서 고문이 등장했느냐 안 했느냐를 분석하여 얻어진다. 이 지표에 의하면 거절당했거나 배우자의 성적 부정을 발견한 경우, 남녀가 느끼는 분노는 동일한 것으로 밝혀졌다. 남녀 희생자들의 57퍼센트가 살인 판타지 속에서 고문을 당했다. 여기 좋은 예가 있다.

● 사례 3217, 여성, 21세

전 가능한 고통스럽고 파괴적인 방법으로 살인을 저지르기를 원했어요. 그를 벌거벗겨서 사람들 앞에 내놓고 죽을 때까지 때리는 거예요.

● 사례 S507, 여성, 28세

누구를 죽이고 싶었나요? 제 전 남자 친구, 제 사랑이요. 그는 저를 차 버리고 제 심장을 부숴 버렸어요. 저는 몹시 낙담했어요. 인생이 더 이상 아무 의미도 없었어요.

그를 어떻게 죽이고 싶었나요? 친구로서 그에게 데이트를 청하는 거예요. 그러고는 침대에 가서 섹스를 해요. 섹스를 하는 도중, 그를 칼로 찔러요.

왜 그를 죽이지 못했나요? 전 여전히 그를 사랑하거든요.

무엇이 당신이 실제 살인을 저지르도록 만들 수 있었을까요? 만약 그가 다른 여자와 있는 걸 봤다면 그랬을지도 몰라요.

자신을 버린 배우자에 대한 살인 판타지에서는, 남녀 간의 차이가 그리 크게 발견되지 않았다. 오히려 판타지를 실행할 가능성이 주요한 차이라고 할 수 있었다. 남성들이 자신을 버린 배우자를 살해한 반면, 여성들은 살인이 유일한 탈출구라고 생각될 만큼 심하게 자신을 격리하고 학대하며 위협한 배우자를 살해했다.

성의 약탈자, 스토커

여성들이 다른 대안이 없다고 느끼게 되는 주된 이유 중 하나는 거절당한 많은 남성이 스토커가 되기 때문이다. 스토커는 또 다른 형태의 성의 약탈자이다. 「위험한 정사」라는 영화에서 글렌 클로즈는 마이클 더글러스를 스토킹하는 인물을 연기했다. 그녀는 테이프에 녹음한 음성 메시지를 그의 차 안에 남겨 두었다. 또 그의 가족들을 감시하고 그의 아이를 임신한 척했다. 심지어는 가족의 애완동물인 토끼를 물에 삶아 죽이기도 했다. 이 영화가 대히트를 친 후, 정조를 지키는 유부남의 수가 엄청나게 증가했다는 소문이 돌았다. 그러나 할리우드가 묘사한 것과는 달리, 위험하고 끈덕진 스토커들의 대다수는 여성이 아니라 남성이다.

비록 지금은 미국의 모든 주와 전 유럽 국가들이 스토킹을 법적으로 처벌하지만, 우리는 조사를 통해 스토킹이 놀랄 만큼 흔한 인간 짝짓기 전략임을 알게 되었다.[12] 스토킹은 전 배우자에 대한 살인 판타지에서 매우 자주 등장했다.

스토킹은 희생자가 느끼는 심리적 충격에 의해 법적으로 정의되는 범죄로, 매우 드물게 발생한다. 상대에게 공포를 유발하는 여러 행동들, 미행이나 전화, 이메일, 선물 공세, 위협, 일터에 나타나기 등이 반복될 경우, 스토킹으로 칭해진다.[13] 그러나 만약 이러한 행동들이 공포를 유발하지 않는다면, 법적으로 스토킹이라 생각되지 않는다. 꽃을 보낸다든지, 메모를 남긴다든지, 전화를 한다든지, 일터에 들른다든지 하는 행동들은 대부분 일반적인 구애 행동에 속한다. 만약 이러한 교섭 행동들이 환영받게 되면, 그것은 구애가 되고 환영받지 못하고 공포를 일으키면, 스토킹으로 분류되는 것이다.

희한한 것은 스토킹이 때때로 효과가 있다는 것이다. 우리가 조사한 아래 사례를 살펴보라.

● 사례 3997, 여성, 21세, 전 남자 친구가 **스토커로 돌변**

저는 그에게 헤어지자고 했어요. 그런데 그는 그것을 견딜 수 없었나 봐요. 그는 저를 소유하고 있거나 통제하고 있다고 생각했어요. 제가 (그와 결별함) 같은 결정을 내릴 때, 그는 그냥 무시했어요. 저는 누구하고도 데이트를 할 수가 없었어요. 그가 광분해서 그 남자와 싸우려 들었기 때문이죠.

이 사례에서, 여성은 그녀의 전 남자 친구가 나타나 그녀와 데이트하는 모든 남자들을 때리겠다고 위협했다고 말했다. 남자들은 "당신을 정말 좋아하지만 스토커를 떼어 놓은 뒤 연락해라."라고 말하며 모두 뒤로 물러섰다. 여섯 달 후, 그녀는 전 남자 친구와 다시 데이트하기 시작했다. 왜냐하면 주위에 남자가 아무도 없었기 때문이다. 그가 모두 겁을 줘 쫓아 버린 것이다. 스토킹에 대한 연구에서, 우리는 희생자의 15퍼센트가 결국 자신의 스토커들과 데이트를 했으며, 6퍼센트는 그들과 섹스를 했다는 사실을 발견했다.[14]

남성의 짝짓기 전략으로서 스토킹은 사악하게도 양날의 유효성을 가진다. 첫째, 스토킹은 자신의 전 애인이나 배우자가 다른 남성과 데이트하는 것을 위험하게 만듦으로써 그녀에게 접근하는 모든 남성에게 손해를 입힌다. 남성들은 스토커들이 결별 후에도 '자신의' 옛 연인에게 느끼는 분노와 독점욕의 정도를 정확히 이해하고 있기 때문에 그들을 두려워한다. 이러한 종류의 불확실성을 대면하게 되면 사람들은 위험한 선택을 피하려는 경향이 있다.[15] 그들은 종종 자신의 낭만적인 접근 행동을 멈춘다. 그것이 바로 스토커들이 정확히 의도한 효과이다.

둘째, 스토킹은 다른 남성과 새로운 관계를 맺으려 시도하지 못하도록 전 상대에게 손해를 입힌다. 스토커는 멀리서 낭만적인 관심을 나타내는 사람들과 함께 있는 것이 위험하게 여겨지도록 만든다. 스토커의 희생자들은 종종 사회적인 접촉을 끊고 연애 활동을 그만두는 등의 반응을 보인다. 간단히 말해, 전 상대들을 스토킹하는 것은 그들이 다른 이성들과 관계를 맺지 못하도록 쐐기를 박는 행동이다. 스토커들이 전 애인이나 배우자에게 입히는 심각한 손상은 희생자들에게 심각한 적응적 문제를 만들어 냈다. 어떤 여성들은 스토커들을 논리적으로 설득하려고 한다. 그러나 이러한 행동은 효과가 없기로 악명이 높다.[16] 어떤 여성들은 전화번호를 바꾸거나 이사를 하거나 일상을 변화시킴으로써 스토커를 피하려고 시도한다. 몇몇 경우에는 이름을 바꾸고 새로운 도시나 나라로 이주하기도 한다. 정신적, 육체적 건강, 업무, 연애 생활의 붕괴가 너무도 심각해서 일부는 살인을 숙고하게 된다. 아래 사례가 그 대표적인 경우다.

● 사례 P2372, 여성, 20세

누굴 죽이고 싶었습니까? 제 전 남자 친구요.

어떻게 그 사람과 알게 되었나요? 서로의 친구를 통해 만났어요.

왜 그를 죽이고 싶어 하게 되었나요? 우리는 4월에 만나 여름 내내 데이트를 했어요. 그는 저와 결혼하기를 원했지만 저는 그러고 싶지 않아서 그만 헤어졌어요. 모든 게 너무 빨리 진행된다고 생각했던 거지요. 여름이 시작될 때 저는 친구랑 새 아파트로 막 이사한 상태였어요. 그래서 다른 데로 이사를 갈 수가 없었죠. 그러고 싶지도 않았구요. 헤어진 후, 그는 제 아파트 단지로 이사를 왔어요. 겨우 두 집 건너로! 그 후, 그는 저를 스토킹하기 시작했어요. 제 아파트를 살펴보고 저와 제 친구가 외출할 때마다 밖으로 나왔어요. 제 차와 대문에 쪽지를 남겼어요. 밤에는 창문에 서서 제가 차를 타고 들어오는 걸 확인한 후 밖으로 나와 말을 걸었어요. 그가 저를 집안에 갇힌 죄수처럼 만들었기 때문에 저는 그를 증오하기 시작했어요.

어떻게 죽일 생각이었나요? 시작은 꿈이었어요. 꿈에서 그가 밤에 제 차가 들어오는 걸 보고 밖으로 나와 제게 말을 걸려고 시도했어요. 저는 더 이상 당신과 말하고 싶지 않으니 제발 내버려 두라고 그에게 말했죠. 그래도 그는 떠나지 않았어요. 심지어는 차 밖으로 저를 나오게 했어요. 전 더 이상 참을 수 없었어요. 어떻게 해야 할지 아무 생각이 없었는데, 제 배낭에 총이 있었어요. 저는 총을 꺼내서 그를 쐈어요. 배에 첫 방을 쏘고…… 그가 비틀대며 물러날 때, 몸통에 세 방을 더 쐈어요. 그가 바닥에 쓰러졌을 때 저는 잠에서 깨어났어요. 그 후, 두 번 더 그 일에 대해 생각했어요.

왜 그를 살해하지 못했나요? 저는 기독교인이에요. 제가 그에게 느꼈던 증오를 초월하는 데는 매우 오랜 시간이 걸리겠지요. 비록 그런 생각을 하기는 했지만 상대가 저나 제 가족, 혹은 친구들에게 신체적 손상을 입히지 않는 한, 저는 실제로 사람을 죽일 수 없을 거라 생각해요.

어떤 경우에 그를 살해하게 될 것 같나요? 앞에서 언급했던 상황에서요.

이 여성만이 자신을 스토킹하는 전 애인을 살해할 생각을 했던 건 아니다.

● 사례 P22, 여성, 20세

누구를 죽이고 싶었습니까? 제 전 남자 친구요.

왜 그를 죽이고 싶었나요? 전 2년 반 동안 그와 데이트를 했어요. 그는 질투가 많고 강박적인 사람이었는데, 우리가 함께하면 할수록 더 이상해졌어요. 헤어지자고 했을 때, 그는 완전 미치더군요. 그는 저에게 접근하는 모든 사람들을 죽이고 자신도 자살할 것처럼 굴었어요. 헤어진 지 3년 뒤에도, 그는 저와 제가 데이트하는 남자를 스토킹했어요.

어떻게 죽일 생각이었나요? 어떻게 할 건지 생각해 본 적은 없어요. 전 그냥 그가 제 삶에서 빠져 주길 원했을 뿐이에요. 실제로 그를 다치게 하고 싶지는 않아요. 그렇기 때문에 아마도 독약이나 차 사고가 가장 현실적인 방법일 거예요.

왜 그를 살해하지 못했나요? 전 그를 다치게 하고 싶지 않았어요. 오히려 그를 감옥에 보내고 싶었어요.

어떤 경우에 그를 살해하게 될 것 같나요? 만약 그가 저랑 가까운 누군가에게 정말로 상처를 입힌다면……. 그는 제 진한 친구조차도 위협했거든요. 이상한 것은 그가 저를 죽이겠다거나 다치게 하겠다고 결코 위협하지 않는다는 거예요.

위의 여성은 살인 방법에 대해 깊이 생각해 보지도 않았다. 단지 자신의 전 남자 친구가 사라져 주기를 원했을 뿐이다. 그러나 몇몇 여성들은 죽이는 방식에 대해 세부적인 시나리오를 갖춘 훨씬 선명한 살인 판타지를 갖고 있다.

● 사례 P5, 여성, 24세

누구를 죽이고 싶었습니까? 제 전 남자 친구요. 우리는 데이트를 시작했고 연인이 되었어요. 그러나 슬슬 전 그가 여러 상황들에 대해 제게 거짓말을 해 왔으며, 제 물건을 도둑질했다는 것을 알게 됐어요. 마침내 전 그 관계를 끝내 버렸죠. 그런데도 그는 제게 계속해서 전화를 했어요. 게다가 절 감시하려고 제 사촌과 형제자매들에게 연락을 했어요. 제가 다른 남자와 데이트하는 걸 발견하자 이상한 소문을 퍼뜨리기 시작했어요. 익명으로 제게 전화를 걸었고 제 직장에 들르기도 했죠. 이런 행동은 그와 헤어진 후 3년 동안이나 지속되었어요.

어떻게 죽일 생각이었나요? 그가 제 직장에 오는 날 그를 잡을 수 있다는 계산을 했어요. 그가 왔다는 게 포착이 되면, 다른 사람을 시켜 차로 그를 쫓아가 총을 쏘게 하는 거예요. 전 차를 몰며 총을 쏘는 것 같은 일을 하는 사람을 알거든요. 제가 여러 번 되풀이해 생각했던 계획이 있어요. 제 사촌들에게 그의 소재를 물어보는 거예요. 그는 제 사촌들에게 끊임없이 전화를 해 대화를 나누고는 하거든요. 사촌들은 그의 집과 직장이 어딘지 알고 있어요. 저는 거기로 찾아가서 매일매일 그가 무엇을 하는지 살펴보겠어요. 그러다 그가 혼자 있을 때, 찾아가서 그가 돌아오기를 원하는 것처럼 행동하는 거예요. 그리고 그를 마을 밖으로 유혹한 뒤 총을 쏴서 죽이고 시체를 묻어 버리는 거예요.

왜 그를 살해하지 못했나요? 가장 큰 이유는 양심이었어요. 또 처벌받는 게 두렵기도 했구요. 만약 시체가 발견된다면 제가 쉽게 용의자가 될 거란 걸 알고 있거든요. 제가 그를 견딜 수 없어 한다는 걸 사람들이 알고 있으니까요.

어떤 경우에 그를 살해할 수 있을 것 같나요? 만약 그가 이별 후에도 절 쫓아다니는 일을 지나치게 공격적으로 계속한다면. 처음에 그랬었거든요. 이제 많이 누그러들었지만 그는 여전히 절 쫓아다녀요.

스토킹으로 고통을 겪은 3년이라는 시간이 어마어마하게 느껴질지도 모른다. 그러나 3년은 평균보다 단지 1년이 긴 시간일 뿐이다. 전 애인에 의한 스토킹은 짧게는 며칠에서 길게는 10년까지 지속되기도 한다. 우리 연구에서 평균적인 스토킹 기간은 24개월이었다.[17]

여성들이 자신을 스토킹하는 전 애인을 두려워하는 데에는 타당한 이유가 있다. 헤어진 애인에게 살해당한 여성 중 88퍼센트가 살해되기 전 스토킹을 당했다. 경찰들과의 인터뷰에서, 한 경관이 자신이 구속했던, 전 애인을 8개월 동안 스토킹해 온 남자에 대해 자세히 이야기해 주었다. 그는 전 애인을 몹시 사랑했으며 그녀가 다른 사람과 데이트하는 게 너무나 싫었다고 말했다. 마침내 그는 권총으로 그녀를 쏘았다. "그녀는 내 여자예요. 누구도 그녀를 갖지 못하게 할 거예요."라고 자신을 구속한 경관에게 말했다. 비록 대부분의 스토커들은 상대를 살해하지 않지만, 전 배우자나 애인에게 희생당한 여성의 대부분이 스토킹을 당했다. 스토킹은 여성에게 무시할 수 없는 위험 신호인 것이다.

성의 약탈자인 강간범들

여성들에게 크나큰 손실을 입히는 또 다른 성의 약탈자는 바로 강간자로 돌변하는 친구, 지인, 데이트 상대, 이방인들이다. 실제 살인으로 연결되는 경우는 훨씬 적지만 여성의 살인 판타지를 유발하는 가장 큰 원인이 바로 강간이다. 이 판타지들의 대부분은 반복적으로 떠오르며, 상당히 폭력적이다. 이 판타지들은 강간으로 인해 여성들이 입는 무시무시한 상처들을 선명하게 드러낸다. 살인 판타지에 대한 우리 연구는 여성에 대한 성적 학대가 기절할 만큼 많이 일어난다는 사실을 선명한 언어로 입증해 준다. 판타지 안에는 오랫동안 쉽게 잊혀지지 않는 강간의 영향이 아프도록 선명하게 드러난다.

● 사례 86, 여성, 18세

누구를 죽이고 싶었나요? 강간범이요. 저는 그를 남학생 사교 클럽 파티에서 만났어요. 가을 학기 기말 시험 마지막 날이었어요. 제 친구와 저는 먹고 마시며 즐기기 위해 남학생 기숙사에 갔어요. 기말 시험이 끝나서 좀 놀고 싶었거든요. 저는 거기 있는 남자애들을 다 알았고 그들 모두와 어울리는 걸 좋아했어요. 한 시간쯤 후, 제가 죽이고 싶었던 그 남자애가 안으로 들어왔어요. 전 기묘하게도 그에게 본능적으로 불편한 감정을 느꼈어요. 이유는 묻지 마세요. 아무튼 그랬어요. 어쨌든, 밤은 깊어 갔고 저는 맥주를 두서너 잔 정도 마셨어요. 아마 세 잔 정도였을 거예요. 전 제 주량을 알아요. 맥주 세 잔 정도로 기억을 잃지는 않아요. 그 강간 미수범이 제게 음료수를 한 잔 가져다주었어요. 그 음료수엔 약이 들어 있었을 거라고 생각해요. 왜냐하면 음료수를 마시고 30분쯤 후에 저는 아무것도 기억할 수 없었거든요. 그 정도 알코올로는 정신을 잃지 않아요. 게다가 취하고 정신을 잃었던 건 그때가 처음이었어요.

다음날 아침 깨어났을 때 전 윗옷을 입지 않은 상태로 어떤 남자애 옆에 누워 있었어요. 그 애는 남학생 사교 클럽 회원으로, 평소 알고 지내던 사이였어요. 어젯밤 제게 음료수를 준 그 애는 아니었어요. 저는 그 애에게 아무것도 묻지 않고 즉시 집으로 데려다 달라고 말했어요. 이틀 후 친구 중 한 명이 제게 전화를 해서 그날 밤 무슨 일이 있었냐고 물었어요. 저는 아무것도 기억이 안 나지만 다음날 아침 눈을 떴을 때 다른 남자애의 아파트에서 상반신을 완전히 벗은 채 누워 있었다고 말했어요. 그녀가 말하기를, 저와 섹스를 한 걸로 추정되는 남자애가 친구들 모두한테 처녀랑 섹스했다고 떠들어 댔다는 거예요. 그 말이 돌고 돌아서 그녀의 귀에까지 들어온 거죠. 저는 그 남자애가 그 일을 다른 사람한테 말했다는 사실 때문만이 아니라 제가 실제로 처녀였기 때문에 무척 상처를 받았어요. 그리고 정말로 저를 힘들게 한 것은 그 일이 진짜 일어난 일인지 아닌지에 대해 전혀 알 수가 없다는 거였어요. 산부인과 의사는 외상이나 타박상의 징후는 없다고 말했지만 무슨 일이 있었는지는 전혀 알지 못했기 때문에 아무런 확신도 가질 수 없었어요.

전 아버지에게 이 사실을 말했고 아버지는 그 남자애에게 전화를 하셨어요. 저도 그 애에게 말을 했지만 그 애가 마을 밖으로 이사를 갔기 때문에 고소할 수 없었어요. 그 애를 죽일 계획을 짠 것도 아니고 어떻게 죽일지 생각한 적도 없어요. 단지 그 애가 애초에 존재하지 않았길 바랄 뿐이에요. 오직 그 애가 다른 여자들에게도 그런 일을 저지르지 않길 원하기 때문에 죽기를 바라요……. 이제 저는 남자들을 매우 조심해요. 그들 모두에 대한 제 신뢰는 완전히 사라졌어요.

무엇이 당신이 실제로 살인을 저지르게끔 할 수 있었을까요? 만약 그 애가 그런 일을 다시 저지른다면요.

사례 86번의 여성은 이것을 그녀의 가장 선명한 살인 판타지로 묘사할 만큼 심리적으로 큰 상처를 받았다. 그러나 그녀의 분노는 성적으로 학대받은 다른 대부분의 여성들에 비하면 약한 편이다. 아래 예는 격심한 분노를 보여 준다.

● 사례 120

파티에서 한 남자를 만났어요. 저는 겨우 13살이었고 그는 아마도 18살이었을 거예요. 몹시 취해 있었는데 그가 저를 건드렸어요. 제가 싫다고 말했고 멈추라고 요구했는데도······. 시간이 좀 지나자 저는 굴욕감을 느꼈고 매우 화가 났어요. 많은 사람들이 이 상황을 봤어요. 다음 학기에도 전 학교에 다니며 그를 자주 봐야만 했어요. 정말 끔찍하고 굴욕적인 일이었죠. 저는 너무 화가 나서 계속 그를 살해할 생각을 했어요.······ 그에게 망신을 주고 심하게 때릴 거예요. 곤죽이 될 때까지 흠씬 두들겨 패서 고통스럽게 만들어 주겠어요. 때때로 저는 그를 총으로 쏘는 상상도 해요.······ 분노가 너무 많이 쌓였어요. 그와 우연히 마주치는 상상을 해요. 그러면 그동안 말하고 싶었던 모든 것을 다 말하고 그에게 폭력을 행사하겠어요. 주먹으로 때리고 발로 차고 방망이로 두들겨 패고 총으로 쏠 거예요.

무엇이 당신이 실제로 살인을 저지르게끔 할 수 있었을까요? 아마도 그 일로 그 혹은 다른 사람들이 저를 고문했더라면 그랬을지도 몰라요. 학교에서 그를 마주친다든가, 그 일로 저를 놀렸다면.

위 사례들은 우리가 연구한 많은 사건 중 단지 두 건의 예에 불과하다. 수많은 사건들이 강간이 얼마나 무섭도록 많이 발생하는 사건인지, 또 그것이 남기는 심리적인 상처가 얼마나 큰지를 입증해 주고 있다. 강간이 남기는 심리적 상처는 희생자의 인생을 황폐화시킬 수 있다. 21세의 한 여성은 자신의 할아버지를 살해하는 일에 대해 생각했다.

그는 제게 성적으로 이상한 관심을 보였어요. 저를 느끼한 눈빛으로 쳐다보고 옷 입는 걸 훔쳐보려 하고, 제 방이나 목욕탕에 숨어 있었으며, 제 몸에 손을 대기도 했어요. 당시 저는 그와 할머니와 함께 살려고 막 이사했었을 때였어요. 그때는 15살밖에 안 됐기 때문에 너무나 놀라고 무서웠어요. 저는 제 자신이 혐오스러웠어요. 이 일이 상당 부분 제 잘못이라고 느꼈거든요. 그의 이러한 행동은 거의 1년 이상 지속됐어요. 저는 심각한 우울증에 걸렸어요. 모든 의욕을 상실했고 제 자신을 추하게 만들려고 몸무게를 14킬로그램이나 늘렸어요. 그 후 자제력을 완전히 잃어버릴 일이 발생했어요. 그가 돈을 줄 테니 자기에게 구강성교를 해 달라고 요구했을 때 저는 인내의 한계를 느꼈어요. 이성을 잃고 그에게 다시 한번만 날 만졌다간 당신을 죽이고 경찰에 가겠다고 말했어요. 저는 더 이상 살고 싶지 않았어요. 이미 죽은 거나 마찬가지인 상태였거든요.

강간으로 인한 심리적 황폐화의 정도는 여성의 심층 심리가 번식적으로 가치 있는 자원을 보호하도록 설계되었다는 것을 강력하게 입증해 준다. 여성들은 강간당하는 것을 몹시 두려워한다. 강간이 인간의 역사 내내 되풀이 된 위협이기 때문이다. 실제로 이 연구를 통해 발견된 가장 놀라운 사실 중 하나는 여성이 강간당하는 것에 대해 두려움을 느끼는 빈도였다. 스토킹처럼, 강간에 대해서도 여성의 공포는 매우 잘 발견되었다. 강간에 대한 정의가 사회마다 다르기 때문에 발생 건수도 각 사회마다 굉장히 다르며, 상당수가 보고되지 않지만, 모든 여성의 약 13~25퍼센트가 인생에 한 번은 강간을 겪는다고 추정된다.[18] 사회 계급에 따른 차이도 크게 발견되지 않는다. 로스앤젤레스에 거주하는 40세 이하의 여성들을 대상으로 한 연구에서, 놀랍게도 전체 여성의 22퍼센트가 자신이 강간이나 성추행을 당한 적이 있다고 보고했다.[19]

여성이 강간을 두려워하는 이유에는 강간범에게 살해당하는 것에 대한 두려움이 포함되어 있다. 이 현상은 우리 연구에서 일관적으로 발견되었다. 아마도 대중 매체가 강간범들이 살인을 저지른다는 인식에 상당 부분 기여했을 것이다. 강간 살해는 영화와 텔레비전에서 빈번하게 방송되며, 매체가 보도하는 강간 사건들은 대개 여성이 살해당한 경우들이다. 그러나 이것은 강간에 대한 잘못된 인식 중 하나다. 사실 강간범들은 피해 여성을 거의 살해하지 않는다. FBI 자료에 따르면, 미국에서 신고된 강간 사건 1,596건 중 1건꼴로 피해 여성이 강간범에게 살해당한다고 한다.[20] 마이클 기글리에리는 만약 신고되지 않은 강간 사건을 고려하면, 미국에서 강간범에게 살해되는 피해자 수는 1만 명 중 1명 이하로 떨어질 것이라 추정한다.[21] 그러나 강간 살인의 실제 발생 건수를 알아내는 일은 다소 어렵다. 왜냐하면 적절한 강간 증거들을 인지하지 못해 단순 살인으로 보고되고 분류되는 경우도 있기 때문이다.[22] 그럴지라도 전문가들은 그런 경우가 전체 살인의 2퍼센트 미만으로 극단적으로 작을 것이라는 데 동의한다. 이런 경우, 살인 동기는 꽤 명확하다. 범죄의 목격자를 제거하는 것이다.

완벽한 예를 미시간 살인 사건에서 찾을 수 있다. 27세의 남성이 물건을 훔치려는 단순한 목적으로 이웃집에 침입했다. 집을 털던 중, 그는 다른 방에서 나는 인기척을 들었다. 그는 굉장히 놀랐지만 그 기척의 주인공이 그 집 아내라는 것을 깨닫고 안심했다. 그는 예전에 잠시 동안 그녀에게 반했던 적이 있었다. 상황은 점차 확대되었다. 충동적으로 그는 그녀를 강간했다. 자신이 무슨 일을 저질렀는지 깨달았을 때, 그는 잡히지 않기 위해 그녀를 살해했다. 단순한 강도로 시작했던 일이 강간 살인으로 변해 버린 것이다.

우리 연구에서 나타난 강간에 대해 여성들이 갖는 공포의 또 다른 모순점은 대다수의 여성들이 이방인에게 강간당하는 것을 두려워한다는 것이다. 그러나 대부분의 강간은 이방인에 의해서가 아니라 의붓아버지, 자매의 애인, 지인, 데이트 상대 같은 여성이 이미 알고 있는 남성에 의해 자행된다. 흥미롭게도, 우리 연구에서 강간된 후 살해당하는 걸 두려워한 여성의 오직 9퍼센트만이 자신이 아는 누군가에 의해 이런 일이 일어날 것을 걱정했다. 반면 나머지 91퍼센트의 여성들은 주로 낯선 타인들에게 초점을 맞췄다.

여성들이 낯선 강간자에게 살해당할 위험을 과장되게 인식하는 이유를 최소한 두 가지로 그럴듯하게 설명할 수 있다. 첫째는 낯선 강간 살인자들이 과거 진화 환경에서는 지금보다 훨씬 많았을 거라는 것이다. 수천 년 동안, 정복자들에 의한 여성 강간은 매우 일반적인 일이었다. 수잔 브라운밀러의 고전 『성폭력의 역사』와 보다 최근작인 아이리스 장의 『역사는 힘 있는 자기 쓰는가 - 난징의 강간, 그 진실의 기록』과 베벌리 앨런의 『강간 전쟁』에 상세히 언급되어 있듯이, 지난 1세기 동안에도 수천 명의 여성들이 전쟁에서 강간당하고 살해되었다. 아이리스 장의 『역사는 힘 있는 자가 쓰는가 - 난징의 강간, 그 진실의 기록』은 제2차 세계 대전 당시 일본 침략자들에게 강간당하고 살해된 중국 여성들에 대한 기록이며, 베벌리 앨런의 『강간 전쟁』은 1992년에서 1995년 사이 발생한 보스니아 헤르체코비나와 크로아티아의 전쟁 당시 강간당하고 살해된 수많은 여성들에 대한 기록이다.[23]

과거 여성의 진화 역사 동안 이방인에게 강간당한 후 살해되는 일이 반복적으로 일어났다면, 강간 살해범에 대한 여성의 공포는 이방인들을 피하도록 설계된 방어 기제들의 진화를 반영하는 것인지도 모른다. 대도시에 모여 살며, 지역적 유동성이 큰 현대 사회에서는 과거에는 상상도 할 수 없었던 빈도와 규모로 매일매일 수많은 이방인들과 마주치게 된다.

그 결과, 과거에는 매우 완벽히 적응적이었던 여성의 강간 살해 방어 기제들이 현대 사회에서는 다소 과도하게 작동하게 된 것이다.

두 번째 그럴듯한 진화적 설명은 낯선 타인에 의한 강간 살해를 두려워하는 여성의 심리가 소위 '적응적 편견(adaptive bias)'이라는 것이다. 진화는 가능한 오류들 중 손실이 가장 큰 것을 피하려는 경향이 있다. 이 경우, 두 가지 오류가 존재한다. 여성은 이방인이 실제로 자신을 강간하고 살해할 때에도 그가 그러지 않을 거라 잘못 믿을 수 있다. 그럴 경우, 그녀는 살해될 심각한 위험에 처한다. 혹은 그녀는 그중 많은 사람들이 실제로는 그렇지 않은데도 이방인이 강간 살인을 저지를 의도가 있다고 과도하게 생각하는 오류를 저지를 수 있다. 확실히 이 두 가지 오류 중 첫 번째가 훨씬 손실이 크다. 내가 '적응의 피해 망상적 편견'이라고 명명한 두 번째 오류는 그렇게 할 필요가 없을 때에도 이방인을 피하게 되는 상대적으로 사소한 손해만을 초래한다. 여성들이 이방인에게 강간 살해 의도가 있을 거라고 생각하는 1,000번 중 999번은 틀린 것일지라도, 여성이 이방인을 피해서 1,000번의 1번, 그들이 정말 위험에 처할 때 자신의 목숨을 구할 수 있다면 진화는 그 편집증적인 편견을 선호할 것이다.

이 두 설명은 물론 양립할 수 있다. 아마도 두 가지 요인이 다 작동했을 것이다. 여성들은 낯선 타인의 강간 살해 의도를 과잉해서 추론하는 적응적 편견을 진화시켰을지도 모르며, 이 방어 기제가 과거보다 훨씬 많은 이방인들과 마주치게 되는 현대 사회에서 과도하게 작동하게 되었을지도 모른다.

공격자의 의도가 불분명할 때, 여성들은 때때로 최악의 결과, 즉 살인을 가정한다. 유감스럽게도, 몇몇 남성들은 강간 행동을 쉽게 하기 위해서 이 적응적 편견을 이용한다. 그들은 만일 얌전히 있으면 살려 주지만 반항하면 죽여 버리겠다고 그녀를 위협함으로써 이러한 적응적 편견을 이용할 수 있다. 실제로 많은 강간 피해자들이 만약 자신이 강간자의 요구에 따르지 않았다면 살해당했을 거라고 믿는다. 대부분의 강간범들은 상대가 크게 반항하면 희생자를 해치지 않고 강간하는 걸 포기한다. 그러나 진화의 역사 동안 여성이 강간에 저항한 경우, 아주 적지만 실제로 살인이 발생한 경우가 있었다면, 자연선택은 두 가지 해악, 즉 살해되느냐 강간당하느냐 중 손실이 더 적은 쪽을 택하도록 살해 방어 기제들을 진화시켰을 것이다.

강간당한 후 많은 여성들이 느끼는 분노는 면담자 중 한 명이 한 이 말에서 크고 선명하게 전달된다. "파티 중에 데이트 강간을 당했어요. 그때까지 전 성 경험이 전혀 없었어요. 그 일로 엄청난 충격을 받았는데······. 그가 작년에 우리 대학에 왔어요. 기숙사 두 층 아래에서 다른 남자랑 같이 기거했는데, 나에 대해 험담을 하더군요······. 저는 같이 섹스를 할 것처럼 꾸며서 그를 침대로 유혹한 후 총으로 고환을 쏘아 버릴까 생각했어요."

강간은 피해 여성에게만 아니라 그녀의 배우자, 가족, 남녀 친구 모두에게도 엄청난 분노를 불러일으킨다. 우리 연구에서, 강간 피해자와 가까운 사람들 역시 강간범에 대한 살인 판타지를 자주 보고했다.

한 남성은 자신의 룸메이트와 오랜 친구를 죽이고 싶다고 말했다. 그 친구가 자신이 잠든 사이 자기 여자 친구를 성추행하려고 시도했기 때문이다. 또 다른 남성은 그의 전 여자 친구의 삼촌을 죽이고 싶어 했다. 삼촌이 그녀를 어렸을 때부터 여러 번 성적으로 학대했었기 때문이다. 그 일로 그녀는 자살을 시도했었다. 그 남성은 삼촌의 성기를 총으로 쏘고 싶어 했고 만약 그가 자신의 눈앞에서 그녀를 학대하면 정말로 그렇게 할 것이라고 말했다.

아래 사례는 자신의 친구를 강간한 사람에게 살의를 느꼈던 한 남자의 이야기다.

- 사례 P2207, 남성, 18세

누구를 죽이고 싶었습니까? 퇴역 군인인 25세 남성이요. 그 역시 학생이었습니다. 그는 제 친구를 강간했습니다. 애인이 제게 전화를 해서 방금 우리 친구가 어떻게 강간을 당했는지 자세히 설명해 줬습니다. 제 친구도 그 강간범도 아무런 실질적인 영향도 받지 않은 것 같았어요. 강간당했을 때, 그녀는 그를 집까지 바래다주는 중이었어요. 그러고 나서 그는 마치 아무 일도 없었던 것처럼 그녀를 집까지 태워다 줬습니다.

어떻게 죽일 생각이었나요? 친구들 몇 명과 그의 아파트로 찾아가서 그를 흠씬 두들겨 패 줍니다. 그러고 나서 그를 묶고 그가 의식을 회복할 때까지 기다립니다. 정신이 돌아오면, 저는 그에게 왜 그런 짓을 해도 괜찮을 거라고 생각했는지 물어볼 거예요. 그리고 그의 왼쪽 무릎을 쏠 겁니다. 다시 그에게 사람이 아닌 것처럼 취급되는 걸 얼마나 좋아하는지 질문합니다. 그리고 이번에는 그의 오른쪽 무릎을 쏩니다. 저는 그에게 자신이 한 짓에 대해 생각해 보고 신에게 용서를 빌라고 말할 겁니다. 마지막으로, 그의 배에 두 방을 쏘고 그를 죽게 내버려 둡니다.

왜 그를 살해하지 못했나요? 첫째는 어쨌든 제 친구가 그에 대해 소송을 걸었기 때문입니다. 만약 제가 그를 죽인다면 그녀를 더 힘들게 할 뿐입니다.
둘째는 그에게는 죄 없는 가족이 있습니다. 제겐 그들로부터 그를 앗아 갈 권리가 없습니다.

셋째는 저는 그가 구속되어 감옥에 가길 희망합니다. 자신이 당하는 입장에 놓였을 때 그가 얼마나 강간을 즐길 수 있을지 직접 경험해 보길 원합니다.

21세의 한 남성도 자기 친구를 강간한 남자를 죽이는 상상을 했다.

그는 그녀에게 데이트 강간에 자주 사용되는 강력한 수면 유도제인 롭히놀을 주었습니다. 그 후 그녀를 불러 그 일에 대해 그녀와 자기 친구들에게 자랑하며 말했습니다. 저는 그를 땅에 못 박을 생각을 했습니다. 제 무릎을 그의 목 위에 놓고 그대로 그의 목을 부러뜨립니다. 제 친구는 그를 다치게 하지 말라고 말했습니나. 저는 그러겠다고 약속했습니다. 하지만 그가 처벌받지 않는다면, 그는 아마도 또다시 같은 일을 저지를 겁니다. 그렇게 되면 전 그를 살해할 겁니다.

강간 피해자들의 여자 친구들도 자신의 친구를 먹이로 삼은 성의 약탈자들을 죽이는 판타지를 생생하게 경험했다.

● 사례 227, 여성, 23세

누구를 죽이고 싶었습니까? 저랑 제일 친한 친구의 아버지요. 사실, 그는 친아버지가 아니라 의붓아버지예요. 그는 제 친구를 여러 해 동안 성폭행했어요. 저는 그가 그녀를 만지는 걸 봤어요. 그 광경은 저를 무척 화나게 했습니다. 그는 그녀를 볼 때와 똑같은 눈으로 절 쳐다봤어요. 만약 그를 죽이지 않으면 제게도 같은 짓을 할 거라는 생각이 들더라구요. 7학년이 되었을 때 그녀는 자신이 8살 때부터 계부에게 성폭행을 당해 왔다고 말했어요. 그녀는 그 사실을 자신의 어머니에게 말할 수 없었다고 해요. 그가 광분할 거라고 생각했기 때문이죠. 그 이후로 그녀의 집에 자러 갈 때마다 우리는 매일 밤 칼을 갖고 잠자리에 들었어요. 저는 단지 우리가 그를 죽일 수 있기를 희망하고 기도했어요.

어떻게 죽일 생각이었나요? 그가 밤에 침실로 들어와 그녀를 데려가려고 하면 제가 침대 밖으로 튀어나와서 그를 칼로 찔러요. 그러면 그녀가 일어나 저를 도와줄 거예요.

무엇이 당신이 실제로 살인을 저지르도록 몰아 갈 수 있을까요? 그가 밤중에 방으로 찾아온다면, 다른 어떤 이유보다도 공포에서 벗어나기 위해 그를 찌를 것 같아요.

여러 중요한 쟁점이 이 여성의 살인 판타지에서 나타나고 있다. 첫째, 그녀는 가장 친한 친구의 아버지에게 희생되지 않기 위해 실제적인 조치를 취했다. 그녀는 위험을 느낄 때 칼을 품고 잠을 잤다. 둘째, 희생당한 친구의 심리적 상처와 자신 또한 희생자가 될지도 모른다는 그녀의 공포는 성인이 되어서도 남아 있다. 셋째, 계부는 친부보다 자신의 딸을 성적으로 학대하고 강간할 가능성이 훨씬 많다.[25] 물론, 대부분의 계부들은 자신의 의붓딸을 성추행하지 않지만, 그럼에도 불구하고 함께 거주하는 계부의 존재는 성추행당할 위험을 열 배나 증가시킨다.

성의 약탈자가 강간 희생자들에게 심각한 손실을 입힌다는 사실은 직관적으로 명백하지만, 강간이 너무나도 끔찍한 범죄인 이유와 사회에서 큰 범법 행위 중 하나로 여겨지는 이유에 대해서는 더 자세히 조사해 볼 가치가 있다. 진화적 관점에서, 강간이 미치는 손해는 엄청난 것이다. 여성의 짝짓기 전략의 핵심 요소는 짝짓기 상대를 선택할 수 있는 권한을 자유롭게 행사하는 것이다. 여성은 자식에게 막대한 투자를 하며, 일생 동안 낳을 수 있는 자식의 수가 제한되어 있기 때문에 진화는 배우자를 선택하는 과정을 매우 중요하게 여기도록 여성의 심리를 만들었을 것이다. 여성의 선택 기준에는 배우자에 대한 취향, 배우자 후보의 자질에 대한 장기간의 정밀 조사, 상대의 사랑과 헌신에 대한 세부 평가 등의 정교한 과정들이 포함된다.

강간범은 알맞은 상대를 선택하고 유혹하고 유지하도록 진화한 여성의 정교한 전략들을 한순간에 잔인하게, 그리고 산산이 파괴해 버린다. 강간당한 여성은 자신이 선택하지도 않은 남성의 원치 않는 아이를 불시에 임신하게 될 위험에 처한다. 그는 그녀의 의지에 거슬러 자신을 강요했을 뿐만 아니라 대개 그녀가 원하는 것보다 배우자로서의 가치가 한참 떨어지는 사람이다.

자신의 선택권이 모함당한 데 더해, 강간당한 여성은 자신의 배우자, 친구들, 심지어는 가족들에게까지 비난받고 처벌받으며 학대당할 위험에 처한다. 몇몇 사람들은 그녀가 공범이라고, 즉 강제된 섹스가 사실은 합의된 것일지도 모르며, 그녀가 강간당할 만한 어떤 행동을 했을 것이라고 잘못된 의심을 할지도 모른다. 실제로, 자신의 배우자가 강간당한 많은 남성들이 자신이 '흠집 난 물건'과 함께 남겨졌다는 느낌을 갖는다고 말한다. 다른 남자에 의해 성적으로 훼손된 여자와 남겨졌다는 생각에 견딜 수가 없다는 것이다. 한 연구에 따르면, 배우자가 다른 남자에게 강간당한 커플의 80퍼센트 이상이 파경으로 끝을 맺는다고 한다.[26]

성의 약탈자가 희생자와 그 배우자, 친척들에게 끼치는 엄청난 손해,

즉 배우자에 대한 여성의 선택권을 악의적으로 방해하고 그녀의 사회적 평판에 손상을 입히며, 배우자로서의 가치를 더럽히고, 현재의 배우자와의 관계를 파괴하며, 친척들에게 거부당하게 만드는 그 엄청난 여파를 완전히 이해한다면, 우리는 강간에 의해 제기되는 복잡한 적응적 문제들을 해결하는 하나의 방법으로 살인을 강하게 부추기는 심리가 진화했으리라는 걸 이해할 수 있게 된다. 인간 진화의 오랜 역사 동안 여성과 그들의 친척, 그리고 배우자들은 강간이 미치는 엄청난 손실들에 맞서 자신들을 방어해야 했다. 과거에는 법률도, 경찰도, 판사도, 배심원도, 교도소도 없었다. 응보는 희생자와 그들의 배우자, 친구, 그리고 친척들의 손에 달려 있었다.

만약 여성들이 성의 약탈자들이 입히는 엄청난 손해를 피하기 위한 방어 및 대응 전략과 사후에 그 손해들을 제대로 처리하기 위한 전략들을 진화시키지 않았다고 한다면 그게 더 놀라운 일일 것이다. 강간당하는 것에 대한 만연한 공포가 이러한 방어 전략 중 하나이다. 또 다른 전략은 '특별한 친구들'을 선택하는 것이다. 특별한 친구들이란 여성을 보호하고 방어해 줄 만큼 여성에게 충분한 관심을 보이는 이성 친구들을 말하며, 이들의 존재는 잠재적인 강간범들을 단념시키게 만든다. 여성이 사용하는 세 번째 방어 전략은 방해물로 작용하는 친척들에게 둘러싸여 지내는 것이다. 네 번째는 본질적으로 '경호원'으로 행동할 수 있는 남성을 배우자로 선택하는 것이다. 이들은 성적으로 공격적인 남성들로부터 여성을 보호해 줄 것이다.[27] 물론, 살인을 저지르는 것도 진화된 방어 전략 중 하나이다.

살인 심리(성의 약탈자들을 살해하는 생각들, 살해 위협과 실제 살인)는 여성들에게 매우 중요한 여러 적응적 기능들을 제공한다. 첫째로 이러한 심리 기제는 여성에게 강간당할 위험이 큰 상황들을 피하도록 촉구한다. 둘째,

여성에게 무기를 소지하도록 부추긴다. 셋째, 여성에게 가족과 친구들의 협조를 얻도록 자극한다. 넷째, 손녀가 죽여 버리겠다고 위협하자 자신의 손녀를 성추행하는 것을 멈춘 할아버지의 사례처럼 때로 살해 위협은 성의 약탈자들을 피하는 데 성공하게 해 준다. 다섯째, 강간범을 살해하는 것은 계속된 성적 학대를 끝내도록 해 준다. 여섯째, 이러한 심리 기제는 다른 남성들에게 여성이 성적으로 이용할 수 없는 존재이며, 폭력적인 보복 없이 성적인 침해를 참아 내는 일은 없을 것이라는 강한 경고를 보낸다. 일곱째, 원론적으로, 살인 심리는 여성이 짝짓기 시장에서 자신의 가치를 보존하는 것을 돕는다.

대부분의 살인 판타지들은 실제 행동으로 거의 옮겨지지 않는다. 사람들은 대개 대가와 이익의 방정식을 통해 문제를 해결하는 대안적인 수단들을 산출한 후 살인의 대가가 너무 크다고 결정한다. 만약 여성들이 가끔이라도 그러한 결정을 따르려고 하지 않았다면, 성의 약탈자들을 살해하는 생각들이 그렇게 만연하게 나타나지는 않았을 것이다.

미시간 살인 사건에서 실례를 찾을 수 있다. 고졸 학력을 가진 24세의 클라리스*는 어느 저녁 자신의 아파트에서 친구 마크*와 함께 놀고 있었다. 갑자기 마크가 그녀에게 섹스를 요구했다. 처음에 그녀는 동의했다. 둘은 소파에 누웠고 마크는 그녀의 몸 위로 올라갔다. "그는 발기시키기 위해 자신의 성기를 제 질에 대고 문질렀어요. 시간이 많이 걸렸지요. 저는 지쳤고 그가 점점 무겁게 느껴졌어요. 흥분이 완전히 사라졌죠. 그래서 저는 그에게 그만하라고 요구했어요." 그는 "넌 여기에 누워서 나와 섹스를 해야 해."라고 말하며 그녀의 요구를 묵살했다. 그녀는 다시 그를 밀쳐 내려고 시도했으나 그가 그녀를 꼼짝 못하게 내리 눌렀다. "저는 그를 밀쳐 내고 달아나려고 노력했어요. 그에게 '마크, 왜 그러는 거야?'라고 물었어요. 과거에 그는 항상 제가 그만두길 요구하면 그만뒀거든요.

그는 '제기랄.'이라 욕 하며 오늘밤은 멈추고 싶지 않다고 말했어요. 저는 그 이유를 알았어요. 그게 저를 너무 겁나게 했어요. 그때 조리대 위에 놓인 칼을 봤어요. 그는 저를 붙잡았고 우리는 몸싸움을 하기 시작했어요. 저는 몸을 일으켜 그를 찌르기 시작했어요. 칼로 찔렀는데도 그가 계속 저를 공격했기 때문에 저는 그를 여러 번 찔러야 했어요. 그가 공격하면 할수록 저는 더 많이 그를 찔러야 했어요. 결국 그가 바닥에 쓰러지며 '더 이상 견딜 수 없어.'라고 말했어요. 그때서야 저는 행동을 멈췄어요." 부검에서 11군데의 자상이 발견되었다. 법의학 조사자는 클라리스가 평균적인 지능의 소유자로, 범행 당시 생각과 감정에 장애가 없었고, 옳고 그름을 분별할 능력이 있었던 것으로 여겨진다고 판단했다. 그녀는 법적인 '정신 이상'의 범주에 들지 않았으며, 강간을 방지하고 성의 약탈자를 죽일 만한 충분한 힘을 갖고 있었다.

클라리스만이 강간범을 멈추기 위해 살인을 한 것은 아니다. 2002년 7월, 뉴멕시코의 앨버쿼키 시에서 미라*는 새벽 1시 30분, 잠에서 깼을 때 한 남자가 자기 몸 위에 올라와 있는 걸 발견했다. 그는 그녀의 얼굴에 손전등을 비추고 그녀의 가슴을 총으로 누르고 있었다. 마이클 마걸이라는 50세의 그 남성은 전에도 이런 짓을 한 적이 있었다. 그는 이전에 강간죄로 유죄를 선고받고 감옥에서 18년을 보냈다. 그의 이름이 강간범에 대한 뉴멕시코 웹사이트에 올라가 있었다. 이때, 그는 그녀를 강간하려는 중이었다. 미라는 대단한 용기를 냈다. 그녀는 30세 정도 된 싱글맘이었다. 미라는 나중에 "오직 본능적으로 행동했어요. 살아야 한다는 욕구가 저를 움직였지요."라고 말했다.[28] 미라는 가슴 위에 놓인 총을 옆으로 밀쳐 냈다. 그는 그녀의 목숨을 위협했다. "죽고 싶어?"[29] 그때 그녀의 마음속에서 무엇인가가 툭 하고 끊어졌다. 나중에 그녀는 당시 자신의 상태를 "잠에서 덜 깬 상태"라고 묘사했다. 미라는 갑자기 달려들어 그에게서 38구경 총을 빼앗았다. 그리고 그를 바닥에 밀친 후, 엎드린 그의 몸에 총을 세 방 쏘았다. 그중 두 방이 그의 가슴에 맞았다. 그가 살았는지 죽었는지 모르는 상태에서 그녀는 그의 얼굴에서 팬티스타킹을 벗겨 냈다. 그가 누군지 확인한 후, 그녀는 이웃집으로 달려가 경찰을 불렀다. 경찰이 도착했을 때, 마이클은 죽어 있었다. 미라는 강간당하지 않기 위해 살인을 저질렀고 연쇄강간범을 영구히 막아 버렸다. 그 살인은 정당방위로 판단되어 그녀는 아무런 처벌도 받지 않았다.

1998년 11월 18일, 장갑과 복면을 쓴 남성이 손에 사냥칼을 들고 노스캐롤라이나 대학교의 10대 대학생 숙소로 침입했다.[30] 그의 이름은 애드리안 캐시였다. 그는 전에도 이런 범죄를 저지른 적이 있었다. 그는 여자를 깨우기 위해 사냥칼로 그녀를 찌른 후, 칼을 그녀의 목에 갖다 대고 그녀를 강간하려 했다. 그가 손으로 자신의 바지를 내리려는 찰나 그녀는 침실용 탁자 서랍으로 손을 뻗어 조용히 총을 손에 쥐었다. 그녀의 목적은 달성되었다. 다음 순간 애드리안 캐시는 자신의 피 속에 누워 있었다. 이어진 DNA 테스트에서 그가 다른 학생 네 명도 폭력적으로 강간한 적이 있는 성의 약탈자라는 사실을 밝혀냈다.

보다 남쪽에 위치한 플로리다 파스코카운티의 마리아 피트라스의 이야기도 이와 비슷하다. 마리아는 집에서 밤늦게 깨어나 한 이방인이 자신의 몸 위에 걸터앉아 있는 것을 발견했다. 그의 얼굴은 검은 복면 아래 감춰져 있었다. 그가 그녀의 목 위에 칼을 갖다 대는 동안 그녀는 침실용 탁자에서 총을 꺼내 그를 쏘았다. 그의 이름은 로버트 메츠였다. 응급 센터에는 그녀의 겁에 질린 전화가 녹음되어 있다. "방금 사람을 쐈어요. 제 집에 들어와 절 강간하려 한 남자를 쏘았어요." 경찰은 총알이 그의 목을 관통한 것을 발견했다. 그는 여전히 주먹 안에 칼을 꽉 쥐고 있었다.

이 사건들에서, 여성들은 운이 좋았던 걸로 여겨질 수도 있다. 그러나 그들은 모두 자신의 폭력적인 방어 행동에 대한 끔찍한 기억을 안고 살아가야만 한다. 살인은 그들이 강간당하지 않도록 막고, 어쩌면 그들의 목숨까지도 구하는 역할을 했다. 그들은 처벌받지 않았다. 아이보리 해변에서 프랑스의 니스로 일하러 온 23세의 베로니크 아코베는 그렇게 운이 좋지 않았다.[32] 베로니크는 박봉의 가정부로 일했다. 그녀는 공식 취업 서류가 없었기 때문에 저임금을 견뎌야 했다. 부유한 주인인 63세의 조르주 샤와 그의 아들인 22세의 티에리 샤는 그녀를 반복해서 강간했다. 베로니크는 그들이 자신의 목을 잡고 소리치는 걸 막기 위해 손으로 그녀의 입을 막았다고 이야기했다. 한 명이 그녀를 잡고 있으면, 다른 한 명이 그녀를 강간했다. 아버지와 아들이 차례로 그 짓을 했다. 그녀의 선택은 제한적이었다. 끔찍한 공격을 세 번 당한 후, 그녀는 행동을 취하기로 결심했다. 그녀는 칼을 확보해서 아버지와 아들을 찔렀다. 한 명은 사망하고 다른 한 명은 상해를 입었다. 베로니크를 의학적으로 조사한 결과, 강압적인 항문 섹스를 보여 주는 상처가 발견되었다. 그녀는 다른 사람들에게 "그들은 제 안의 무언가를 파괴했어요. 제 진정한 인격의 무언가를. 저는 제 치욕을 씻어 내기 위해 그들을 죽였어요."라고 말했다.[33] 변호사를 고용할 비용이 없었으므로, 국선 변호사가 그녀를 대변했다. 변호사는 반복된 강간 행동에 대한 정당방위로 그녀를 방어하는 데 실패했다. 베로니크는 20년의 징역형을 선고받았다. 9년간 복역 후, 그녀는 비로소 사면될 수 있었다.

이 장에서 신체적으로 학대하는 애인, 성적으로 학대하는 남편, 스토커, 강간범들을 '성의 약탈자'들이라고 명명한 게 다소 낯설게 여겨질지도 모른다. 이들은 모두 '여성에 대한 성적 접근권을 얻거나 유지하기 위해 폭력을 행사'했다는 점에서 하나로 묶을 수 있다. 남성은 자신의 배우자를 통제하고 지배하기 위해 신체적인 학대를 사용한다. 그렇게 함으로써 그들이 떠나지 못하게 하여 그들의 성적 자원에 대한 배타적인 접근권을 유지시킨다. 자신의 아내를 강간하는 남자들은 그들이 원하지 않고 동의하지 않는 섹스를 강요하기 위해 무자비한 공격을 사용한다. 스토커들은 자신을 거절한 상대를 포기하지 않고, 전 배우자들이 새로운 사랑을 시작하는 것을 방해하며 한때 그들이 가졌던 성적 접근권을 되찾기 위해 희생자들을 집요하게 쫓아다닌다. 강간범들은 그가 이방인, 지인, 데이트 상대, 심지어는 남편이든 상관없이 자신의 희생자들을 사냥하여 잔인하게 그들의 인생을 완전히 바꿔 놓는다.

많은 여성들이 자신을 방어하기 위해 성의 약탈자들을 살해하지만, 때로 그들은 다른 이유로 상대를 살해하기도 한다. 다음 장에서 이에 대해 자세히 살펴보겠다. 또 다른 살인이 배우자 도둑의 경우에서도 나타난다. 다음 장에서 살펴볼 것처럼, 이들은 짝짓기 게임의 진화 경쟁에서 매우 중대하게 나타났던 성가신 문제였다.

6장　배우자 도둑들
The Murderer Next Door

"감정에 이끌리지 않는 자, 그런 사람이 내게 있어 주다면"

―― 윌리엄 셰익스피어, 『햄릿』

한 친구의 집에서 나는 지금껏 개인적으로 경험했던 것 중 가장 끔찍한 살의를 목격했다. 당시 우리는 휴가 중이었다. 가족들과 함께 긴 주말 동안 친구의 집에 머물며 먹고, 마시고, 수다를 떨고, 포옹하며 좋은 시간을 보내고 있었다. 손님 중에는 최근에 결혼한 커플인 앰버*와 토니*도 있었다. 한 번, 키가 크고 외향적인 리처드가 앰버에게 팔을 두르고 그녀를 깊게 포옹했다. 우리는 모두 신체적인 애정 표현에 자유로웠기 때문에, 누구도 그 일을 마음에 담아 두지 않았다. 토니를 제외하고는. 30분쯤 지난 후, 우리들 몇몇은 부엌으로 갔다. 토니가 갑자기 조용해졌기 때문에 나는 무엇인가 잘못됐다는 것을 감지했다. 그의 눈이 칠흑같이 검게 변하더니 불쑥 "나 리처드에게 볼 일이 있어."라고 말했다. 무슨 뜻이냐고 묻자 그는 "그의 목 안에 드라이버를 쑤셔 넣고 싶어."라고 대답했다. 그는 매우 심각했다. 나는 단둘이 이야기하기 위해 비어 있는 방 중 하나로 그를 데려갔다. 진정시키려 하자, 그는 리처드가 앰버를 유혹하고 있다는 걸 알고 있다고 설명했다. 그는 리처드가 자신의 아내를 만지는 것이 싫었다. 내가 리처드에게 그 이야기를 해 주길 원하는지 물어보았다. 만약 그렇다면 그렇게 해 주겠다고도 이야기했다. 리처드가 앰버를 포옹한 것이 친구로서의 순수한 애정 표시일까? 아니면 그가 진짜로 토니의 아내를 유혹하려고 했던 걸까? 누구도 모른다. 그 일로 인해 토니가 리처드를 드라이버로 찌르고 싶어 한다는 놀라운 이야기가 모임 내에 쫙 퍼지게 되었다. 사람들의 살해 방어 기제는 과도한 경계를 발동하기 시작했다.

토니는 부엌으로 돌아와 가위를 집고 손 안에서 이리저리 방향을 바꿨다. 사람들은 모두 초조하게 그를 지켜보았다. 리처드는 담배를 피러 밖으로 나갔다. 사람들은 점점 흩어졌고 긴장도 점차 누그러졌다. 그러나 그날 밤 리처드와 집 안에 있던 사람들은 모두 자기 침실 문이 제대로 잠겼는지 확인했다. 모두 토니가 온화한 사람이라는 사실을 알고 있었다. 그는 전에 어떤 폭력의 징후도 결코 보여 준 적이 없었다. 하지만 아무도 토니가 무슨 짓을 할지 확신하지 못했다. 다음날 아침, 사람들은 모두 그곳을 떠났다. 다행히도 위기는 사라졌으며 아무런 폭력도 일어나지 않았다. 그러나 나는 배우자를 도둑맞을 위협 때문에 살인 회로가 작동하기 시작하는 무서운 광경을 목격했다는 것을 깨달았다.

배우자를 가로채는(훔치는) 행위에 관한 가장 오래된 기록은 성서의 다윗 왕과 매혹적인 미녀 밧세바의 일화에서 찾을 수 있다. 어느 날 다윗 왕은 절세미인 밧세바가 이웃집 지붕 위에서 목욕하고 있는 것을 몰래 훔쳐보게 되었다. 그녀는 이미 우리야라는 다른 남자의 아내였다. 그러나 다윗은 단념하지 않았다. 그가 왕이라는 사실은 확실히 도움이 되었다. 그는 밧세바를 유혹해 임신시키는 데 성공했다. 그러고 나서 그는 자신의 경쟁자를 영원히 쫓아낼 교묘한 방법을 고안해 냈다. 그는 우리야에게 전방에 나가도록 명령했다. 그리고 우리야만을 치명적인 위험에 노출시킨 후 그의 부대에게 퇴각하라고 명령했다. 우리야가 안전하게 무덤에 묻힌 후, 다윗 왕은 밧세바와 결혼해 네 명의 아이를 낳았다.

다른 사람의 연인을 가로채는 일은 원하는 사람을 얻기 위한 오래된 전략 중 하나이다. 이 전략은 상대의 용기를 잃게 할 만큼 효과적이면서도 위험이 따르는 것으로 긴 진화의 세월을 거쳐 우리 안에 침투해 왔으며, 동물 세계에는 이미 만연하게 퍼져 있다.

북부 캘리포니아의 해변에 서식하는 바다코끼리에서는 수컷들이 암컷들의 하렘에 접근하게 위해 서로 경쟁한다. 이 싸움은 무시무시할 정도로 격렬해서 수컷 경쟁자들은 그중 한 마리가 최고 수컷의 자리를 차지할 때까지 뾰족한 엄니로 서로에게 상처를 입히고 심하면 목숨까지도 뺏는다. 최고의 수컷은 암컷 모두에게 거의 배타적인 성적 접근권을 갖게 된다. 엄청난 보상이 주어지는 것이다. 수컷 중 겨우 5퍼센트가 전체 교미권의 85퍼센트를 확보한다. 이 최고 수컷의 자리를 유지하는 것 또한 많은 대가를 요구한다. 전쟁에서 패배한 수컷들은 암컷들과 몰래 교미를 하려고 계속 시도한다. 이들은 때로 목적을 달성하는 데 성공하기도 한다. 따라서 통치자 수컷은 엄청난 경계와 사나운 분노를 가지고 자신의 하렘을 끊임없이 수호해야만 한다. 한두 계절 이상 자신의 자리를 지킬 수 있는 바다코끼리들이 거의 없을 만큼 이 일은 엄청난 대가를 요구한다.

몰래 배우자를 훔치는 일은 곤충 세계에서도 믿을 수 없을 만큼 많이 일어난다. 사실, 그런 일이 너무 많아서 수컷들은 그것을 막기 위한 여러 기상천외한 방법들을 진화시켰다.[1] 그들은 때로 배우자 노눅이 있을 거라고 여겨지는 지역에서 자신의 배우자들을 물리적으로 쫓아낸다. 어떤 곤충들은 자신의 배우자가 방출하는 유인 물질을 감추거나 방해하는 신호를 만들어 내기도 한다. 귀뚜라미와 여치 수컷은 암컷을 유혹하기 위해 처음에는 시끄러운 울음소리를 낸다. 그러나 일단 그녀의 주의를 끄는 데 성공하면 그들은 부드러운 구애 소리로 울음소리를 바꾼다. 몇몇 곤충들은 바다코끼리와 상당히 유사한 접근 방식을 택한다. 예를 들면, 나무좀과의 곤충 수컷은 영토를 점유하고 외부 수컷들의 침입에 대해 자신의 구역을 정력적으로 방어한다.

자신의 진정한 사랑 혹은 '좋은 결혼 상대자'를 발견한 사람들에게 배우자 도둑은 실질적인 위협으로 남게 된다. 매력 있는 배우자들은 그들과 맺어지길 원하는 사람들에 비해 항상 적다. 사람들은 단순히 잘생기고, 아름답고, 유명하고, 매혹적이며, 관능적인 상대에게 가장 강하게 끌린다. 몹시 매력적인 상대는 짝짓기 시장에서 빨리 사라지는 경향이 있다. 그러나 그것이 그들을 다시 유혹할 수 없다는 것을 의미하는 것은 아니다. 질투심이 심한 애인들이 너무나 잘 알고 있듯이, 배우자 도둑들은 목표 달성이 가능한 한정 시간대인 배우자 방위가 약해지는 틈과 두 사람의 사랑이 갈라진 틈을 기다리며, 잠복해서 숨어 있다.

배우자 가로채기는 인생을 교란시키면서 만연하게 나타나는 문제이다.[2] 진화 심리학자인 데이비드 슈미트와 나는 미국 남성의 60퍼센트와 미국 여성의 53퍼센트가 다른 사람의 배우자를 장기적인 관계로 유혹하려 시도한 적이 있음을 알아냈다. 이 시도 중 절반은 실패했을지라도, 나머지 절반은 성공했다. 단기간의 성적 만남에서는 성차가 크게 확대된다. 남성의 60퍼센트와 여성의 38퍼센트가 누군가를 단기적인 성관계로 유혹하려고 시도한 적이 있다고 보고했다. 그보다 더 높은 비율의 남녀들이 다른 사람들이 자신을 기존의 관계에서 떠나도록 유혹했다고 보고했다. 남성의 93퍼센트와 여성의 87퍼센트가 장기적인 관계로, 남성의 87퍼센트와 여성의 94퍼센트가 단기적인 성관계로 유혹당한 적이 있다고 보고했다. 그보다 낮은 비율의 사람들이 다른 사람이 자신의 배우자를 빼앗으러 시도했다고 보고했다. 이러한 사실은 많은 배우자 도둑들이 꽤 영리하게 순진한 희생자들의 눈을 피해 자신의 거래를 안전하게 끝내거나 우리의 배우자들이 예비 배우자들을 비밀스럽게 유지하고 싶어 한다는 사실을 드러내 준다. 피험자의 약 3분의 1이 배우자가 자신을 떠나 다른 사람에게 간 적이 있었다고 보고했다.

슈미트는 아르헨티나에서 짐바브웨, 보츠와나에서 탄자니아에 이르는 53개 나라에서 1만 6974명을 대상으로 배우자 가로채기에 대한 연구를 진행했다. 이것은 지금껏 행해진 연구 중 가장 규모가 큰 연구였다. 여기서도 앞서 언급한 것과 비슷한 경향이 발견되었다.[3] 예를 들면, 남아메리카에서는 남성의 66퍼센트와 여성의 50퍼센트가 다른 사람의 배우자를 장기적인 관계로 유혹하려 시도한 적이 있다고 보고했다. 이스라엘, 터키, 레바논 같은 중동 국가에서는 남성의 67퍼센트와 여성의 44퍼센트가 이미 다른 사람과 장기적인 관계를 맺은 상태에서 일시적인 성관계로 유혹당한 적이 있다고 보고했다. 일시적인 정사를 추구한 남성은 70퍼센트로, 여성 38퍼센트보다 훨씬 더 높은 비율이었다. 일본, 한국, 중국 등 동아시아 지역에 거주하는 사람들은 배우자 가로채기의 빈도를 가장 낮게 보고했다. 그러나 그곳에서도 남성의 47퍼센트와 여성의 34퍼센트가 장기간 배우자 가로채기를 시도했다고 보고했다.

이 국제 연구는 또한 유혹의 패턴에 상당한 성차가 존재함을 밝혀냈다. 여성은 남성보다 훨씬 단기적인 성관계의 표적이 될 가능성이 높은 것으로 나타났다. 달리 말하면, 남성은 여성보다 상대를 순간적인 정사로 유혹하려고 훨씬 많이 시도한다는 것이다. 그리나 남성보다 여성이 그러한 유혹을 훨씬 더 많이 성공시키는 걸로 나타났다. 그 이유는 남성들이 여성들보다 가벼운 정사를 가지는 것에 훨씬 저항감이 없기 때문이다. 남성들은 종종 일시적인 정사를 찾아다니지만, 가벼운 만남을 추구할 때, 여성들이 훨씬 소기의 목적을 달성하는 데 성공한다. 이러한 성차는 전 세계적으로 나타난다. 세상의 남성들은 단기간의 정사에 훨씬 더 많은 흥미를 가진다. 흥미롭게도, 장기간의 짝짓기 관계에서는 이러한 양상이 상당히 많이 달라진다.[4]

장기적인 연애를 시작할 목적으로 이미 배우자가 있는 사람을 유혹하는 빈도는 남녀 간에 큰 차이가 없다. 전 세계적으로, 슈미트가 연구한 53개 나라들의 평균을 내어 보면 남녀의 81퍼센트가 누군가를 기존의 관계에서 유인해 내는 데 성공하여 그들과 장기적인 관계를 맺기 시작했다고 보고했다. 여성에 대해 엄격한 관습이 존재하여, 배우자 가로채기에 관여하는 여성이 거의 없으리라 기대한 중동 지역에서조차, 남성의 약 64퍼센트가 장기적인 관계를 위해 배우자 아닌 다른 여성의 유혹에 넘어가 현재의 배우자를 떠난 적이 있음을 시인했다. 여성의 54퍼센트 역시 동일한 사실을 시인했다. 현재 배우자에 대해 물었을 때, 전 세계 남성의 11.8퍼센트와 여성의 8.4퍼센트가 그들이 만났을 때 자신의 배우자에게 이미 다른 사람이 있었다고 보고했다. 또한 전 세계 남성의 9.9퍼센트와 여성의 13.6퍼센트가 자신의 현재 배우자가 자신들을 기존 관계에서 유인해 냈다고 보고했다. 흥미롭게도 전체의 약 3퍼센트는 그들이 서로를 유혹할 때, 양측 모두 이미 다른 사람과 장기적인 관계를 맺은 상태였다고 보고했다.

성격적 특징은 누가 배우자를 유혹하는 행위에 관여할지, 누가 유혹의 대상이 될지, 누가 유혹에 굴복할지 예측하는 데 흥미로운 역할을 한다. 타인의 배우자를 유혹하려 시도하는 사람들은 그렇지 않은 또래들보다 전형적으로 훨씬 외향적(사교적)이고 성미가 까다로우며(공격적인, 비열한), 비양심적이고(충동적인, 무의식적인), 자아도취적(자기중심적인, 뽐내는)이다. 당신이 경계해야만 하는 자는 자아도취적인 파티 광(狂)들이다.

성격은 또한 누가 유혹의 대상이 될지를 예측하는 하나의 요인이 될 수 있다. 배우자 도둑의 대상이 되는 사람들은 대부분 외향적이고 모험적인 사람들이다. 예측 가능한 일이지만 배우자 도둑들은 매력적이지 않은 상대보다 신체적, 성적으로 매력적인 사람들을 목표로 삼는다. 배우자 도둑들은 자신의 작업에 예민하게 동화된다. 배우자 도둑들의 유혹에 가장 쉽게 굴복하는 사람들은 사실상 훨씬 외향적이고 개방적이며, 성적으로 매력적인 사람들인 경향이 있다.

배우자를 유혹하는 행위의 빈도는 문화마다 다르게 나타나지만 이러한 차이를 가장 유력하게 예측해 주는 인자들은 문화의 성격과는 별 상관이 없다. 그것은 실질적인 성비(짝짓기의 대상이 되기에 적합한 여성과 남성의 상대적인 비율)과 관련이 있다. 크로아티아, 에스토니아, 라트비아, 리투아니아, 폴란드처럼 남성에 비해 여성이 상대적으로 많은 나라에서는 장기적인 관계를 위해서건, 단기적인 만남을 위해서건, 여성들이 훨씬 유혹에 개입하기 쉽다. 반대로 중국, 대만, 한국, 일본처럼 여성에 비해 남성이 상대적으로 더 많은 문화권에서는 여성들은 배우자를 유혹하는 행위를 덜 할 가능성이 많다. 이 연구에서 특히 흥미로운 한 가지는 여성의 상대적인 과잉이 여성이 배우자를 유혹하는 행위에 관여하는 수준을 증가시키지만, 비슷한 결과가 남성들에게서는 발견되지 않는다는 점이다. 상대적으로 남성이 많은 문화권에서 남성들은 더 낮은 수준으로 배우자를 유혹하는 행위를 보였고 그들이 타인의 배우자를 유혹하려 시도했을 때 성공하는 경우도 더 낮게 나타났다. 상대적으로 여성이 부족한 문화권에서 배우자를 유혹할 만큼 운이 좋은 남성들은 자신의 배우자들을 맹렬히 지키며, 그들의 요구를 구현시키기 위해 열심히 일한다. 이것이 남의 배우자를 유인하는 일을 덜 효과적인 전략으로 만든다.

배우자 도둑이 사용하는 전략들

배우자 도둑들은 정규적인 동반자 관계에 있는 이성을 꾀어내기 위해 여러 영리한 전략들을 구사한다.⁵ 그들은 꼬리를 치고, 경제적인 자원을 제공하고, 자신의 육체적 매력을 향상시키고, 표적에게 술을 억지로 권하며, 유머를 구사하고, 추켜세우고, 따뜻하게 대해 주고, 특별한 선물을 제공하며, 아량을 베푼다. 남성들은 때로 운동 경기에서 경쟁자들을 이기려고 시도하며, 사회에 종속되려 노력하며 자주 경쟁자에게 도전하여 육체적 싸움을 벌인다. 때때로 배우자 도둑들은 그들이 쉬운 성적 접근을 제공하고 있다는 걸 명백하게 하거나 '대가 없는 섹스'로 자신을 제공한다. 특히, 원하는 상대의 방에 나체로 나타나는 것처럼 솔직하게 섹스를 제안하는 노골적인 방법들은 남성보다는 여성이 사용하기에 훨씬 효과적인 방법이다. 일반적으로 남성들은 연애란 근본적으로 섹스에 관한 것이라는 생각을 훨씬 잘 받아들인다.

한 가지 영리한 전략은 우정을 전제로 원하는 상대와 데이트를 하는 것이다. 그 후 그 기회를 낭만적인 만남으로 바꿔 버리는 것이다. 이것은 유효성이 증명된 유혹 방법이다. 배우자 도둑들은 믿음직한 친구로서 한 커플의 일상에 교묘하게 스며든다. 그리고 감정적으로 가까워진 후 기회가 주어졌을 때 유혹 모드로 갈아타는 것이다. 실제로 친구들은 종종 짝짓기에 있어서 경쟁 관계에 놓인다. 끼리끼리, 동류 교류라 불리는 원칙은 그 이유를 잘 설명해 준다. 우리는 자신과 가치와 흥미를 공유하고 있으며, 종종 매력적인 자질의 많은 부분이 비슷한 사람을 친구로 선택하는 경향이 있다. 그래서 자기 배우자의 친구에게 끌릴 가능성은 평균 이상 높다.

배우자 도둑들에 의해 공통적으로 구사되는 다른 전략은 커플들의 관계를 이간질시켜 그들이 깨지게 만드는 것이다. 이때 쓰이는 일반적인 방법이 현재의 배우자가 바람피우고 있다고 넌지시 암시하거나 바람피운다는 사실을 입증하려 애쓰는 것이다. 몇몇 배우자 도둑들은 표적의 현재 관계를 훼손시키기 위해 배우자나 관계의 결점을 지적하는 전략을 취한다. 예를 들면, 여성에게 "그는 당신에게 잘해 주지 않아.", "당신은 그에게 너무 아까운 사람이야."라고 말할 수 있다. 배우자 도둑들은 때때로 경쟁자의 외모를 비웃기도 하며, 경쟁자가 상대에게 받아 마땅한 대우를 해주지 않는다는 점을 지적하기도 한다. 몇몇 배우자 도둑들은 상대의 자신감을 부추겨 상대가 자신의 매력을 높게 평가하도록 만든다. 그리고 은연중에 더 나은 상대를 찾아보는 것이 그렇게 나쁜 일만은 아니라는 생각을 심어 준다. 배우자를 교체하도록 표적을 설득시키는 가장 효과적인 방법은 상대가 원하는 이상적인 배우자를 훨씬 근접한 모습으로 구현시켜 주는 것이다. 현재의 배우자에게 부족한 감정적인 부분을 보여 주는 것이 그러한 경우에 해당한다.

특히 교활한 방법은 경쟁자가 다른 사람과 일시적인 관계를 갖도록 상황을 만들어 놓는 것이다. 그렇게 함으로써 목표한 상대에게 현재의 배우자는 신뢰할 수 없다고 주장할 수 있게 된다. 또 다른 현명한 전략은 기존 관계에 틈이 생길 때까지 무대 옆에서 단지 기다리고 있다가 기회가 생겼을 때 재빨리 행동을 취하는 것이다. '무대 옆에서 대기하기' 전략이 반드시 수동적일 필요는 없다. 배우자 도둑들은 자신의 표적과 더 많은 시간을 가질 수 있도록 자신의 일정을 조정할 수 있다. 표적에게 예기치 않게 들른다거나 '사업'차 전화를 할 수도 있다. 때때로 커플의 관계가 마침내 깨질 때까지 충분히 오랜 시간을 표적 곁에서 어슬렁거리기도 한다. 그리고 바로 그때 기대어 울 어깨가 되어 주는 것이다.

이러한 전략들이 발각되었을 때, 배우자 도둑들의 희생자(짝을 빼앗긴 경쟁자)들은 살의를 느끼기도 한다.

배우자 가로채기의 동기

우리는 사람들이 타인의 배우자를 가로채고 싶어 하는 이유를 조사했다. 이 이유들은 배우자에게 바라는 점에 있어 남녀 간의 차이점이 존재한다는 사실을 확인시켜 준다. 그 차이점에 대해 우리는 앞서 설명한 바 있다. 남성들은 배우자 가로채기가 "외모가 뛰어난 여성과 맺어질" 수 있게 해 준다고 말했다. 또 "젊고 건강한 섹스 파트너와 함께할" 기회를 원한다고도 말했다. 이와는 달리, 여성들은 배우자 가로채기가 "지위가 높고 권세가 있으며 부유한 남성을 얻을 수 있는 좋은 방법"이라고 보고하는 경향이 많다. 면담에서 남녀 모두 지적했던 배우자 가로채기의 특이한 이점 한 가지는 이미 검증된 상대와 즐길 수 있다는 것이었다. 사람들은 이미 관계 검증을 통과한 사람들을 '좋은 포획물'이라고 추론한다. 따라서 당신에게 이미 다른 배우자가 있을 때, 당신은 더 매력 있어 보인다는 모순이 발생하는 것이다. 진화 생물학자들은 이러한 현상을 "배우자 선택 모방(mate copying)"이라고 부른다.

우리는 사람들이 어떤 경쟁자를 가장 위협적으로 인식하는지 자세히 조사했다. 연구 결과는 성선택 이론에 부합하는 것으로 나타났다. 나는 동료들과 네덜란드, 한국, 미국에서 비교 문화 연구를 수행했다. 연구에 참석한 사람들은 경쟁자의 특징 11가지를 가장 부담이 가는 순으로 순위를 매기도록 요청받았다. 경쟁자의 특징들은 "당신보다 유머 감각이 뛰어남"에서부터 "당신보다 훨씬 능숙한 섹스 파트너임"까지 다양했다. 세 문화 모두에서 남성들은 경쟁자가 경제적 전망, 직업 전망, 신체적 강도에 있어 자신보다 우월할 때 더 큰 부담을 느낀다고 보고했다. 반면, 여성들은 경쟁자가 자신보다 더 매력적인 얼굴과 몸매를 가졌을 때 더 큰 부담을 느낀다고 보고했다.

배우자 가로채기의 위험

비록 배우자 가로채기가 원하는 상대를 유혹하는 매우 효과적인 수단일지라도 모든 배우자 도둑들은 이 전략이 매우 위험하다는 사실을 인식해야만 한다. 우리 연구에서, 배우자 도둑들은 다른 이성을 가로챘을 때 매우 자주 "불리한 입장"에 놓이게 된다고 보고했다. 친구와 가족들의 훈계에서부터 죄책감, 사회적인 평판의 손상 등 배우자 도둑들이 처하게 되는 불리한 입장은 다양하다. 많은 사람들이 배우자를 가로채지만, 그들 역시 다른 사람들이 그런 행위를 할 때 주저 없이 난색을 표한다. 배우자 가로채기가 치러야 할 대가 중 특히 흥미로운 것이 두 가지 있다. 배우자 도둑들은 모순적이게도 의도치 않게 '보복 효과'의 대상이 된다.

첫 번째 대가는 배우자의 충실성에 대한 염려가 증가한다는 것이다. 어쨌든, 당신이 다른 안정된 관계에 있는 상대를 꾀어내는 데 성공함으로써, 상대가 이성의 접근에 취약한 사람이라는 게 입증된 셈이다. 더 성공적인 도둑이 지금의 관계를 위협하지 않을 것이라고 누가 장담할 수 있겠는가?

두 번째 대가는 살인이다. 때때로 자신의 배우자를 도둑맞은 이들은 매우 난폭해진다. 배우자 도둑이 여성일 경우보다는 남성일 경우에 특히 자신이 가로챈 이성의 전 배우자에 대해 두려워했다. 우리 연구에서, 많은 남성들이 여성의 전 배우자가 광분하는 것을 두려워했고 또 많은 사람들이 버림받은 상대가 자신을 죽이려 할지 모른다는 뚜렷한 공포를 표출했다. 마틴*은 이러한 상황을 분명하게 보여 주는 예다. 몇 달 동안의 단계적인 유혹의 결과, 마틴은 니콜*이 현재의 남편과 헤어지도록 만드는 데 성공했다. 그녀는 집을 나와서 혼자 복층 아파트로 이사했다.

며칠 후, 마틴은 니콜에게 전화를 했고 그녀는 그를 저녁 식사에 초대했다. 후식을 먹은 후, 그들은 침대에서 격정적인 성관계를 가졌고, 그는 그녀의 집에서 잠을 잤다. 아침 6시, 그들은 집 밖에 오토바이가 멈춰 서는 소리에 눈을 떴다. 그녀의 남편이었다. 마틴은 바깥에 자신의 차가 주차되어 있다는 데 생각이 미쳤다. 그녀의 남편은 그 차가 누구 것인지 알아볼 것이었다. 마틴의 머릿속에서 경보음이 울리기 시작했다. 그는 살해당할지도 모른다는 두려움으로 극도의 공황 상태에 빠졌다. 그는 도망치기 위해 아파트 뒤쪽으로 미친 듯이 달려갔다. 그러나 그쪽에는 출구가 없었다. 정문만이 복층식 아파트에 드나들 수 있는 유일한 출구였다. 그녀의 남편이 대문을 사납게 두드리기 시작했다. 니콜은 문을 살짝 열고 나가 마틴을 안에 가둔 채 그녀의 뒤에서 문을 잠가 버렸다. 그리고 남편을 진정시키고 마틴이 떠났다는 것을 확신시키기 위해 노력했다. 그것이 마틴과 니콜의 마지막 만남이었다. 그는 그때 느꼈던 죽음에 대한 강렬한 공포에 크게 영향을 받았다. 이러한 공포는 우리가 조사한 살인 사건들에서도 잘 나타난다.

배우자 가로채기가 짝짓기 상대를 구하는 굉장히 효과적인 전략이며 매우 만연하게 나타난다는 사실을 상기할 때, 왜 그 행위가 그렇게 사회적인 비난을 받으며, 왜 그렇게 폭력적인 행동을 유발하는지 궁금하지 않을 수 없다. 당신의 배우자가 바람이 나 사라졌는데도, 당신이 그 사람과 계속 함께 있길 원하는 이유는 무엇일까? 그 해답은 진화된 짝짓기 전략의 성격이 그다지 감상적이지 않다는 데서 찾아볼 수 있다.

배우자를 유지하는 데 실패한 사람들이 져야 하는 번식적 대가는 엄청나게 클 수 있다.[6] 배우자 방위에 한번 실패한 남성은, 경쟁자가 자신의 배우자를 성공적으로 수태시켰을 때, 유전적으로 자신과 상관없는 아이를 키워야 하는 대가를 짊어지게 될 수도 있다. 앞서 논의한 것처럼, 그 남편은 자신의 번식 기회를 잃어버린 것 이외에도 경쟁자의 아이를 자신의 아이로 오인한 채 그 아이에게 수년, 혹은 수십 년을 투자해야 하는 위험에 처하게 된다. 이 번식적 손실을 더 악화시키는 것은 자신의 아이에게 향했을 엄마의 투자 역시 잃게 된다는 것이다. 만약 이러한 사실이 외부에 알려지게 되면, 그 오쟁이 진 남성은 사회적 평판에 손상을 입게 되고 그 결과, 배우자로서의 가치와 사회적 지위가 하락하며 앞으로 다른 배우자 도둑들의 표적이 될 위험이 증가한다. 마지막으로, 오쟁이 진 남성은 현재의 관계에 대한 대안으로 추구할 수 있었지만 결국 놓쳐 버린 관계에 대한 기회비용으로 괴로워하게 된다.

배우자 도둑들을 방어하는 데 실패한 남성은 자신의 아내를 완전히 잃게 될 수도 있다. 만약 배우자가 자신을 떠나 경쟁자 남성에게 간다면 그는 그녀의 미래의 번식 가치에 접근할 기회마저 완전히 잃어버리게 되는 것이다. 또 그는 그녀가 미래의 자기 자식에게 투자했을 부모로서의 노력도 잃어버리게 된다. 그뿐 아니라 그녀로 인해 얻게 된 사회적 동맹들에 접근할 기회마저 잃게 될 수도 있다. 게다가 그녀는 자신의 습관, 강점, 약점과 취약점에 대한 정보를 모두 알고 있다. 이러한 정보들은 그녀가 정보를 공유할 경쟁자들에 의해 악용될 수도 있다.[7]

여성들 역시 배우자 도둑들을 쫓아내는 데 실패했을 때 번식적 손해로 고통스러워한다. 배우자의 단 한번의 외도는 남성들에 비해 여성들에게는 덜 손해가 되는 일일 수도 있다. 왜냐하면 여성들은 남성들처럼 남의 자식을 자기 아이로 오인하고 키울 위험은 없기 때문이다. 앞서 살펴본 것처럼, 체내 수정은 여성들에게 배우자의 성적 부정과 상관없이 자기 자식에 대한 모성을 보장해 준다. 그럴지라도 남성들이 관계를 가진 다른 여성에게 자원을 나눠 줄 것이기 때문에 배우자 도둑들을 제거하는 데 실패한 여성들은 이러한 자원들을 잃게 될 위험에 처하게 된다. 남성들처럼, 여성들도 남편의 정부로부터 성병에 감염될 위험 때문에 고통 받는다. 만약 배우자가 여성을 버리고 떠난다면, 그녀는 그의 모든 자원을 잃게 된다. 그녀와 그녀의 아이들을 위해 쓰이던 자원들은 이제 새로운 배우자와 그녀의 자식들을 위해 쓰인다. 평판의 훼손은 남성들만큼 심하지 않을지도 모르며, 아무런 손상도 입지 않을 수도 있다. 그러나 사람들은 자연스럽게 버려진 쪽에게 어떤 숨겨진 결점이 있거나 겉보기보다 뭔가 매력이 없는 게 틀림없다고 결론을 내리게 된다. 망가진 평판과 손상된 배우자로서의 가치는 살인의 강력한 동기를 제공한다.

그래서 배신한 배우자를 쿨 하게 보내 주는 것이 때로 합리적인 행동일지라도, 우리는 배우자가 계속해서 곁에 머물도록 노력하거나 아니면 적어도 자신을 떠난 후 다른 사람과 같이 지내지 못하도록 막는 강력한 배우자 방위 기제를 진화시킨 것이다.

배우자 도둑들이 경계해야 할 것

진화적으로 실질적인 손해들은 우리가 발달시켜 온 배우자 방위 전략들을 명백하게 한다. 메뚜기, 귀뚜라미, 여치, 바다코끼리, 침팬지처럼 우리 인간도 배우자 도둑들을 제거하기 위한 많은 방법들을 진화시켰다. 이 방법들을 규명하기 위한 첫 번째 연구에서, 나는 19가지의 배우자 방위 전략을 발견했다. 경계에서 폭력까지 다양하게 존재하는 이 전략들은 침입자들을 방어하여 배우자가 배신하는 것을 막아 준다.[8] 경계의 예로는 예기치 않은 시간에 갑자기 전화를 거는 것, 상대가 누구와 함께 있는지 알아보는 것, 친구들을 통해 상대를 감시하는 것, (상대가 머무르는 장소에) 갑자기 들러 상대가 무엇을 하는지 알아보는 것, 파티에서 상대가 자신의 시야에서 벗어나지 않도록 주의하는 것 등을 들 수 있다. 폭력의 예에는 배우자에게 추파를 던진 상대를 구타하는 것, 자신의 배우자를 위협하는 것, 친구들을 동원해 자신의 배우자에게 관심을 보인 상대를 혼내 주는 것 등이 해당된다.

배우자 방위의 다른 전략에는 배우자 은닉(예: 다른 이성이 존재하는 모임 장소에 배우자를 데려가지 않는 것), 배우자의 시간 독점(예: 배우자가 다른 사람을 만나지 못하도록 자신의 여가 시간을 모두 배우자와 보내는 것), 협박적인 발언(예: 만약 바람피우면 헤어지겠다고 위협하는 것), 경쟁자의 가치 폄하(예: 배우자 앞에서 다른 이성의 결점을 지적하는 것), 재력 과시(예: 배우자에게 비싼 선물 공세를 하는 것), 외모 향상(예: 자신을 더 매력적인 존재로 만드는 것), 성적 유인(예: 그를 붙잡아 둘 만큼 매력적인 성행위를 하는 것), 신체적인 소유 표시(예: 다른 이성이 주위에 있을 때 배우자의 손을 잡는 것), 소유적인 장식 활용(예: 상대에게 결혼반지를 끼도록 요구하는 것) 등이 있다.

이러한 전략들을 구사하는 빈도에 있어서도 남녀 간의 차이가 존재한다.[9] 남성들은 여성들보다 배우자 은닉, 소유적인 표지 사용(예: 그녀에게 자신의 재킷을 입도록 하는 것), 재력 과시, 경쟁자 협박과 경쟁자에 대한 물리적인 폭력 사용 같은 배우자 방위 전략들을 더 많이 사용한다. 반면 여성들은 외모 향상, 질투 유발(예: 다른 남자에게 꼬리를 치는 것) 등의 전략을 더 많이 사용한다.

또 다른 중요한 쟁점은 배우자를 지키고 경쟁자들을 제거하기 위해 들이는 노력의 강도를 어떻게 예측하느냐이다. 노력의 강도에 따라 배우자 방위는 살인이라는 결말을 불러일으키기도 한다. 이론적으로 배우자 방위의 강도는 가치 있는 상대를 만날수록 증가한다. 바로 더 큰 번식적 손실을 피하기 위해서이다. 또 배우자에게 흥미를 보이는 경쟁자가 현장에 있을 때 더 증가한다. 짝짓기 시장의 골치 아픈 모순거리 중 하나는 다른 조건이 동등할 때, 배우자의 가치가 높으면 높을수록 더 많은 경쟁자들이 유혹하려 시도한다는 것이다.

우리는 107쌍의 신혼부부를 통해 배우자 방위에 할당하는 노력의 강도를 예측하려고 시도했다.[10] 최상의 번식 가치를 지닌, 젊고 육체적으로 매력적인 여성들과 결혼한 남성들이 가장 강도 높은 배우자 방위 행동을 보여 주었다. 이 남성들은 다른 남성들보다 훨씬 자신의 배우자를 감추려

했으며, 부정의 징후가 약간이라도 보이면 감정을 분출시켰고, 다른 남자들을 폭력으로 위협하는 경향이 많았다. 이 남성들이 취한 구체적인 행동에는 아래와 같은 것들이 있다.

- 다른 남자들이 있는 파티장에 그녀를 데려가지 않는다.
- 그녀가 자신과 모든 여가 시간을 함께 보내야 한다고 주장한다.
- 다른 남자와 이야기했다고 그녀를 윽박지른다.
- 만약 그녀가 자신을 떠나면 죽어 버릴 거라고 말한다.
- 다른 남자의 지능을 깎아내린다.
- 자신의 아내를 쳐다보는 다른 남자들을 냉혹한 시선으로 응수한다.

여성의 젊음과 육체적 매력은 남성의 배우자 선호도에서 매우 중요한 부분을 차지할 뿐 아니라 그녀를 붙들기 위해 남성들이 들이는 노력의 강도 역시 결정한다.

이와 달리 여성의 배우자 방위 정도는 남편의 신체적 외양과 연령에 의해 결코 영향을 받지 않는다. 그것은 남편의 수입과 사회적 지위에 의해 결정된다. 풍부한 자원을 갖고 있고 추진력이 있으며 높은 지위를 얻기 위해 분투하는 남성과 결혼한 여성들은 다른 여성들보다 더 많이 경계심을 보인다. 이들은 배우자가 한눈을 파는 듯한 낌새를 조금이라도 보이면 감정적인 괴로움을 토로하며 자신의 외모를 가꾸기 위해 특별한 노력을 기울인다. 또 배우자를 유지하기 위해 노력할 때 훨씬 순종적인 태도를 보여 준다. 이런 여성들이 취하는 구체적인 행동들에는 아래와 같은 것들이 있다.

- 파티장에 가서 그의 옆에 가까이 붙어 있는다.

- 만약 그가 바람피우면 헤어지겠다고 위협한다.
- 그의 관심을 유지하기 위해 자신을 '매우 매력적인' 존재로 가꾼다.
- 그를 기쁘게 하기 위해 달라질 거라고 말한다.
- 그에게 배우자가 있다는 징표인 반지를 착용하라고 요구한다.

지위가 높고 자원이 많은 남성에 대한 욕구가 최초의 배우자 선택 단계에 영향을 주었듯이, 이와 같은 자질들은 배우자를 유지하고 경쟁자를 내쫓기 위해 들이는 노력의 정도에도 계속해서 영향을 미친다.

배우자 방위 행동의 가장 극단적인 형태는 물론 경쟁자 살해다. 미시간 살인 사건들을 연구한 결과, 이러한 사례가 놀랄 만큼 만연하게 나타난다는 사실이 밝혀졌다. 이중 한 건은 인도 출신인 디팍* 이라는 45세 남자와 39세 된 그의 아내 인디라*, 그리고 바드락이라는 연령 미상의 남자에 대한 것이다. 디팍은 바드락이 거처를 찾을 때까지 그의 집에 잠시 동안 머물도록 허락했다. 애초 바드락이 머물기로 했던 몇 주가 몇 달로 길어짐에 따라, 디팍은 바드락을 점점 의심하기 시작했고 마침내는 바드락이 자기 아내를 가로채려 한다고 믿게 되었다. 그는 지역의 총포상에서 총알 한 상자와 엽총을 구입했다. 나중에 그는 바드락이 두려웠기 때문에 이 총을 구입했다고 주장했다. 3주 후, 디팍은 아내와 바드락을 한자리에 불러 놓고 그들의 관계에 대해 이야기하며 사태를 위기로 몰았다. 바드락은 사실 디팍의 아내 인디라와 사랑에 빠졌으며, 그녀를 그에게서 데리고 갈 것이라고 공표했다. 바드락은 인디라의 팔을 잡은 후, 그곳을 떠나기 위해 차가 있는 곳으로 성큼성큼 걸어갔다. 그 순간, 디팍은 총을 집었다. 그가 이미 3주 전에 장전해 놓은 총이었다.

그는 바드락이 막 차에 타려 할 때 총으로 그를 겨냥했다. 나중에 디팍은 오직 그에게 겁만 줄 생각이었다고 주장했다. 그러나 총이 그를 겨냥했을 때, 바드락이 손을 뻗어 총을 옆으로 치웠다. 불행히도, 총은 발사되어 인디라에게 상처를 입혔다. 그 후 디팍은 총에 대한 통제권을 다시 찾아 그의 경쟁자를 겨냥했다. 그는 총을 발포했고 바드락이 바닥에 쓰러졌다. 그러나 싸움은 여기서 끝나지 않았다. 땅 위에 누워 있으면서, 바드락은 일어나서 총을 집으려고 노력했다. 디팍은 다시 한번 총을 쏘았다. 이번에는 치명적인 타격을 입혔다. 경찰이 물었을 때, 디팍은 바드락을 살해한 것을 고백했다. 그러나 자기 아내를 쏠 의도는 전혀 없었다고 주장했다. 그는 그녀를 사랑하고 숭배했다. 왜 자기 경쟁자를 살해했느냐는 질문에, 디팍은 바드락이 아내를 뺏어 감으로써 자신의 인생을 망쳐 놓으려고 했다고 거듭 주장했다.

또 다른 사건은 8년간의 결혼생활에서 두 명의 아이를 얻은 37세의 남성 바비*의 사례다. 문제는 그의 아내가 랜디*라는 남성과 사랑에 빠지면서 시작되었다. 바비는 아내와 '별거 중'이었지만, 이혼을 원하지는 않았다. 그의 아내는 "양립할 수 없는 차이점"을 말하며 이혼할 것을 주장했다. 바비는 자신의 마리화나 흡연에 대한 아내의 불만 외에는 "모든 것이 다 괜찮았었는데 아내가 갑자기 이혼을 원했다."라고 했다. 이혼 후, 그의 아내는 랜디와 결혼했다. 그 후 몇 년 동안 바비와 랜디 사이에는 갈등이 지속됐다. 랜디는 바비가 자식들을 보러 올 때마다 그를 조롱하며, "혼내주겠다."라고 위협했다. 랜디는 군대에서 훈련을 받은 적이 있기 때문에 이 위협은 진짜였다. 아이들이 의붓아버지인 랜디가 자신들을 학대하고 있다고 말했을 때, 바비는 인내의 한계를 느꼈다. 아이들은 랜디가 엉덩이를 너무 세게 때려서 자리에 앉을 수도 없을 정도며, 비아냥거리고, 딸에게는 당황스러울 정도로 꼭 끼는 작은 옷을 입도록 강요한다고 말했다. 그는 이 문제를 사법 기관에 호소했지만 아무런 소득이 없었다. 어느 날 그가 자식들을 보러 들렀을 때, 랜디가 다시 그를 비아냥거리기 시작했다. "당신, 지금 당장 나한테 양육비를 몽땅 주는 게 좋을 거야. 왜냐하면 당신은 두 번 다시 자식들을 못 보게 될 거거든." 그 후 바비는 "그나 둘 중 한 명만 존재할 수 있다."라고 생각하게 되었다. 얼마 후, 바비는 경쟁자의 집으로 차를 몰고 왔다. 랜디가 문을 열자, 바비는 "당신에게 볼 일이 있어."라고 말한 후, 22구경 총으로 그를 다섯 번 쏘았다. 나중에 그는 경찰에게 말했다. "저 자식은 제 애들을 때려도 된다고 생각하고 계속 구박해 왔습니다. 저는 경찰에 이 일을 신고했지만 법원은 아무 일도 하지 않았습니다. 그래서 제 스스로 해결하기로 했습니다. 저는 그 개자식을 처분했습니다. 그는 결코, 다시는, 제 애들을 때리지 못할 것입니다."

많은 다른 사건들처럼, 이 사건에서도 성적 경쟁과 배우자 가로채기에 대응해 진화된 심리가 작동하는 것을 볼 수 있다. 이 사건이 일어나게 된 결정적인 원인은 그의 유전자의 소중한 운반체인 자식들에 대한 배우자 도둑의 학대였다. 살해가 이 문제에 대응하기 위한 바비의 첫 번째 해결책은 아니었다. 그러나 어쨌든 살해는 그의 마지막 해결책이 되었다.

굉장히 드문 일이기는 하지만, 여성들도 배우자 도둑을 살해하고 싶은 강한 충동에서 완전히 자유롭지 못하다. 7월의 어느 날 아침, 조깅하던 사람이 들판 위에서 제네바 S.*의 불에 탄 시신을 발견했다. 살해 후 꽤 시간이 흘렀는지 그녀의 시신은 부패가 상당히 진행되어 있었다. 제네바는 닷새 전에 마이클 B.*에 의해 실종 신고가 접수되어 있는 상태였다. 당시, 그는 경찰에게 아내인 안젤리나*가 자신의 정부인 제네바를 위협한 적이 있기 때문에 그녀의 신변이 매우 걱정된다고 말했었다. 또 전날 밤 자신의 외도 문제로 아내와 심하게 다퉜다고도 이야기했다. 안젤리나는 그들이 성관계를 갖는 걸 목격하고 그 문제로 제네바와 대면한 적도 있었다. 안젤리나는 나중에 경찰에게 제네바가 자신의 정사를 과시했다고 이야기했다. "망할 암캐! 만약 당신이 남편을 소중히 여긴다면, 나랑 당신 남편이 한 일에 대해 신경 쓸 필요는 없어." 제네바가 남편에게 쓴 연애편지를 발견했을 때, 안젤리나는 드디어 폭발하고 말았다. 그러나 마이클은 제네바와의 관계를 그만둘 생각이 없다고 했다. 그는 아내와 정부, 둘 다와 관계를 유지하기를 원했다. 논쟁 끝에, 안젤리나는 "내가 그 음탕한 계집을 제거할 거기 때문에 모든 게 잘 될 거야."라고 말하며 나갔다. 그는 그녀가 총을 들고 나가는 걸 보고 그녀가 자신의 애인을 몰래 미행하리라고 생각했다. 그는 자기 아내가 제네바를 꼬드겨 자기 차에 태운 후 유인했을 거라 생각한다고 말했다.

안젤리나는 결코 자신의 살인죄를 자백하지 않았다. 그녀는 제네바를 죽일 생각을 한 것은 인정했지만, 실제로 살인을 저지르지는 않았다고 주장했다. 그러나 결국 목격자가 나타나 안젤리나가 시체를 유기하는 걸 도왔다고 자백했다. 안젤리나는 계획 살인죄로 유죄를 선고받았다. 비록 그녀는 배우자 도둑을 영원히 제거했지만, 그녀 역시 많은 세월을 철창 안에서 보내게 되었다.

살인 판타지에 대한 연구에서, 우리는 경쟁자에게 배우자를 빼앗긴 뒤 촉발된 살인 판타지들도 다수 수집할 수 있었다. 이 살인 판타지들은 매우 폭력적인 성격을 가진다. 그중 몇 개를 발췌해 보았다.

● 사례 217

친구를 살해할 생각을 했습니다. 그는 제 전 애인과 관계를 가진 후 저에게 거짓말을 했습니다.…… 우리는 서로 다투다 칼을 뽑아 들었습니다.…… 제가 런던에서 교내 악단을 이끌고 여행을 하고 있을 때, 그는 제 여자 친구와 잠을 잤습니다. 제가 돌아왔을 때, 그들은 둘 다 저를 속이며 제 눈을 피해 계속 데이트를 즐겼습니다.…… 저는 거의 그를 죽일 뻔했습니다.…… 한 소녀가 제 앞을 달려갔고 그가 제게 달려들어 칼을 빼앗았습니다.…… 저는 거의 미칠 지경이었습니다.…… 처음에 저는 단지 그와 얘기를 나눌 생각이었습니다. 그런데 그가 계속 저를 자극해 다른 일을 벌이도록 만들었습니다. 저는 단지 대화를 하고 싶은 것뿐이라고 말했지만 그는 계속 저에게 원하는 대로 하라고 요청했습니다. 게다가 전 그가 제 눈을 피해 칼을 손에 쥐는 것을 보았습니다.

● 사례 434, 남성

여자 친구랑 다시 잘해 보려고 결심한 후 (그의 죄에 대해) 알게 되었습니다. 저는 그 놈이 제 여자 친구와 계속 함께 있었으며 파티에서 그녀의 엉덩이를 만졌다는 걸 알게 되었습니다. 그녀에게 애인이 있는 걸 알면서도 그는 전혀 개의치 않았습니다. 그래서 저는 그 얘기를 듣고, 그를 죽이고 싶어졌습니다.…… 칼이나 총을 사용하지 않고, 단지 그를 죽을 때까지 두들겨 패고 싶었습니다.…… 계속 차고, 때리고…… 던져서, 뼈를 부러뜨리고 싶었습니다.

● 사례 272, 남성

그가 제 여자 친구에게 치근덕거리는 게 싫었습니다. 제가 그만두라고 말했는데도 그는 계속했습니다. 그게 절 무척 화나게 했습니다. 저는 아직 아무 행동도 하지 않았습니다. 처음에 그는 제 애인에게 치근덕거리더니, 나중에는 그녀에게 저에 대한 험담을 하기 시작했습니다. 한번은 제가 주변에 있는데도 그녀의 엉덩이를 꽉 움켜쥐었습니다. 그때 전 그를 죽일 생각을 했습니다.

어떻게 죽일 생각이었나요? 먼저 주먹으로 머리를 때립니다. 그리고 그의 고환을 걷어찹니다. 그 후 이빨로 그의 남근을 물어뜯습니다. 그러면 그는 피를 흘리며 죽습니다.

왜 그를 죽이지 않았나요? 저는 문명인입니다. 그러한 행동은 제 윤리관과 종교를 거스르는 행동입니다.

비록 남성이 여성보다 물리적인 공격 면에서 훨씬 폭력적임에는 틀림없지만, 그렇다고 여성들이 아예 경쟁자에 대해 폭력적인 판타지를 품지 않는 것은 아니다. 아래 사례들이 바로 그 예이다.

● 사례 69, 여성

그녀는 제 남자 친구를 가로챘습니다. 게다가 저와 제 친구들에게 비열하게 굴고 제 남동생을 푸대접했습니다.…… 저는 그녀를 목까지 파묻은 후, 잔디 깎는 기계로 그녀의 머리를 밀어 버릴 생각을 했습니다.

● 사례 119, 여성

그녀는 제 남자 친구에게 전화를 해서는 자기 집에 와 달라고 했습니다. 그는 그녀의 집에 가서 그녀와 바람피웠습니다.…… 저는 제 차로 그녀를 칠 생각을 했습니다.

이 판타지들을 보면 살인 동기와 분노의 원인에 있어 뚜렷한 성차가 있음을 알 수 있다. 남성들은 경쟁자의 성적인 행동에 주로 집중한다. 성적인 행동들은 유전적으로 오쟁이 질 위험을 알려 주는 지표가 된다. 여성의 분노는 경쟁자의 매력과 그들이 배우자의 헌신과 서약에 미치는 위협에 주로 초점이 맞춰져 있다. 여성들에게는 배우자와 경쟁자의 감정적인 관계가 훨씬 짜증나는 요인이다. 반면 남성들은 배우자와 경쟁자의 성적 관계만을 거의 문제 삼는다. 여성들은 둘 사이의 심리적 친밀함을 나타내는 신호에 훨씬 기분이 상한다. 이것은 자신의 배우자를 영원히 잃게 될지도 모른다는 신호이다.

분노한 여성들은 경쟁자의 매력을 파괴하는 상상을 선명하게 떠올리기도 한다. 우리가 기록한 한 살인 판타지 중에는 모델 케이트 모스를 상대로 이 같은 상상을 한 경우도 있었다.

● 사례 19, 여성

제 남자 친구는 저에게 항상 케이트 모스가 얼마나 매력적인지 말하곤 했습니다. 실제로, 그녀는 삐쩍 마른 암캐에 지나지 않는데 말이죠. 저는 다음과 같은 살해 방법을 생각했습니다. 먼저 철사를 씌운 갈고리를 구해서 그녀의 눈을 통해 머리로 찔러 넣습니다. 그렇게 해서 뇌를 파괴시킵니다. 그리고 그녀의 삐쩍 마른 몸을 내 옷장에 높이 매단 후, 남자 친구에게 그녀가 조금도 매력적이지 않다는 걸 보여 줍니다.

어떻게 자기 남자 친구가 만나 본 적도 없는 사람에게 그렇게 구체적이며 악의에 찬 증오를 키울 수 있었을까? 아마도 우리의 조상들이 살던 환경에서는 사회 집단의 크기가 매우 작았기 때문에 자신의 배우자가 연정을 품은 상대가 실제로 잠재적인 위협을 주는 상대였기 때문일 것이다. 현대 사회에서는 텔레비전과 영화, 광고에서 탐스럽게 나오는 유명 인사들처럼, 한번 만난 적도 없는 사람들을 발화라는 수단을 통해 접하게 된다. 이것은 짝짓기 과정에 관한 우리의 심리 기제들이 얼마나 현대 환경에 부합하지 않게 설계되었는지를 보여 주는 한 예이다. 남성들이 단지 종이 위에 점들 혹은 컴퓨터 화면 위에 화소들에 지나지 않는 벗은 여성의 사진만으로도 성적으로 흥분한다는 사실도 이러한 맥락에서 이해할 수 있다. 남성의 이러한 반응은 과거에는 결코 마주칠 수 없었던, 현대 사회에 새로 나타난 유혹에 대한 적응이다.

이러한 점에서, 케이트 모스에게 위협을 느끼는 감정은 완벽히 합리적인 토대를 갖는다고 볼 수 있다. 이 여성에게, 남자 친구가 케이트 모스에게 끌린다는 것은 그녀가 결코 모방할 수 없는 날씬한 몸매를 그가 욕망한다는 사실을 대변하는 것이다. 케이트 모스를 향한 그녀의 분노가 지나친 과민 반응으로 보일지 몰라도, 이 분노는 실제로 위협이 되는 날씬한 경쟁자가 나타났을 때 그녀가 그 상대를 훨씬 잘 경계하도록 도와주는 기능을 할 것이다.

다른 여성들처럼, 케이트 모스를 살해하는 상상을 한 이 여성도 자신의 남자 친구가 케이트 모스의 육체적 매력에 사로잡혔다는 사실에 가장 분노했다. 심지어 그녀는 케이트 모스를 삐쩍 마른 암캐라고 칭함으로써 그녀의 외모를 비하하기까지 했다. 이와는 달리, 우리가 연구한 5,000건의 살인 판타지 중 남성이 경쟁자의 신체적 외양에 주목한 경우는 오직 한 건에 지나지 않았다.

게다가 경쟁자 살해 판타지에서 여성들이 사용한 살해 방법들에는 경쟁자의 미모를 훼손시키는 방법들이 종종 포함된다. 아래 사례들을 이러한 경우에 대한 예로 들 수 있다.

● 사례 P2075, 여성, 19세

누구를 죽이고 싶었습니까? 웬디*요.

그 사람과 어떤 관계죠? 사촌입니다.

이유는 뭐지요? 그녀는 저에게서 많은 것을 빼앗아 가려 했어요. 제 남자 친구를 뺏으려고도 했구요. 몇 가지 이유로 그녀는 정사를 한 남자의 돈에 의지해 살아가는 매춘부인 자신의 엄마를 매우 멋지다고 생각했어요.

어떻게 죽일 생각이었나요? 우…… 벽에 그녀의 얼굴을 반복해서 짓이겨 주겠어요.

왜 그녀를 살해하지 못했나요? 흠…… 결과적으로, 그녀의 비참한 삶을 끝내 주기 위해 제 인생을 망치고 싶지는 않았어요.

무엇이 당신을 그녀를 살해하게 만들 수 있을까요? 아드레날린이요. 무지하게 화가 난다면.

● 사례 P2476, 여성, 18세

그녀는 너무나 많이 저와 제 친구들의 애인과 동침했어요. 그녀는 제 모든 것을 비난했어요. 아무도 그녀를 멍청이라 생각하지 않았지만, 그녀는 엄청난 거짓말쟁이였죠.

어떻게 죽일 생각이었나요? 완벽한 계획을 세운 적은 없어요. 그렇지만 어쨌든 그녀의 외모를 그녀의 마음만큼이나 추하게 만들어 주겠어요.

왜 그녀를 살해하지 못했나요? 저는 실제로 그런 짓을 저지르기엔 지나치게 안정된 사람이에요. 하지만 그녀가 저랑 싸우려고 시도한다면 죽을 때까지 그녀의 엉덩이를 때려 주겠어요.

다음 사례들은 경쟁자에 대해 여성이 분노를 폭발하게 되는 다른 주요한 요인을 보여 준다. 바로 경쟁자와 자신의 상대가 보이는 감정적 친밀함이다.

● 사례 310, 여성

제 애인의 친구요. 그들은 같이 어울려 다녔고 그녀는 저와 그의 관계를 다 알고 있으면서도 여전히 그에게 야릇한 감정을 가지고 있었어요. 저는 그들을 총으로 쏘고 칼로 찌르는 상상을 했어요. 그녀가 고개를 뒤로 젖혔을 때 가슴에서 피가 뿜어져 나와요. 그런 짓을 한 게 저라는 걸 그녀가 똑똑히 보기를 원해요.

왜 그녀를 살해하지 못했나요? 양심 때문이었죠. 게다가 전 실제로 그런 일을 저지를 수 있는 위인이 못 돼요.

어떤 경우, 그녀를 살해할 수도 있을까요? 만약 그녀가 그에 대한 자신의 감정을 계속해서 드러낸다면.

● 사례 15, 여성

음, 저는 5년 반 이상 그 남자와 만나 왔어요. 그는 제가 아는 사람 중 가장 충실하고 정직한 사람이에요. 2주 전, 그가 공부하러 집에 가겠다고 말했어요. 다음날 저는 그가 집에 30분 이상 머물지 않았다는 걸 알게 됐지요. 그는 집을 나와서 그 여자(그의 친구 중 하나인)와 대화를 나누기 위해 혼자 사는 그녀의 집에 갔어요. 그리고 거기서 잠을 잤죠. 저는 그녀의 집으로 찾아갔어요. 전에 그녀를 만나 본 적은 없었지만 그녀에 대해서는 익히 들어서 잘 알고 있었거든요. 그녀가 제 남자 친구에게 중고차를 사 준 데다 둘은 9학년 때부터 계속 친구였어요. 다음날 아침에 그녀의 집에서 그를 발견했는데, 그는 자신은 아무 일도 하지 않았다고 말하더군요. 전 그를 믿어요. 그는 단지 누군가와 대화하고 싶었을 거예요. 하지만 그녀는 매일같이 그에게 전화를 걸어 대요. 그가 그녀에게 전화를 건 적은 없다고 생각해요. 전 그녀를 증오해요. 그녀를 죽이고 싶다는 생각은 자신의 연인이 (경쟁자의) 집에 있는 걸 본 사람이라면 누구나 품게 되는 생각일 거예요. 그녀는 우리를 내버려 두지 않을 거예요. 저는 그 살찐 암캐가 제 남자 친구를 원하는 게 틀림없다고 생각하기 시작했어요.

위 사례에서 여성이 자신의 남자 친구가 경쟁자와 동침하지 않았을 거라고 믿고 있다는 점에 주목하라. 그러나 그가 대화를 필요로 할 때 이야기를 나눌 상대로 경쟁자를 선택했다는 사실은 장기적으로 경쟁자의 접근이 성공할 거라는 지속적인 위협과 함께 그녀의 남자 친구와 경쟁자의 관계의 가장 위협적인 요소로 불길하게 다가온다.

인가된 배우자 도둑 살해

살해는 확실히 배우자 도둑 문제를 해결하기 위해 가장 많이 사용되는 방법은 아니다. 그러나 살해는 이러한 궁지에 빠져 괴로움을 겪고 있는 많은 사람들에게 심각하게 고려되는 해결책이기는 하다. 사실상, 자신의 배우자와 성적인 부정을 저지른 경쟁자를 살해하는 행위는 문화마다 너무 흔하게 나타나서 종종 배우자 도둑들을 다루는 합법적인 방식으로 인식되기도 한다.

기수 족은 우간다의 동쪽 경계선에 살고 있는 반투 족의 일종이다. 그들은 농사를 지어 생계를 꾸리며 종종 남편이 몇 주 혹은 몇 달 동안이나 집을 떠나 있어야 되는 일이 생기기도 한다. 이때가 배우자 도둑들에게는 절호의 기회가 된다. 남자의 가족과 친구들은 홀로 남은 그의 아내를 감시할 의무가 있다. 그럼에도 때때로 빈틈이 생기게 된다. 배우자 도둑들은 트로이의 목마처럼 변장을 하고 침투하기도 한다. 아래는 이 경우에 대한 사례이다.

불루과 와미니는 부기수의 외곽 지역에 살고 있는 젊은 남성이다. 그는 다른 기수 족 남자들처럼 목화 농장에서 일자리를 구하기 위해 부간다에 왔다. 그는 자신의 재산을 돌보라고 아내를 집에 남겨 두었다. 석 달 후 집에 되돌아간 그는 자신의 오두막 근처에서 자기 아내와 가까운 친척인 요와니 무다마가 얘기하는 소리를 들었다. 무다마가 순수한 목적으로 그곳에 있을 리 없었다. 왜냐하면 기수 족 남성들은 아내가 혼자 있는 다른 남자의 오두막에 절대 들어가지 않기 때문이다. 그러한 행동은 간통으로 여겨졌고 그렇게 처벌받았다. 불루과는 미친 듯이 화가 나 문을 두드렸다. 아내가 문을 열자 그는 그녀를 지나쳐 요와니를 붙잡았다. 요와니는 도망치려고 했다. 불루과가 막대기로 그의 머리를 여러 번 내려치는 동안 요와니는 달아나려고 발버둥을 쳤다. 불루과는 요와니가 죽은 것을 확인하자 밖으로 나가 근처에 있는 경찰서에 자수했다. 그의 진술에서 그는 모든 것을 인정했고 자신이 한 일을 정당한 것이었다고 확신했다.[11]

기수 족의 전통법에 바식한 마을의 연장사는 이렇게 말했다. "뭐? 그가 정말로 사촌의 오두막에 있었어? 것도 문을 닫아걸고? 그렇담 마땅한 일을 한 거구먼."[12] 그는 배우자 도둑이 불루과의 가까운 친척이기 때문에 그 죄가 훨씬 중하다고 설명했다. 기수 족은 남의 아내와 함께 있다가 현행범으로 체포된 남자를 살해하는 것이 완전히 정당한 일이라고 여긴다.

왈비리 족에서는, 남자가 간통을 하다 붙잡히면, 배우자의 남편에게 자신을 내 맡겨야 한다.[13] 그러면 그 남편은 간통자의 다리나 허벅지에 창을 던진다. 그렇게 함으로써 오쟁이 진 남편은 자신의 명예를 구하고 잃어버린 평판을 되찾는다. 만약 간통자가 이 처벌을 피하거나 도망치려 시도하면 왈비리 족은 치명적인 폭력을 행사하는 것까지 승인한다.

오스트레일리아 북쪽 해변에 위치한 두 개의 작은 섬, 멜빌과 배서스트에 거주하고 있는 티위 족에서도 다른 남자의 아내와 성관계를 맺다 발각된 남성은 이와 비슷한 운명을 걷는다.[14] 부족 전원이 모여 지켜보는 가운데 그는 피해자 남성이 자신에게 창을 던질 동안 꼼짝 않고 마을 중앙에 서 있어야만 한다. 만약 너무 오랫동안 그가 창에 맞지 않으면, 다른 남편들, 특히 부족의 연장자 중 한 명이 대신 창을 집어 그에게 던질 것이다. 상대 남성의 다리에 창을 맞혀 그 상처에서 다량의 피를 흘려야만 오쟁이 진 남성은 훼손된 자신의 명예와 평판을 회복할 수 있다.

파푸아뉴기니의 지마카니 족도 간통자들을 비슷한 방법으로 다루는데 이 경우에는 여러 개의 작은 갈고리가 나 있는 특수한 화살을 쏜다. 화살이 간통자의 몸에 들어갈 때 갈고리들이 꺾여서 부러지기 때문에 매우 고통스럽고 회복도 더디다. 왈비리 족과 티위 족에서처럼 몇몇 남성들은 처벌을 피하기 위해 도망치기도 하지만 그렇게 했다가는 더 끔찍한 처벌을 받게 된다. 그들은 등에 화살을 맞게 되는데, 이 일로 종종 목숨을 잃기도 한다.

동아프리카의 누에르 족은 "간통죄로 잡힌 남성은 여자의 남편에게 심한 상처를 입거나 심지어 죽을 위험에 처한다."라는 사실을 잘 알고 있다.[15] 수마트라 북부에서는 "상처 받은 남편은 간통죄로 잡힌 남성을 논에서 돼지를 잡듯이 죽일 수 있는 권리를 가진다."[16] 얍 족은 아내가 다른 남자와 간통하는 현장을 목격했을 때, 남편이 "그녀와 간통자를 죽이거나 그들을 집안에 가두고 불태울 수 있는 권한을 가진다."[17] 나이지리아 중부의 티브 족은 아내의 정부를 어떻게 살해할지 넉 달 이상 생각한 뒤 범행을 저지른 남성을 사형에 처한다. 그러나 만약 그가 간통 현장에서 아내의 정부를 처벌하면 단지 18개월간의 노역죄만을 받는다.[18]

물론, 서구 사회에서는 남성들이 간통자에 대응하여 창을 사용하지는 않는다. 또 살인이 가장 선호되는 전략도 아니다. 그러나 서구 문화에서도 때때로 간통이 살인을 정당화하는 죄로 인식된다.

프랑스 인들은 질투라는 위험한 감정에 사로잡힌 순간에 저지른 살인은 특별히 감형해 준다. 비슷한 법이 이탈리아, 벨기에, 루마니아, 스페인, 폴란드, 불가리아, 덴마크, 그린란드, 우루과이, 스위스, 유고슬라비아, 브라질에서도 성문화되어 있다. 법률의 논거는 그러한 범죄를 저지른 남성은 도저히 저항할 수 없는 통제 불가능한 감정의 영향하에 있기 때문에 정황상 용서할 수 있는 상태라는 것이다. 판사와 배심원 모두 이 살인의 특수한 정황을 참작하여 처벌을 조금 가볍게 해 준다.

1974년까지 텍사스에서는 자신의 아내와 침대에 함께 있다 발각된 남성을 살해하는 것이 완전히 합법적인 행위였다. 남편은 아무런 처벌도 받지 않았다. "아내와 간통을 저지른 남성을 살해할 때는 간통 현장에서 사람들이 흩어지기 전에 살인을 저질러라."[19] 만약 남편이 부정 현장을 발견한 후 밖으로 걸어 나가 그 일에 대해 생각한 후 다시 돌아와 살인을 저지르면, 그것은 말 그대로 살인죄로 처벌받게 된다. 그러나 현장에서 그대로 살인을 저지르면 그 경우는 "이성적인 인간"의 기준에 합치되는 것으로 여겨졌다. 즉 이성적인 인간은 다른 남성이 자신의 아내와 벌거벗고 누워 있는 모습을 보고 살인을 저지를 정도로 심신이 착란된 상태에 놓일 수 있다는 것이다. 적어도 1974년까지 텍사스에 존재했던 이 법률은 살인 회로가 인간 본성의 일부분이라는 것을 직관적으로 인식하고 있었다. 이러한 인식은 비단 텍사스에만 국한되어 나타나지 않는다.

관습법에서, 배우자가 간통을 저지르는 현장을 목격하고 아내와 그 정부를 살해한 남성은 그가 심신 상실의 상태에 있었다는 것을 주장함으로써 치사(致死, 영어로 manslaughter. 사전에 범행을 계획하지 않고 뚜렷한 살의가 없는 상태에서 저지른 범죄로 고살(故殺, murder)에 비해 가볍게 처벌받는다.—옮긴이)까지 죄를 감형받을 수 있다. 이러한 경감 조치는 살인자의 동기에 대해 공감을 표시하는 한편, 그 도발적인 행위에 대한 살인자의 감정적인 반응이 옳지는 않다는 점을 인정하는 것이다. 미국의 4개 주에서, 피고인이 아내의 간통 현장을 목격했다는 증거가 무죄 방면의 근거가 되었다. 예를 들면, 조지아 주에서는 위 상황에 놓인 피고인에게 무죄를 선고하는 것이 정당방위와 유사한 것으로 여겨졌다. 법원은 아내는 고상과 순결을 구현해야 하며, 남편은 그들의 보호자라는 의견을 발표했다. 이 논리는 1800년대 중반까지 존재했으며 20세기 후반까지 폐지되지 않았다.[20]

놀랍게도, 성문화된 법률이 존재하는 모든 문화권에서는 누가 누구와 성관계를 가질 수 있는가에 대한 규제들이 변함없이 존재한다.[21] 많은 사회에서, 근친상간 다음으로 금지되는 행동이 바로 다른 남성의 아내와 관계를 가지는 것이다.[22] 심지어 많은 사회들이 간통 방지책들을 공식적으로 인가받으려고 시도한 적이 있다. 왈비리 족, 지마카니 족, 티위 족은 모두 간통자에게 실질적인 신체적 상해를 입히는 것과 같은, 대개 살인보다는 약한 방지책들을 공공연히 승인하여 사용해 왔다. 간통자의 몸에 공개적으로 지독한 상처를 입히는 것은 여러 가지 중요한 역할을 수행한다. 이러한 행위는 간통자들이 미래에 같은 행위를 되풀이하는 것을 막아 준다. 또한 다른 사람들에게 앞으로 이런 행위를 저지르지 못하게 하는 경고의 메시지를 보냄과 동시에 적어도 어느 정도는 아내를 빼앗긴 남성의 불명예를 회복시켜 줄 수 있다. 물론, 살인은 오늘날 대부분의 사회에서 해결책으로 선호되지 않는다. 지금껏 시도된 간통 방지책 중 혁신적인 대안 한 가지는 간통자에게 벌금을 물리는 것이었다. 치과의사의 아내와 간통하다 걸린 남성에게 법원이 애정 이간의 대가로 피해자 남성에게 20만 달러의 피해금을 지불하도록 판결을 내린 선례가 존재한다.[23] 비록 이러한 종류의 처벌이 매우 드물기는 하지만, 이들은 다른 남성의 아내와 성적인 관계를 갖는 것이 엄청난 범죄에 해당한다는 직관이 보편적으로 존재한다는 것을 보여 준다.

그러나 아마도 가장 효과적인 방지책은 간통죄로 목숨을 잃을 수도 있다는 것을 사람들에게 깊이 인식시키는 것일 것이다. 간통에 엄청난 위험이 수반되므로 아마도 이러한 위협을 피해 갈 수 있는 특별한 방어 전략들이 진화되었을 것이다. 우리의 연구 결과는, 실제로 이러한 방어 전략들이 존재한다는 사실을 보여 준다. 아래 사례를 한번 고찰해 보자.

● 사례 32, 남성, 17세

우리는 같은 고등학교에 다녔고 같은 여자와 데이트를 했습니다. 그는 폭력과 마약 복용으로 몇 번 검거된 적도 있었습니다. <u>고등학교 때 한 여성과 데이트를 했는데 그녀의 전 남자 친구는 굉장히 질투가 많은 사람이었습니다. 그는 그녀가 제게 말을 거는 것도, 제가 그녀에게 말을 거는 것도 싫어했습니다.</u> 한번은 그가 저를 불러서 더 이상 그녀에게 말을 걸지 말라고 했습니다. 만약 그렇지 않으면 후회하게 만들어 주겠다고 말했습니다. 저는 방심한 틈을 타 혼자 있을 때 그가 저를 공격하거나 가족들을 다치게 할지도 모르겠다고 생각했습니다. 그는 저를 몰아붙이고 두들겨 패 주겠다고 위협했습니다. 그와 마주칠 때마다, 그는 주먹을 꽉 쥐고 얼굴이 매우 경직되어서는 굉장히 큰 소리로 말을 하기 시작했습니다. 저는 그가 총을 쏠지도 모르겠다고 생각하게 되었습니다. 그 문제에 관해 그와 얘기해 보려고 시도했습니다. 그러나 아무 소용이 없었고 결국 그의 요구를 들어주고 그의 전 여자 친구와도 관계를 끊었습니다. 그가 상황을 잘못 이해하고 있었기 때문에 말로 그 사람을 달랠 수 있을 거라고 생각했습니다. 만약 사태를 명확히 해명해 주면 저에 대한 증오가 사라지고 저를 미워할 하등의 이유가 없다는 것을 그가 이해하게 될 거라 생각했습니다.

어떤 경우, 그는 당신을 죽일 수도 있었을까요? 만약 그를 자극해서 그와 다투려고 했다면 저를 죽였을지도 모릅니다.

살해되지 않기 위해 진화된 심리적 방어 기제들을 탐구하면서 우리는 사람들이 다른 이의 배우자를 가로채는 행위가 살해를 당할 수도 있을 만큼 위험하다는 것을 매우 예리하게 인지하고 있다는 사실을 발견했다. 우리는 사람들에게 다양한 시나리오를 주고 각 경우에 어떻게 대처할지 상상하도록 요청했다. 이들의 상상 속에서 이러한 공포는 극적으로 드러났다. 자신을 우리 연구에 참석한 피험자라고 생각하라. 두 가지 상황을 상상해 보자. 우선 첫 번째 상황에서 당신은 일찍 퇴근해 집에 와서 자신의 배우자가 벌거벗은 채 다른 사람과 격정적인 섹스를 나누고 있는 것을 목격했다. 당신이 그 침입자를 살해하려고 시도할 가능성은 얼마나 되는가? 이제 상황이 전도된 경우를 상상해 보자. 당신은 애인과 벌거벗은 채 포옹하고 있다가 그만 애인의 배우자에게 발각되고 말았다. 분노한 배우자가 당신을 죽이려 할 가능성은 얼마나 되는가? 이 연구에서 우리는 놀라운 사실을 발견했다. 대부분의 사람들은 자신의 생명이 위험에 처할 가능성을 과대평가했다. 그들은 두 경우가 평행적인 구조를 갖고 있음에도 불구하고, 첫 번째 경우보다 두 번째 경우에 가능성을 더 높게 추산했다. 본질적으로 사람들은 굉장히 비싼 대가를 치러야 하는 일이 일어날 가능성을 과대평가한다. 이는 그러한 결과가 발생하는 것을 피하기 위해 진화된 전략의 일부분이다. 이 경우, 남자들은 그의 아내와 침대에 누워 있는 자신을 발견하고는 격분한 남편을 상상하고 식은땀을 흘렸다. 그것은 과거 여러 번 반복해서 나타났던, 자신의 목숨이 실제로 위험에 처했던 상황에 대해 남성들의 진화된 민감도를 반영하는 것이다.

아래 사례들은 면담한 내용에서 발췌한 것이다. 이중 일부는 묘사가 상당히 거칠기는 하지만 타인의 배우자를 넘볼 때 발생하는 위험에 대한 심리적인 방어 기제들을 보여 준다.

● 사례 147, 남성

저는 그의 여자 친구와 섹스를 했습니다. 그는 이 사실을 알게 된 후 여러 사람들에게 저를 죽이고 싶다고 말했습니다. 그는 매우 감정적이고 분별이 없는 사람이라서 저는 그런 일이 일어날 가능성이 전혀 없지는 않다고 생각했습니다.

살해되지 않기 위해 무엇을 했습니까? 음, 그를 피해 다니며 그의 여자를 건드리지 않는 게 최선의 방법이라 여겼습니다.

왜 그가 당신을 죽이려 하지 않았을까요? 그 일에 대해 충분히 생각해 보고 마음이 변했겠지요.

무엇이 그가 당신을 살해하도록 만들 수 있었을까요? 만약 제가 계속 그녀와 관계를 가졌더라면 그랬을지도 모릅니다.

이 경우에서처럼, 다른 남자가 있는 여자와 관계를 가진 남성은 때때로 죽음의 위협을 느낀다. 이러한 위협은 매우 효과적이다. 배우자 도둑은 그녀와 더 이상 관계를 가지지 않는다. 왜냐하면 그는 그 위협을 진지하게 받아들이기 때문이다. 또 그렇게 하는 것이 매우 현명한 결정이다.

여성 배우자 도둑 또한 자신의 짝짓기 전략이 위험하다는 것을 잘 인식하고 있다.

● 사례 419, 여성

전 그녀의 애인을 훔쳤어요. 그 죄책감으로 그녀에게 과민 반응을 보였던 것 같아요. 그녀는 제게 더 이상 말을 걸지 않았죠. 전 그녀가 제 차의 플러그를 뽑거나 브레이크를 망가뜨릴 거라고 생각했어요. 그래서 한 주 내내 운전하는 게 두려웠습니다.

어떻게 살해되는 걸 피했습니까? 그녀와 화해했어요. 물론 그녀가 실제로 저를 죽이고 싶어 하지 않았다는 걸 알아요. 단지 모든 경우를 염두에 두고 싶었을 뿐이죠. 그래도 '넌 그렇게 안전하지 않아, 알지?' 이렇게요.

이 경우에서 주목할 만한 점은 사람들이 상대의 위협을 진지하게 받아들이면서도 자신이 느끼는 공포가 과장된 것이길 기대한다는 것이다. 즉, '이성적으로' 생각하면 실제로 살인이 시도될 가능성은 거의 없다는 것이다. 살해되면 보게 되는 손해가 너무나 엄청나기 때문에, 우리의 진화된 감정들은 살해될 가능성이 조금이라도 있을 때마다 우리로 하여금 죽을 가능성을 과대평가하게 만든다. 단 한번이라도 그러한 위협이 실행된다면 그 결과가 매우 치명적일 거라는 걸 예민하게 자각하도록 우리의 마

음이 진화한 것이다.

이러한 공포는 배우자 가로채기를 그만두도록 사람들을 부추긴다. 아래 예는 이러한 경우를 보여 준다.

● 사례 647, 여성, 25세

누가 당신을 살해할 거라 생각했나요? 제 남자 친구의 전 여자 친구요. 그녀는 미쳤어요! 그때 그는 이미 저랑 사귀고 있었는데도 그녀는 전 남자 친구에게 지나치게 집착했습니다. 한번은 그녀가 저를 차도로 밀치려고 했어요. 또 한번은 차에 총을 실은 채 고속도로에서 엄청난 속도로 저를 쫓아 온 적도 있었구요. 그녀는 의도적으로 저를 차로 치려고 했어요.

어떻게 살해되는 걸 피했나요? 경찰에 신고하고 가능한 한 그녀를 마주치지 않으려고 노력했어요.

왜 그녀는 당신을 죽이지 못했을까요? 아마도 그녀에게 아이가 있었기 때문인 것 같아요.

어떤 경우, 그녀가 살인을 저지를 수 있을 것 같나요? 만약 제가 남자 친구랑 계속 사귀었다면 그랬을지도 몰라요. 그 사건 이후로, 저는 그와 헤어졌어요! 그녀가 너무 두려웠거든요.

● 사례 S494, 여성, 23세

미란다*는 제 전 남자 친구의 여자 친구였어요. 그녀는 저를 질투했어요. 그가 저랑 다시 잘 되고 싶어 할까 봐 초조해 했죠. 그와 제가 같이 있을 때마다 저를 질투했어요.

왜 그녀가 당신을 살해할지도 모른다고 생각하게 되었습니까? 저는 그와 편지로 연락을 계속 주고받았어요. 그는 그 일을 즐겼던 것 같아요. 여자 친구(미란다)가 있다는 사실을 제게 완전히 속였거든요. 그리고 제가 편지를 보냈다는 사실을 그녀(미란다)가 모르게 했어요. 편지를 주고받다 보니 그가 저와 통화하고 싶어 하며 데이트하길 원한다는 게 분명해졌어요. 그가 호출기 번호를 알려줘서 전 그의 호출기에 음성을 남겼죠. 그런데 그녀가 그 사실을 알게 됐어요. 그녀는 제게 전화를 해서 만약 그를 떠나지 않으면 절 죽여 버리겠다고 협박했어요. 이런 일이 여러 번 있자 그녀가 제가 다니는 학교 정문으로 절 만나러 올 것 같았어요.

그녀가 당신을 어떻게 죽일 것이라 생각했는지 얘기해 보세요. 수업이 끝날 때쯤 그녀가 학교로 찾아와요. 그녀는 폭력배 같은 사람이에요. 그녀가 친구들의 손을 빌어 저를 어딘가로 끌어낸 후 곤죽이 되도록 두들겨 패고 죽게 내버려 둘 거라고 생각했어요.

어떻게 살해되는 걸 피했습니까? 그와 연락을 끊었어요! 어쨌든 그가 바보라는 걸 깨달았으니 아무것도 잃을게 없었죠.

위 사례들은 공진화의 심오한 원리를 설명해 준다. 다른 사람의 애인을 훔치는 방법은 인간 사회에서 기본적인 짝짓기 전략의 하나로 진화해 왔다. 앞서 인용한 통계 수치들이 증명해 주듯이 이러한 전략은 매우 효과적인 것임에 틀림없다. 그래서 배우자 가로채기의 희생자들 역시 자신의 배우자를 빼앗기지 않기 위한 방어 전략들을 진화시켰다. 비록 이 방어 전략의 대다수는 그다지 치명적이지 않은 방법이지만 살해 위협 역시 이러한 방어 전략 중 하나이다.

배우자를 가로채는 행위에 살해 위협이 가해질 때, 아마도 사람들은 사랑과 전쟁에서 공정해질 것이다. 살해당할 위험은 다른 사람의 배우자를 유혹할 때 감수해야 하는 어려움 중 하나이다. 그러나 살인은 그런 일이 일어나리라고 거의 기대하지 않는 곳에서도 발생한다. 우리와 피와 살을 나눈 가까운 존재들에 의해 가장 안전한 장소라고 여겨지는 곳에서조차 살인은 발생한다. 다음 장에서는 이 주제를 다룰 예정이다.

7장 피와 물
The Murderer Next Door

"자신의 아이를 낳아 키우는 일은 항상 남녀가 유전적 자손을 얻을 수 있는 일차적인 경로였다."

── 마틴 데일리와 마고 윌슨[1]

다이앤 다운스는 오리건 주 스프링필드에 있는 한 우체국에서 근무하는 27세의 이혼녀였다. 그녀는 마침내 자신의 운명을 발견했다. 바로 직장 동료인 류 르위스턴이었다. 문제는 그가 유부남이라는 데 있었다.[2] 그들의 격정적인 정사는 일시적인 불장난으로 시작되었지만 몇 주, 몇 달까지 지속되었다. 류는 다이앤이 그녀의 아이들과 있을 때에는 그녀를 만나지 않으려 했다. 그녀의 간청에도 불구하고, 그는 그녀의 아이들과 아무것도 하지 않으려 했다. 관계가 계속되면서, 다이앤은 류에게 아내인 로라와 헤어지라고 재촉했다. 그러나 류는 아내와 헤어지는 대신에 다이앤과의 관계를 끊으려 했다. 다이앤은 자신에게 벌어진 일을 믿을 수가 없었다. 경찰에게 발견된 편지에는, "무슨 일이 일어난 거죠? 너무 혼란스러워요. 그녀가 당신이 이렇게 행동하도록 무슨 말이나 행동을 한 거죠? 오늘 아침 마지막으로 당신과 얘기했어요. 당신이 '전화도 하지 말고 편지도 쓰지마……'라고 말했을 때 가슴이 무너지듯 아팠어요. 전 여전히 당신을 제 가장 친한 친구이자 유일한 연인이라고 생각하지만 당신은…… 제게 나가서 다른 사람을 찾아보라고 계속 얘기하네요. 당신이 농담을 하는 게 틀림없어요."[3]

다이앤이 그 편지를 쓴 지 채 한 달도 안 된 1983년 5월 19일, 쌀쌀한 저녁, 다이앤은 차에 세 아이를 태우고 드라이브를 나갔다. 뒷좌석에는 8살의 크리스티와 7살의 셰릴, 3살의 대니가 타고 있었다. 오후 9시 45분 쯤, 그녀는 차를 세우고 22구경 자동 소총을 꺼내 들었다. 그리고 자신의 세 아이를 차례로 쏘았다. 그리고 자신의 왼쪽 손목을 쏜 뒤, 병원으로 서서히 차를 몰았다. 응급실 직원들은 그녀가 경적을 울리며 도착하는 소리를 들었다. 그녀는 그들에게 어두운 시골길에서 머리를 헝클어뜨린 한 낯선 백인한테 습격당했다고 말했다. 그녀가 차 키를 건네 주는 걸 거절하자, 그는 애들을 차례로 쏜 뒤, 다이앤을 겨냥했다는 것이다. 경찰은 도착해서 즉시 이러한 상황을 의심하기 시작했다. 공격자라면, 무력한 세 어린 아이보다 차 안에 있던 가장 힘이 센 사람을 제일 먼저 쏘지 않았을까? 그리고 어떻게 다이앤은 단지 왼쪽 손목에만 상처를 입을 수 있었을까?

기적적으로, 세 아이 중 가장 나이가 많았던 크리스티만이 총상으로 숨졌다. 대니는 평생을 휠체어에서 지내야 했지만 살아남았다. 셰릴도 살아남아 엄마가 재판을 받는 동안 매력적인 증언을 제공했다. 총을 맞은 그날 밤, 낯선 사람이 나타났었는지 질문을 받았을 때, 셰릴은 "우리 엄마요."라고 대답했다. 다이앤 다운스는 계획 살인죄로 종신형을 선고받았다. 그녀는 상소했지만 판결은 변하지 않았다.

부모가 자기 자식을 살해하는 이유

자식 살해는 가장 이해할 수 없는 끔찍한 살인 중 하나이다. 자기 자식을 살해하는 것은 우리가 인간 본성에 대해 알고 있는 모든 것에 완전히 거스르는 행위처럼 보인다. 행동 생물학자들이 거의 인간을 연구하지 않기 때문에, 자식 살해의 원인에 대한 연구는 대개 사회학자나 범죄학자들에 의해 이루어졌다. 그들은 이러한 살인의 원인으로 사회 경제적 지위, 가난, 수입 불균형, 매체 폭력 등 사회적 환경에 집중했다.

나는 살인에 대한 진화 심리학적 이론이 그 원인을 더 잘 밝히고 있다 생각한다. 확실히 언뜻 보기에는, 자식 살해는 살인에 대한 진화 이론을 논박하는 것처럼 보인다. 어쨌든, 자식은 우리의 유전자를 전달하는 운반체인 것이다. 어머니가 자기 자식을 죽이는 행위는 특히 진화 이론에 모순되는 것처럼 보인다. 왜냐하면 아버지는 부성을 확신할 수 없기에 진짜 내 자식이 아님을 발견할 수도 있지만, 어머니는 항상 자식의 모성을 확인할 수 있기 때문이다. 사실 어머니와 자식의 유대는 너무 강해서 연쇄 살인범의 어머니조차 자기 아들이 유죄라는 결정적인 증거가 존재함에도 불구하고 그 섬뜩한 범죄를 아들이 저질렀다는 사실을 완고하게 부인하며 대개 죽는 날까지 아들의 편에 선다.

그렇다면 자식 살해는, 부모의 진화된 심리 기제를 완전히 망가뜨린 광기에서 유래한 질병의 결과인 것일까? 아니면 광기 이외에 이 행동을 이해할 수 있는 더 깊이 있는 설명이 있는 것일까?

한 가지 주요한 사실은 인간은 다른 종들에 비해 자식을 매우 적게 낳는다는 것이다. 게다가 인간은 자식들을 먹이고, 교육하고, 보호하고, 사회의 일원이 되도록 키우는 데 수년, 때로는 수십 년을 소비한다. 모순되게도, 자식에 대한 투자는 너무 커서 우리는 한정된 자원을 아낌없이 주는 소수의 자식들에게 엄청나게 까다로워지게 된다. 따라서 진화는 가능성이 없는 자식들에게는 아예 투자를 하지 않는 선조들을 더 선호할 것이다. 극단적인 경우에 진화는 번식 성공의 전망을 심각하게 가로막는 자식들을 살해하도록 부추기는 적응들을 선호했을 것이다.

만약 자식 살해를 진화적으로 설명할 수 있다면, 우리는 자식 살해가 매우 예측 가능한 상황하에 여러 문화권에서 보편적으로 발생한다는 증거를 찾을 수 있어야 한다. 실제로 우리는 그러한 증거들을 발견하였다. 유아 살해는 활용 가능한 자료가 존재하는 모든 문화권에서 발생한다.[4] 아프리카, 보츠와나의 쿵 산 족에서 발생하는 유아 살해부터 오늘날 중국에서 자행되는 여아 살해에 이르기까지, 모든 문화권에서 몇몇 부모들은 자신과 피와 살이 섞인 자식들을 살해한다. 게다가 친부모에 의한 유아 살해는 여성이 남성보다 훨씬 많이 저지르는, 몇 안 되는 살인 유형 중 하나이다. 예를 들면, 캐나다에서 친부모에 의해 저질러진 141건의 유아 살해 중 62퍼센트는 여성이 저지른 것이었다.[5]

볼리비아와 파라과이에 거주하는 원주민인 아요레오 족은 유아 살해를 흔하게 저지른다. 아래는 아요레오 족을 연구한 인류학자의 글에서 인용한 것이다.

> 아요레오 족과 6개월 정도 동거한 후 우리는 여성들을 면담하기 시작했다.…… 세상의 모든 어머니들처럼 그들도 자식이 아플 때 심하게 괴로워하며 자식이 예쁘다는 소리를 들었을 때 매우 기뻐한다.
> 연구에 참가한 여성 중 몇몇은 우리와 좋은 친구가 되었다. 마을에 도착하자마자, 에코라는 이름의 마을 여성은 닭을 선물하며 우리를 환영해 주었다. 그녀는 종종 우리를 방문해서 여러 번 우리에게 아이가 없다는 것을 안타깝게 여기며, 만약 우리가 아이를 낳는다면 분명 예쁜 아이가 태어날 거라고 말하곤 했다. 에코의 유아 살해에 대해 처음 들었을 때 우리는 믿을 수 없었다.…… 매력적인 친구이자, 헌신적인 아내, 다정한 어머니로 알고 있던 누군가가 우리 문화에서 불쾌한 일로 간주하는 짓을 저지를 수 있는 사람이라는 게 믿기 어려웠다.[6]

소름 끼치는 일이기는 하지만, 자식 살해를 선호하도록 진화의 압력이 가해진 적어도 세 가지 기본적인 상황들이 존재한다.[7]

첫 번째 상황은 아이가 심각한 선천적인 결함을 타고났거나 아프거나 장애를 안고 있을 때이다. 과거에는 이러한 경우에, 부모가 아무리 많은 노력을 기울이더라도 아이가 살아남아 번성하리라고 기대할 수 없었다.

그 아이를 살해함으로써 부모는 대신 다른 건강한 아이를 갖는 데 투자할 수 있다. 신체적인 장애가 자식 살해의 보편적인 예측 인자라는 게 입증되면, 이러한 진화적 예측을 지지할 수 있다. 여러 문화권의 기록들을 비교해 보면 부모, 특히 엄마들이 관찰 가능한 장애 때문에 아동을 살해한 경우가 다른 이유로 아동을 살해하는 경우보다 훨씬 많은 것으로 나타난다.[8] 아요레오 원주민에서는 "여성들은 장애의 징후를 보이는 신생아를 면밀히 살펴본다. 만약 아이를 원하지 않으면, 결코 손을 대지 않고 막대로 아이를 구멍 안에 밀어 넣어 땅 속에 묻는다."[9]

부모가 친자식을 살해하는 동기가 되는 두 번째 상황은 이미 자식이 많아서 새로운 아이에게 투자하는 것이 다른 자식들을 키우는 데 너무 큰 부담이 되는 상황이다. 다시 한번 우리는 이러한 예측이 옳다는 것을 뒷받침해 주는 증거들을 여러 문화권에서 많이 발견할 수 있었다. 오스트레일리아의 토착민인 아룬타 족을 관찰하고, 인류학자들은 "아룬타 원주민들은 아직 엄마의 모유를 필요로 하는 나이 든 아이가 있을 때에는 새로 태어난 아이를 태어나자마자 주저하지 않고 살해한다."라고 말했다.[10] 똑같은 무자비한 압력이 일부 전통 사회에서 쌍둥이를 낳았을 때 둘 중 한 명을 살해하도록 작용하는 것으로 보인다.[11]

1885년에 출간된 『초기 아라비아의 친족과 결혼』이라는 책에서 윌리엄 스미스는 우리 조상들이 분명히 마주쳤을 이 생존의 딜레마에 대해 말한다. "기근의 압력은 가족의 긍지보다 훨씬 유아 살해의 기원과 관련이 있을 것이다.…… 아라비아의 유목민들은 일 년의 상당 기간 동안 끊임없이 굶주림으로 고통 받아야 했다. 충분히 먹을 수 있는 사람들은 오직 지체 높은 남성들뿐이었다.…… 더 가난한 사람들에게 딸은 짐이었다. 생존을 위한 힘든 투쟁 속에서 다른 미개한 사람들에서처럼 이들에게도 유아 살해는 자연적인 것이었다."[12]

야노마모 족들을 몇십 년간 연구한 진화 인류학자, 나폴레옹 샤농은 자신의 아이를 살해한 여성의 괴로운 사례를 이렇게 묘사했다. "내가 현지 조사를 시작했을 때, 바히미는 임신한 상태였다. 그러나 그녀는 아이(남자애였다.)가 태어나자마자 살해했다. 그녀는 눈물을 글썽이며 달리 선택할 수 있는 게 없다고 설명했다. 새로 태어난 아이는 아직도 모유를 먹는 바로 위 형제인 아리와리와 경쟁해야만 했다. 그녀는 아리와리를 위험(일찍 젖을 뗌)에 노출시키느니, 대신 새 아이를 없애는 것을 선택했다."[13]

세 번째 상황은 두 번째 상황과 긴밀하게 연관되는데 아이 엄마가 아직 미혼인데다가 아이를 키우는 걸 기꺼이 돕겠다고 약속한 남자도 없는 경우이다. 이러한 상황에서는 두 가지 잠재적인 진화적 동기가 작동하게 된다.

하나는, 자신에게 성공적으로 아이를 키울 만한 자원이 없다는 사실을 여성이 두려워하는 것이다. 이런 상황에서 아이에게 투자하는 일은 헛수고가 될 수도 있다. 몇몇 여성은 이런 입장에 처하면 일종의 자포자기 상태에 빠지기도 한다. 그런 경우를 보여 주는 슬픈 사례가 바로 마리아 델 카르멘 로드리게즈 곤잘레스의 사건이다. 그녀는 2001년 가을, 텍사스, 오스틴에서 아이를 학대한 혐의로 유죄 선고를 받았다.[14] 경찰은 마분지 상자 안에서 아기를 발견했다. 당시 25세였던 마리아는 경찰에게 그녀가 "코요테"에게 강간을 당해 임신하게 되었다고 설명했다. 코요테는 멕시코 국경에서 미국으로 불법적으로 밀입국한 이주자 남성을 지칭하는 말이다. 일단 미국에 들어오자 그녀는 자기 힘으로 식량을 구해 보려고 발버둥쳤다. 아이를 낳을 때까지 그녀는 여전히 결혼할 남성을 찾지 못한 상태였다. 유아를 돌볼 수가 없었던 그녀는 우선 이웃들에게 혹시 아이를 원하는지 물어봤다. 그러나 아이를 원하는 사람은 한 명도 없었다. 그녀는 아이를 상자 안에 넣고 상자를 유기해 버렸다. 유감스럽게도 그녀는 자신이 법적인 문제를 완전히 피해 갈 수 있다는 걸 알고 있었다. 텍사스에는 여성들이 생후 1개월이 채 안 된 유아를 소방서나 긴급 구조대 앞에 놓아두고 갈 수 있는 응급 아기 모세법이 존재한다. 그녀는 이 법률로 아무런 징벌도 받지 않았다. 의문의 여지없이 이 사례는 인류의 진화에 영향을 미친 환경적 요인들이 시간에 따라 변화한 방식의 완벽한 예이다.

가장 도발적이면서도 현대 사회에서는 거의 이해 불가능한 또 다른 동기는 아이의 존재가 여성이 장기적인 배우자를 찾는 데 방해가 되는 경우이다. 이전 배우자와 낳은 아이들은 그녀를 보호하고 자원을 제공해 줄 새로운 장기적인 배우자를 찾을 때 그녀의 매력을 반감시키는 요인이 될 수 있다. 남성들은 일반적으로 다른 남성과의 사이에서 낳은 아이들을 여성과 관계를 맺기 위해, 짊어져야 할 비용으로 여기지 이익으로 여기지 않는다.[15] 물론 많은 남성들이 계부가 되는 것을 매우 행복해 한다. 그러나 뒤에서 살펴볼 것처럼, 계부모 자식 관계는 종종 지나친 긴장으로 이루어지기도 한다. 사실, 모자 가정의 엄마들에게, 자기 자식에게 기꺼이 투자하려는 남성의 태도는 가장 효과적인 매력 요인이 될 수 있다. 많은 미혼모들이 매력은 좀 떨어지더라도 자기 자식을 잘 키우려는 의지를 보이는 남성과 기꺼이 정착하려고 한다.

물론, 이것은 매우 혼란스러운 주장일 수 있다. 이 주장은 아이들을 향한 이기적인 냉담함이 무서울 정도라고 넌지시 말한다. 다행히도, 살인에 대한 적응들은 많은 대항력, 즉 잠재적인 희생자의 살해 방어 기제들에 의해 좌절된다. 이러한 살해 방어 기제에는 남편이나 여성의 친족 같은 다른 사람들의 이해관계가 개입하며, 철창 뒤에서 수년을 지내야 한다는 공포심이 작용한다. 그러나 때때로 이러한 방어력이 아무런 소용이 없을 때가 있다. 다이앤 다운스가 부딪친 문제가 정확히 바로 이것이었다. 자신의 애인과 결합하고 싶은 그녀의 욕심에 무력한 세 아이들이 불쌍한 희생양이 되었던 것이다.

수잔 스미스의 유명한 사례 역시 이 범주에 속한다. 1995년 10월 25일 흐린 오후, 수잔은 고속도로 곁에 있는 집 대문을 두드렸다. 몇 분 후 도착한 경찰에게 그녀는 자신의 이야기를 털어놓았다. 극도로 흥분해 흐느껴 울며, 그녀는 교통 신호에 걸려 대기하고 있는데 젊은 흑인이 총으로 위협해 자신을 납치했다고 말했다. 그는 그녀를 위협해 몇 마일 더 운전하도록 한 후, 그녀에게서 차를 빼앗았다. 그녀의 간청에도 불구하고, 그 남자는 차를 훔치고 그녀의 두 아이(3세 된 마이클과 1세 된 알렉스)를 뒷좌석에 태운 채 출발해 버렸다.

9일 동안, 23세의 비서였던 수잔은 사우스캐롤라이나의 유니온카운티를 비롯한 미국 전역을 우롱했다. 그 후, 흑인 습격자에 대한 이야기는 모두 거짓으로 드러났다. 그녀는 두 아이를 안전벨트로 고정시킨 뒤 존 D. 롱 호수의 보트 진입로에 차를 세웠다. 그리고 차 밖으로 빠져나온 뒤, 차를 물 속으로 밀어 넣었다고 자백했다. 경찰이 호수 바닥에서 차를 끌어냈을 때, 두 아이는 여전히 안전벨트에 묶인 채 뒷좌석에 앉아 있는 상태로 발견되었다.

수잔은 결국 그녀의 새 남자 친구 톰 핀들리가 그녀에게 청혼하는 걸 내키지 않아 했다고 고백했다. 톰은 그녀가 전남편과의 사이에서 낳은 두 아이를 책임지고 싶어 하지 않았다. 이별 편지에서 톰은 "당신은 분명, 어떤 운 좋은 남자의 멋진 아내가 될 거야. 하지만 유감스럽게도 그 사람이 나는 아닌 것 같아.…… 수잔, 나는 정말로 당신을 사랑해. 당신은 정말로 사랑스러운 사람이야. 나는 당신이 굉장히 멋지다고 생각해. 하지만 전에도 말했듯이 당신에게는 내가 감당할 수 없는 무엇이 있어. 맞아. 나는 지금 당신 애들에 대해 말하고 있는거야.……"[16]

수잔은 애인을 잃었다는 사실에 굉장히 흥분했다. 그를 되찾기 위한 유일한 방법은 자신의 아이들을 없애 버리는 것밖에 없었다. 그녀에게는 누군가의 배우자로서 살아갈 시간이 실질적으로 길게 남아 있었다. 그러나 두 아이들이 배우자로서의 그녀의 가치를 끌어내리고 있었다. 그녀에게 지금까지 관심을 보였던 사람 중 가장 매력적인 배우자(톰은 유니온카운티에서 가장 큰 회사의 사장 아들이자 후계자였다.)를 얻을 전망에서 그녀는 자신의 아이들이 유일한 방해물이 되고 있음을 발견했다.

전 세계에서 수집한 친부모에 의한 자식 살해 자료들 역시 이러한 유형의 살인이 존재함을 입증해 준다. 어머니는 아버지보다 친자식을 살해할 가능성이 크다. 아이의 나이가 어릴수록 특히 그런데 왜냐하면 어머니가 아이 양육의 부담을 더 많이 짊어지기 때문이다. 예를 들면, 캐나다에서 미혼 여성이 출산하는 아이는 전체 출생아 중 12퍼센트에 지나지 않지만, 전체 유아 살해의 50퍼센트 이상이 미혼 여성에 의해 저질러진다.[17] 파라과이의 아케 주들에서는 양육할 아버지가 없는 아이들은 아버지가 있는 아이들보다 생존할 확률이 10퍼센트 더 낮다.[18] 앞서 이야기한 아요레오 여성인 에코가 살해한 세 명의 아이도 스쳐 지나간 일시적인 애인들과의 사이에서 낳은 아이들이었다. 나중에 그녀는 진정한 사랑을 발견해 결혼했고 네 명의 딸들을 어른이 될 때까지 훌륭하게 키워 냈다.

만약 살인 적응 이론이 자식 살해 뒤에 숨은 동기들을 타당하게 설명해 주고 있다면, 그에 따라 상대적으로 젊은 여성들이 자식 살해를 더 많이 저지르리라고 예상할 수 있다. 젊은 여성일수록, 앞으로 또다시 아이를 낳을 수 있는 시간적 여유가 많기 때문에 나이 든 여성보다 유아 살해를 통해 입는 번식적 손실이 덜 하다고 볼 수 있다. 문화권마다 이러한 패턴이 발견이 된다면, 위의 이론을 다시 한번 입증할 수 있다. 실제로, 10대 여성들은 20대의 여성들보다 30배나 더 높은 유아 살해율을 보이는 것으로 나타났다.

자신의 아이를 죽인 대부분의 여성들이 아이들이 번식적으로 건강하다는 신호를 나타내기 시작하는 두세 살이 되기 전에 살인을 저질렀다. 만약 아이가 여성의 배우자로서의 가치를 떨어뜨린다면, 어차피 살해할 것을 굳이 아이에게 몇 년간 더 투자해야 할 필요가 무엇이겠는가? 실제 증거들은 이러한 추론을 지지해 준다. 아이를 살해한 엄마들은 대개 아이를 낳자마자, 혹은 낳은 뒤 얼마 안 돼 살인을 저지른다. 이는 아이에게 들이는 비용을 줄이고 더 유리한 조건에서의 투자를 보존하기 위해서다. 처음 몇 년 안에 일어나는 자식 살해의 발생 건수는 그 후에 발생하는 자식 살해 건수를 모두 합친 것보다 더 크다.[19]

다음 사건은 특히나 가슴 아픈 것으로, 인간 본성의 놀랄 만큼 추한 부분을 드러내 준다.[20] 24세의 이혼녀 멜로디 H.*는 4세 된 딸 티파니*와 2세 된 아들 조너선*과 함께 살며 경제적 어려움에 허덕이고 있었다. 일자리를 구하려 노력하던 중 그녀는 마크 G.*와 만나 사귀게 되었다. 그들은 급속도로 가까워졌다. 그들은 레스토랑에서 식사한 뒤 재빨리 멜로디의 작은 아파트로 이동해 섹스를 했다. 이러한 데이트가 몇 달 동안 계속되었다. 마크는 탄탄한 수입이 있었고 넓은 집에 살고 있었다. 마침내 그는 그녀에게 자신의 집으로 이사와 함께 살 것을 제안했다. 그녀에게 이 제안은 마치 신이 주신 선물과도 같았다. 멜로디는 사랑하는 사람이자 자신의 경제적 고민을 제거해 줄 사람과 함께 살 수 있는 기회에 기꺼이 응했다. 그러나 마크가 그녀에게 말하지 않았던 것은, 놀랍게도, 그가 이미 결혼했으며, 그녀를 초대한 텍사스 와코 근처의 자택에는 이미 아내와 세 아이들이 함께 살고 있다는 사실이었다.

이 이상한 동거를 실행에 옮기며, 마크는 아내에게 멜로디가 입주 가정부이며, 방과 식사를 제공받는 조건으로 아이들을 돌봐 줄 거라고 말했다. 마크의 아내는 겉으로는 두 사람이 연인 사이라는 사실을 눈치 채지 못한 것처럼 보였다. 멜로디는 나중에 경찰에게 마크의 집에 도착해서 그에게 이미 아내와 아이들이 있다는 사실을 발견했을 때 떠나길 원했다고 말했다. 그러나 마크는 만약 자신을 떠나면, 끝까지 쫓아가 그녀와 아이들을 죽여 버리겠다고 위협했다. 멜로디는 복합적인 이유로 그곳에 머물렀던 것 같다. 이후에 경찰이 왜 마크와 함께 머물렀는지 물었을 때, 그녀는 단순히 "그를 사랑하니까요."라고 대답했다.

가장 나빴던 것은 마크가 멜로디의 아이들이 온 것을 언짢아했다는 것이다. 심지어 그는 자신의 아이들에게 그녀의 아이들, 특히 큰 아이인 티파니를 학대하도록 부추겼다. 목격자에 따르면, 마크의 아들은 티파니를 주먹으로 때리고, 머리를 땅바닥에 내려치고, 발로 등을 찼다고 한다.

마크는 멜로디에게 그녀의 아이들이 짐이 된다고 대 놓고 말하곤 했다. 한번은 마크와 아내가 멜로디의 아이들이 문제를 일으키기 때문에 집에서 나가야 한다고 이야기하는 걸 멜로디가 엿들은 적도 있었다.

마크는 동시에 격렬한 질투를 내비치기 시작했다. 그는 멜로디를 면밀히 감시하며, 그녀가 집을 떠나지 못하도록 했고, 자신이 그녀의 전화 통화를 들을 수 있을 때가 아니면, 그녀가 전화 거는 것도 금지시켰다. 멜로디는 마치 자신이 감옥에 있는 것처럼 느껴졌다.

용변 교육을 받은 지 2년이 지났지만 티파니는 스트레스 때문에 다시 바지에 오줌을 싸기 시작했다. 이 사실은 멜로디를 화나게 만들었다. 티파니가 오줌을 지린 후, 멜로디가 화내는 걸 엿들은 사람들은 멜로디가 티파니에게 "널 죽이겠어.", "넌 죽어야 해. 바로 그거야. 넌 죽어야 해."라고 반복적으로 말했다고 한다. 다른 때에도 그녀는 되풀이해서 딸에게 "이 쓸모없는 것……. 나는 어떻게 해서라도 널 없애 버리고 말겠어."라고 말했다. 비극은 티파니의 방광이 통제력을 잃고 거실에 놓인 고급 소파에 오줌을 지렸을 때 시작되었다. 멜로디는 티파니를 세게 잡아당기며 그녀의 머리 양옆을 주먹으로 사정없이 내리쳤다. 그 후 가족들은 아무 일도 없었던 듯 평화롭게 일요일 예배를 보러 갔다.

집에 돌아와 소파 위에 젖은 얼룩을 봤을 때 멜로디의 분노는 다시 불붙기 시작했다. 검시관은 티파니의 사인이 둔기로 머리를 세게 얻어맞아 생긴 상처라고 결론지었다. 무력한 4세 소녀는 숨을 헐떡이며 바닥에 쓰러졌다. 멜로디는 자신이 입힌 체벌을 가볍게 만들려고 노력했다. 그녀는 손바닥으로 딸을 단지 "찰싹 쳤을" 뿐이며, 더 이상 오줌을 지리지 못하도록 가르치기 위해 "머리를 가볍게 두드렸을 뿐"이라고 말했다. 그러나 검시관은 티파니의 전두엽에서 커다란 혈종과 콧날까지 이어진 절단 흔적을 발견했다. 병리학자들은 그녀의 눈 주위가 보라색으로 멍든 것을 발견했다. 너구리 눈이라고 불리는 이 멍은 머리 뒤쪽에 가해진 가격 때문에 뇌가 두개골 안쪽의 전면에 부딪쳐 눈 주위의 모세혈관을 파열시키기 때문에 생긴다. 검시관은 또 그녀의 목에서 멍든 자국을 발견했다. 멍은 그녀의 몸 전체에서도 발견되었다. 일부 멍들은 새로 생긴 것들이었고, 나머지 멍들은 생긴 지 오래된 것들이었다.

티파니가 목숨을 잃은 채 바닥에 누워 있을 때, 그녀의 엄마는 저녁을 준비하러 부엌으로 들어갔다. 마크는 티파니가 불규칙적으로 숨을 쉬는 걸 발견하고 아내와 멜로디에게 이 사실을 알린 뒤, CPR(심폐 소생술. 인공호흡 등이 해당된다.—옮긴이)을 실시하려 시도했다. 티파니가 목숨을 구했을지도 모르는, 여러 시간 동안의 헛된 소생 시도 후에야 누군가가 마침내 911에 전화를 걸었다.

앞서 자신이 그날 딸을 너무 많이 때렸다고 인정한 적이 있음에도, 추가 심문에서 멜로디는 "티파니는 물건으로 머리를 얻어맞았어요. 저는 마크가 그랬을 거라고 믿어요."라고 경찰에게 말했다. 그녀는 경찰에게 자신이 딸의 뒤통수를 살짝 친 적은 있지만 죽을 만큼 세게 때린 건 아니었다고 말했다. 그러나 모든 증거들은 사실이 그렇다는 것을 뒷받침해 주었다.

멜로디의 과거에 그녀가 살인자가 될 것이라고 예측해 주는 징후는 아무것도 없었다. 그녀는 중산층 가정에서 자랐으며, 성적이 우수했고, 고등학교에서 2년 동안 치어리더로 활동했다. 그녀의 부모는 그녀에게 안정적인 양육 환경을 제공해 주었고, 그녀를 학대하지도 않았으며, 이혼을 하지도 않았다. 그녀는 당신이나 나의 이웃이었을 수도 있다.

이 비극적인 이야기는 계부모(아무런 유전적 연관 관계도 없는 부모)가 존재할 때 엄마와 아이 사이에 생기게 되는 긴장감을 지적해 준다. 만약 진화의 압력이 때로 자신의 아이도 살해하게 하는 적응을 만들어 냈다면, 아이와 계부모의 사이에는 얼마나 더 많은 위험이 존재하게 되는 걸까?

계부모의 무기들

오래된 프랑스 격언에 따르면, "아이 엄마는 재혼을 하기로 결정했을 때, 적들을 자신의 침대로 끌어들이는 셈이다(*Quand la femme se remarie ayant enfants, /Elle leur fait un ennemi pour parent*)."[21]

아프리카 사자들은 암컷의 임신 기간이 대략 110일간 지속된다. 출산 후, 어미는 새끼를 1년 반 동안 돌보는데 이 양육 기간 동안에는 임신을 할 수 없다. 수유가 배란을 방해하기 때문이다. 암컷이 다시 임신할 수 있을 때까지는 임신과 수유를 합쳐 거의 2년의 시간이 흘러야 한다. 사자 새끼들 중에서 암컷은 성적으로 성숙할 때까지 무리에 남아 있을 수 있지만, 수컷은 무리를 떠나야만 한다. 무리를 떠난 수컷은 다른 수컷들과 힘을 합쳐 '연합' 혹은 방랑하는 '델타포스(특별 테러 타격 부대)'를 형성한다.

그들은 인생에 오직 한 가지 임무만을 갖고 있다. 다른 무리의 수컷들을 추방하고 암컷들을 차지하는 것이 바로 그것이다. 임무에 성공하면 그들은 암컷들이 수유를 끝내고 다시 배란을 할 때까지 참을성 있게 기다려 주지 않는다. 그들의 임무에는 암컷들을 빨리 다시 임신할 수 있는 상태로 만들기 위해 무리 내 새끼들을 살해하는 단계가 포함된다.

아프리카의 세렝게티 평원에서는 전체 사자 새끼 중 25퍼센트가 의붓아비에게 살해되는 것으로 인생의 최후를 맞는다.[22] 그 후 어미들은 다시 배란을 시작하여 자신의 새끼들을 죽인 녀석들과 아무런 거리낌 없이 짝을 맺는다. 내쫓은 수컷의 새끼들을 살해한 수컷은 녀석이 살해하지 않고 살려 둔 새끼들보다 더 많은 새끼들을 낳으려 암컷을 임신시킨다. 아프리카 사자를 연구한 그 어느 동물학자도 수컷이 살인을 저지르는 적응을 진화시켰다는 사실을 의심하지 않을 것이다. 패배한 경쟁자의 자식들을 살해하는 유사한 적응들이 고릴라, 사자, 호랑이, 치타와 퓨마 등을 포함하여 놀랄 만큼 많은 종들에서 발견이 되고 있다. 21세기의 진화 생물학자들에게 이러한 결과는 별로 놀랍지 않다. 어미의 양육 자원은 엄청나게 가치 있는 것이다. 많은 종에서 수컷들은 이러한 자원이 경쟁자의 자식이 아닌 자기 자식들에게 사용되도록 하기 위한 적응들을 진화시켰다. 수컷 사자들은 너무 조바심이 나서 암컷들이 수유 기간을 끝마칠 때까지 짝짓기를 기다리지 못한다. 경쟁자의 새끼들을 살해하는 것은 성공적인 짝짓기를 서두를 수 있게 해 준다.

진화 심리학의 선봉자인 마틴 데일리와 마고 윌슨은 아동이 부모에게 살해당할 위험 요인 중 가장 예측력이 큰 단일 요인이 계부모의 존재라는 사실을 발견했다. 미국에서, 한 명 이상의 계부모와 살고 있는 아동들은 친부모 양친과 살고 있는 아동들에 비해 집에서 살해될 가능성이 40~100배까지 높은 것으로 나타났다.[23] 캐나다와 다른 서구 국가들에서도 비슷한 통계치를 얻을 수 있었다. 이 살인의 대다수는 계부에 의해 저질러진다. 이는 아마도 이혼 후 자녀의 90퍼센트가 친모와 살기 때문인 것으로 보인다.

캐나다에서 1974년에서 1990년 사이 발생한 자식 살해 사건을 대상으로 한 연구에서, 친부에게 아동이 구타당해 사망한 경우는 아동 100만 명당 2.6명인 것으로 나타났다.[24] 반면, 정식으로 혼인한 계부에게 아동이 구타당해 사망한 경우는 아동 100만 명당 70.6명으로 급격히 늘어났다. 이 수치는 친부에 의한 사망률보다 27배나 높은 것이다. 동거남에 의한 의붓자식의 구타 사망률은 100만 명당 576.5명으로 엄청나게 증가한다. 친부모와 계부모가 아동을 살해하는 데 사용한 방법이 극적으로 다르다는 점에도 역시 주목할 필요가 있다. 아동에게 가해지는 치명적인 폭력에 대한 연구에서, 조사 기간 동안 계부에게 구타당해 사망한 아동은 전체 피살자의 82퍼센트에 달했다. 친부에 의한 구타 사망률은 전체 아동 살해 사건의 42퍼센트를 차지했다. 친부모의 25퍼센트가 아동을 총으로 살해한 것으로 나타난 반면, 계부는 단지 1.5퍼센트만이 총으로 아동을 살해하였다. 친부는 아이의 목숨을 빨리, 상대적으로 고통 없이 끝내고 싶어 하는 경향이 있었던 반면 계부들은 오랜 시간 동안의 반복적인 구타에 의해, 혹은 엄청난 분노의 폭발로 인해 아이를 구타하여 살해하는 경우가 많았다.

이 놀라운 수치조차 사실은 과소평가된 것이다. 유아 사망 사건의 경우 사건 자체가 끝내 발견되지 않을 수도 있기 때문이다. 또 일부 사건은 "자연사"로 기록되거나 "급사"로 사인이 분류되기도 한다. 사고사가 사실은 계획된 살인이었을 수도 있는 것이다.

캐나다에서 경찰에 접수된 학대 사건의 경우, 친부모 양친과 함께 거주하는 취학 전 아동들은 3,000명당 1명꼴로 부모에게 학대받고 있는 것으로 나타났다. 반면 양친 중 한 명이 계부모인 경우에는 75명당 한 명꼴로 학대받고 있는 것으로 나타났다.[26] 의심할 바 없이 이 수치 역시 과소평가된 것이다. 왜냐하면 학대 사건들은 보고되지 않고 묻히는 수가 많기 때문이다.

다시 한번, 우리는 전 세계적으로 동일한 패턴이 나타나는 것을 발견할 수 있었다. 적절한 예로 파라과이의 수렵 채집 족인 아케 족을 들 수 있다. 한 연구에서 친부모 양친과 살고 있는 아이들 중 19퍼센트가 15세가 되기 전에 사망하는 것으로 나타났다. 질병과 식량 부족, 현대적인 의료 시설의 부족이 그 원인이었다. 만약 이 수치가 매우 높아 보인다면, 계부모 가정의 경우와 비교해 보라. 터무니없게도 엄마와 계부에 의해 키워지는 아이는 43퍼센트가 15세가 되기 이전에 사망한다.[27] 대부분의 의붓자식 살해는 아이가 매우 어릴 때 일어난다. 그러나 간혹 나이 든 아이를 살해하는 경우도 있다. 영국에서 발생한 최근의 한 사건에서 36세인 마이클 볼드윈은 그의 15세 된 의붓딸, 제나 볼드윈을 살해한 혐의로 기소되었다.[28] 마이클은 제나가 가족 싸움 중 계단에서 굴러 떨어진 거라고 주장했다. 그러나 마이클의 감방 동료인 마크 단도는 마이클이 자신에게 제나를 살해했다는 사실을 자백했다고 증언했다. 마이클은 제나가 임신했다는 사실을 밝히자 크게 다퉜고 끝내 그녀를 구타하여 살해했다는 것이다. 제나가 배고 있던 아이의 아버지는 바로 마이클이었다. 마크에 따르면, 마이클은 제나의 임신 소식에 격분하여 그녀의 목 한쪽을 때렸다고 한다. 그는 "금이 가는 소리"를 들었다. 그녀의 목을 부러뜨린 것이다. 마크는 마이클이 전혀 자신의 행동을 뉘우치지 않았다고 말했다. "마이클은 그녀가 죽어 마땅하다고 말했어요. 또 그녀더러 골칫덩어리라고도 했어요."[29] 마이클 볼드윈은 살인죄로 기소되었다.

신데렐라 이야기

대다수의 의붓자식 살해는 계부에 의해 저질러지는데도, 우리의 문화는 모순적이게도 계모의 위험을 훨씬 강조하는 경향이 있다. 『웹스터 대사전』은 '계모'에 대한 두 가지 정의를 제공한다. (1) "아버지가 재혼하여 얻은 아내", (2) "적절한 보호와 주의를 주는 데 실패한 사람". 잔인한 계모가 등장하는 신데렐라 이야기는 역사적으로 거슬러 올라가 많은 문화권에서 존재한다. 그림 형제가 쓴 독일 동화 『노간주나무』는 계모가 의붓아들의 목을 잘라 살해하는 내용이다. 계모는 죽은 아들을 사과가 가득 든 나무 상자에 넣고, 스카프로 머리를 고정시킨 후, 딸이 사고로 그의 목을 벤 것처럼 위장한다.[30] 사악한 계모는 아들의 시체로 스튜를 끓인 후, 딸에게 그의 뼈를 노간주나무 아래 묻으라고 지시한다. 땅 속에 묻힌 아들의 시체는 새로 환생하여 노래에 대한 내가로 마을 사람들에게 돌로 된 이정표를 받는다. 마침내 그는 계모를 밖으로 유인한 뒤, 그녀의 머리 위에 이정표를 떨어뜨려 그녀를 죽게 한다. 새는 그 후 기적처럼 소년으로 되돌아가고 아이들은 친아버지와 함께 행복하게 살아간다.

러시아 동화 『바바 야가』는 아내를 잃은 뒤 재혼한 남자의 이야기다. "그에게는 첫 번째 결혼에서 얻은 어린 딸이 한 명 있었다. 사악한 계모는 그 딸이 마음에 들지 않았다. 그래서 그녀를 자주 때리고 어떻게 하면 그녀를 죽일 수 있을까 노골적으로 고민했다."[31] 그녀는 의붓딸에게 그녀의 자매, 즉 딸의 의붓이모를 찾아가라고 시킨다. 의붓이모는 계모보다 더 사악한 마녀로 인간을 잡아먹는 존재였다. 『노간주나무』에서처럼 『바바 야가』도 해피엔딩으로 끝난다. 소녀는 달아나 목숨을 건지며, 아버지와 함께 행복하게 살아간다. 물론 아버지가 계모의 사악한 음모를 눈치 채고 그녀를 죽인 후에 일이다.

비록 세부적인 부분은 다르지만, 사악한 계모에 대한 기본적인 주제는 같다. 인도에서 러시아까지, 일본에서 북아메리카까지, 잔인한 계모에 대한 동화는 보편적인 심리적 공명을 운반한다. 왜 위험한 계부에 대한 이야기는 공통되게 나타나지 않는지가 오직 이상할 뿐이다.

인간은 의붓자식을 살해하는 적응을 갖고 있는가?

의붓자식 살해는 사람들에게 혐오감을 준다. 유감스럽게도, 의붓자식의 살해 위험도가 친자식에 비해 높다는 사실은 사회 과학자들을 너무 놀라게 하여 일부 과학자들은 이상할 정도로 오랫동안 그 사실을 부인해 왔다.[32] 그러나 증거 자료는 매우 명확하게 존재한다. 나는 살인 적응 이론이 의붓자식 살해에 대한 가장 강력한 설명을 제공해 준다고 생각한다.

솔직히 말해, 계부모는 의붓자식을 돌볼 번식적 동기가 거의 없다. 반면 의붓자식을 제거하길 바라는 동기는 강하게 가진다. 의붓자식을 살해한 계부는 아내가 귀중한 자원을 경쟁자의 자식들에게 투자하는 것을 막을 수 있다. 동시에 그녀의 자원을 둘 사이에 낳은 자식에게 투자하도록 풀어 줄 수 있다. 게다가 자신의 자원 역시 자기 친자식들에게 향하도록 할 수 있다. 만약 아내가 상대적으로 젊다면, 살해는 이론적으로 그녀가 다시 아이를 낳을 준비가 될 때까지 걸리는 시간을 단축해 줄 수 있다. 마지막으로 다음 세대에서 계부 자신의 아이들은 주변에 그들이 이미 없기 때문에 경쟁자의 아이와 덜 경쟁하게 될 것이다. 오랜 시간 동안 되풀이되면서 이러한 이익들은 특정한 조건하에서 의붓자식을 죽이는 심리 회로가 쉽게 진화되도록 하는 선택압으로 작용했다.

사람들은 이러한 진화적 설명을 두려워할지도 모른다. 만약 그것이

'자연스러운' 것이라면, 살인을 정당화하는 근거로 사용될 수 있다고 염려를 하는 것이다. 아니면 실제로 진화된 동기가 작동하여 살인이 일어날지도 모른다고 염려할지도 모른다. 또는 계부모 가정이 빠르게 확산되는 시대에 계부모가 부당하게 오명을 쓰게 되지나 않을지 걱정하기도 한다. 그러나 내가 말하려는 것은, 만약 인간의 마음이 자식 살해, 또는 다른 종류의 많은 살인들을 일으킬 수 있는 진화된 심리 회로를 갖고 있다면 어떻게 이 심리 기제들이 우리의 행동에 영향을 주는지 이해하고 연구해야만 한다는 것이다. 이 개념을 우리가 얼마나 혐오스럽게 느끼는지와 상관없이 말이다. 살인의 기저에 놓인 심리를 이해해야지만 살인을 효과적으로 막을 수 있도록 중재할 수 있다.

의붓자식의 방어 기제들

다행히도, 의붓자식 살해가 인간 역사를 통해 그토록 위험한 일이었기 때문에 선택은 또한 부모들에게 위험에 처할지도 모르는 아이들을 보호하는 적응들을 마련해 주었다. 첫째, 엄마의 살해 방어 기제들은 종종 자신의 아이들이 살해되는 것을 막아 준다. 미혼모들은 대개 배우자를 선택할 때 극도로 조심한다. 그녀들은 아이들이 좋아하고 아이들을 좋아해 주는 사람을 선택한다. 이들은 또한 계부가 집에서 아이들과 어떻게 상호작용하는지 주의 깊게 관찰한다. 많은 엄마들이 아이에게서 눈을 떼지 않고 잘 돌볼 수 있도록 친척들의 도움을 받는다. 만약 계부가 아이를 학대하면, 별거하거나 이혼하자고 위협한다. 그리고 자신의 위협대로 행동하여 아이를 위험으로부터 보호한다.

아이들 역시 살해 방어 기제들을 갖고 있다. 그중 하나가 1장에서 언급했던 '낯가림'이다. 낯가림은 6개월에서 9개월 사이의 유아들에게 거의 보편적으로 나타나는데 이 시기가 되면 유아들은 기어서 달아날 수가 있다.[33] 유아들은 낯선 사람을 두려워하라고 교육받지 않는다. 겉보기에 비이성적인 이 공포 상태를 인류학자인 새라 하디는 그녀의 책 『모성 본능』에서 "부모가 아무리 안심시켜도 사라지지 않는 깊이 뿌리박힌 내재된 편견"이라고 불렀다.[34] 문화를 막론하고 유아들에게 어김없이 나타나는, 낯선 사람에 대한 강렬한 공포는 부모의 보호를 환기시키기 위해 진화된 살해 방어 도구이다. 모든 유용한 증거들에 따르면, 낯가림은 새라 하디가 적절히 표현했듯이, "유아 살해가 인류의 진화 과정 동안 만성적인 위협이 되었을지도 모를" 가능성이 높기 때문에 이에 대한 반응으로 진화하게 되었다.[35] 통계 자료는 낯선 남성이 낯선 여성들보다 자신과 관계가 없는 유아들에게 훨씬 중대하고 실질적인 위협이 된다는 사실을 보여 준다.[36] 따라서 유아들이 낯선 남성을 낯선 여성보다 훨씬 자주, 강하게 두려워한다는 사실은 살해 방어 기제가 정확히 설계되었음을 보여 준다.

아동의 두 번째 살해 방어 기제는 새 배우자에 대한 엄마의 선택에 영향을 주는 것이다.[37] 아이들은 엄마의 새 배우자 후보들의 태도와 의도를 평가한다. 그 후 자신이 잔인할 것 같다고 감지한 사람들을 엄마가 거절하게 만들려고 노력한다. 아이들은 자신들에게 기꺼이 도움을 줄 것 같은 사람들은 훨씬 따뜻하게 수용한다. 결과적으로, 아이 엄마와 맺어지기를 원하는 남성들은 구애 전략의 핵심 전술로 종종 아이들에 대한 애정을 표현한다. 일단 낯선 남성이 집안에 들어오게 되면, 또 다른 방어 전략이 작동하기 시작한다. 이 기제들에는 저자세를 유지한다든지, 계부와 대립하는 일을 피한다든지, 엄마의 보호를 요청한다든지, 집에서 나가 산다든지, 일찍 독립한다든지 하는 일들이 포함된다. 실제로 계부모와 함께 사는 아이들은 친부모 양친과 함께 사는 아이들보다 평균 2년 일찍 집을 떠난다.

살인 판타지 및 사람들이 언제 위험을 느끼는지에 대한 연구를 통해 아이들 스스로가 계부모가 가져올 수 있는 근본적인 위험을 잘 인식하고 있다는 사실을 알게 되었다. 몇몇 의붓자녀들이 살아가며 느끼는 공포를 아래 사례들은 생생히 말해 준다.

● 사례 585, 여성

누가 당신을 살해할 거라 생각했습니까? 제 의붓아버지요. 그는 엄마를 학대한 죄로 감옥에 갔어요. 어느 날, 그가 거실에서 엄마를 때리기 시작했어요. 그때 저와 여동생은 침실에 있었어요. 저는 엄마가 소리 지르는 걸 듣고 그가 엄마를 죽이겠다는 생각을 했어요. 그리고 그가 저와 여동생도 죽일지 모른다는 생각이 들기 시작했어요. 저를 때리고 목을 조를 거라고요.

어떻게 살해되는 걸 피했습니까? 저는 동생과 쥐 죽은 듯이 조용히 옷장 속에 숨어 있었어요. 그로부터 숨어 버린 거지요. 제가 동생의 입을 틀어막았던 기억이 나요. 그래서 그 애는 아무 소리도 내지 못하고 제 손을 계속 깨물었어요.

왜 그렇게 행동했죠? 선택의 여지가 없었어요. 어릴 때는 숨는 것 이외에 자신을 보호할 방법을 알지 못해요. 자신이 매우 약하다는 것을 아니까요.

왜 그는 당신을 죽이지 않았을까요? 모르겠어요. 그는 결국 그날 밤 저희 집을 나갔어요.

어떤 경우, 그가 당신을 죽였을 것 같습니까? 만약 그가 엄마를 때리는 걸 방해하며 그를 저지하려고 했다면 그랬을지도 몰라요.

당신을 살해하는 것 이외에 그가 할 것이라 생각했던 일이 있었나요? 그가 절 성적으로 학대할지도 모른다고 생각했어요.

위 사례에서 중요한 살해 방어 기제가 작동하고 있음을 볼 수 있다. 그녀는 자신을 보호하기 위해 방해가 되지 않는 곳에 조용히 가만히 있기, 숨기, 그들이 있는 장소를 들키지 않기 위해 동생이 아무 소리도 내지 못하게 막기 등의 방법을 사용했다. 성적 약탈의 위협 역시 존재한다. 다행히도, 이 소녀는 무사히 자라서, 어쩌면 치명적이었을지 모를 계부의 투석기와 화살을 피할 수 있었다. 아래 사례도 마찬가지 경우이다. 이 사례는 계부를 두려워한 소년에 대한 이야기이다.

● 사례 108, 남성, 23세

누가 당신을 살해할 거라 생각했습니까? 의붓아버지요. 어머니와 의붓아버지가 막 결혼했을 때였어요. 가족 간의 긴장이 증가할수록 저는 사람을 피하는 내성적인 인간형이 되어 갔어요. 어머니는 제 정신 건강에 대해 걱정하셨죠. 글렌(의붓아버지)은 저를 집중해서 공격하기 시작했어요. 어느 날 저녁, 집에 돌아와 보니 그가 야구 방망이를 들고 있었어요. 그가 방망이를 제 다리 사이에 놓고는 위로 잡아 당겼어요. 저는 정신을 완전히 잃고 현기증을 느꼈어요. 방망이가 그의 손에서 떨어져 나가 벽에 부딪쳤어요. 그때부터 전 그가 화내는 걸 매우 두려워하게 되었어요. 그에게 저를 제거하는 일은 매우 쉬운 일이라 생각됐어요. 그의 입장에선, 제가 없는 게 모든 면에서 더 좋을 테니까요.

그가 당신을 어떻게 살해할 거라 생각하셨죠? 논쟁 중이나 논쟁을 한 뒤에 그가 이성을 잃을 거라 생각했어요. 항상 그가 저를 죽을 때까지 구타하지 않을까 생각했구요. 문자 그대로, 그는 종종 주먹으로 저를 때리고 싶어 하는 것처럼 보였습니다. 게다가 마음만 먹으면 쉽게 저를 해칠 수도 있었구요. 저는 그의 분노를 절대적으로 두려워하게 되었습니다. 한번은 그가 제 따귀를 때린 적이 있었습니다. 또 한번은 저를 벽으로 밀쳤구요. 그가 저를 벽으로 밀친 후, 저는 이 문제에 대해 어머니에게 말했습니다. 그러나 어머니는 제가 한 말에 대해 조금도 신경 쓰시 않는 것처럼 보였습니다. 아니면 적어도 제가 한 말을 무시하는 것처럼 보였어요. 도저히 감당할 수 없는 지경이 되었습니다. 결국 저는 학교 선생님한테 이 문제에 대해 말씀드렸습니다. 선생님은 경찰에게 이 문제에 대해 말씀해 주셨습니다. 제가 그 집에서 나올 때까지 의붓아버지와 전 계속 거리를 유지하며 지냈습니다.

왜 그는 당신을 죽이지 않았을까요? 아마도 감옥에 가는 걸 두려워했기 때문이라고 생각합니다.

어떤 경우, 그가 당신을 죽였을 것 같습니까? 솔직히 말해 그가 절 죽이는 건 시간 문제였다고 생각합니다.

위 사례는 여러 가지 이유로 매우 흥미롭다. 여기에는 어쩌면 자신을 죽일지도 모르는 계부에 대항해 목숨을 지키려는 일련의 살해 방어 기제들이 나타나 있다. 그의 마지막 발언에서 드러나듯이, 그는 진심으로 자신이 살인자와 같이 살고 있다고 생각했다. 그리고 계부가 자신을 살해하는 건 "단지 시간 문제일 뿐"이라고 믿었다. 그의 두려움은 일시적인 것이 아니었다. 공포는 오래 지속되었으며, 계부의 학대 정도가 심해질수록 점점 증폭되었다. 아직 어린아이였지만 살아남기 위해 그는 비범한 조치를 취했다.

비록 의붓자식을 살해하는 계모의 수가 의붓자식을 살해하는 계부의 수에 비해 매우 적지만, 그럴지라도 관계에 존재하는 긴장들은 우리 연구에서 뚜렷하게 나타났다. 계모에 의한 학대 경험이 여러 살인 판타지들을 불러일으켰다.

● 사례 P86, 여성, 18세

누구를 살해하고 싶었습니까? 제 의붓어머니요. 그녀는 항상 제게 무례하게 말했어요. 게다가 저를 때리고 계단 아래로 밀어뜨렸어요. 어느 날, 그녀가 지하실까지 한 줄로 이어진 계단에서 저를 밀치고 난 후, 저는 아버지에게 이 사실에 대해 말했어요. 하지만 아버지는 제 말을 믿지 않는 것 같았어요. 그래서 그녀를 살해할 생각을 하기 시작했어요.

어떻게 살해할 생각이었죠? 부엌칼로 그녀의 목을 벨 생각을 했어요.

왜 그녀를 살해하지 않았나요? 만약 그녀를 죽이면, 제 인생은 엉망이 될 기예요. 그러면 그녀가 승리하는 것이 되는 거죠.

무엇이 당신이 실제로 그녀를 살해하게 할 수 있었을까요? 만약 그녀가 다시 한번 제게 해를 준다면, 미친 듯이 화를 낼지도 모르겠어요. 하지만 저는 그녀를 죽이는 대신에 집을 나와서 남자 친구의 집에 가겠어요.

위 사례는 갈등의 깊이뿐 아니라 계모의 학대를 해결하는 데 유용한 대안적인 해결책들을 말해 준다. 계모와 함께 사는 아이들은, 계부와 함께 사는 아이들처럼, 종종 일찍 집을 떠남으로써 위험에서 달아난다. 몇몇 사례에서 의붓자식들은 집을 나왔다. 가출은 살인에 의지하지 않고도 계부모의 딜레마를 해결하게 해 준다.

- 사례 Γ2123, 여성, 19세

누구를 살해하고 싶었습니까? 제 의붓어머니요. 그녀는 올해 43살이에요. 제 아버지랑 결혼할 때까지만 해도 그녀는 괜찮은 사람이었어요. 그러나 곧 그 모습은 연기였던 걸로 밝혀졌죠. 그녀는 지금껏 제가 만난 어른 중 가장 속 좁은 사람이에요. 아무리 작은 것이라도 그녀의 방식대로 하지 않으면 엄청나게 화를 냈어요. 게다가 기회가 있을 때마다 아버지에게 제가 끔찍한 사람이라는 걸 인식시키려고 노력했죠. 여러 번 그녀가 저에 대해 속이 뻔히 보이는 거짓말을 하는 걸 목격했어요. 제가 10대가 되자, 그녀는 일주일에 한 번씩 제 방과 차를 세밀히 조사했어요. 제가 마약 중독자라는 그녀의 믿음을 입증할 증거를 찾아내기 위해서였죠. 과거에나 지금이나 전 마약 중독자가 아니에요. 16살이 되었을 때, 그녀는 제가 자는 동안 제 지갑을 뒤져서 피임약을 찾아냈어요. 피임약을 사용한다는 이유로 그들은 제 차를 압수해 버렸어요. (그 차는 아르바이트를 해서 번 제 돈으로 산 거였는데도 말이죠.) 그러고는 방과 후 아르바이트도 그만두게 하고 가장 친한 친구와 남자 친구도 못 만나게 했죠. 제게 별로 외출 금지 명령을 내렸어요.

그녀를 어떻게 살해할 생각이었죠? 여러 방법들을 생각했어요. 첫째, 친구를 저격범으로 고용한다. (그는 제 제안을 승낙했지만, 저는 붙잡힐 게 두려웠어요.) 둘째, 그녀의 차가 고장이 나도록 조작한다. 셋째, 제 차로 그녀를 친다. 넷째, 저와 제 여동생을 위한 새로운 사회 보장 번호를 구한 뒤, 무참하게 그녀를 총으로 쏘고 새 신분증을 가지고 떠난다. 다섯째, 맨손으로 그녀의 목을 조른다. (이 방법은 제가 가장 좋아하는 방법이에요.)

왜 그녀를 살해하지 않았나요? 제가 그녀를 살해하지 않은 단 한 가지 이유는 처벌받는 걸 모면할 수 없을 거라 생각했기 때문이에요.

무엇이 당신이 실제로 그녀를 살해하게 할 수 있었을까요? 만약 그녀가 제 여동생을 때렸다면, 그녀를 죽였을지도 모르죠.

아래 사례는 자원을 둘러싼 갈등이라는 핵심 주제를 잘 드러내 준다.

● 사례 P2076, 남성, 21세

누구를 살해하고 싶었습니까? 제 의붓어머니요. 그녀는 올해 45살입니다. 아버지가 이 멍청한 여자랑 데이트를 할 때만 해도 전 별 느낌이 없었어요. 그러나 제가 여름 학기를 듣느라 마을을 떠나 있는 동안 둘이 정말로 결혼했다는 걸 알았을 때 정말 전 엄청난 충격을 받았어요. 그 후로, 저는 두 사람과 가능한 한 연락을 취하지 않아요. 한 달에 한 번, 돈을 요구할 때를 제외하면요. 그녀는 아버지 앞에서는 반드시 저를 염려하는 듯 행동해요. 하지만 둘이 있을 땐 자신의 '본 모습'을 드러내지요. 그 사악하고 불쾌한 마녀는 오직 제 아버지의 돈을 원할 뿐이에요. 제가 그 사실을 아는 유일한 사람이라 여기기 때문에 그녀는 저를 혐오해요.

그녀를 어떻게 살해할 생각이었죠? 클로로포름으로 기절시킨 후 시골의 외딴 장소로 그녀를 싣고 갑니다. 거기서 의식이 없는 그녀의 몸을 조각조각 토막 냅니다. 그리고 구덩이를 파서 그 안에 던져 넣습니다. 그 위에 알칼리 액을 여러 병 부은 뒤, 화학 반응을 일으키기 위해 물을 마저 집어넣습니다. 그 후 흙으로 덮어 구덩이를 채웁니다.

왜 그녀를 살해하지 않았나요? 아무리 주도면밀하게 계획을 짜더라도 어딘가 빈틈이 있게 마련입니다. 저는 제가 붙잡힐 거라고 생각했습니다. 그리고 그건 분명히 잘못된 행동입니다. 단지 생각만 하는 건 나쁘지 않지만 실제로 그렇게 하는 건 나쁜 것이지요.

살인 판타지에서 의붓자식들이 드러낸 적개심과 괴로움은 이해관계의 갈등이 작동하고 있음을 나타낸다. 계모의 최고 이익은 새 배우자가 가진 모든 자원을 그녀와 그녀 자식들을 위해서만 사용하도록 몰수하는 것이다. 반면 의붓자식의 최고 이익은 계모가 없었더라면 자유롭게 쓸 수 있었을 그 자원들을 얻어 내려 애쓰는 것이다. 만약 자원을 둘러싼 갈등과 계모로부터의 학대의 원인이 의붓자식들의 살인 판타지에서 드러난다면, 그것은 또한 살해되는 것에 대한 의붓자식들의 두려움 속에도 뚜렷하게 나타날 것이다. 아래는 그 상징적인 예이다.

● 사례 219, 남성, 25세

누구를 살해하고 싶었습니까? 제 의붓어머니요. 그녀는 제 존재를 시샘하고 자신에 대한 아버지의 애정이 저로 인해 영향을 받지 않을까 경계했어요. 그녀는 늘 자기 마음대로 하길 원했습니다. 항상 저한테서 뭔가 잘못된 점을 찾아내어 자기 기준에 맞게끔 고치려고 노력했어요. 만약 제가 말을 듣지 않으면, 아버지에게 일러서 가끔 체벌을 받게도 했습니다. 그녀가 어떤 방법을 써서 아버지로 하여금 저를 때리게 만드는지 알게 되었을 때, 이보다 더한 일도 일어날 수 있겠다는 생각이 들었습니다. 아버지가 보고 있지 않을 때, 그녀는 항상 저를 노려봤지만, 가족들 앞에서는 제게 매우 친절하게 대했습니다. 그러나 둘만 있을 때는 태도가 달라졌어요. 그녀가 절 어떻게 죽일지, 또 실제로 절 죽이려 했는지는 모릅니다. 다만 저는 그런 일이 명백히 일어날 수 있었을 거라 생각했습니다. 저는 집에서 잠을 자는 게 싫었습니다. 만일을 대비해 항상 제 방문을 꼭 잠갔습니다. 저는 어린아이에 지나지 않았고 아버지는 절 믿어 줄 것 같지 않았습니다.

어떤 경우, 그녀가 당신을 죽였을 것 같습니까? 만약 제가 그녀에 맞서서 집안에 문제를 일으키기 시작했다면 그랬을지도 모릅니다.

동화 속에 잔혹한 계부보다 사악한 계모가 훨씬 더 많이 등장한다는 사실은 우리의 호기심을 자극한다. 사악한 계모에 대한 이야기가 만연한 이유를 두 가지 방식으로 설명할 수 있을지도 모르겠다. 첫 번째 설명은 과거 인류는 계모와 사는 경우가 오늘날보다 훨씬 많았다는 것이다. 과거에는 많은 여성들이 출산을 하던 중 죽었다. 아이와 함께 남겨진 남성은 재혼을 했다. 두 번째 설명은 마틴 데일리가 제공한 것이다. "잔인한 계모의 이야기를 아이들에게 들려주는 사람은 친엄마들이다. 그들은 아이들에게 계모가 얼마나 무시무시한 존재인지 말함으로써 '너에게 일어날 수 있는 가장 나쁜 일은 내가 사라지고 네 아빠가 나를 대체하는 거란다.'라는 부가적인 메시지를 전달한다."[38]

자식이 부모를 살해할 때

소포클레스의 유명한 희곡 『오이디푸스 왕』에서 아들은 자신의 아버지라는 사실을 모르는 채 아버지를 살해하고 왕이 된다. 그 후 그는 역시 자신의 어머니라는 사실을 모르는 채 어머니와 결혼한다. 자신이 저지른 이 비극적인 일을 깨달았을 때, 그는 칼로 자신의 두 눈을 찔러 봉사가 되어 유랑의 길을 떠난다. 이 매력적인 이야기는 '오이디푸스 콤플렉스'라는 프로이드의 이론이 생겨나도록 자극했다. 프로이드는 오이디푸스 콤플렉스에서 소년들은 자신의 아버지를 살해하고 싶어 하는 깊이 내재된 욕망을 갖고 있다고 단언했다. 그러나 현실에서 아이들이 자신의 부모를 살해하는 일은 거의 없다. 그리고 그들이 그런 일을 저질렀을 때, 대개 뚜렷한 이유가 존재한다.

디트로이트에서는 1년 동안 대략 400에서 500건의 살인 사건이 발생한다. 이중 부모 살해 사건은 겨우 4건에 지나지 않는다. 이 4건은 모두 10대 청소년에 의해 저질러진 것이며, 4건 중 3건의 가해자가 남성이었다. 부모 살해율에 있어 디트로이트는 미국과 유럽을 대표한다고 할 수 있다. 부모를 살해한 대부분의 아이들은 10대 소년들이다. 남녀 가해자의 비율을 따져 보면 대략 15 대 1 정도이다.[39] 희생자에서는 아버지가 어머니보다 두 배 정도 많이 나타난다. 부모 살해 사건은 전체 살인의 대략 1~2퍼센트에 해당하는 것으로 추정된다.[40]

대부분의 사건에서 아버지는 어머니를 학대하며, 자식은 어머니를 보호하려다 살인을 저지르게 되는 것으로 나타났다. 아래 사건도 그와 같은 경우였다.

1월 둘째 주 일요일 오후, 희생자(남성, 46세)는 집 안에서 근거리에서 쏜 한 발의 총에 의해 살해되었다. 가해자(남성, 15세)는 희생자의 아들이었다. 정황은 수사관들에게 익숙한 것이었다.

모래 분사자로 근무하는 희생자는 폭력 전과 두 건을 포함해 전과가 있는 사람이었다. 집안은 폭력의 집합소 같았다. 희생자는 평소 자기 아내와 아들을 구타해 왔으며, 결국 자신의 목숨을 앗아 간 총으로 그들을 위협하고는 했다. 과거에 그는 자기 아내를 총으로 쏜 적도 있었다. 사건 당일, 희생자는 술에 취해 자기 아내를 "암캐", "창녀"라 비하하며 그녀를 구타하고 있었다. 그의 아들은 이 긴 학대의 역사를 끝내기 위해 행동했다.[41]

디트로이트에서 발생한 다른 3건의 사건들도 놀랄 만큼 서로 비슷했다. 모든 사건에서 살인이 일어나기 전 아버지가 어머니를 마구 때렸으며, 그러한 구타가 오랫동안 만성적으로 행해지고 있었다. 따라서 사건을 촉발시킨 원인은 단지 그날 일어난 한 번의 폭행이 아니었다. 각각의 경우에 10대 청소년들은 가족의 총을 손에 넣고 아버지를 멈추게 하기 위해 그것을 사용했다.

살인 판타지에 대한 연구에서도 비슷한 주제를 발견할 수 있다. 아래 사례들을 참고하라.

● 사례 P233, 남성, 22세

누구를 살해하고 싶었습니까? 제 친아버지요. 그는 항상 어머니와 형을 때렸습니다. 그들을 때리는데 싫증이 나면 저도 때렸습니다. 그는 알코올 중독자이자 마약 중독자, 간통범, 도박꾼, 사기꾼, 도둑이었습니다. 그가 때릴 때마다, 저는 그를 죽이고 싶었습니다.

어떤 방법을 사용할 생각이었죠? 그가 우리를 위협할 때 사용하는 칼로 죽을 때까지 그를 찌르고 싶었습니다.

왜 그를 살해하지 않았습니까? 그가 너무 무서웠고, 그 일로 인해 무슨 일이 일어날지 두려웠기 때문에 결코 그에게 실제로 상처를 입힐 수는 없었습니다.

어떤 경우, 그를 살해하게 될 것 같습니까? 그는 우리를 때리고 난 뒤 집을 나갑니다. 폭행 후, 집에 오래 머무르지 않기 때문에 저는 아무것도 할 수 없었습니다. 하지만 만약 그가 집을 떠나지 않는다면, 무슨 일을 하게 될지 저도 잘 모르겠습니다.

● 사례 S629, 남성, 20세

누구를 살해하고 싶었습니까? 제 친아버지요. 당시 그는 43살이었습니다. 몇 년 전, 대학에 다닐 때, 저는 공부에 흥미를 잃기 시작했습니다. 자연히 성적이 떨어지기 시작했고, 아버지는 매우 기분이 상했습니다. 그는 저를 이해하지 못하고 혼내기 시작했습니다. 한번은 그가 허리띠를 뽑아 그걸로 저를 때렸습니다. 솔직히, 그는 제가 스스로 쓸모없다고 느낄 때까지 말로써 저를 학대하곤 했습니다. 저의 '남성성'은 심하게 모욕받았습니다. 심지어 그는 제게 저주를 퍼붓고 자신의 명예를 지키기 위해 저를 죽이고 말 거라고 맹세까지 했습니다. 그 말에 저는 몹시 화가 났습니다. 제가 먼저 그를 죽이고 싶어졌습니다.

어떤 방법을 사용할 생각이었죠? 총으로 그의 머리를 쏠 생각이었습니다.

왜 그를 살해하지 않았습니까? 어쨌든 그는 제 아버지입니다. 제가 다시 공부를 잘 하게 되자 저에 대한 태도도 나아졌습니다.

자신을 향한 것이든 다른 가까운 친족을 향한 것이든 아버지의 육체적인 학대는 부모 살해 판타지의 가장 큰 촉발 원인으로 나타났다. 신체적 학대로부터 자기 자신이나 친족을 보호하는 것 이외에도 살인을 유발하는 다른 두 가지 핵심 요인이 존재했다. 이들은 진화 경쟁의 논리에 부합하는 것으로 그중 하나가 아버지가 외도를 하는 상황이었다.

● 사례 E17, 남성, 21세

아버지를 살해할 생각을 했습니다. 당시 그는 49살이었는데 어머니를 속이고 바람피우고 있었습니다. 젊은 여자를 만나 정사를 벌인 일이 들통 나자 그는 어머니와 이혼하고 우리를 가난 속에 내팽개쳤습니다.

어떻게 그를 죽일 생각이었습니까? 야구 방망이로 그의 머리를 내려치고 싶었습니다. 이런 생각은 약 150일 동안 거의 매일 10분에 한 번씩 떠올랐습니다.

그래서 실제로 어떤 행동을 했습니까? 그의 타이어를 펑크 내고 차 문을 잠가 버렸습니다.

아버지가 자신을 버린 데에 대해 훨씬 선명한 살인 판타지를 묘사한 경우도 있었다. 아버지에게 버림받음으로써 그와 어머니는 심각한 타격을 입었다.

● 사례 148, 남성, 18세

누구를 살해하고 싶었습니까? 저와 어머니를 버린 친아버지요. 그는 어머니에게 너무나 지독하게 굴었습니다. 아버지에게는 다른 가족이 있었는데 저는 그들을 본 적도 있습니다. 아버지는 어머니의 감정을 유린하고 아이를 혼자 키우게 놓아둔 채 어머니 곁을 떠났습니다. 우리는 심각한 경제적 위기에 빠져 있었습니다. 저는 항상 어머니가 우는 것을 보았습니다. 어머니는 결코 제게 그가 한 짓이나 그의 이름을 말해 준 적이 없었지만 저는 알았습니다. 어떻게 여자 혼자 그렇게 내버려두고 떠날 수가 있습니까? 저는 새 신발을 사고 싶었습니다. 제 신발은 벌써 찢어져 너덜거리고 있었습니다. 어머니는 말했습니다. "미안하다, 애야. 우리가 할 수 있는 건 단지 기도하는 것밖에 없구나. 계속 기도해라. 그러면 하느님이 우리에게 필요한 것을 모두 주실 거야."

저는 가난을 다루는 방법을 배웠습니다. 저는 반항적인 아이였지만 결코 어머니에게는 반항하지 않았습니다. 마음 깊이 분노가 계속 쌓여 갔습니다. 저는 뒤뜰에서 돌을 던지며 울분을 가라앉혔습니다. 할머니가 제게 샌드백을 사 주셨는데, 저는 그것을 부숴 버렸습니다. 할머니는 저를 유도 교실에 보냈습니다. 또래 아이들 중에서 제 실력이 제일 좋아서 저는 경기에서 이기고 검은 띠를 땄습니다. 11살 때 저는 미식 축구를 하기 위해 킥 복싱 교실을 그만두었습니다. 미식 축구 팀에서 제가 6학년 후배들을 보호해 주었기 때문에 저는 8학년 형들한테 단체로 얻어맞았습니다. 저는 주장이 되었고 누구도 저를 건드리지 못했습니다. 저는 항상 싸움을 했고 항상 이겼습니다. 어느 날 집에 돌아와 어머니를 보고 저는 어머니가 얼마나 지쳤는지 또 얼마나 많이 일해 왔는지 알게 되었습니다. 마음이 너무 아프고 화가 나서 미식 축구 연습 중에 모든 사람에게 화풀이를 하고 말았습니다. 그때 저는 이 분노를 친아버지에게 풀어야만 한다고 생각했습니다.

어떻게 그를 죽일 생각이었습니까? 무릎으로 그의 얼굴을 뭉개 버리고 싶었습니다. 그리고 굶주린 동물로 가득 찬 우리 안에 그를 남겨 놓습니다. 그의 성기를 잘라내 갈은 뒤 그에게 마시게 할 생각도 했습니다. 또 저는 무릎으로 그의 얼굴을 찍고 그가 정신을 잃을 때까지 야구 방망이로 마구 두들겨 팬 후 굶주린 동물들에게 먹이로 줘 버리는 상상도 했습니다.

그래서 실제로 어떤 행동을 했습니까? 신께 기도했습니다. 제가 그런 생각을 하지 않게 하시길, 또 제게 힘을 주시길 기도했습니다. 그리고 이런 생각을 한 저를 용서하시며 저 또한 아버지를 용서하도록 만들어 달라고도 기도했습니다.

어떤 경우, 실제로 그를 살해할 수 있을 것 같습니까? 만약 그가 어떤 방식으로든 제 어머니를 건드리거나 다치게 하려고 시도한다면 그럴지도 모르겠습니다.

때때로 부모가 아이와 그 친족들에게 입히는 손실은 학대와 유기를 넘어서는 것이다. 우리가 조사한 사례 중 2건이 아버지한테서 받은 상상조차 할 수 없는 상처 때문에 아버지를 살해하길 원했다.

● 사례 HA69, 여성, 20세

누구를 살해하고 싶었습니까? 제 친아버지요. 지금 그는 40대입니다. 제가 5살 때, 그는 제 친어머니를 살해했습니다. 이따금 저는 그가 감옥에서 나올 가능성에 대해 생각하고는 합니다. 저는 그가 풀려나지 않고 죽었으면 합니다.

어떻게 그를 죽일 생각이었습니까? 단 한 가지 방법밖에 생각할 수 없었습니다. 그가 엄마를 죽인 방식대로 저도 푸주 칼로 그를 찔러 죽일 생각을 했습니다.

부모의 학대 및 유기, 그리고 다른 극단적인 상처들이 아이들로 하여금 부모 살해 판타지를 머릿속에 그리게 만들었다. 우리 연구에서, 친부모를 죽일 생각을 한 남녀의 성비는 거의 비슷하게 나타났지만 생각대로 행동하는 경우는 남성이 더 많았다. 실제로 대부분의 부모 살해범은 남성이다. 1974년에서 1983년 사이에 캐나다에서 발생한 155건의 부모 살해 사건 중에서 88퍼센트가 아들에 의해 발생한 것이었으며, 12퍼센트만이 딸에 의해 발생하였다.[42]

우리 연구에 참석한 여성들 중 소수만이 친어머니를 살해하는 상상을 선명하게 표현했다. 이들의 살해 동기는 예외 없이 친모에 의한 신체적, 심리적 학대였다. 아래 사례들은 일부 엄마들이 자기 딸들에게 가하는 심리적인 고통을 보여 준다.

● 사례 S494, 여성, 23세

누구를 살해하고 싶었습니까? 친어머니요. 그녀는 올해 39살입니다. 그녀는 늘 심술궂은 말을 했어요. 특히 제 감정을 상하게 하기 위해서 말이죠. 아주 어릴 때부터 저는 듣지 말았어야 할 심술궂고 가혹하고 거친 말들을 들으며 자랐어요. 어렸을 때, 그녀는 제게 "사실 누구도 널 좋아하지 않아. 아버지도 너를 사랑하지 않았어. 너만 없으면 재혼해서 내 삶을 찾을 수 있을 텐데. 넌 정말 큰 짐이야."와 같은 말들을 했어요. 그녀는 하루 종일 제게 잔소리를 하며 끊임없이 불평을 늘어놓았고, 다른 사람들 앞에서 저를 난처하게 만들며 제게 모욕을 줬어요. 그녀는 사람들 앞에서 저를 때리기도 했어요. 제가 나이가 들자, 그녀는 저를 '창녀'나 '암캐'라고 불렀어요. 또 제가 단정치 못하며 아무짝에도 쓸모없는 사람이 될 거라고 말했죠. 저는 성자는 아닐지 몰라도 그렇다고 그녀가 주장하는 그런 일을 할 사람도 아니에요.

어떻게 그녀를 죽일 생각이었습니까? 첫째, 전화선으로 그녀를 단단히 묶어요. 둘째, 그녀가 늘 제게 윽박지르던 말들을 똑같이 그녀에게 소리쳐 줘요. 셋째, 그녀가 얼마나 무력한 존재인지를 봐요. 넷째, 그것을 즐기죠. 그리고 마침내 다섯째, 망치로 그녀를 내려치거나 칼로 조각조각 베어 버려요.

왜 그녀를 살해하지 않았습니까? 곰곰이 생각한 결과, 그런 일을 하고도 벌을 받지 않는 건 거의 불가능하다는 결론을 내렸어요. 제가 그 일에 성공하지 못하면 대신 그녀가 저를 죽일 거라는 것도 두려웠구요. 격발한 순간이 아니면 저는 그런 일을 저지를 수 없어요. 그리고 그녀를 증오하는 만큼 많이 사랑한다는 사실을 깨달았어요.

어떤 경우, 실제로 그녀를 살해할 수 있을 것 같습니까? 저는 충분히 이성적인 사람이에요. 살아오면서 여러 번 인내의 한계를 느꼈지만 그녀는 여전히 살아 있죠. 정말로 그녀를 죽이고 싶었지만 칼이 바로 옆에 있었더라도 그것을 집지는 않았을 거예요. 하지만 때때로, 제가 경험한 것이 정말 극한의 상황이었는지 의심해 보기도 해요. <u>아마도 최악의 경우는 아직 오지 않은 것 같아요.</u> 따라서 제가 그런 일을 저지를지 현재로선 결코 알 수 없죠.

어머니가 입힌 심리적 상처 때문에 누구도 자신을 사랑하지도, 원하지도 않으며, 상처 입고 부당하게 취급받았다는 감정을 갖게 된 이 여성의 사례를 읽고 깊은 슬픔을 느끼지 않을 사람은 없을 것이다. 이 사례는 앞서 다이앤 다운스와 수잔 스미스의 사건에서 발견했던 주제를 되풀이해서 들려준다. 그녀들에게 아이들은 짝짓기 시장에서 새로운 사랑을 찾는 데 방해가 되는 존재였다. 새로운 사랑을 위해 아이들을 살해하기까지 그녀들은 수천 가지 상황 속에서 엄청난 학대를 아이들에게 가했다. 위에 인용된 여성의 경우처럼 이제 23세 된 여성이 칼이나 망치를 들고 자신의 엄마를 쫓아다닐 가능성은 확률적으로 거의 없다. 그러나 그럼에도 불구하고 그녀는 상황이 더 나빠질 수 있으며, 그녀의 살인 충동이 어느 날 자신을 극한으로 몰아넣을 가능성을 완전히 배제하지 않았다.

카인과 아벨

인류의 조상인 이브가 카인과 아벨을 낳았을 때, 그녀는 그들과의 사이에 딸을 한 명씩 더 낳았다. 절대자는 자신의 전령인 아담에게 명령했다. "자손의 번성을 위하여, 카인에게는 아벨과 낳은 소녀를 주고, 아벨에게는 카인과 낳은 소녀를 주거라." 아담은 절대자가 시키는 대로 했다. 그러나 카인에게서 태어난 소녀가 훨씬 더 아름다웠다. 카인은 간청했다. "오, 아버지, 그에게서 태어난 소녀가 그의 것이 되게 하시며, 저에게서 태어난 소녀가 저의 것이 되게 하소서." 아담은 대답했다. "절대자께서 그 반대로 할 것을 명하셨네." 그러나 카인은 그녀를 너무나 사랑해서 도저히 포기할 수 없었다. 그래서 그는 아벨을 살해하고 말았다. 결국 여성 때문에 인류의 첫 피가 땅 위를 적시게 된 것이다.[43]

형제 살해는 매우 드문 사건이다. 그 몇 안 되는 경우조차 거의 남자 형제간에 일어난다. 디트로이트에서 1년간 발생한 508건의 살인 사건 중 형제간에 일어난 살인 사건은 총 7건으로, 전체의 겨우 1.4퍼센트에 지나지 않았다.[44]

그럼에도 형제 살인은 인류의 역사 동안 내내 주요한 테마가 되어 왔다. 농경 사회에서는 대체로 아들 한 명이 가족의 농장을 물려받으며, 다른 자녀들은 상속에서 완전히 배제된다. 그래서 농경 사회에서는 형제간의 살인이 훨씬 빈번하게 일어난다. 비손 혼 마리아 족에서는 남자 형제간 살인이, 107건의 전체 살인 중 7.5퍼센트에 해당하는 것으로 나타났다. 인도의 빌 족에서는 6퍼센트, 문다와 오라온 족에서는 10퍼센트가 형제 살인에 해당하는 것으로 나타났다.[45] 물론, 이 사회에서 땅은 생존과 번식을 위한 중요한 자원이다. 이는 짝짓기와 살해 동기 간에 긴밀한 연결 관계를 다시 한번 수립시켜 준다.

형제 살인의 전형적인 사례는 세 명의 문다 형제들, 바하두 싱 문다와 수만 싱 문다, 마단 싱 문다 사이에서 일어난 사건에서 찾을 수 있다.[46] 바하두가 셋 중 장자였다. 그들은 모두 함께 살았다. 아버지가 돌아가신 후 바하두는 즉시 재산의 절반을 가진 후, 나머지 절반을 다른 두 형제들에게 나누어 주었다. 이는 수만과 마단을 매우 화나게 만들었다. 그들은 형이 자신들의 공정한 몫을 빼앗아 갔다고 생각했다. 토지와 거기에 수반되는 자원들은 아내와 무희인 나차리들을 유혹하는 데 매우 중요했다. 문다와 오라온 족의 부유한 남자들은 대개 한 명 이상의 나차리들을 거느렸다. 나차리들은 아름다운 춤과 성적인 봉사로 그들을 즐겁게 해 준다. 수만과 마단은 그들의 형을 무서워했다. 바하두는 폭력적인 사람이었고 그의 두 동생들을 지배해 왔다. 그래서 잠시 동안 수만과 마단은 불공평한 토지 분배를 참았다. 마침내 수만은 용기를 내어 가족 재산의 공평한 분배를 요구했다. 그는 마을의 연장자들에게 이 사례를 고발하고 그들의 지지를 얻는 대담한 조치를 취했다. 수만은 마을 회의를 소집해 재산 분쟁에 대한 판결을 내리게 하겠다고 바하두를 위협했다. 바하두는 이 일련의 사건들에 당황했고 자신에게 도전하려는 동생의 건방진 태도에 격분했다. 경고도 없이 그는 화살로 수만의 가슴을 쐈다. 수만은 그 자리에서 즉

사했다.

진화적 관점에서, 형제 살해는 매우 드문 일이어야만 한다. 왜냐하면 친형제는 서로 유전자의 절반을 공유하기 때문이다. 따라서 형제와 자매 사이에는 강한 우애가 진화되었다.[47] 그러나 공유하지 않은 나머지 절반 때문에 잠재적인 갈등이 싹트게 된다. 부모의 자원은 대개 한정되어 있다. 그래서 형제들은 때로 그 자원을 차지하기 위해 서로 경쟁하게 된다. 형제간의 맹렬한 갈등에 대한 우화는 인간의 역사에 계속 등장한다. 성서의 「창세기」에는 다음과 같은 일화가 적혀 있다. "요셉은 노년에 얻은 아들이므로 이스라엘이 여러 아들보다 그를 깊이 사랑하여, 위하여 채색 옷을 지었더니 그 형들이 아비가 형제들보다 그를 사랑함을 보고 그를 미워하여 그에게 언사가 불평하였더라."

이 이야기들에서 형제 살해의 동기는 거의 항상 자원을 둘러싸고 나타난다. 이 자원들은 궁극적으로 여성을 유혹하는 데 중요하게 쓰이는 것들이다. 성서에 나타난 카인과 아벨에 대한 이야기는 형제간의 갈등 심리에 대한 자세한 청사진을 제시해 준다. 카인은 토지와 여자 때문에 자신의 형제인 아벨을 살해했다. 그리스의 신 제우스와 인간 여성 엘렉트라 사이에 태어난 아들인 다르다누스는 왕국을 차지하기 위해 자신의 형을 살해했다. 그리고 새로 얻은 자원을 트로이 왕국을 건설하는 데 사용했다. 왕위를 계승하기 위한 형제 살해는 유럽 역사에서 공통적으로 나타난다.

역사적 증거 이외에도, 우리는 타살 공포에 대한 연구에서도 비슷한 주제가 나타나는 것을 발견했다. 아래 사례는 유산 문제로 자신의 형제를 속인 사실을 매우 솔직하게 인정한 한 남자에 대한 것이다.

● 사례 S489, 남성, 47세

누가 당신을 살해할 거라고 생각했습니까? 올해 34살인 제 동생이요. 부모님이 돌아가셨을 때, 저는 농장을 팔았습니다. 동생은 자신의 몫을 요구했지만 저는 거절했습니다. 그는 언젠가 저를 죽이겠다고 단언했습니다.

그가 당신을 어떻게 살해할 거라 생각했습니까? 어느 날 그가 집으로 찾아와 저를 살해할 거라 생각했습니다.

살해되지 않기 위해 무엇을 했습니까? 아무것도 하지 않았습니다.

왜 그런 행동을 했습니까? 제가 나빴기 때문입니다.

대부분의 사람들은 사기를 치거나 물건을 훔칠 때 자신을 합리화시키려 한다. 그러나 이 남자는 자신의 잘못을 솔직하게 인정했다. 또 그로 인해 자신의 형제에게 살해당할지 모른다고 예측했다. 물론, 현대의 많은 형제 살해들은 왕국이나 토지 구획, 상속보다 훨씬 작은 재산을 둘러싸고 일어난다. 캔자스시티의 한 남자는 그들이 발견한 금니를 판 현금을 누가 가질 것인가 논쟁하다 자신의 형제를 살해했다. 가나에 있는 한 남자는 자신의 혼담을 성사시키는 데 실패했다는 이유로 형제를 쏘아 죽였다. 인도의 방갈로르에서는 16세 된 소년이 고작 미국 화폐 2달러의 가치가 있는 몇백 루피 때문에 23세 된 형을 살해했다. 물론, 이 모든 사건들에 자원을 둘러싼 형제간의 오랜 갈등의 역사가 있었을지도 모른다. 사소한 돈을 둘러싸고 벌어진 논쟁 같은 표면상의 이유는 단지 축적된 긴장을 폭발시키는 계기가 되었을지도 모른다.

우리는 살해되는 것에 대한 사람들의 공포를 연구하면서 나이 많은 형제에게 당한 심한 신체적 학대로 고통스러워하는 사례를 여러 번 접했다. 어떤 사람은 자신의 형이 베개로 자신을 질식시키려 시도했다고 보고했다. 이러한 형의 시도는 거기서 벗어나기 위해 형을 발로 걷어찰 때까지 계속되었다. 또 다른 남성은 그의 형이 "이제 죽겠구나라는 생각"이 들 때까지 자신의 머리를 물 속에 쳐 박았다고 고백했다. 아래 사례는 이와 비슷한 놀라운 경우이다.

● 사례 132, 남성, 19세

누가 당신을 살해할 거라고 생각했습니까? 제 형이요. 그는 완전 얼간이입니다. 그 일이 일어날 때까지 저는 무슨 일이 벌어질지 아무 생각도 없었습니다. 그의 눈이 이전에도 여러 번 보았던 광기로 번뜩이는 것을 보았을 때 저는 도망쳐야 한다는 걸 알았습니다. 우리는 바닷가에 있었습니다. 형과 저는 서핑을 하다가 해변에 계시는 아버지와 얘기하기 위해 막 뭍으로 돌아온 참이었습니다. 모두 웃고 떠들며 화기애애한 분위기였습니다. 마침내, 화제가 저와 형의 경쟁에 대한 것으로 바뀌었습니다. 제가 공부 벌레였다면 형은 운동선수였지요. 결국 화제는 둘이 싸우면 누가 이길까에 대한 것으로 바뀌었습니다. 제가 질 게 뻔했기 때문에 저는 그 화제를 얼른 피해 갔습니다.

그 후 우리는 바다로 되돌아갔습니다. 물 속에 무릎까지 막 넣었을 때, 형이 절 붙잡고 헤드락을 걸었습니다. 그러고는 반복해서 저를 물 속에 집어넣었습니다. 그때까지 저는 머리에서 발끝까지 완전히 마른 상태였습니다. 차가운 물에 처음 몸이 닿을 때, 사람들은 숨을 헐떡이게 됩니다. 저는 숨이 막혔지만 형은 저를 물에 집어넣을 때마다 점점 더 오래 저를 붙잡고 있었습니다. 아버지는 그게 단지 놀이라고 생각하셨던 것 같습니다. 하지만 잠시 후, 아버지는 만약 자신이 말리지 않으면 형이 결코 멈추지 않으리란 걸 깨달았습니다. 그래서 형을 제지했습니다. 만약 그 해변에 저와 형 둘밖에 없었다면, 무슨 일이 벌어졌을지 생각만 해도 끔찍합니다. 의심할 바 없이 그는 제가 더 이상 움직이지 않을 때까지 계속해서 저를 물 속에 쳐 박았을 겁니다. 저는 그가 정말 화가 나면, 눈에 살기를 띠면서 표정이 없어지는 걸 압니다. 이 표정이 외골수적인 결단력과 합쳐지면 무슨 일이 일어날지 정말 섬뜩합니다.

살해되지 않기 위해 무엇을 했습니까? 아무것도 하지 않았습니다. 그는 저보다 훨씬 강했던 데다 저는 매우 불리한 위치에 있었습니다. 저는 그에게 저항할 수 없었습니다. 차가운 물로 인한 쇼크 때문에 사지가 약해진 데다 상체 팔의 힘이 원래 약했기 때문입니다. 아버지가 그를 제게서 떼내 줬습니다.

위 사례에 나타난 것처럼, 형제에 대한 살의가 다 여자나 토지 혹은 다른 유형 재산들 때문에 생기는 것은 아니다. 또 다른 공통된 원인은 바로 '시기'이다. 위 사건의 경우에는 형제에 대한 시기가 주요 원인으로 작용했다. 시기는 특히 자매들 사이에서 강하게 나타난다. 우리가 연구한 사람들 중 세 명의 여성이 자매를 살해할 생각을 가진 적이 있다고 털어놓았다. 한 명은 부모와 심각한 문제를 일으키기 위해, 다른 한 명은 성적과 운동에 있어 자매를 능가하기 위해, 그리고 고등학교에서 동창회 여왕으로 뽑히기 위해, 마지막 한 명은 11세 때 동생이 태어나 부모의 관심이 모두 그녀에게 쏠렸을 때 질투심을 느껴서 자매를 살해할 생각을 했다고 설명했다. 이중 마지막 사례에서 피험자는 엄마가 자기에게 아기를 목욕시키라고 명령했을 때 뜨거운 욕조에 빠뜨려 동생을 데게 하고 싶다는 생각을 했었다고 이야기했다. 한 여성은 "제가 그녀보다 더 예쁘고 더 똑똑하기 때문에" 자매에게 살해당할 것을 두려워했다. 그녀는 자매가 자신의 얼굴에 염산을 부을지 모른다고 생각했다.

몇몇 문화에서는 '명예 살인'이라는 무시무시한 전통이 존재한다. 이는 형제들이 '집안의 명예'를 지키기 위하여 자매를 살해하는 전통이다. 이러한 경우에는 항상 부정이나 난혼이 개입된다. 요르단 왕국의 수도인 암만에서는 누나가 여러 번 결혼했거나 성적으로 난잡할 때 남동생이 집안의 치욕을 없애기 위해 그녀를 칼로 찔러 살해한다. 한 요르단 남성은 그의 누이가 가족의 반대에도 불구하고 이집트 남성과 결혼했다는 이유로 그녀를 칼로 25번이나 찔러 죽였다. 당시 그녀는 임신 8개월의 상태였다. 그리고 45세 된 인도 남성 뭄타즈 알리는 32세 된 동생 아쉬크 알리가 자신의 아내와 정사를 벌이고 있었다는 걸 알아채고 동생을 칼로 찔러 살해했다.[48] 가족 혹은 일족 전체가 미래의 지위, 명예, 번식 기회를 위태롭게 할 엄청난 불명예로 고통 받고 있을 때 그들은 살인이 친족의 명예를 회복시켜 주리라고 믿는다.

가족 내 살인이 모두 살인의 적응 이론을 따라 발생하는지는 분명하지 않다. 자신의 다섯 아이를 모두 익사시킨 안드레아 예이츠의 경우나 뉴스에서 여러 번 들은 적이 있는 일가족을 몰살하고 자살한 남자의 경우처럼 일부 사건들은 질병의 산물이라고 할 수 있다. 이들은 모두 심리 회로가 제대로 기능하지 않았다는 신호를 보여 준다. 모든 신체 기관과 심리 기제들처럼 살인 회로도 때로 잘못 작동할 수 있다.

질병에 의해 일어난 살인들은 모두 살인자 자신의 번식 성공에 손상을 입힌다. 그리고 인간 역사에서 이런 일들이 일어날 때마다 살인자의 번식 성공에 손상을 입혀 왔을 것이다. 그러나 가족 내 살인의 전반적인 양상은 우리 이론에 매우 잘 부합한다. 긴장의 근원이 가족 내에 존재한다는 사실을 인정하면 이러한 살인이 더 많이 발생하는 것을 피할 수 있다.

이 장에서, 나는 이웃의 살인자가 아닌 아버지와 어머니, 계부와 계모, 형제와 자매 등 말 그대로 우리 집 안에 숨어 있는 살인자들에게 집중했다. 다음 장에서는 좀 더 영역을 넓혀 인간 사회의 계층을 다룰 것이다. 또한 연쇄 살인범이나 집단 학살 같은 특별한 경우들을 살펴볼 것이다.

8장 지위와 명예
The Murderer Next Door

"자신의 명예를 모욕당하고도 보복하지 않을 때 겪는 괴로움은 님싱으로서 생식력이 없다는 사실을 인정하는 것과 같다."

— J. 귈래스, 『격정의 범죄』[1]

"그러므로 우리는 남성의 본성에서 분쟁을 일으키는 세 가지 기본 원인을 찾을 수 있다. 첫째는 경쟁이며, 둘째는 자신감 부족, 셋째는 명예이다. 첫 번째 원인에서 남성은 다른 사람들, 아내, 자식, 가축들의 지배자가 되기 위해 폭력을 사용한다. 두 번째 원인에서 그는 자신을 보호하기 위해 폭력을 사용한다. 세 번째 원인에서 남성은 그들 자신이나 집안사람, 친구들, 국가, 직업, 가문 등을 향하는 말 한마디, 웃음, 선택의 차이, 얕보는 듯한 태도 등 사소한 것들 때문에 폭력을 사용한다."

— 토머스 홉스, 『리바이어던』[2]

나의 집이자 일터인 텍사스의 주도(州都) 오스틴은 한가롭고 평온하며 즐거움을 추구하는 도시로 평판이 나 있다. 자동차 범퍼에 붙어 있는 스티커들이나 티셔츠들에는 "오스틴을 특별나게"라는 말이 쓰여 있다. 오스틴은 나이 든 히피들이 공공연히 마리화나를 피우며 늙은 조랑말의 꼬리를 갖고 장난을 치는 관대한 도시다. 비슷한 크기의 다른 도시와 비교할 때 오스틴의 범죄율은 상대적으로 낮으며, 수입의 수준과 삶의 질은 더 월등하다. 그러나 오스틴에도 역시 이웃집 살인마가 존재하고 있다.

2000년 10월 6일 금요일 밤, 번화가의 세련된 구역에 위치한 클럽, 부두 룸에서 폭력 사건이 발생했다. 마이크 애델먼은 하루 일과를 마치고 친구들과 맥주를 마시며 한 주간의 피로를 푸는 중이었다. 그는 손을 뻗어 춤을 추고 있던 킴벌리 할리의 엉덩이를 장난스럽게 건드렸다. 킴벌리는 격하게 화를 냈다. 그녀는 핸드폰의 단축 번호를 눌러 남자 친구인 크리스토퍼 마쉬에게 전화를 걸었다. 그러고는 마이크가 자신의 엉덩이를 부적절하게 건드렸던 일에 대해 화를 내며 말했다. 크리스토퍼는 미친 듯이 차를 몰고 부두 룸으로 달려왔다. 그는 공개적인 사과를 요구하며 마이크와 대면했다. 마이크는 그저 그를 비웃으며, 그의 여자 친구와 동료들 앞에서 그를 무안하게 만들었다. 그걸로 갈등이 끝난 것처럼 보였다. 한 목격자에 따르면, 크리스토퍼 마쉬와 킴벌리 할리가 떠난 뒤에도 마이크 애델먼은 계속 저녁을 즐기며 남아 있었다고 한다. 새벽 2시 30분쯤, 마이크는 집에 가려고 일어섰다.

오스틴의 따뜻한 가을밤을 즐기며, 마이크는 집을 향해 천천히 차를 몰았다. 그는 자존심이 상한 크리스토퍼가 옆자리에 킴벌리를 태운 채 자신을 쫓아오고 있다는 사실을 눈치 채지 못했다. 크리스토퍼는 뒤에서 조심스레 거리를 유지하며, 끓어오르는 화 때문에 어쩔 줄 모르고 있었다. 그의 차 뒷좌석에는 금속제 야구 방망이가 놓여 있었다. 크리스토퍼는 마이크를 쫓아 그의 아파트까지 따라왔다. 마이크가 차를 주차시키느라 바쁜 동안, 크리스토퍼는 잰 걸음으로 그를 추월해 덤프스터(금속제의 대형 쓰레기 수집 용기의 상표명 — 옮긴이) 뒤에 숨어 그를 기다렸다.

마이크가 덤프스터 옆을 지나칠 때, 숨어 있던 크리스토퍼가 튀어나와 금속제 야구 방망이로 그를 공격했다. 방심하고 있던 마이크는 자신을 방어할 수가 없었다. 부검 결과, 그의 몸 위에 방망이 자국이 9~10군데 정도 발견되었다. 한 목격자에 따르면, 크리스토퍼는 마이크가 의식을 잃고 땅 위에 쓰러진 뒤에도 공격을 계속했다. 그의 분노는 그래도 가라앉지 않았다. 크리스토퍼는 마이크의 트럭 창문을 부수고, 그를 모욕한 후, 자리를 떠났다. 마이크는 다시 의식을 회복하지 못했다. 그는 닷새 후 사망했다. 두개골이 으스러지고 뇌가 사망한 상태였다. 붙잡혔을 때, 크리스토퍼는 그가 원했던 것은 단지 자신의 여자 친구를 손으로 더듬은 것에 대해 마이크로부터 공식적인 사과를 받는 것이었다고 주장했다.

크리스토퍼 마쉬가 마이크 애델먼을 살해한 상황은 그다지 특별하지 않다. 우리는 모두 이와 같은 분노의 폭발에 대해 이미 들은 바가 있다. 이들은 거의 항상 남성들 사이에서 나타나 통제 불가능한 폭력을 불러일으킨다. 사람들 앞에서 남자의 지위를 모욕하는 것은 매우 위험한 일이다. 이 사건에서는 동료들 앞이었기에 모욕감이 한층 더 배가 되었다. 왜 남성들이 겉보기에 사소해 보이는 공적인 모욕에 대해 살인을 저지를 정도로 격분하는지 이해하기 위해서는 반드시 지위, 명성 등 남성이 중요시하는 명예의 기저에 놓인 진화된 심리를 탐구해야만 한다.

지위 경쟁에 대한 진화적 논리

기본적인 사실은 지위가 없는 남성은 짝짓기 경쟁에서 패배자가 된다는 것이다. 다른 남성들은 벌을 받지 않고 그들을 학대할 수 있으며 그들에게서 돈을 빼앗고, 그들의 배우자를 몰래 유혹할 수 있다. 지위와 배우자 경쟁 사이의 복잡한 연관 관계에 대해 남성들은 매우 잘 인식하고 있다. 타살 공포에 대한 연구에서 발췌한 아래 사례는 이러한 연관 관계를 잘 드러내 준다. 이 사례에서 남성은 자신의 목숨이 위험하다고 느꼈지만 그럼에도 불구하고 자신의 주장을 굽히지 않았다.

● 사례 116, 남성, 랄프

누가 당신을 살해할 거라고 생각했습니까? 친구와 쇼핑몰 안을 돌아다니는 중이었습니다. 저는 한 방향으로 걷고 있었는데, 덩치 큰 흑인이 친구들과 함께 제 쪽으로 걸어왔습니다. 그때, 근처에는 아무도 없었고, 주위에는 지나갈 공간이 많았습니다. 제 친구는 벽에 가까이 붙어서 걷고 있었고, 저는 그녀와 보조를 유지하면서도 가능한 한 옆으로 많이 떨어져 걸어갔습니다. 어쨌든, 그 사내는 4~5명의 흑인으로 이뤄진 그 무리의 바깥쪽에 있었습니다. 우리는 거의 충돌할 정도로 가까운 거리에 있었지만 주변에는 빈 공간이 많이 남아 있었습니다. 그래서 저는 우리가 부딪치지 않을 거라고 생각했습니다. 그러나 계속 걷고 있자니, 그들이 점점 가까이 다가왔습니다. 하지만 저는 여자와 함께 걷고 있었기 때문에 얼간이 마초가 되어 버렸습니다. 그들에게 먼저 길을 내 주고 싶지 않았던 거죠. 그래서 그러지 않았습니다. 서로 스쳐 지나치면서 그 사내와 저는 꽤 거칠게 어깨를 부딪쳤습니다. 그건 완전히 제 잘못만은 아니었다는 걸 강조하고 싶습니다. 그 사내에게도 움직일 빈공간이 많이 있었는데, 그는 그러지 않기로 선택한 거였거든요.

아무튼 그는 뒤돌아보고 화가 났다는 표정을 지었습니다. 그리고 이때부터 상황이 점점 악화되기 시작했습니다. 그는 "죽여 버리겠어, 이 쌍놈아!"라고 소리를 질렀습니다. 사실 처음에 그는 단지 "똑바로 보고 다녀."나 그 비슷한 말을 하려고 했던 것 같습니다. 아무리 줄잡아 말하더라도, 제가 뭔가 다소 노골적인 말을 했기 때문에 그의 친구들이 모두 화가 나서 그를 선동하였습니다. 저는 그의 친구들 앞에서 그를 난처하게 만들었습니다. 그래서 그는 이 일을 그냥 지나칠 수 없게 되어 버렸습니다. 그는 "뭐라고 말했어? 이 망할 중국 놈아."라고 말하기 시작해서 "죽여 버리겠어, 이 쌍놈."으로 말끝을 맺었습니다. 물론 그 사이에 다른 말들이 많이 있었지만 그중 대부분이 허세를 부리고 겁을 주는 내용이었습니다. 예, 저는 물론 중국인이 아닙니다. 저는 그가 총이나 칼을 꺼내서 저를 쏘거나 찌를 거라고 생각했습니다.

어떻게 살해되는 걸 피했습니까? 칼이나 총으로 제가 예상한 무언가를 꺼내기 위해 그가 주머니에 손을 넣었을 때, 쇼핑몰 경비원이 나타나 우리를 제지했습니다.

무엇이 그로 하여금 실제로 당신을 살해하도록 몰아 갈 수 있었을 것 같습니까?
음……. 꽤 많은 것들이요. 제가 아는 한 우리는 이미 그 상황에 도달해 있었습니다.

평등한 가치에 대한 이상적인 전망과 낙관적인 기대에도 불구하고, 지위에 관한 한 모든 인간 사회는 엄격하며, 때로 좌절스럽기까지 한 규범을 적용한다. 진화의 역사 동안 모든 사회에는 지위 계층이 존재했다. 남성들에게 지위가 가져다주는 가장 큰 이점 중 하나는 바로 여성들이 지위에 매력을 느낀다는 점이었다. 사랑과 평화의 시대였던 1960년대와 1970년대에, 평등의 이상 위에 설립된 공산주의가 붕괴한 것은 많은 부분, 단단히 구축된 이 지위 규범의 속성 때문이었다. 비록 명시적으로는 모든 사람을 위한 자유연애를 강조했지만 공산주의 수장들은 지나치게 많은 여성과 관계를 가지려 했다. 여성들이 우두머리와 관계를 맺고자 훨씬 더 눈에 불을 켜고 찾아다녔기 때문에 이러한 유혹은 상호적인 것이었다. 동일한 남성을 두고 여성들 사이에 격렬한 경쟁이 발생했으며, 여성들의 관심에서 밀려난 남성들 사이에는 쓰디쓴 분노가 형성되었다. 사람들은 자신들이 지지한다고 공언했던 이상을 뻔뻔스레 훼손시키며, 사유재산을 축적하기 시작했다. 그 이상에는 모든 것을 공평하게 나누어 가진다는 것도 포함되어 있었다. 진정한 평등, 사유연애, 탈계급을 지향한 유토피아는 인간 본성의 무게로 말미암아 무너져 내리고 말았다.[3]

비록 명성에 대한 요구가 여성의 삶에서도 중요한 인자로 작용하지만, 지위를 획득하고 유지하는 것은 여성보다 남성에게서 훨씬 중요하게 여겨진다. 우리가 진화한 과거 환경에서 지위의 상승은 남녀 모두에게 더 많은 식량과 더 비옥한 토지, 우월한 사회적 협조를 가져다주는 것이었다. 그러나 지위는 남성들에게 부가의 선물을 하나 더 가져다주었다. 즉, 더 많은 수의, 훨씬 더 매력적인 배우자의 획득이었다.

남성이 높은 지위로부터 얻게 되는 짝짓기상의 이점은 수천 년간 여러 세대를 거쳐 되풀이되었다. 그러면서 남성들에게 자신의 자리를 넘보는 어떠한 잠재적인 위험도 경계하면서, 지위를 얻으려고 애쓰는 강력한 동기를 심어 주는 선택압으로 작용했다. 선택은 출세하려는 야망을 가지고 있으며, 최고의 자리에 오른 사람들을 면밀히 관찰하면서 그들처럼 되기 위한 최상의 방법들을 배우려 하고, 자신의 자리를 노리는 사람들을 주의 깊게 경계하는 남성들을 선호한다.

계층 간 타협 – 경쟁자 살해

계급을 높이려면 복잡하고 어려운 책략들을 사용해야 한다. 매 순간 장애물이 우리를 막아서는 것처럼 느껴진다. 일단 우리가 원하는 권력의 자리에는 이미 그 자리를 꿰차고 있는 이들이 존재한다. 이들은 대개 다른 사람들이 올라오는 것을 방해하며 자신의 위치를 고수한다. 또 사다리의 제한된 지위를 두고 경쟁하며 물리쳐야만 할 또래 집단들이 있다. 그걸로도 충분하지 않은지, 밑에서 치고 올라오는 젊은 사람들을 또한 경계해야만 한다. 사회 계층 내에서의 지위와, 번식을 위해 필요한 자원으로의 접근성 사이에 긴밀한 연관 관계가 존재하기 때문에, 지위 상승을 가로막는 많은 장애물들을 극복하기 위한 일련의 해결책들이 진화하지 않았다고 한다면 오히려 더 이상한 일일 것이다.

많이 사용되는 전술 중 하나는 말로써 경쟁자의 가치를 폄하하는 것이다. 하버드 대학교의 심리학자인 스티븐 핑커는 이 전술들이 교수 사회에서 매우 일반적으로 나타난다는 점에 주목했다. 교수들의 지위는 그들이 지닌 아이디어의 가치를 사람들이 어떻게 인식하는가와 큰 상관이 있다. 외부 사람들은 그 아이디어들이 영향력이 있는가 없는가, 증거들에 의해 뒷받침 되는가 아닌가 등 내적 가치만으로 존재하거나 쇠락하는 것이라 생각할지도 모른다. 그러나 학계가 누군가의 기여를 평가하는 방식은 그보다 훨씬 복잡하다. 핑커가 학술적인 아이디어에 대해 언급했듯이, "승자가 언어적 우세 전술을 사용하여 자신의 아이디어를 돋보이게 하는 일을 항상 싫어하지는 않는다. 이들이 사용하는 언어 전술 중에는 협박('확실히……'), 위협('……는 비과학적인 것이다.'), 권위('포퍼가 입증했듯이……'), 모욕('이 작업은 ~에 필수적인 정확성이 떨어진다.'), 과소평가('오늘날 ~에 대해 심각하게 생각하는 사람은 거의 없다.') 등이 포함된다."[4] 또 항상 "신랄한 질문, 날카로운 반격, 윤리적인 분노, 위축적인 독설, 격앙된 반박……"들이 존재한다.[5] 이 사례들은 말이 지위 전쟁에서 무기로 기능했다는 사실을 잘 설명해 준다.

전술의 연속체의 다른 쪽 끝에는 극단적인 전략인 살인이 놓여 있다. 현실의 번뇌에서 벗어난 상아탑으로 여겨지는 학계에서조차 살인은 자신의 출세를 가로막는 사람들을 제거하기 위한 하나의 해결책으로 고려될 뿐만 아니라 실제로 자행되기도 한다. 살인은 확실히 가장 적게 쓰이는 해결책이다. 그러나 학계에서 발생한 살인 사건에 대한 아래 사례들은 얼마나 많은 위험이 숨겨져 있는지를 드러내 준다.

1978년, 대학원생이던 테오도르 스트렐레스키는 담당 교수인 캐럴 드리우 박사의 뒤로 몰래 다가가 작은 쇠망치로 그녀의 머리를 가격했다. 12시간 후, 그는 도주자의 삶은 자신이 원하는 것이 아니라고 결정하고 경찰에 자수했다. 그의 살해 동기는 무엇이었을까? 그는 그 교수가 자신의 연구를 불공평하게 지체시켰다고 주장했다. 재판에서, 그는 그 교수를 살해한 것이 "논리적으로나 도덕적으로 옳은" 결정이었다는 자신의 입장을 고수했다.[6] 테오도르 스트렐레스키는 이급 살인 판결을 받고 감옥에서 7년간 복역했다.

1991년, 아이오와 대학교의 물리학과 대학원생이었던 27세의 강 루는 더 이상 분노를 참고 있을 수가 없었다.[7] 그는 플라즈마 물리학에 대한 자신의 박사 논문이 수천 달러의 상금이 걸린 유명 학술상의 수상 후보로 추천되기를 몹시도 희망했다. 그러나 그의 교수는 그의 논문을 추천하지 않았다. 대신, 그의 대학원 동료이자 최고의 경쟁자인 린후아 샨이 추천을 받게 되었다. 물리학 교수인 크리스토퍼 고어츠 박사와 로버트 스미스 박사가 샨을 추천하는 데 결정적인 역할을 했다. 루는 아이오와 대학교의 학술 행정을 담당하고 있던 T. 앤 클리어리 부총장한테 자신의 불만을 신고했다. 그녀는 루의 불평에 아무런 타당성이 없다고 결론을 내렸다.

항의가 무시되자, 루는 자신이 직접 이 문제를 해결해야겠다고 마음먹었다. 11월 1일, 그는 평소 때처럼 금요일 오후에 건물 3층 회의실에서 열리는 '물리학과 천문학의 모임'에 참석했다. 그러나 그는 학술적 논의를 하는 것 외에 다른 목적을 품고 있었다. 종이와 펜 대신에 그는 38구경짜리 연발 권총을 품에 숨기고 들어갔다. 그리고 고어츠와 스미스 박사를 정면에서 쏘았다. 고어츠 박사는 그 자리에서 즉사했으며, 스미스 박사는 큰 상처를 입었다. 그 후 루는 방향을 바꾸어 샨의 얼굴을 쏘았다. 건물의 2층까지 내려간 뒤, 루는 학부 총장인 드와이트 니콜슨을 쫓아가 방아쇠를 당겼다. 그 후 루는 3층 회의실로 되돌아와 스미스 박사와 고어츠, 샨의 몸에 총알을 더 갈겼다. 이 두 번째 가격으로 스미스 박사는 목숨을 잃었다.

아직도 분이 풀리지 않은 루는 건물을 나와 세 블록 떨어진 제섭 홀로 걸어갔다. 제섭 홀에는 학술 행정 사무실이 위치해 있었다. 그는 접수원에게 조용히 클리어리 부총장과 얘기할 수 있는지 문의했다. 루는 그녀의 사무실에 들어가도록 허락받았다. 사무실 안에서 루는 부총장과 짧게 몇 마디를 주고받은 뒤, 그녀의 얼굴을 총으로 쏘았다. 다음 날 그녀는 숨을 거두었다.

루의 친구들은 경찰에게 날짜가 적혀 있지 않은 그의 편지를 제출했다. 편지 안에는 경쟁자에게 학술상이 주어진 것, 교수로부터 추천서를 받는 데 실패한 것, 직업이 없는 것 등 그의 분노의 세 가지 핵심 원인이 적혀 있었다. 루는 학계에서 자신의 지위가 상승하는 걸 가로막는다고 생각되는 사람들을 살해한 것이다.

현대 사회에서 살해는 확실히 출세를 위한 성공적인 전략이 아니다. 그러나 과거에는 경찰도, 사법 체계도, 감옥도 존재하지 않았다. 우리의 심리는 소집단으로 모여 살던 진화의 용광로에서 연마된 것들이다. 당시에는 살인이 일부 조건하에서 지위를 획득하고 유지하는 데 성공적인 수단이 되었을 것이다.

이 심리 회로의 강력함은 지위가 위협받았을 때 촉발되는 살인 판타지가 만연하다는 사실로 입증된다. 아래 사례는 운동 경기에서 자신을 두 번이나 이긴 경쟁자에게 화가 난 남자의 사례이다.

● 사례 110, 남성, 25세

저는 운동선수의 자격 검정 시합에서 그에게 두 번이나 패했습니다. 그것은 이틀 동안의 장거리 여행과 몇 라운드의 기본 시합들과 이 우스꽝스러운 장비의 엄청난 불편함을 견뎌 온 것이 아무런 보상도 없이 끝났다는 것을 의미합니다. 게다가 그는 이미 이 시합에서 여덟 개의 자격증을 받았습니다. 저는 단지 두 종목의 자격증만이 필요했을 뿐인데 말입니다. 그는 단순히 자기만족을 위해서 그렇게 했던 거겠죠……. 저는 정말로 여러 번 마음속에서 그를 살해했습니다. 대개 연습 시합을 한 후나 폭력적인 오락 게임을 한 후, 주로 그랬습니다. 저는 운동선수 자격 검정 시합을 계속 준비하면서 야구 방망이로 그의 두개골을 부수는 상상을 했습니다. 구타, 질식, 살인 벌 공격, 외과 수술, 머리를 짓밟기 등…….

무슨 일이 일어나면, 실제로 그를 살해하게 될 것 같습니까? 그가 제 앞길을 또 막으려 한다는 얘기를 들으면 일급 살인을 저지르게 될지도 모르겠습니다.

아래 사례는 중요한 자리를 두고 내부 경쟁을 벌였지만 상사에 의해 희망이 좌절된 남성의 사례로 우리 연구에서 남성들이 자주 대면하는 전형적인 예로 많이 등장했다. 그러한 상황에서 지위 경쟁에 패배한 사람이 떠안게 되는 심리적인 손실을 극적으로 드러내 주고 있다.

● 사례 A146, 남성, 41세

누구를 살해하고 싶었습니까? 제 직장 상사입니다. 그는 극단적인 기회주의자이자 사기꾼입니다. 그로 인해 저는 제 자신이 패배자라는 생각을 갖게 되었습니다. 그 자는 다른 사람들 앞에서 저를 비웃곤 했습니다. 정말이지 그것은 매우 당황스럽고 비참한 일이었습니다. 저는 그를 증오했고 그가 죽기를 소망했습니다. 그가 제 작은 실수를 크게 부풀리기 전까지 저는 직업적으로 매우 성공해 있었습니다. 그 일로 인해 저는 모욕감을 느꼈습니다. 그는 걸핏하면 시비를 걸었고, 저에 대한 험담을 퍼뜨렸으며, 저를 바보로 만들었습니다. 그는 제게서 미래와 제 경력이 발전할 수 있는 기회를 빼앗았습니다. 그는 제가 이룬 성과를 결코 인정하지 않았고 제가 실수를 저지를 때마다 모든 사람들이 그 일을 잊지 않게끔 만들었습니다. 그는 제 미래와 경력의 향상에 대해 얘기했지만 사실상 가장 큰 방해물은 바로 그 사람이었습니다.

그를 어떻게 죽일 생각이었습니까? 그의 자동차 브레이크를 조작할 생각이었습니다. 조작하는 방법은 이미 알고 있습니다. 도로 위에서 브레이크 고장을 일으키게 될 것입니다. 그리고 그의 차 안에 폭발물을 설치할 생각도 했습니다. 그가 시동을 걸려고 하는 순간 폭탄이 터지게 되는 거죠. 이 기간 동안 저는 제 자신의 능력에 대해 회의하기 시작했습니다. 저는 매우 우울해졌고 알코올 문제를 일으키기도 했습니다.

왜 그를 살해하지 않았습니까? 붙잡히는 게 두려웠습니다. 그를 살해한 죄로 사형을 당할까 봐 무서웠습니다.

무슨 일이 일어나면, 그를 진짜로 살해하게 될 것 같습니까? 벌 받을 가능성이 없고 그 외에 다른 사람이 그 일에 개입하거나 그 일로 인해 상처 받지 않는다면 가능할 것 같습니다.

그래서 실제로 무엇을 했습니까? 직업적으로 그를 파멸시켰습니다. 직장에서 동지들을 모아 그에게 집단으로 대항했습니다. 얼마 후, 그는 더 이상 제 상사가 아니게 되었습니다. 그 일에 저는 매우 만족을 느낍니다.

경쟁자와 상사들이 자신의 지위 상승을 방해할 때 그 문제를 해결하기 위한 적응 방안들은 다양하게 존재한다. 대부분의 경우에서처럼 위 남성도 다행히 폭력 이외의 다른 수단을 사용하여 자신의 상사를 제거하는 데 성공했다. 그러나 실제로 일어나고 있는 살인 사건들과 분노에 이성을 잃은 살인자들 뒤에는 상상 속에서 여러 번 같은 일을 되풀이해서 생각하고 고심하는 수천 명의 사람들이 있다는 것을 고려해야 할 것이다.
사람들이 자신의 출세를 가로막는 사람들을 살해하는 상상을 하듯이, 경쟁자를 방해하고 있는 사람들도 때때로 자신이 희생자가 될지도 모른다는 생각으로 고민한다. 살인 예방 사고에 대한 연구에서 우리는 이런 사례들을 쉽게 찾아볼 수 있다.

● 사례 297, 남성, 23세

누가 당신을 살해할 거라고 생각했습니까? 우리는 직장 동료로서 서로를 알게 되었습니다. 그는 뒤처지지 않기 위해 무슨 일이든 다 하는 사람이었습니다. 우리는 둘 다 정치 부서에서 근무를 하고 있었는데 그는 자신이 나를 이길 수 없다는 걸 알고 있었습니다. 그는 제 평판을 깎아내리기 위해 사람들에게 저에 대한 부정적인 거짓말들을 떠벌리기 시작했습니다. 그는 저에게 확실히 뒤처지고 있다는 사실에 몹시 좌절했습니다. 공정한 경쟁으로는 그에게 승산이 거의 없었기 때문에 저를 제거한다는 생각이 그에게 멋지게 보였을지도 모릅니다. 그가 저를 실제로 죽이려 했던 적은 없지만 분명 생각은 해 봤을 겁니다. 제가 주변에 있을 때 그는 안절부절 못했고 저를 잘 다룰 수 없어 했습니다. 그는 여러 번 거짓말에 의지해 다양한 상황들을 처리해 왔습니다. 지금까지는 한번도 그런 일이 없었지만 주위에 아무도 없을 때, 그가 절 제거할 생각을 할 거라고 저는 확신합니다.

무슨 일이 일어나면, 그가 진짜로 당신을 살해하게 될 것 같습니까? 반복해서 그를 난처하게 만들고 계속 그의 약점을 지적하면 그를 궁지에 몰아넣는 셈이 될지도 모르겠습니다. 만약 그의 부정 행위를 까발린다면 그 가능성은 더 커질 겁니다.

지위 상승을 방해받고는 살인을 생각해 본 적이 있다고 밝힌 사람 중 대다수는 남성이었지만 소수의 여성들도 이러한 생각을 가진 적이 있다고 털어놓았다.

● 사례 130, 여성, 19세

누구를 살해하고 싶었습니까? 고등학교 1학년 때, 유일신교도 청년 모임에서 그녀를 알게 되었어요. 처음부터 그녀는 결코 친절하거나 외향적인 사람이 아니었지만 저는 그녀를 이해하려고 노력했어요. 하지만 시간이 지날수록 우리는 더더욱 친해질 수가 없었어요. 그녀는 항상 자신이 원하는 것을 얻기 위해 다른 사람들을 짓밟았고, 결국 그것을 손에 넣고야 말았어요. 게다가 저뿐만 아니라 제 친구들도 얕잡아 봤어요. 시간이 흘러 고등학교 2학년이 되었어요. 이제 우리 청년 모임에는 '스위트 하트 앤 보'라고 불리는 위치가 생겼어요. 이 자리는 '동창회의 왕과 여왕'으로 선출된 사람에게 주어지는 명예로운 자리였어요. 그녀와 저, 그리고 다른 두 소녀가 그 자리의 후보로 선정되는 일이 발생했죠.
저는 정말로 그녀를 좋아하지 않았어요. 그러나 이번이 청년 모임의 남자들에게 제가 얼마나 친절하고 외향적인 사람인지를 알릴 수 있는 좋은 기회라고 생각했어요. 저는 결코 다른 사람을 깎아내린 적이 없었어요. 저는 남자들이 확실히 그 점을 알고 제게 투표하리라고 생각했죠. 선거가 끝날 때까지 저는 행사를 기획하는 등 모든 일을 도맡아 하며 많은 돈을 썼어요. 반면 그 여자애가 한 일이라고는 10대 소년들에게 성적 즐거움을 선사한 것뿐이었죠. 결국 그녀는 스위트 하트로 선출되었고 그걸 제게 과시했어요. 일단 투표에서 이기자, 그녀는 모든 남자애들한테 무례하게 굴었고 자신이 얻은 직함에 대해 아무런 신경도 쓰지 않았어요. 오늘날까지 남자애들은 제게 네가 이겼어야 했다고 말해요. 아마도 그랬을 거예요. 지금 저는 그 일에서 완전히 회복되었지만 아직도 그녀는 여전히 제게 대 놓고 무례하게 행동해요.

왜 그녀를 죽이지 않았습니까? 현실적으로 생각해 보세요. 거기는 고등학교예요. 만약 그녀를 죽였다면 제 인생은 감옥에 가는 것으로 끝났겠죠. 그렇지 않다면, 아마 사형을 선고받았을 거구요. 저는 학위를 받고 언젠가는 가족을 이루고 싶어요. 그렇게 되기 위해서는 그런 일이 결코 일어나서는 안 되죠.

어떤 방법으로 그녀를 살해할 생각을 했습니까? 방법에 대해서는 생각해 본 적이 없어요. 결코 실제로 그런 일을 저지르지는 않았을 거예요.

지위 상승을 방해받은 것 때문에 여성의 살인 판타지가 촉발된 경우는 매우 드물었을 뿐만 아니라 그 방법도 덜 구체적이며, 덜 분명했다. 이런 일반적인 결론에 위배되는 경우는 오직 한 건뿐이었다. 그 사례는 19세 여성의 경우로, 그녀는 아버지의 전 상사를 죽이고 싶어 했다. "그 남자는 경영상의 이유로 안정된 직장에서 아버지를 해고했어요. 그 이후로 우리 가족은 계속 곤궁하게 지내고 있어요. 저는 그를 가난으로 고문하고 싶어요. 그를 굶겨 죽이거나 제삼 세계에서 살게 하겠어요." 보다시피 이 경우도 그녀 자신의 지위나 위치를 방해받은 경우가 아니라 가족 전체에게 영향을 미치는 아버지의 좌절과 관계된 것이었다.

현대 사회에서 남성의 지위는 복잡한 여러 가지 것들이 함께 작용하여 결정된다. 대표적으로 직업적인 성공과 그에 따르는 물질적인 부가 포함되지만 그 외에도 직업적 명예, 사회적 교양, 외모, 남자다움 등의 여러 다른 요인들이 지위를 결정하는 데 함께 작용하는 것만은 분명하다. 사회 계층은 남성들에게 미로처럼 복잡하게 얽힌 적응적 문제들을 가져다준다. 자신의 위치에서 미끄러지고 싶지 않은 사람들은, 쉽게 잡히지 않지만 강력한 힘을 갖고 있는 필수품, 즉 자신의 사회적 평판을 조심스럽게 관리해야 한다.

평판, 명예와 마초적인 남성 살해

아이들을 위한 오래된 격언에 "돌과 막대는 내 뼈를 부러뜨리지만, 말은 결코 나를 해치지 못한다."라는 말이 있다. 그처럼 잘못된 격언도 좀처럼 찾아보기 어렵다. 현실에 훨씬 가까운 진실은 구약 성서 외경 「집회서」에서 찾을 수 있다. "매에 맞으면 맷자국이 나지만 혀에 맞으면 뼈가 부러진다."[8] 진화적 적응의 면에서, 사회적 평판은 채찍 자국이나 부상, 골절보다 훨씬 극적인 결과를 불러온다.

마틴 데일리와 마고 윌슨에 따르면,

남성들은 동년배들에게 '함부로 다뤄도 되는 사람'과 '어떤 굴욕도 참지 않을 사람', '자기가 한 말을 지키는 사람'과 '허풍을 떠는 사람', '그의 애인에게 수작을 부려도 무사할 사람'과 '결코 그런 쪽으로는 얽히고 싶지 않은 사람'으로 구분된다.…… 대부분의 사회 환경에서, 남성의 평판은 부분적으로 폭력의 위협이 얼마나 효과적으로 지속되느냐에 좌우된다.…… 사람의 이해관계는 경쟁자를 단념시키지 않는 한 그에 의해 침해되기 쉽다. 경쟁자를 얼마만큼 효과적으로 저지하느냐는 내게 손해를 입히면서 자신의 이익을 추구하려 했다가는 다시 회복하지 못할 만큼 엄청난 손실을 입게 될 거란 사실을

경쟁자에게 얼마나 확신시킬 수 있느냐의 문제이다.[9]

이 말은 사회적 평판을 손상시키는 일처럼 남성의 지위에 공공연하게 도전하는 일이 왜 그렇게 위험한가를 설명해 준다. 경찰들은 종종 상당수의 남성 간 살인 사건이 부두 룸 클럽에서 마이크 애델먼과 크리스토퍼 마쉬 사이에 벌어졌던 것 같은 '사소한 언쟁'에 의해 일어난다는 사실을 안타까워한다. 살인 사건을 조사한 댈러스의 한 형사가 말했듯, "살인은 아무 일도 아닌 아주 사소한 논쟁에서 발생한다."[10] 우리가 직접 모욕을 당한 것이 아닐 때, 우리는 그들을 단지 멍청한 사람으로 치부해 버린다. 그러나 하찮은 모욕으로 보이는 것이 평판의 전쟁터에서는 결코 사소한 것이 아니다. 남성의 정신 기제는 이들에 대해 폭력적으로 반응하는 경향이 있다. 모든 남성이 깨닫고 있는 것처럼, 남자든 여자든 사람들은 공개적인 모욕을 그 남자의 남성성과 힘, 생식 능력, 동맹자로서의 가치, 자신의 여성을 성적인 침입으로부터 보호하는 능력에 대한 도전으로 인식한다. 만약 모욕받은 남성이 그 도전에 적절히 응수하지 못하면, 그는 체면을 잃게 된다. 속된 말로, 그를 '깔보게' 되는 것이다. 오랜 진화의 역사 동안, 또 오늘날에도 체면의 손상과 그에 수반되는 지위의 하락은 짝짓기 게임에서 남성들에게 비참한 결과를 안겨 준다.

현대 사회에서는 모욕이나 위협에 정면으로 맞서기 보다는 거기에 말려들지 않고 냉정히 처신하는 남성이 더 존경받는다고 사람들은 믿고 싶어 한다. 그러나 이러한 모욕들에는 막강한 결과를 불러올 수 있는 메시지들이 담겨 있다. 그리고 우리의 뇌는 이 메시지를 간파하도록 진화했다. 보복 없이 모욕을 받아들이는 행위는 곧 도전자에게 '당신이 나를 지배할 수도 있다.'라는 신호를 보내는 것과 같다. 과거에(사실 요즘에도 그렇지만) 그것은 도전자에게 원하면 상대의 영역을 짓밟고 정복할 수 있으며,

상대의 아내나 애인을 빼앗을 수 있음을 의미했다. 또한 그것은 상대방이 용기나 신체적인 위용, 또는 자신을 뒷받침해 줄 강한 동맹을 갖고 있지 않다는 것을 의미했다. 유감스럽게도 이러한 메시지는 상황을 지켜보는 군중에게도 동일하게 전달된다. 그중 일부는 잠재의식에서 이러한 메시지를 인식할지도 모르며 일부는 모욕당한 사람을 이용할 수 있는 인간으로 인식해 그의 이익을 더 많이 침해하려 들지도 모른다.

평판에 대한 모욕은 사회 집단 내에 삽시간에 퍼진다. 한번 손상된 평판은 다시 회복되기 어렵다. 이것이 바로 남성이 공공연한 모욕에 대해 지나칠 정도로 폭력적인 반응을 나타내는 이유이다.

명예에 대한 모욕은 너무나 강력한 살인의 원인이 될 수 있어서 미국의 몇몇 주에서는 역사적으로 이러한 심리 회로를 활성화시키지 않기 위한 법들을 제정하려 했다. 예를 들면, 웨스트버지니아 주는 결투에 응하지 않은 사람을 비웃는 행위를 불법으로 규정한 법률을 통과시켰다. "만약 결투에 응하지 않거나, 도전하지 않거나, 도전에 응하지 않은 것에 대해 책망하거나 경멸하는 내용의 글이나 문서를 퍼뜨린 사람은 6개월 이하의 징역형 혹은 100달러를 초과하지 않는 벌금형에 처한다."[11]

우리 연구에서 다른 사람 앞에서 동성 경쟁자에게 모욕을 당하는 것은 살인 판타지를 유발하는 가장 흔한 원인 중 하나로 나타났다. 이러한 경우는 남성의 살인 판타지의 약 28퍼센트를 차지하였다. 아래 사례를 참고해 보라.

● 사례 278, 남성, 23세

왜 살인을 저지를 생각을 했습니까? 이유는 굉장히 많습니다. 저는 젊고 군대에

다녀왔고 상당히 도전적인 성격입니다. 주위 사람들은 저를 촌뜨기나 바보로 생각했습니다. 제 사물함 주위에는 항상 유명한 덩치들이 있었습니다. 저는 쉬운 표적이었습니다. 저는 그들이 싫었고 그들도 저를 싫어했습니다. 어느 날 그 자식이 '우연히' 책을 제 머리 위에 떨어뜨렸습니다. 그의 친구들은 모두 그 광경을 보고 깔깔대며 웃었습니다. 제가 그와 대면하기 위해 일어섰을 때, 그들은 제 사물함을 닫고 제 손에서 배낭을 잡아챘습니다. 그러고는 배낭 안에 든 내용물들을 흩뿌리며 저를 밀치고 저와 제 엄마에 대해 모욕적인 발언을 하기 시작했습니다. 그들은 저에게 뭘 할 거였냐고 물었지만 저는 아무 대답도 하지 못했습니다.

그를 어떻게 죽일 생각이었습니까? 와, 좋아요. 어떤 걸 말해야 할까요? 가장 가학적인 방법? 아니면 제일 빠른 방법? 저는 살해 방법에 대해 아주 생생한 판타지들을 떠올렸습니다. 이 판타지들은 지옥 같은 제 삶에서 벗어날 수 있는 유일한 탈출구입니다. 가장 자주 생각하는 방법은 그의 두 다리를 분질러서 그가 달릴 수 없게 만드는 겁니다. 그리고 몸이 곤죽이 되도록 두들겨 팹니다. 그 후 그를 탁자에 묶고 중국의 물고문 방식대로 이마에 염산을 똑똑 떨어뜨립니다. 염산은 흘러서 그의 눈으로 들어가겠죠. 마침내, 염산이 그의 머리에 구멍을 뚫고 뇌를 녹이기 시작합니다. 그때 그는 이미 고통으로 미쳐 버린 상태일 겁니다.

왜 그를 살해하지 않았습니까? 가장 큰 이유는 신과 도덕, 법 때문입니다. 그리고 제가 생각한 살해 방법이 실제로 매우 혐오스럽기 때문이기도 하구요. 아무래도 저는 그런 소질은 없는 것 같습니다.

무슨 일이 일어나면, 그를 진짜로 살해했을 것 같습니까? 너무 오래전 일이라 잘 모르겠습니다. 아마도 그때 제게 총이 있었다면, 그리고 그가 뭔가 엄청나게 끔찍한 일을 저질렀다면, 예를 들면 소녀를 칼로 찌르는 것 같은, 그런 일을 저질렀다면 그를 살해했을지도 모릅니다. 제 앞에서 여자를 육체적으로 학대했다면, 또는 먼저 저를 죽이려고 들었다면.

다른 사람들 앞에서 공공연하게 모욕을 주는 행위는 위에서 묘사된 것처럼 특히 폭력적인 판타지를 불러일으킨다. 이 사례가 특별히 독특한 것도 아니다. 이러한 살인 판타지들이 정교할 만큼 세세하고 선명하다는 사실은 위신이 손상된 사람이 경험하는 심리적인 고통과 사회적인 손실이 얼마나 큰지 보여 준다.

지위를 모욕당했을 때 나타나는 폭력적인 반응은 문화를 막론하고 보편적으로 나타난다. 멕시코 문화를 연구한 권위 있는 인류학자 오스카 루이스는 '마초'가 의미하는 바와 지위 경쟁의 법칙에 대해 멕시코 남자들을 인터뷰했다. 한 남자는 게임의 법칙에 대해 다음과 같이 이야기했다.

저는 두려움을 감추고 오직 용기만을 보여 주라고 배웠습니다. 왜냐하면 사람들은 겉으로 보이는 인상에 따라 다른 사람들을 대우하기 때문입니다. 그것이 제가 실제로는 매우 두려웠음에도 겉으로는 침착했던 이유입니다.…… 이웃들에게 당신은 피쿠도(강한 남자)나 펜데조(바보) 중 하나입니다.
멕시코 사람들은, 아니 세상의 모든 사람들은 흔히 말하는 '남성적인' 사람을 찬양합니다.…… 자신보다 나이가 많고 강한 남자에 맞설 만한 배짱이 있는 사람이 가장 존경받습니다.…… 만약 싫은 녀석이 제게 와서 "이 XX 놈아."라고 말하면 저는 "제기랄, 엿 먹어, 이 XX 놈아."라고 맞받아칩니다. 만약 그가 공격해 올 때, 뒤로 물러서면, 저는 위신을 잃게 됩니다. 하지만 저도 같이 맞서서 허세를 부리며, 그를 바보로 만들면, 사람들이 저를 존경심을 갖고 대합니다. 만약 타인이 저를 죽일지라도, 저는 결코 포기하거나 "그만하면 됐다."고 말하지 않을 겁니다. 저는 웃으면서 죽음을 맞으려 노력할 것입니다. 그것이 바로 '마초'가 된다, 남자가 된다는 말이 의미하는 바입니다.[12]

자신의 지위를 방어할 때 강인해지는 것과 그렇게 하기 위해 살인도 불사하는 행동 사이의 연관 관계는, 사회학자 피노 알라치의 이탈리아 남부의 마피아 문화에 대한 연구서에 등장하는 아래 문구에 더욱 명백하게 드러난다.

"마피아의 방식대로 행동하라."가 무슨 뜻이냐구요? 그건 "존경받는 사람이 되어라.", "명예로운 남자가 되어라."라는 의미입니다. 즉, 자신의 인격에 대한 어떤 종류의 모욕에 대해서도 스스로의 힘으로 보복할 수 있으며, 적에게 똑같은 방식으로 되갚아 줄 수 있는 사람을 말합니다.…… 타인의 삶을 빼앗는 것, 특히 두려운 상대를 살해하는 것은 최고로 명예로운 행동으로 여겨집니다. "X는 비범한 남성을 의미합니다. 그는 다섯 번 살인한 경력을 '가집니다.'" …… 지오이아 타우로 평원의 마피아 단원들에서 살인 행위는 …… 남성으로서 자신을 지킬 수 있는 능력과 용기를 가리킵니다. 살인은 살인자에게 신용 줄을 자동적으로 열어 줍니다. 희생자가 중요하고 강한 사람일수록, 살인의 가치와 공적은 더 높아집니다.[13]

부족 국가에 대한 인류학적 연구들에서도 이와 비슷한 표현들이 많이 발견된다. 뉴기니의 고원 지대에 거주하는 다니 족에서는 "용기 없는 남자를 쓸모없는 남자, 살해하지 않은 남자란 뜻의 케푸라고 부른다."[14] 여기서 수천 마일 떨어진 베네수엘라의 야노마모 족은 살인을 저지른 남자

인 유노카이와 살인을 저지르지 않은 남자인 비(非)유노카이를 사회적으로 차별한다.[15]

또한 다니의 살인자들과 야노마모의 유노카이는 지위의 보존과 배우자에 대한 접근성 사이의 연관 관계를 입증해 준다. 이들 사회에서 살인을 저지른 남성은 더 많은 자원을 요구할 수 있으며 아내를 여럿 둘 수 있다. 예를 들면, 다니 족에서는 "소수의 케푸들만이 한 명 이상의 아내를 얻으며 대개는 아내를 얻지 못한다."[16] 만약 케푸 남성이 아내를 얻을 정도로 운이 좋았다 할지라도, "그에게 강한 친구나 가족들이 없는 한, 다른 남자들이 그의 아내나 가축들을 다 빼앗아 갈 것이다."[17]

흥미롭게도, 지위에 대한 모욕이 실제로 폭력을 유발하는 빈도는 문화권마다 차이가 있는 것처럼 보인다. 예를 들면, 이탈리아나 그리스 같은 지중해 문화권에서는 스웨덴이나 노르웨이 같은 북유럽 문화권보다 언어적인 모욕을 훨씬 더 심각하게 받아들이는 경향이 있다.[18] 이러한 차이를 설명하고자 제기된 흥미로운 주장이 바로 "명예의 문화" 이론이라 불리는 것이다. 이 이론은 심리학자인 리처드 니스벳과 도브 코헨에 의해 미국의 남부와 북부에서 보이는 살인 발생율의 차이를 설명하기 위해 제창되었다. 비록 예외가 있기는 하지만, 남쪽에 위치한 주일수록 살인율이 더 높게 나타났다.[19] 예를 들면 앨라배마와 미시시피, 조지아 주는 각각 인구 10만 명당 15.9, 14.8, 14.3명의 살인율을 나타낸다. 텍사스 주는 17.1로 살인율이 가장 높다. 메인, 오하이오, 펜실베이니아 주는 살인율이 각각 3.2, 7.6, 7.0명이다. 이 이론은 세계 어느 지역에서나 보편적인 설명으로 받아들여지지 않을지도 모른다. 그러나 고려해 볼 만큼 충분히 흥미를 자극한다.[20]

"명예의 문화" 이론에 따르면, 강인함과 물리적 용기에 대해 남성의 평판을 강조하는 태도는 유목 경제에서 유래되었다고 한다. 이 경제 체제에서는 가축을 약탈자에게 도난당할 경우 전 재산을 완전히 잃을 위험에 직면하게 된다. 당신의 모든 자원이 가축의 몸 안에 저장되어 있기 때문에 약탈자로 인해 극도의 궁핍을 겪을 위험을 안고 있는 것이다. 남성의 사회적 평판은 문자 그대로 그의 경제적 생존에 핵심 요소가 되었다. 약탈자의 기습을 방어할 수 있는 개인의 용기와, 공격성에 대한 집단 내에서의 인식은 습격을 감행하려는 가축 도둑들을 단념시키는 데 중요한 역할을 했을 것이다. 따라서 시간이 지날수록, 유목 경제에서 자라난 남성은 거칠게 행동하고 공공연한 모욕에 폭력적으로 대응하며, 자신의 사회적 평판에 입는 손실을 최소화시키도록 사회화되었을 것이다. 니스벳과 코헨에 따르면, 미국 남부에 위치한 주들은 본래 아일랜드, 스코틀랜드, 웨일스 같은 유목 문화에서 온 이주자들이 정착했던 땅이다. 따라서 남부 지역에는 명예의 문화가 뿌리를 내리게 되었다.

반대로, 북부 지역은 본래 청교도, 퀘이커교도 및 독일과 네덜란드에서 온 농부들에 의해 개척된 곳이었다. 농부들의 경제적 자원은 육지에 묶여 있기 때문에 단 한번의 습격으로 이들을 모두 잃을 위험이 없었다. 따라서 농부들은 여러 세대 동안 방어적인 강인함을 양성해야 한다는 압박을 덜 받을 수 있었다.

니스벳과 코헨은 남부에 거주하는 백인들 사이에 살인 발생률이 높게 나타나는 이유가 남부 지역에 널리 퍼져 있던 명예의 문화 때문이라고 주장했다. 또한 흑인들은 비교적 최근에 남부에서 북부로 이주했기 때문에 흑인들의 살인 발생율이 남북에 따라 상대적으로 별 차이가 없는 것이라고 설명했다.

이 이론이 이상하게 들릴지 몰라도, 니스벳과 코헨은 남북의 문화적 차이가 살인 발생율의 차이를 설명해 줄 수 있을 만큼 실제적이며 충분히 크다는 주장을 뒷받침해 줄 만한 많은 과학적 증거들을 수집했다. '명예의 문화'의 차이는 행동 및 태도에 대한 연구와 공공연한 무시와 관련된 실험을 통해서도 입증되었다. 예를 들면, "사람은 자신을 방어하기 위해 다른 사람을 죽일 수 있는 권리를 가진다."라는 말과 "사람은 자신의 가족을 방어하기 위해 다른 사람을 죽일 수 있는 권리를 가진다."라는 말에 남부인들은 북부인들보다 약 13퍼센트 더 많이 강하게 동의하는 것으로 나타났다. 또 "남자는 자신의 가족을 방어할 권리를 가진다."라는 말에 동의한 남부인들의 숫자는 북부인들의 약 두 배에 달했다.[21] 또 다른 연구에서는 다음과 같은 행동을 저지른 상대를 총으로 쏜 프레드의 행동이 얼마나 정당하다고 생각하느냐를 두고 설문 조사를 벌였다. 상대가 한 행동은 (1) 프레드 뒤에서 프레드가 거짓말쟁이며 사기꾼이라고 몰래 험담을 하고 다님, (2) 프레드의 16세 된 딸을 성폭행함, (3) 프레드의 아내와 바람피움 등이었다.[22] 북부인들에 비해 상당히 많은 수의 남부인들이 자신의 적대자를 살해한 프레드의 행동이 꽤 정당한 것이라고 응답했다.

가장 극적인 문화적 차이는 (2)번 행동에 대한 반응에서 나타났다. 남부인들의 47퍼센트가 프레드가 상대를 쏜 것은 "정당한 행위다."라고 응답한 반면, 동일한 반응을 보인 북부인들의 숫자는 26퍼센트에 지나지 않았다. 또한 북부인들에 비해 남부인들은 만약 프레드가 자신의 인격과 가족의 명예에 대한 다양한 모욕에 폭력적으로 반응하지 않았다면 그는 "남자도 아니다."라고 응답하는 경향이 많았다.

니스벳과 코헨은 좁은 복도를 걸어내려 가고 있을 때, 실험자가 의도적으로 남성 피험자들에게 부딪친 후 "지겨운 녀석."이라고 말하는 상황을 설정했다. 이 과정을 많은 피험자들을 대상으로 여러 번 반복해서 시행하였다. 피험자의 출신 지역을 모르는 제삼의 인물이 위 상황을 관찰하여 피험자가 얼마나 화가 나 보이는지 또 얼마나 불쾌해 보이는지에 따라 피험자의 반응을 평가하였다. "지겨운 녀석."이라는 말을 들은 뒤 남부 남성들은 북부 남성들보다 화를 더 많이 내며 불쾌해 보인다는 평가를 받았다. 동일한 설정을 한 다른 실험에서는 모욕을 당한 피험자들의 혈중 코르티솔 호르몬 수치를 측정하였다. 코르티솔 호르몬은 심리적 스트레스와 테스토스테론 호르몬 수치가 어느 정도 되는지를 나타내 주는 신체 지표이다. 공공연한 모욕에 반응해, 남부 남성들의 코르티솔 호르몬 수치는 북부 남성들의 코르티솔 호르몬 수치보다 엄청나게 많이 증가하였다. 테스토스테론 수치 역시 급격히 증가한 것으로 나타났다. 테스토스테론은 전투나 경쟁이 예견될 때 증가하는 호르몬이다. 이러한 생리학적 자료들은 명예의 심리가 북부 남성들보다 남부 남성들에서 훨씬 쉽게 작동하기 시작한다는 것을 보여 줌과 동시에 앞서의 심리학적 관찰 결과들을 뒷받침해 준다.

또 다른 실험에서 니스벳과 코헨은 대학 신문기자들에게 꾸며낸 '정황 보고서'를 발송했다. 그들은 기자들에게 지역 신문사에 싣도록 이 보고서를 기사로 작성해 달라고 요청했다. 아래는 그 정황 보고서 중 관련된 세부 사항들을 요약한 것이다.

빅터 젠슨(28세, 백인)이 마틴 셸(27세, 백인)을 파티에서 칼로 찌르다.

목격자 증언: 셸이 젠슨의 바지에 맥주를 쏟았습니다.
그 일로 둘이 다투기 시작해서 사람들이 떼어 놓아야만 했습니다.
셸은 젠슨의 누이인 앤에게 "창녀."라고 소리를 질렀습니다.
여러 남성들이 만약 누가 자기 누이한테 그런 식으로 말하면 어떻게 행동할 것인지에 대해 말했습니다.
젠슨은 파티장을 떠났습니다. 그가 떠난 후, 셸과 친구들은 젠슨을 비웃었습니다. 셸은 젠슨의 누이와 엄마가 둘 다 "창녀."였다고 소리 질렀습니다.

젠슨은 10분 후 파티장으로 되돌아왔습니다. 그는 셸에게 "아까 한 말을 취소해. 그렇지 않으면……."이라고 말했습니다. 셸은 젠슨을 비웃고는 "그렇지 않으면, 뭐? 람보?"라고 말했습니다.

그러자 젠슨은 겉옷에서 10센티미터 길이의 칼을 꺼내 셸을 두 번 찔렀습니다. 셸은 찔릴 당시 아무런 무기도 갖고 있지 않았습니다.[23]

그 후, 평가자들은 대학 신문기자들이 쓴 기사를 놓고 무엇이 젠슨으로 하여금 살인을 유발하도록 만들었는지, 젠슨이 어느 정도로 비난을 받았는지, 기자들이 얼마나 동정심을 갖고 그를 대했는지를 판단하였다. 남부 지역 대학 신문기자들은 북부 지역 대학 신문기자들에 비해 젠슨의 행동이 피해자에 의해 유발된 것이며, 살인에 대해 덜 비난받아야 한다고 느꼈으며, 살인자를 훨씬 동정적으로 다룬 것으로 나타났다.

이러한 결과들은, 남부에서 남성의 살인율이 높게 나타나는 이유를 문화적 차이로 설명할 수 있다는 주장을 분명하게 입증해 준다. 그렇다고 그것이 공공연한 모욕에 반응해 살인을 저지르는 현상이 완전히 문화적 산물이라는 점을 의미하는가 하면 전혀 그렇지 않다. 문화적 가치는 우리 모두가 소유하고 있는 살인 회로들이 작동하기 시작하는 역치점을 다르게 설정해 주는 것처럼 보인다. 근본적인 살인 동기들은 남부 남성들에서나 북부 남성들에서나 동일하게 나타난다. 미국 남부처럼 명예의 문화를 가진 지역에 거주하는 것은 이 보편적인 남성의 동기들이 작동하기 시작하는 역치점을 낮춰 주는 것 같다. 그러나 동기 그 자체는 변하지 않고 동일하게 남아 있다.

니스벳과 코헨의 이론을 고찰하면서, 나는 유목 문화에서 지위를 방어할 때, 보다 폭력적인 방법을 사용하게 된 데에는 또 다른 요인이 있다는 사실을 깨닫게 되었다. 진화 경쟁에서, 남성 간에 자원과 여성으로의 접근성이 많이 차이 날수록, 그들이 구사하는 경쟁 전략은 점점 더 위험해질 것이다. 달리 말해, 이겼을 때 주어지는 보상이 클수록, 남성들은 이기기 위해 기꺼이 위험을 무릅쓸 것이다. 이 이론은 경쟁에 이겼을 때, 엄청난 보상이 주어진다고 하면, 남성들이 다른 남성에게 살해될 위험에 스스로를 노출시키면서 자기 자신도 경쟁에서 이기기 위해 살인을 시도할 가능성이 훨씬 커진다는 것을 말해 준다. 그들은 '승자가 모든 것을 가지는' 폭력 전략을 사용할 가능성이 더 커진다. 이때 그들은 힘든 싸움을 통해 결국 아무것도 얻지 못하게 될 수도 있다. 초기 유목 문화는 이러한 기회를 많이 가져다주었다. 다른 사람의 가축 떼를 기습하는 것은 매우 흔한 일이었다. '승자가 모든 것을 가진다'는 폭력 논리로는 현대에 가장 폭력적인 하위 문화 중 하나인 도심지의 마약 갱단도 설명이 가능하다.

마약 거래는 가난한 지역에서 지배적인 투자자가 막대한 돈을 얻을 수 있는 사업이다. 갱단 간의 폭력적인 전투로 얻어지는 현금의 양은 왜 그렇게 많은 갱단 구성원들이 세력권 다툼에 기꺼이 목숨을 내놓고 덤벼드는지를 설명해 준다. 또 왜 지위가 갱 문화에서 그렇게 강건하게 지켜야 하는 재산인지도 설명해 준다.

살인은 매우 위험한 방법임에도 불구하고 평판 관리에 따른 적응적 문제를 푸는 하나의 해결책으로 진화했다. 지위가 남성들의 짝짓기에서 훨씬 중요한 요소였기 때문에 남성들은 여성들보다 지위에 관련된 살인을 더 많이 저지른다. 예를 들면, 미시간 살인자들에 대한 연구에서, 71명의 남성이 지위나 평판을 살인의 핵심 동기로 꼽은 반면, 동일한 동기를 얘기한 여성은 11명에 지나지 않았다. 그렇다고 평판이 여성들에게는 중요하지 않다고 말하려는 것은 아니다. 물론 평판은 여성들에게는 매우 중요하다. 살인 판타지를 연구하면서, 우리는 여성들에게 살의를 일으킬 정도로 위협이 되는 평판의 종류가 바로 사회적으로 중요한 여성의 재산인 성적인 평판이라는 것을 깨달았다.

성적인 평판

우리 연구에서, 여성의 살인 판타지를 불러일으키는 주요 원인은 주먹다툼에서 다른 여성에게 졌다거나 신체적 위용과 생식력에서 모욕을 당했다거나 하는 일이 아니었다. 또 겁쟁이라는 비난이나 싸움에 진 난처함, 공적인 도전에 후퇴한 일과 관계된 것도 아니었다. 지금까지 가장 빈번하게 원인으로 언급되었던 것은 바로 성적인 평판에 대한 모욕이었다. 그것은 짝짓기 시장에서 그녀의 매력에 손상을 주는 것으로 인식된다. 여기 적절한 예가 있다.

● 사례 P24, 여성, 19세

누구를 살해하고 싶었습니까? 저와 함께 중학교에 진학했던 여자애요. 그녀는 좋은 친구였어요. 제 가장 친한 친구였죠. 저는 8학년에 진학하기 전 여름, 한 남자와 관계를 가졌어요. 좋은 친구들이 그렇듯이, 저는 그녀를 신뢰했어요. 그러나 그녀는 모든 사람들에게 제가 했던 말들을 다 퍼뜨렸고 심지어는 이야기를 더 꾸며 보탰어요. 그녀는 모든 사람들에게 저를 창녀라고 말했어요. 중학생 때였기 때문에 모두 다 그녀에게 동의했죠. 그 일로 인해 제 평판은 엉망이 되었어요. 저는 친구를 다 잃었구요. 그리고 2년 후에도 완전히 회복하지 못한 극심한 우울 상태에 빠지고 말았어요.

그녀를 어떻게 살해할 생각이었습니까? 그녀를 살해할 방법을 계획해 본 적은 없어요. 그녀가 저에게 줬던 모든 상처들 때문에 그저 그녀가 제 삶에서 사라져 주기를 원했을 뿐이에요. 만약 그녀가 죽으면 영원히 저를 방해하지 않을 것 같았거든요.

무슨 일이 일어났다면, 그녀를 진짜로 살해했을 것 같습니까? 아마도 마약에 심각하게 중독이 되었다거나 더 깊은 우울증에 빠졌다면 그랬을지도 모르겠어요.

남성들은 여성의 성적인 정절에 최상의 가치를 두기 때문에, 문란하다, 쉽다, 품행이 방정하다, 음란하다, 단정치 못하다는 평판을 얻은 여성들은 장기적인 배우자로서 자신의 매력에 심각한 타격을 입는다는 사실을 잘 인식하고 있다. 여성의 성적 명예를 비난하는 소문들은 비록 그것이 사실이 아닐지라도 때로 사실로 믿어지며, 장기적인 배우자를 찾는 남성들에게 덜 매력적인 존재로 여겨지게 만든다.

위의 사례에서, 중학생 시절, 성적인 평판에 입은 상처는 그녀를 2년간이나 우울증으로 몰아넣었다. 이 상처는 성적 경쟁자로 변한 여자 친구들의 손에 달려 있었다. 때때로 이러한 손상은 단기적인 성관계를 위해 여자를 성적으로 이용하고 떠벌리는 남성들 때문에 생기기도 한다. 아래 예들이 바로 그러한 경우이다.

● 사례 P242, 여성, 22세

누구를 살해하고 싶었습니까? 당시 17살이었던 동급생 남자아이요. 저는 당시 그 친구와 친하게 지냈지만 (그때까지 저는 그를 친구라고 생각했습니다.) 관계를 갖지는 않았어요. 어느 주말에 그는 자신의 친구들에게 우리가 관계를 가졌다고 말했어요. 제가 그와 친구들 곁을 지나가는데 그들이 웃었어요. (이때 전, 그들이 제에 대해 뭔가 알고 있다는 걸 눈치 챘어요.) 저는 그에게 "뒈져 버려."라고 말했어요. 그는 저를 암캐라고 불렀어요. 그를 죽이고 싶었어요.

그를 어떻게 살해할 생각이었습니까? 제 손으로 직접 죽일 생각이었어요. 죽을 때까지 때리고 목을 졸라서.

왜 그를 살해하지 않았습니까? 실제로 그를 때렸거든요. 그랬더니 화가 많이 풀렸어요. 그래서 그를 죽일 필요가 없어졌죠. 그는 친구들 앞에서 여자한테 얻어맞은 거니까.

● 사례 133, 여성, 29세

그는 저에게 좋아한다고 거짓말을 했어요. 당황했지만 여전히 그에게 계속 기회를 줬죠. 그와 성관계를 맺었고 임신 사실을 알게 되었을 때 그는 이미 사라지고 없었어요. 저는 집에서 유산을 했어요. 몇 달 뒤 제가 그에게 그 사실을 얘기했을 때, 그는 저를 거짓말쟁이 취급하며, 친구들 모두에게 제가 거짓말쟁이라고 말했어요. 그 상황에 더 이상 상처 받지 않기 위해 차라리 죽었으면 좋겠다고 생각했어요. 이런 일이 일어나기 전까지는 제 삶을 사랑했는데 저는 타락했으며, 누구도 절 사랑하지 않을 거라 생각했어요. 저는 그를 죽이고 싶었어요. 하지만 그가 이미 제게 상처를 줄 만큼 줬다고 생각했기 때문에 절망을 느꼈죠. 제 가족들을 다치게 하는 것 이외에 더 이상 그가 할 일은 없었어요.

여성의 성적인 평판은 너무나 중요하기 때문에 살인 예방 사고에 대한 연구에서도 그와 관련된 사례를 발견할 수 있었다. 그 사례에서 남성은 자신이 동침한 여성에게 살해당할 것을 두려워했다. 비록 이러한 일이 매우 드물기는 하지만 이 남성이 자신이 평판을 손상시킨 여성에게 잠재적인 위협을 느꼈다는 점은 주목할 만하다.

● 사례 115, 남성

누가 당신을 살해할 거라고 생각했습니까? 제 여자 친구요. 그녀는 기분이 금세 바뀌는 다소 변덕스러운 사람이었습니다. 우리가 처음 함께 잔 후에 그녀는 "자신의 명예를 보호"하기 위해 저를 죽여야만 한다고 농담을 했습니다. 그러고는 손을 제 목에 두르고 목을 조르는 척을 했습니다. 그러다 갑자기 진짜로 제 목을 졸랐습니다. 제가 숨을 쉬려고 노력할 때조차 그녀는 제게서 손을 떼지 않다가, 헛것이 보이기 시작하고서야 저를 풀어 주었습니다. 그녀가 제 목을 조르고 있는 동안, 저는 그녀가 진짜로 저를 죽이려 한다고 확신했습니다. 제 목을 조를 동안 제가 쳐다보는 방향에 극히 집중하며, 그녀는 매우 조용하고 차분했습니다.(그녀는 대개 꽤 격정적인 사람이었기 때문에 이것은 상당히 이상한 일이었습니다.)

어떻게 살해되는 것을 피했습니까? 저는 그녀의 손아귀에서 벗어나려고 노력하며 손을 휘둘렀습니다. 그래도 별반 소용은 없었습니다. 다만 그녀가 제 목을 조르는 것을 멈췄기 때문에 살해당하는 걸 피할 수 있었던 것뿐입니다. 저는 그와 같은 상황에 대해 아무런 대비도 없는 상태였습니다. 그래서 본능적으로 반응했습니다. 나중에 그녀는 자신이 했던 행동에 대해 아무런 후회도 없는 것처럼 보였습니다. 그러나 그런 행동을 하는 중에 자신의 광기를 깨달았던 것 같기는 했습니다. 그녀가 무슨 생각으로 그런 짓을 했는지 정말 모르겠습니다.

무슨 일이 벌어지면, 그녀가 진짜로 당신을 살해했을 것 같습니까? 그것은 말하기 어렵습니다. 아마도 그녀는 저를 쉽게 목 졸라 죽일 수 있을 것입니다.

여성의 성적인 평판이 얼마나 중요하게 인식되는지를 보여 주는 또 다른 중요한 지표로, 때로 여성이 성적인 평판에 손상을 입었을 때 그녀의 친구나 가족, 남자 친구들도 살의를 느낀다는 사실을 들 수 있다. 아래 사례에서 한 여성의 남자 친구는 여성의 성적인 평판이 그의 오랜 경쟁자에 의해 공공연히 훼손되자 살인을 저지를 생각을 했다고 한다. 동시에 이 사례는 여성의 성적인 평판을 지켜 줄 수 있는 남성의 능력이 곧 그 자신의 명성을 수립하는 데 있어서도 매우 중요하다는 사실을 알려 준다.

● 사례 P64, 남성, 21세

누구를 살해하고 싶었습니까? 당시 18살이었던 같은 반 친구요. 3학년 때 그 마을로 이사 온 이후로 저는 계속 그와 사이가 안 좋았습니다. 초등학교 내내 그는 계속 저를 괴롭혔습니다. 그는 중학교 때 다른 학교로 전학을 갔다가 고등학교 2학년 때 다시 나타났습니다. 처음에 저는 그가 기괴한 행동을 그만뒀다고 생각했습니다. 그때는 저를 거슬리려고 하는 말들이 진짜로 저를 괴롭히지 못했습니다. 그 후 그는 제 여자 친구에 대해 외설적인 말들을 하기 시작했습니다. 한번은 식당 앞에서 제 여자 친구를 창녀라고 부르며 그녀를 강간하겠다고까지 말했습니다. 그 말에 저는 몹시 화가 났습니다.

그를 어떻게 살해할 생각이었습니까? 두 가지 방법을 생각했습니다. 첫 번째 방법은 그가 말했던 것을 다 잊고 그와 친구가 되는 겁니다. 그러다 어느 날, 그를 차에 태워 총으로 쏜 후, 미리 봐 둔 장소에 그의 시체를 묻습니다. 두 번째 방법은, 차로 그를 여러 번 반복해서 들이받는 겁니다. 그 후 그의 집으로 끌고 가서 그의 가족들에게 토막이 난 그의 시체를 보여 줍니다. 이 방법이 정말 해 보고 싶은 거긴 하지만 그렇게 하면 제가 처벌을 면할 수 없다는 걸 알고 있습니다.

왜 그를 살해하지 않았습니까? 정말 모르겠습니다. 그를 죽이고도 처벌을 받지 않으려면 그를 빠르고 깨끗하게 죽여 버려야 합니다. 저는 그가 매우 천천히 죽어 가길 원합니다. 그렇게 할 방법을 찾을 수가 없습니다.

어떤 경우에, 진짜로 그를 살해했을 것 같습니까? 제가 혼자 있을 때, 목격자 없이 그를 혼자서 마주친다면, 그랬을지도 모르겠습니다.

여성의 살인 판타지를 유발하는 또 다른 원인은 그들의 신체적 외모에 대한 혹평이다. 배우자를 고를 때 남성들은 여성들보다 더 신체적인 외모를 중요시 여긴다. 이것이 바로 신체적 외모가 여성들 사이의 경쟁에서 중요한 쟁점이 되는 이유이다. 또 여성들이 자신의 성적 경쟁자를 흠집 내는 데 가장 빈번하게 사용하는 전술 중 하나가 그녀의 외모를 공공연히 깎아내리는 것인 이유이기도 하다. 살인 판타지에 대한 연구를 통해, 우리는 이러한 명예의 손상이 희생자들에게 때로 살의를 불러일으킬 정도로 강력한 심리적 고통을 입힐 수 있다는 사실을 발견했다.

● 사례 P7, 여성, 26세

그녀는 다른 사람들 앞에서 끊임없이 저에 대해 비평을 했어요. 그런데 그 비평이 너무나 미묘해서 그녀가 실제로 얼마나 비열한 암캐인지 진정 알아챌 수 있는 사람은 저밖에 없었죠. 어느 날 헌혈을 하러 갔더니, 선생님이 제가 너무 말라서 조건을 만족시킬 수 없다며 치근덕거렸어요. (그는 정말 더러운 늙은 남자예요. 저는 그렇게 마르지는 않았거든요. 거의 평균적인 몸매예요.) 그래서 저는 "아뇨, 저는 최소 몸무게 요구치보다 4.5킬로그램 이상은 더 나갈 거라 생각해요. 물론 빈혈인 것 같기는 하지만요."라고 말했죠. 그 사악한 계집애는 반 친구들 앞에서 "음, 빈혈에 걸리려면 마르지 않아야만 하는 거니?"라고 말하며 저를 조롱했어요. 더 이상 참을 수가 없었어요. 6년 동안이나 그녀가 지껄이는 헛소리를 듣고 나니 그녀를 상처 입히고 싶어졌어요.…… 그녀의 머리채를 움켜쥐고 기절할 때까지 그녀의 이마를 실험실 탁자에 반복해서 찧은 다음, 그녀의 얼굴을 걷어차고 싶었어요.

어떤 경우에, 진짜로 그녀를 살해했을 것 같습니까? 만약 반 학생들 모두가 그녀가 하는 말에 웃었다면, 이성을 잃었을지도 몰라요. 그녀를 죽이지는 않았겠지만 분명 루이지애나 스타일로 난폭하게 벌을 줬을 거예요.

실제로 무슨 행동을 했습니까? 목욕탕 벽 위에다 그녀가 멍청한 암캐라는 낙서를 했어요.

마지막 두 사례는 살인에 대한 생각이 종종 단일한 사건의 결과로 떠오르는 것이 아니라 오랜 시간 동안 여러 번 손상을 입혀 온 행동이 극치점에 달했을 때 유발되기도 한다는 것을 보여 준다.

연쇄 살인범들 – 영광의 불꽃

지위가 살해 동기로 작용하는 방식을 조사하면서, 나는 특히 더 추악한 두 가지 유형의 살인자들, 즉 연쇄 살인범과 대량 학살자들이 살인을 저지를 때에도 이와 동일한 심리 회로가 작동할 것이라고 확신했다. 나는 아직 이러한 유형의 살인들에 대해 광범한 조사를 실시하지는 못했다. 그렇지만 지위 동기에 의해 그들의 행위가 충분히 설득력 있게 설명될 수 있기 때문에 나는 이들에 대한 이야기도 함께 언급하고 싶다. 우리는 이 두 가지 유형의 살인자들이 보이는 살인 충동을 순수하게 악한 것이나 병적인 것으로 치부하는 경향이 있다. 찰스 맨슨과 제프리 대머의 세계는 확실히 제정신이 아닌 것처럼 보이며, 이러한 살인자들의 일부는 분명히 임상적으로 편집증이나 반사회적 인격 장애 진단을 받는다. 그러나 나는 이들이 살인을 저지르도록 만든 근본적인 동기는 지위와 명성을 둘러싸고 일어나는 일상적인 살인의 동기와 똑같다고 주장한다. 이 이론에 따르면, 연쇄 살인범들은 자신의 지위가 부인된 것을 앙갚음하기 위해 살인을 저지르며, 대량 학살자들은 지위 계급의 맨 꼭대기에 올라 거기서 오래 머물고 싶기 때문에 살인을 저지른다.

연쇄 살인은 통계적으로 매우 드물게 일어난다. 그들은 전체 살인의 겨우 1~2퍼센트에 해당된다. 그럼에도 불구하고, 연쇄 살인범들은 특별히 우리의 흥미를 끌며 우리를 두렵게 만든다. 연쇄 살인범들이 붙잡혔을 때 보여 주는, 아무런 후회 없이 반복해서 살인을 저지를 수 있다는 그 태도는 우리를 너무나 놀라게 해서 순전히 인간 본성의 범위를 벗어나는 것처럼 여겨진다. 무엇이 사람을 그토록 냉혈한 연쇄 살인자로 변모시킬 수 있는가는 매우 심오하고 어려운 질문이다. 나는 그 수수께끼에 답하지 못한다. 그러나 연쇄 살인범에 대한 수많은 책들을 읽으면서 나는 그들 중 대다수가 사회적 지위 때문에 자극을 받아 살인을 저지르게 되었다는 사실을 알게 되었다.

나는 20년 이상 연쇄 살인범들에 대한 범죄 실화 책들을 읽어 왔다. 이러한 책들 대부분은 체계적인 과학적 발견보다는 흥미진진한 사례들을 제공해 준다. 그중 특히 흥미로웠던 책은 저명한 인류학자인 엘리어트 레이튼의 『인간 사냥』이었다. 그는 사회적 지위가 이러한 살인들의 핵심 동기라는 주장에 대해 재미있는 증거들을 제공해 주었다. 살인범들은 종종 더 높은 지위를 가진 사람들에게 복수를 했으며 악명을 통해 일종의 지위를 획득하고자 했다. 레이튼은 여러 사람을 살해한 살인범은 대부분 "상류층이나 중하류층의 변두리에서" 일을 했으며, 자신이 속하기를 열망하던 계층으로부터 배제되었다고 느끼는 (정치적으로) 매우 보수적인 인물이라는 점을 지적했다. 확장된 복수 행동의 하나로, 그들은 (여러 가지 행동, 외양, 혹은 위치적 특성상) 자신을 거부한 계급을 대표한다고 여겨지는 처음 보는 인물들을 살해했다.[24]

레이튼은 연쇄 살인범과 대량 학살자들이 "미국에서 가장 계급을 의식하고 있는 사람들이며 지위, 계급, 권력과 관계된 모든 것에 강박적으로 집착하는 사람들이지만 …… 스스로 자신의 사회적 위치를 유지할 수 없다고 판단하고, 기대와 현실 사이의 간격이 너무 커서 증오하는 집단에 자신의 분노를 표출하지 않을 수 없는 사람들……."이라고 말했다.[25] 1960년대에 적어도 13명의 여성을 강간하고 살해한 보스턴의 연쇄 살인범, 앨버트 드살보는 살인을 저지를 때 자신은 "상류층 사람들에게서 자원을 빼앗는 듯한" 감정을 느낀다고 말했다.[26] 1970년대에 적어도 8명의 여성을 살해한 연쇄 살인범 에드 캠퍼는 자신이 "권위에 반하는 움직임"을 만들어 내고 있다고 말했다.

찰스 스탁웨더는 강도를 하던 중 처음으로 살인을 저질렀다. 그 후 그는 살인에 탐닉하게 되어 일주일 동안 10명 이상의 사람을 죽이고 1950년대에도 자신의 살인 사업을 계속하려고 했다. 스탁웨더는 가난하게 자랐으며 그 사실에 대해 격렬한 분노를 느꼈다. "나는 아무것도 가진 게 없으며, 그 무엇도 될 수 없다는 사실을 진절머리 나게 느끼며 자랐다. …… 가난은 당신에게 아무것도 주지 못한다." 그는 판잣집에 기거하면서, "이 망할 녀석들이 관심을 갖는 건 오직, '당신의 남자가 무슨 종류의 직업을 가지고 있는가? 어떤 종류의 집에 기거하는가?'이다."라는 사실에 격심한 분노를 느꼈다.[28] 젊었을 때 그는 종종 좋은 레스토랑 밖에 서서 자신은 누리지 못하는 음식을 먹고 있는 사람들을 쳐다보고는 했다. "사람은 스스로 자신의 길을 개척한다."라는 격언을 들어 왔지만 실제로 본 것은 "그런 말을 하는 사람들은 모두 좋은 옷을 입고 멋진 레스토랑에서 음식을 먹으며 여자들에게 무슨 말을 하면 되는지 알고 있다."라는 사실이었다고 그는 말했다.[29]

지위와 짝짓기 문제 사이의 긴밀한 상관관계 역시 이 사건에서 명시적으로 드러난다. 예를 들면, 스탁웨더는 쓰레기 수거인이었던 지위가 낮은 자신의 직업에 대해 이렇게 말했다. "쓰레기 운반 트럭과 바보보다 더 나은 대접을 받아야 하는 여자가 …… 이 더러운 일을 할 것이다. …… 돈이 없으면 애들도 소용없다."[30] 살인 동기를 설명할 때, 그는 "죽은 사람은 모두 평등하다."[31]라는 사실을 깨달았으며, 자신보다 높은 지위에 있는 사람들을 자신과 동등한 위치로 끌어내리고 싶었다고 말했다. 붙잡힌 후 유죄 판결을 받은 뒤, 그는 아무런 후회도 표현하지 않았을 뿐만 아니라, 악명을 떨쳐 일종의 지위를 얻고 싶어 하는 연쇄 살인범들의 공통된 욕망을 이야기했다. "악취 나는 곳에 살아서 묻히는 것보다 감옥에 갇힌 채 높은 언덕 위에서 썩어 가는 게 더 낫습니다. 저는 사람들에게 기억되겠죠."[32] 찰스 스탁웨더에게 살인은, 자신에게 다른 어떤 신분 상승의 수단도 제공해 주지 않는다고 믿었던 세상에서 명성을 획득할 수 있는 하나의 전략이었다.

21세기의 가장 유명한 연쇄 살인범 중 하나인 찰스 맨슨은 권력자의 위치에 있는 사람들에게 깊은 원한을 갖고 있었다. 그는 그들이 명예와 부를 향한 자신의 노력을 좌절시킨다고 믿었다. 그는 유명한 록 가수가 되려는 포부를 품고 있었다. 자신이 작곡한 곡을 비치보이스와 앨범으로 취입하려고도 했다. 흥미롭게도, 비치보이스는 죽음을 암시하는 그의 가사 "존재하는 걸 그만두다."를 덜 불온한 표현인 "저항하는 걸 그만두다."로 바꿔 버렸다. 그것이 맨슨을 격분시켰다. 결국 비치보이스는 그와 일하는 걸 그만두었다.

록 스타로서의 꿈이 좌절되자 맨슨은 출세를 위해 기괴한 살인 계획을 구상했다. 그의 계획은 로스앤젤레스에 거주하는 부유한 백인들을 살해하여 그들의 지갑을 훔친 다음, 그것을 흑인 이웃의 주유소 목욕탕에 버려 두는 것이었다. 그러면 지갑을 발견한 흑인이 신용카드를 사용할 것이고 그로 인해 경찰들은 그들이 살인을 저질렀다고 결론을 내리게 될 것이었다. 이 비틀어진 계획의 목적은 인종 갈등의 불을 지펴 인종 간 전쟁을 불러일으키는 것이었다.

그의 일그러진 야망은 인종 간 증오로 야기된 대량 학살 속에서 많은 사람들이 죽는 것이었다. 이 전쟁에서 흑인들이 승리할 것이며 궁극적으로는 그들이 그에게 지도자의 위치를 부탁하게 될 것이었다. 맨슨은 매우 고집이 센 사람이었으며, 흑인들이 백인들보다 지능 면에서 열등하다고 믿고 있었다. 그것이 바로 흑인들이 자신에게 지도를 부탁할 거라고 생각하는 이유였다.

찰스 맨슨은 심리학적으로 교란된 상태라고 확실히 묘사할 수 있는 연쇄 살인범 중의 한 명이다. 그는 자신과 그의 '가족'들이 인종 전쟁 동안 숨어 있을 수 있는 비밀의 궁전이 캘리포니아 사막 아래 존재한다고 단언했다. 그와 그의 추종자들은 실제로 그 비밀 입구를 찾는 데 여러 날을 보냈다. 맨슨은 또한 비틀즈가 음반을 통해 자신과 은밀하게 대화를 주고받고 있다고 믿었다. 아니 적어도 믿고 있다고 주장했다. 그는 비틀즈의 「블랙버드(black bird)」라는 노래가 그에게 인종 전쟁을 시작하도록 지시한다고 믿었다. 희생자들의 맨션에 샤론 테이트(찰스 맨슨의 추종자들이 습격한 집은 유명한 영화 감독인 로만 폴란스키의 저택이었다. 샤론 테이트는 로만 폴란스키의 아내이자 여배우로 이 습격으로 살해당했다.—옮긴이)와 다른 희생자들의 피로 쓴 "허둥지둥(helter skelter)"과 "새끼 돼지들(piggies)"이라는 단어는 비틀즈의 화이트 앨범에 속한 동명의 노래 가사에서 따 온 것이었다. 그러나 그의 망상과 확실한 편집증에도 불구하고 그와 그의 추종자들이 저지른 살인의 근본적인 동기는 권력자의 위치에 올라가는 것이었다.

최소한 36명의 여성을 살해한, 세상에서 가장 흉악한 연쇄 살인범 테드 번디는 스테파니 브룩스라는 상류 계층의 여성에게 청혼을 거절당한 뒤 살인 행위에 탐닉하기 시작했다. 그녀는 그가 사회적 지위 향상 등의 미래에 대한 명확한 목표와 방향을 설정하지 못하고 있다고 생각했다. 그것은 그녀가 남자에게 바라는 점이었다. 번디는 중하류층 가정에서 자랐다. 그는 자신이 자라 온 환경을 지긋지긋하게 생각했다. 어린 시절, 그는 자신의 사회적 지위에 대해 매우 심각하게 고민했다. 그의 계부가 시애틀에 있는 시장에서 야채를 팔아 벌어들이는 수입은 보잘것없었다. 번디는 체포된 후, 자신의 계부가 몰던 낡은 서민차인 램블러에 탈 때마다 강한 모욕감을 느꼈다고 밝혔다. 그는 더 많은 것을 열망했다. 사춘기 때 그는 동경했던 지위에 오르기 위해 고급차와 명품들을 훔치기 시작했다.

그는 변호사가 되길 원했고 확실히 그에 걸맞은 지적 능력을 소유하고 있었지만, 근면함이 부족했다. 그는 워싱턴 대학교 법과대학를 자퇴했지만 계속 자신이 법대생인 척 행세했다. 상류 계층 여성과의 결혼은 그에게 열망하던 계급에 진입할 수 있는 확실한 경로로 보였다. 명문가의 약혼녀가 그의 청혼을 거절했을 때, 번디는 광포한 살인 행각을 시작했다. 신분과 짝짓기 경쟁 사이의 뿌리 깊은 연관성을 지적하는 또 다른 증거는 번디가 자신의 살인 동기를 "기존 계급들의 가장 가치 있는 소유물인 아름답고 재능 있는 젊은 여성들을 훔치는 것"이라고 설명했다는 점이다.[33]

연쇄 살인범들과 대량 학살자들은 (적어도 성공한 경우에) 모두 변함없이 특정한 종류의 지위를 차지하게 된다. 그들은 종종 악명을 떨치거나 전설이 된다. 마틴 쉰과 시시 스페이섹이 출연한 영화「황무지」는 악명 높은 살인자인 찰스 스탁웨더와 그와 동행했던 여자 친구를 그리고 있다. 황무지 이외에도「내츄럴 본 킬러」, 브래드 피트가 출연한「칼리포니아」가 모두 그의 범행에 영감을 받아 만들어진 영화이다.

스탁웨더의 이름은 계속 살아 있다. 찰스 맨슨은 수십 권의 책의 주인공이 되었으며, 그에 대한 여러 편의 영화들은 맨슨과 그의 추종자들을 보기를 갈망하는 수백만 명에게 지워지지 않는 인상을 남겼다. 밤의 스토커와 언덕 교살자, 테드 번디 역시 악명 높다. 명성은 그것이 명예로운 것이든 불명예로운 것이든 여성들을 가져다준다. 테드 번디부터 밤의 스토커까지 살인자들은 열광하는 수십 명의 여성들의 주목을 끌었다. 사실 이 중 많은 이들이 붙잡혀서 유죄를 선고받은 뒤에 결혼을 했고 아이를 가졌다. 모순적이게도, 오늘날에도 연쇄 살인범들은 그럭저럭 결혼하여 자손을 번식한다. 찰스 맨슨과 테드 번디의 아이들은 오늘날 우리와 함께 살아가고 있다.

정상에 오르기 위한 살인

많은 대량 학살자들의 놀랍도록 잔인한 행위의 근본 동기는 높은 지위에 대한 열망으로 여겨진다. 무자비한 살인 전략을 통해 문화나 정치 체계에서 우위를 차지하고 유지하려 하는 자들은 거의 대부분 남자들이다. 그들은 모두 러시아의 스탈린, 캄보디아의 폴 포트, 이라크의 사담 후세인, 우간다의 이디 아민, 콜롬비아의 마약 두목 파블로 에스코바, 미국의 마피아 존 고티와 같은 남성들이었다.

이 남성들이 자신들의 권력을 유지하는 수단으로 종종 엄청나게 대규모로 사람을 죽였다는 사실은 모두 잘 알고 있지만, 계급을 기어올라 자신의 권력을 공고히 하는 일차 수단으로서 살인을 사용했다는 사실은 잘 알려져 있지 않다.

범죄 행위로 처벌받는 걸 계속 피해 가는 능력 때문에 테플론 돈(Teflon Don, 열에 강한 수지의 상표명인 Teflon과 마피아 두목을 뜻하는 속어 Don이 합쳐져서 만들어진 단어인 듯하다.—옮긴이)으로 알려진 존 고티는 자신의 살인 기술로 뉴욕 마피아 집단에서 권력자의 위치로 올라갈 수 있었다. 그는 하급 암살자로 마피아 생활을 시작했으나 빠르게 계급 상승을 해 감비노 일족에 의해 운영되는 패거리 중 하나에서 우두머리의 자리까지 올랐다. 그러나 그의 갱단이 감비노 일족의 정책에서 엄격히 금지하고 있는 행위인, 마약 거래를 하다 붙잡혔을 때 그의 지위는 급강하하는 것처럼 보였다. 감비노 일족의 우두머리인 폴 카스텔라노는 고티 패거리에게 해산할 것을 명령했다. 고티는 카스텔로를 넘어서는 지위에 오르기 위해 대담한 움직임을 시작했다. 그는 카스텔로의 살인을 계획했다. 1985년 12월 16일, 폴 카스텔로가 맨하탄의 스팍스 스테이크 하우스에서 만족스러운 저녁 식사를 마친 후, 고티의 폭력 단원들이 그의 몸에 여섯 개의 총알을 박아 넣었다.

지상의 반대편에서는 1937년, 이라크의 바그다드 북서쪽에 위치한, 티크리트 근처의 작은 마을에서 사담 후세인이 태어났다. 그는 1958년부터 살인 경력을 쌓기 시작했다. 당시 21살이었던 그는 삼촌의 지시로 티크리트에서 저명한 공산주의자를 암살했다.[34] 그 일로 그는 징역 6개월형을 선고받았지만 증거 불충분으로 풀려났다. 1년 후, 그는 암살자들의 모임인 바스 단에 합류했다. 그리고 당시 이라크의 수상이었던 압델 카림 카셈을 살인하는 데 실패했다. 그 후 이라크를 떠난 후세인은 1960년 궐석 재판을 받고 잡힐 시 사형에 처해진다는 선고를 받았다. 1963년, 라마단 혁명 이후, 후세인은 이라크로 돌아와 지배 정권에 반대했다는 이유로 감옥에 갇히게 되었다.

그는 4년 뒤인 1967년에 감옥을 탈출해 바스 당원들이 이라크 정권을 전복하는 쿠테타에서 중요한 역할을 수행했다. 1968년, 후세인은 내부 안보의 수장이 되었고 바스 당 정권에 도전하는 적들을 죽이기 시작했다. 그 후 당 내에서 빠르게 성장하여 결국 1979년에 이라크의 대통령이 되었다. 대통령으로서 취한 그의 첫 번째 행동 중 하나는 그의 많은 정치적 반대자들을 숙청하는 것이었다. 물론 살인은 그의 권력을 유지하는 첫 번째 수단이 되었다.

그의 위치는 후세인에게 수십 년의 지배 기간 동안 많은 정부들을 거느리는 즐거움을 가져다주었다. 신분은 또한 그의 아들 오다이와 쿠사이에게도 그대로 물려졌다. 단지 정부들에만 만족하지 않고 오다이는 마음에 드는 여자들을 닥치는 대로 강간하는 걸 즐겼다. "강간은 그의 취미 중 하나였어요."라고 오다이의 전 보도 담당 비서였던 자나비가 말했다. "저는 과장하지 않습니다."[35] 자나비는 오다이가 12세 정도의 어린 소녀를 비롯하여 매력적인 여성들을 많이 강간하는 것을 목격했다. 오다이는 1994년에 이라크를 방문한 러시아의 발레리나를 유혹하려고 시도했지만 그녀는 그의 구애를 정중히 거절했다. 그러자 오다이는 경비원에게 그녀가 코치와 성관계를 맺는 것을 몰래 촬영하도록 지시했다. 그는 그녀를 파티에 초청해 그 필름을 보여 줘 그녀를 놀라게 했다. 그 후 그녀에게 접근해 그녀를 강간했다. 권력의 혜택 중 가장 으뜸가는 것은 상대가 원하든 원하지 않든 여성에게 성적으로 접근할 수 있다는 것이다. 그렇게 함으로써 자신의 친족을 많이 퍼뜨릴 수 있다.

마약의 지하 세계에서, 살인은 우위를 확보하는 가장 확실한 방법으로 잘 알려져 있다. 1949년 1월 12일에 태어난 파블로 에스코바는 10대 때 콜롬비아의 메델린 거리에서 도둑질로 범죄 생활을 시작했다.[36] 20대 때, 그는 메델린 카르텔로 알려지게 될 마약 왕국을 건설하기 시작했다. 시체들은 마약 세계에서 그가 권력에 오르는 길을 닦아 주었다. 그 자신의 손에 의해 혹은 그가 부하에게 내린 지시에 의해 얼마나 많은 사람들이 살해되었는지 누구도 정확히 알지 못한다. 그러나 전문가들은 그가 수백 건 이상의 살인에 관여했을 것이라고 추정한다.[37]

이디 아민 다다 우미는 우간다의 코보코에 있는 카콰 족에서 1924년에 태어났다.[38] 이슬람교도인 그의 아버지는 영세 소작농이었고 그의 어머니는 루그바라 부족의 일원이었다. 아민은 운동 감각이 뛰어나서 1951년부터 1960년까지 9년 동안 우간다의 복싱 헤비급 챔피언으로 군림했다. 1960년 우간다가 아직 영국의 통치하에 있을 때, 이디 아민은 군인이 되어 중위의 위치까지 빠르게 승진하였다. 그는 이 위치까지 오른 우간다 원주민 두 명 중 한 명이 되었다. 1962년, 아민은 그의 부대에게 빈발한 가축 도둑질에 책임이 있는 부족민들을 대량 학살하도록 명령했다. 영국 당국이 조사했을 때, 그들은 희생자들이 구타당하고 고문당했으며, 산 채로 파묻힌 경우도 일부 있음을 발견했다. 그러나 영국은 지나치게 광적인 아민을 간과했고 몇 달 후 우간다를 독립시켰다.

독립 후, 이디 아민은 1962년 첫 선거에서 밀튼 오보테가 수상으로 당선되도록 최선을 다했다. 밀튼 오보테는 나중에 새로운 제정하에서 자신을 대통령으로 임명하였다. 그 후 몇 년이 지나면서 오보테와 아민의 관계는 점점 벌어져 팽팽한 긴장감이 감돌게 되었다. 1969년 암살자가 오보테를 겨냥했지만 그는 목숨을 구했다. 군대에서 이디 아민의 유일한 경쟁지였던 피에리노 오코야는 이 암살 시도의 배후 인물들을 알고 있다며 1970년 1월 26일, 그들의 이름을 공개하겠다고 선포했다. 그러나 그날이 되기 전날, 피에리노 오코야는 아내와 함께 집에서 살해되었다. 오보테는 아민이 암살 시도의 배후 인물일 거라고 의심하고 그에게서 통솔권을 빼앗고 관리직에서 그를 은퇴시켰다. 정상에 오르기 위한 아민의 살인 전략은 좌절된 것처럼 보였지만 이것으로 이야기가 다 끝난 게 아니었다.

1971년, 후에 빅 대디라고 불리게 된 아민은 연락책을 통해, 오보테가 그를 구속해 정부 기금 수백만 달러를 오용한 혐의로 형벌을 내리려 한다는 이야기를 들었다. 1972년 1월 25일, 아민은 오보테가 나라 밖에 있을 동안 쿠테타를 일으켜 집권하는 데 성공했다. 나라를 전복할 때, 그는 "저는 야심 있는 사람이 아닙니다. 개인적으로, 저는 나라와 국민을 염려하는 한 사람의 군인일 뿐입니다."라고 주장했다. 그러나 그의 다음 8년간의 지배는 이 말과 정확히 반대되는 것이었다.

권력을 잡은 뒤 몇 달 내에, 그는 오보테에게 충성을 바쳤던 인물들을 모두 처형시켰다. 32명의 군관들이 감방에서 처형당했으며, 대략 6,000명의 병사들이 살해되었다. 1972년, 나중에 '아프리카의 학살자'로 알려지게 된 아민은 우간다를 '흑인 국가'로 선언하고 모든 파키스탄 인과 인도인들에게 즉시 떠날 것을 명령했다.[40] 그 후 몇 년 동안 그는 자신의 권력을 굳건히 하기 위해 우간다 국민들을 돕는 데 사용될 수도 있었을 막대한 돈을 군대의 크기를 극적으로 늘리는 데 쏟아 붓고 남아 있는 오보테 지지자들과 경쟁자 부족들을 없애기 위해 무자비한 숙청을 시작했다. 그는 판사, 외교관, 장관, 학자, 은행원, 부족의 추장, 언론인과 수천 명의 서민들을 그에게 반대한다는 혐의로 살해했다. 이디 아민이 죽인 희생자의 수는 10만 명에서 50만 명으로 대략 30만 명에 이를 것으로 추정된다.

아민은 결국 4명의 아내와 가장 총애했던 30명의 정부들, 그리고 20명의 아이들을 데리고 나라를 떠날 것을 강요받았다.[41] 그는 80세의 고령까지 살았으며, 아내와 정부, 아이들이 지켜보는 가운데 사우디아라비아에서 한 명의 망명자로서 숨을 거뒀다.

잔인한 진실은 인간의 역사 동안, 남성은 권력을 손에 넣고 자신을 위협하는 경쟁자들을 제압하기 위한 하나의 전략으로서 살인을, 종종 대량학살을 사용했다는 것이다. 캄보디아의 폴 팟과 러시아의 스탈린은 수백만 명의 사람들을 살해했다. 프랑소와 뒤발리에('파파 닥'으로 알려져 있는)와 그의 아들 장 끌로드 뒤발리에('베이비 닥')은 2만에서 6만 명의 아이티 사람들을 살해하면서 수십 년간 아이티에서 군림했다.[42] 이탈리아의 베니토 무솔리니와 루마니아의 이안 안토네스쿠, 일본의 야수히코 아사카 왕자, 중국의 마오쩌둥, 북한의 김일성, 필리핀의 페르디난드 마르코스, 크로아티아의 앤트 파벨릭, 세르비아의 슬로보단 밀로셰비치, 인도네시아의 모하메드 수하르토, 과테말라의 호세 에프라인 리오스 몬트, 미얀마의 네윈 등 전 세계 여러 문화권에서 수천 명의 지도자들이 살인을 통해 권력을 획득하고 유지해 왔다. 그들의 '광기' 어린 살인 뒤에는 조직적인 전략이 숨겨져 있음을 오세아니아, 다니 문화의 젊은 부족장의 예가 잘 드러내 주고 있다. 그는 여러 사람을 살해함으로써 부족 내에서의 자신의 계급을 높일 수 있었다.

저는 카인(지도자)이 되기 위해 태어났다는 것을 알고 있었습니다. 아버지께서 제게 그렇게 말씀해 주셨죠. 그러나 사람들은 모두 제가 너무 어리기 때문에 살인을 할 수 없다고 말했습니다. 저는 돼지를 훔치는 것에서부터 시작하였습니다. 한번 성공하자 계속 되풀이해서 훔쳤습니다. 매번 저는 성공했습니다. 용기가 점점 커졌습니다. 저는 스스로 용감한 남자라고 생각합니다. 조용히, 저는 사람을 죽이려고 시도했습니다. 저는 승리하여 집으로 돌아왔습니다. 저는 전쟁에 나가서 다른 사람과 싸우고 싶었습니다. 그러나 그들은 저를 여전히 아이로 여겼습니다. 저는 몹시 화가 나서 어떻게 해서든 전쟁터에 나갔습니다. 활과 화살을 손에 들고 저는 적들을 한 명씩 차례로 살해했습니다. 많은 적들이 쓰러질 때까지 저는 죽이고 또 죽였습니다. 저는 많은, 많은 사람들을 살해했습니다. 마침내 사람들은 제가 충분히 준비되었다는 사실을 인정해 주었습니다. 저는 이제 누구도 두렵지 않습니다.[43]

살인은 자신의 적들을 없애 버림으로써, 권력을 얻은 자들과 독재자들에게 다른 어떤 전략보다 효과적인 전략으로 작용한다. 적에게 치명적이지 않은 상처를 입힌 상태로 추방하는 것은 그저 일시적인 해결책일 뿐이다. 적들은 되돌아올 가능성이 있다. 죽은 경쟁자는 영원히 되돌아오지 못한다. 살인은 집단 내에 있는 다른 사람들에게 강력한 신호를 보낸다. 이 신호는 인간에게 진화되어 있는 살해되는 것에 대한 두려움을 이용함으로써 앞으로 있을지도 모르는 그들의 도전을 단념시킬 수 있다.

역사 자료들을 통해 남성에 의해 살인이 우세한 권력을 가진 지위를 획득하는 수단으로 자주 사용되었다는 사실을 알 수 있다. 이는 오랜 시간 동안, 진화 경쟁의 면에서 이러한 행동이 적응적이었다는 도발적인 결론을 내리게 한다. 앞서 가기 위해, 또 앞에서 머무르기 위해 경쟁자를 살해하려는 심리 회로는 그것이 원래의 목적을 이루는 데 효과적이었기 때문에 진화적 시간 동안 남성의 머릿속에 장착되게 되었다.

9장   우리 안의 살인마
The Murderer Next Door

"우리는 이미 우리의 적을 만난 적이 있습니다. 그것은 바로 우리 자신입니다."

─ 월트 켈리, 『포고』(미국의 유명한 풍자만화 ─ 옮긴이)

우리는 이 책을 통해서 우리 주변에 산재해 있는 살인자들에 대해 살펴보았다. 명예를 모욕당한 남자에서부터 살인이 유일한 해결책이라 생각한 여자까지, 살인은 우리 모두의 삶에 영향을 미친다. 당신은 위험해 보이는 남자가 정면에서 성큼성큼 다가올 때 목덜미의 털이 곤두서는 것을 느낀 적이 있는가? 당신은 낯선 사람이 당신의 모든 움직임을 관찰하고 있다는 것을 느끼고 그의 의도를 파악하기 위해 고개를 갑자기 쳐들지 않도록 자신을 억제해 본 적이 있는가? 당신이 아는 사람이 살해당한 적이 있는가? 누군가를 살해하는 일에 대해 생각해 본 적이 있는가? 살인자들은 우리 주위에 존재한다. 그들은 바로 나며, 바로 당신이다. 살인자들은 옆방, 옆집, 혹은 그 옆집에 있을지도 모른다. 당신이 살고 있는 지역이 어디인지는 중요하지 않다. 지구상에 완벽하게 안전한 장소란 존재하지 않는다.

거의 모든 사람들이 인생에 한번쯤, 다른 사람의 살의를 감지하고 심각한 위험을 느낀다. 위협은 계속 존재하기 때문에 오늘 우리 중에 몇 명이나 살아남을지 또 위험으로부터 도망치기 위해 어떻게 행동해야 할지 누구도 결코 알지 못한다. 하지만 우리는 연구에 참석한 수천 명의 사람들의 보고를 토대로, 우리 앞에 잠재적인 살인자라 의심이 가는 사람이 나타났을 때 우리들 대부분이 불길한 이방인을 피하며, 성의 약탈자로부터 달아나고, 성난 경쟁자로부터 도망치고, 험악한 적으로부터 숨고, 방어를 위한 무기를 확보하고, 가까운 친족의 안전한 피난처를 찾고, 가까운 친구들에게 매달리면서 이러한 상황들에 적절하게 대응한다는 것을 알게 되었다.

오랜 시간 동안 진화한 방어 전략들은 살해되는 것을 계속해서 방지해 주었다. 그러나 이들은 또한 그런 방어 전략들을 우회하기 위해 고안된, 보다 미묘하고 정련된 한층 복잡해진 살인 전략들을 탄생시키는 불행한 결과를 야기했다. 끊임없는 진화의 군비 확장 경쟁은 새로운 살인 전략들과 그에 대응하는 방어 전략들을 만들어 내면서 오늘날까지 계속되고 있다. 지금 이 순간 우리 모두는 이 냉혹한 공진화 과정의 최종 산물들이라고 할 수 있다.

사람들은 매년 수천, 아니 수백만 명의 사람들을 살해해 왔다. 지난 세기 동안 심리학자, 정신과 의사, 사회학자, 범죄학자, 인류학자들은 인간이 살인을 저지르는 이유를 이해하기 위해 엄청난 노력을 기울였다. 이 문제에 대해 연구를 하면서 나는 지금까지 제기된 어느 이론도 옳지 않다는 확신을 갖게 되었다. 공격성에 대한 연구를 주도하고 있는 로웰 휴즈먼과 렌 에론이 지지한 매체 폭력의 사회 학습 이론은 텔레비전, 영화, 그리고 폭력적인 비디오 게임이 없는 문화권에서 살인이 더 일반적으로 일어나는 이유를 설명하지 못한다. 그것은 나무 곤봉이나 활과 화살 같은 손으로 만든 간단한 무기를 사용하는 야노마모, 지바로, 매 앤가, 두감 다니, 제부시, 마오리 족들과 평화로울 것으로 추측되는 폴리네시안들, 그리고 수백 개의 다른 부족민들이 왜 역사적으로 총을 휴대하고, 비디오를 보는 미국의 동년배들보다 살인을 더 많이 저지르는지 설명하지 못한다.『그들은 왜 살인을 저지르는가』의 리처드 로데스와『비열한 본성』의 조너선 핀쿠스가 지지하는 아동 학대와 병리학 이론은 심리적인 이상에 대한 명백한 증거가 없는 정상적인 우리의 이웃들, 수잔 스미스, 클라라 해리스, 크리스토퍼 마쉬, 다이앤 자모라, 다이앤 다운스, 진 해리스, 하버드 대학생인 알렉산더 프링 윌슨, 수잔 라이트, 그리

고 그들과 비슷한 수천 명의 다른 살인자들이 왜 살인을 저지르는지 설명해 주지 못한다.[1]

우리는 살인이 생존과 번식의 진화적 경쟁 속에서 우리가 마주해야 했던 수많은 도전들(사회적 지위의 상승, 침입자를 단념시키는 평판을 만드는 것, 가족을 지키고 보호하는 것, 폭력적인 학대 관계로부터 벗어나는 것, 새로운 배우자에게 접근하는 것, 그리고 그 외에 이 책을 통해 보았던 다른 많은 사례들)에 대한 매우 효과적인 해결책이 되어 왔다는 불쾌한 사실을 받아들여야만 한다. 거의 대부분의 사람들이 살인이 문제를 해결하는 효과적인 수단이 될 수 있는 상황에서 살인에 대한 충동을 경험한다. 이는 마음이 살인을 위해 고안되지 않았다면 일어나기 힘든 우연의 일치다. 자신의 삶이 가장 위험에 처해 있다고 느끼는 상황들은 사람마다 거의 동일하게 나타난다. 이는 인간이 오랜 세월 동안 비슷한 상황에서 반복적으로 살인의 위협을 느껴 오지 않았다면 통계적으로 거의 일어나기 힘든 일이다. 살인에 대한 도덕적 혐오 때문에 살인의 심층 심리가 인간 본성의 본질적 요소 중 하나라는 강력한 증거들까지 거부해서는 안 된다.

평화로운 과거에 살았던 조화로운 사람들에 대한 미신은 이미 산산조각 났다.[2] 1장에서 살펴보았듯, 화살촉과 손상된 두개골이 함께 묻혀 있는, 해골로 가득 찬 무덤들에서 나온 고생물학적인 증거들은 살인의 기나긴 역사를 드러내 준다. 현대 인류는 살인을 했던 조상들로부터 유래되었다. 그리고 그들은 한 번에 한 명만 살해하지는 않았다. 아마도 인류의 역사에서 가장 불온한 발전은 우리가 대량 학살에 적합하도록 진화되었다는 것이다.

타고난 살인자들

종족 간의 싸움에 대한 인류학 연구들에서 우리는 기습 공격이 역사적으로 생존과 번식의 잔인한 경쟁에서 승리하기 위한 전략적 수단이었다는 강력한 증거를 찾을 수 있다. 영토, 음식, 물, 무기, 여자 등 전통적으로 전쟁의 승리자들이 획득했던 전리품들은 이제 더 이상 우리를 놀라게 만들지 않는다.

한 예로, 뉴질랜드의 마오리 문명의 경우를 생각해 볼 수 있다. 최근 나는 뉴질랜드 원주민 간의 살인을 연구하기 위해 지구 반대편으로 학술 조사를 떠났다. 운 좋게도 거기서 마오리 족의 전쟁용 곤봉 하나를 손에 넣게 되었다. 이 전쟁용 곤봉은 일반적으로 파투라고 불리나 미어 같은 변형된 형태의 곤봉들도 존재한다. 내가 손에 넣은 것이 바로 이 미어였다. 길이가 단지 61센티미터밖에 안 됨에도 불구하고 미어는 놀랍도록 무거웠다. 그것을 마오리 족처럼 쥐자 힘이 샘솟는 듯한 불가사의한 느낌이 들었다.

마오리 족 전사들은 주로 적의 남자들을 살해 표적으로 삼았다. 어린 아이들은 죽이거나 노예로 삼았다. 그러나 젊은 여자들은 포로로 잡아 와 승리를 거둔 전사들에게 포상으로 주는 것이 일상적인 일이었다. 이는 1828년 뉴질랜드 선교사가 마오리 족 전사들의 관습을 기록한 오싹한 글에도 잘 나타나 있다. 마오리 족 전사들은 베어 온 적군 수장의 머리를 놓고 아래처럼 비아냥거리곤 했다. 이는 그들이 특히 혐오하는 적들에게 하는 관습이었다.

너는 도망치고 싶었겠지. 그렇지? 하지만 나의 메리(전쟁용 곤봉)가 너를 덮쳐 버렸지. 너를 조리한 후에 내 입에 맞는 음식으로 만들거야. 너의 아비는 어디 있을까? 그도 지금 요리되고 있지. 그럼 너의 형제는 어디 있을까? 그는 지금 잡아먹히고 있지. 그럼 너의 아내는 어디에 있을까? 아, 저기 그녀가 앉아 있네. 그녀는 내 아내가 될 거야. 그러면 너의 애들은 어디 있을까? 저쪽에 있네. 내 노예로서 등에 짐을 지고 식량을 나르는 중이거든.³

적의 젊은 여자를 훔치는 것의 가치에 대한 증거들은 부족 간 전쟁에 대한 설명에 전 세계적으로 등장한다. 아래 인용문은 브라질 열대 우림의 야노마모들 사이의 기습에 대한 기록에서 발췌한 것이다.

"기습이다!"라는 외침이 잠자고 있던 모든 인디언들을 흔들어 깨웠다. 디메오마는 침대에서 벌떡 일어났다. 은신처 전체가 큰소리를 내며 이동하는 사람들로 들썩거렸다. 털썩 하고 쓰러지는 소리가 들렸다. 돌아보니 그녀의 어머니가 더러운 바닥 위에 평평하게 누워 있었다. 그녀의 입에서 붉은 피가 흘러내렸다. 사방에서 화살이 날아왔다. 그녀의 아버지는 이미 일어서서 적군의 전사들에게 화살을 되쏘고 있었다. 은신처 도처에 적들이 있었다. 입구에서도 여전히 적들이 계속 들어오고 있었다. 여자들과 아이들은 숨을 곳을 찾아 뛰었다. 놀란 전사들의 대부분은 달아나려고 애썼다.
디메오마의 아버지처럼 가장 용감한 사람만이 결코 달아나지 않았다. 그는 침대 위에 서서 계속 화살을 쏘고 있었다. 그는 적군을 한 명씩 한 명씩 맞혔다. 화살 하나가 옆에서 날아와 그를 맞혔지만 그는 그것을 뽑아내러 잠시 멈추지도 않았다. 그는 화살이 하나도 남지 않을 때까지 계속해서 화살을 쏘았다. 이제 디메오마는 왜 남자들이 때때로 그를 '죽이기 어렵다'고 부르는지 알게 되었다.
디메오마는 여전히 …… 전사들이 그녀를 잡았을 때 (아버지에게) 가려고 노력하고 있었다. 그들이 그녀를 막 죽이려 할 때, 나이든 전사가 소리쳤다. "안

돼! 안 돼! 안 돼! 죽이지 마. 그녀가 건강한 게 안 보여? 그녀는 우리에게 많은 아이들을 낳아 줄거야." "오랫동안은 아닐 거예요."라고 젊은 전사가 이의를 제기했다. 그들은 싸울 태세였다. 그러나 나이든 전사는 사나웠고 존경을 받는 존재였다. "소년과 아기들, 상처 입은 자들만 죽여라."라고 그가 말했다. "건강한 소녀들은 데려가야만 한다." 그가 옳았고 그들은 모두 그것을 알고 있었다.[4]

야노마모 족에서는 아내의 17퍼센트가 습격 때 끌고 온 여자들이다.[5] 1796년부터 4년간 남태평양의 통가 섬에서 섬 주민들과 함께 살았던 탐험가 조지 바슨에 따르면 비슷한 패턴이 그 섬의 주민들에게서도 나타난다. 남자들이 전투에서 죽고 나면, 여자들 중 일부는 목숨을 건지기 위해 스스로 나서서 포로가 되기도 했다. "그들은 그들을 처음으로 선택하는 전사의 소유가 되었다. 이 여자 포로들은 그들의 포획자들에게 경제적인 투자로 여겨졌다. 이들은 나무껍질을 두드린다거나 그걸로 바구니를 짜는 작업에 되도록 많이 부려먹을 수 있을 것이다. 또한 자신의 주인의 성적인 요구에도 복종할 것이다."[6]

통계적 자료들은 이러한 사실을 뒷받침해 준다. 뉴기니의 다니 족들에서는 성인 남자의 29퍼센트가 전쟁으로 죽는다. 그에 반해 여자들은 전쟁으로 죽는 비율이 단 2.4퍼센트에 지나지 않는다.[7] 전쟁에서 남자들이 죽고 여자들이 남겨지는 이유는 하나뿐이다. 번식을 위한 자원을 얻거나 유지하는 것은 항상 전쟁의 가장 큰 동기였으며, 마찬가지로 이것은 우리 이웃의 살인자들의 주된 동기이기도 하다.

역사적으로 전투에서의 승리는 남성의 지위와 명성을 높이는 기회를 제공했다. 앞 장에서 살펴보았듯이 지위와 명성은 남자들의 삶에서 매우 강력한 동기로 작용한다. 고고학자 로라 리 정커에 따르면 기원전 1000년

경 동남아시아에서는 "경쟁자 부족에 대한 습격은 일부다처제를 위한 여성을 공급하고, 노예로 삼은 노동 인력을 통해 농업과 수공예 생산력을 증대시켰으며, 최고위층에 의해 열리는 신분 강화를 위한 종교적 의식의 제물이 될 희생자들을 공급함으로써 주로 지위와 정치적 지배력을 높이는 역할을 하였다.",[8] "수많은 전투를 치르고 많은 전리품과 포로를 이끌고 귀환한 전사들에게는 사회적 계급과 지위에 대한 훈장이 상으로 주어졌다."[9]

전쟁에서 다른 사람의 생명을 위태롭게 함으로써 얻을 수 있는 영광은 아마도 셰익스피어가 『헨리 5세』에서 한 유명하고 감동적인 말에서 가장 멋지게 재현되었을 것이다.

> 우리는 소수다, 다행히도 소수인 우리들은 모두 한 형제다.
> 왜냐하면 오늘 나와 같이 피를 흘리는 사람은
> 나의 형제가 될 것이기 때문이다.
> 아무리 미천한 신분도, 오늘부터는 상황이 좋아질 것이다.
> 그리고 지금 고국 영국에서 침대에서 편히 쉬고 있는 귀족들은
> 이곳에 있지 않았던 것을 저주라고 생각하고
> 성 크리스핀 축일에
> 우리와 같이 싸웠던 사람들의 이야기를 들을 때면
> 자신들의 체면이 몹시 깎이는 것을 느낄 것이다.

DNA 기술의 진보는 전쟁의 특징이 되는 연맹 살인이 실제로 번식 경쟁과 연관되어 일어난다는 강력한 유전학적 증거를 제공해 준다. 앞서 인용했던, 적을 정복하고 그의 아내와 딸들과 잘 때의 큰 즐거움을 표현한 공포의 몽고 전사, 칭기스 칸의 말을 떠올려 보라. 칸의 전략은 상당한 번

식 성공을 가져다주었다. 옥스퍼드 대학교의 유전학자 크리스 타일러 스키스와 그의 동료들은 10년 이상 예전의 몽고 제국이었던 지역에 거주하는 16개 개체군으로부터 혈액 샘플을 수집하였다. Y 염색체의 DNA를 분석한 결과, 남성의 8퍼센트가 그 몽고 지배자의 염색체 '서명'의 특징을 가지고 있음을 발견하였다.[10] 이것은 놀랍게도 그 지역에 사는 1600만 명의 남자들, 대략 오늘날 지구상의 전체 남성의 0.5퍼센트가 칭기스 칸의 후손일 가능성이 있음을 의미한다. 칭기스 칸의 많은 아들들은 거대한 영토를 다스렸으며, 만약 그들이 아버지의 발자취를 따랐다면 그들도 많은 아내와 거대한 하렘을 가졌을 것이다. 칭기스 칸의 장남인 투쉬는 최소한 40명의 아들을 낳은 것으로 알려졌다. 인간의 긴 진화의 역사 동안 전쟁은 경쟁자 가문을 멸종시키고 후손들의 번식 성공에 엄청나게 기여할 수 있는 강력한 수단이었다.

전쟁의 기나긴 역사에서, 우리는 번식과 관련된 자원을 둘러싼 경쟁, 자기 방어를 위한 살인, 지위와 명성 그리고 명예의 획득, 경쟁자에 대한 가차 없는 보복, 경쟁자 정복, 번식 경쟁자의 아이 살해, 여성의 약탈, 그리고 새로운 번식 기회 개척 등 현대에서도 살인의 주요 동기로 작동하고 있는 것들이 많은 부분 보다 큰 규모로 펼쳐지는 것을 볼 수 있다.

도덕적 딜레마

다른 종에 대한 연구는 살인의 진화에 대한 배경 정보를 제공한다. 이제 우리는 동종의 개체를 살해하는 일이, 유명한 행동 생물학자 콘라트 로렌츠가 퍼뜨린 미신과는 달리, 사실은 동물 세계 전체에서 일반적으로 일어나는 일이라는 사실을 알고 있다. 포유류 가운데 호랑이, 사자, 늑대,

하이에나, 퓨마, 그리고 치타는 동종을 살육한다. 영장류 가운데는 랑구르원숭이, 채크마개코원숭이, 붉은울음원숭이, 사바나개코원숭이, 그리고 마운틴고릴라와 푸른원숭이들이 모두 동종을 살해한다. 곰베 침팬지는 잔인한 동종 살해로 제인 구달과 그녀를 따르는 사람들을 놀라게 했다. 동물 연구자들은 더 이상 이들 종들이 동종을 죽이게끔 진화했다는 사실을 의심하지 않는다. 물론 그렇다고 해서 이러한 사실들이 인간 또한 살인에 대한 적응을 갖고 있다는 것을 증명해 주지는 않는다. 각각의 종들은 자신만의 고유한 적응들을 가지고 있다. 그러나 이러한 사실들은 영장류와 포유류들이 살인을 위해 진화한 구조를 가지고 있다는 것을 알려 주며, 동시에 인간에게도 유사한 적응이 존재하리라는 사실에 회의적일 이유가 없다는 것을 제시해 준다.

내가 이 책에서 계속 참고한 내 연구실에서 수행한 과학적 연구들은 인간의 마음이 살해에 걸맞게 설계되었다는 강력한 증거들을 제공해 준다. 미시간 살인자들에 대한 수백 건에 달하는 사건 파일들의 통계 분석, 미국에서 오스트리아, 싱가포르, 페루에 이르기까지 다양한 지역에서 수천 명의 사람들을 대상으로 한 살인 판타지 연구, 사람들이 살해될 공포를 느끼는 상황과 실제로 살해되는 상황 사이의 긴밀한 연관 관계를 밝혀 준 살해 방어 기제에 대한 연구들, 사람들이 살인을 저지를 거라 예측한 상황들을 정확히 밝혀낸 가상 시나리오 연구, 살인 사건 담당 형사와 경찰과의 면담, 거의 50만 명에 달하는 살인자들에 대한 거대한 FBI 데이터베이스의 통계적 분석, 그리고 인류학자들에 의해 제시된 광범위한 비교 문화적 증거들.

이전의 이론들은 사람들이 살인을 저지르는 이유에 대해 분명하게 설명해 주지 못했다. 또 사람들이 살인을 저지르게 되는 상황이 다양한 듯싶지만 사실은 상당히 예측이 가능한 상황들인 이유도 설명해 주지 못했다. 근본적인 원인을 설명할 힘이 없었던 예전 이론들에 비해 서로 다른 방법을 통해 얻어진 수많은 증거들은 확실히 우리를 멈춰 서게 만든다. 이제 증명에 대한 부담은 인간의 마음이 살인에 적합하게 설계되었다는 사실을 아직 의심하는 사람들에게로 넘겨져야 한다. 우리는 살인에 대해 생각하는 방식에 대해 급진적인 패러다임의 변화를 겪어야 한다. 이제는 눈가리개를 벗어야 할 때다.

몇몇 학자들은 아마 살인 성향이 진화되었다는 이론에 대해 도덕적인 분개를 표출할 것이다. 살인이 인간 본성의 일부라고 주장하는 사람들은 타락했음이 틀림없다는 것이다. 진화 심리학자의 한사람으로서 나는 'what is(그렇다)'와 'what ought to be(그러해야 한다)'를 혼동하는 비판자들에게 익숙해져 있다. 예를 들어, 내가 남성의 욕망이 여러 명의 섹스 파트너를 원하도록 진화되었다는 연구 내용을 출간했을 때 몇몇 사람들은 바람피우는 남성들을 묵과한다거나 그들에게 핑계를 제공하고 있다고 걱정했다. 비슷하게, 사람들은 살인에 대한 적응 이론이 살인을 인정하고 허용한다는 의미를 내포한다고 잘못 생각한다. 그러나 사실은 전혀 그렇지 않다. 나는 오히려 평온했던 과거의 인간들에 대한 신화를 창조해 내고 동시대의 살인을 현대 문명의 병폐의 탓으로 돌리는 사람들이, 또 그들이 제시할 수 있는 과학적 근거 이상의 호사를 누리며 단 한 가지 변수로 상황을 설명하려는 이론에 집착하는 사람들이 위험한 도덕적 근거 위에 서 있는 것이라고 생각한다. 존재하지 않았으면 하는 인간 본성의 어두운 측면들이 사라지길 바란다고 해서 살인의 끔찍한 문제가 해결되는 것은 아니다.

우리는 만약 인간의 마음에 살인을 위해 진화된 부분이 있음을 인정할 경우, 변호사들이 그것을 자신의 고객들의 책임을 벗겨 줄 수 있는 변명거리로 사용하려 할 것이라 걱정한다. 그러나 이 추론에 적용된 "자연주의적인 오류(윤리학적이지 않은 전제에서 윤리학적인 원리를 끌어내거나, 윤리학적이지 않은 용어에서 윤리학적인 개념을 정의하는 오류. 이 책에 적힌 것처럼, '그렇다'는 사실에서 '그러해야 한다'는 당위를 끌어내는 오류를 말한다.—옮긴이)"는 이미 몇십 년 전에 철학자들에 의해 논리적으로 잘못되었음이 밝혀졌다. 게다가 나는 이러한 논거가 법정에서 무게 있게 받아들여질지 의심스럽다. 질병과 기생충들처럼 많은 것들은 '자연적이다.' 그러나 우리는 질병과 기생충들이 존재하지 말아야 한다고 결정한다. 고령으로 인해 자연사하는 것은 자연스러운 일이다. 불행히도 우리의 몸은 노화가 되도록 만기일이 있게 만들어졌다. 그러나 우리는 우리를 부자연스럽게 오래 살게 해 줄 현대 의학을 원하기로 결정하였다.

또 다른 걱정은 살인에 대한 적응의 존재가 살인의 필연성을 내포한다는 잘못된 믿음에서 나온다. 내가 이 책을 통해 보이려고 했던 것은 살인은 생존과 번식의 경쟁이라는 적응적 문제를 해결하기 위해 이용 가능한 전략 중 하나로 진화되어 왔을 뿐이라는 것이다. 원칙적으로, 이 전략들은 발현될 수도 있고 그렇지 않을 수도 있다. 우리는 상처가 나면 피부 경결을 만들어 내는 적응을 가지고 있다. 하지만 마찰이 없는 환경을 만듦으로써 이 피부 경결 형성 적응이 발현되는 것을 막을 수 있다. 우리는 살인의 기저에 있는 심리 회로를 깊이 이해하고 그것의 발현을 막을 수 있는 환경을 설계함으로써 원칙적으로 살인을 막을 수 있다. 많은 사람들이 살인에 대한 상상을 실천에 옮기지 못한 결정적인 요인으로 감옥에 갇혀 평생을 보내야 할지도 모른다는 사실을 꼽았다. 이들이 가지는 억제 효과는 살인에 대한 사람들의 결정에 우리가 영향을 미칠 수 있음을 보여 준다.

현대의 삶이 지니는 가장 큰 모순 중 하나는 우리가 과거 진화 환경에 매우 적합했던 살인자의 심리를, 삶의 조건들이 극적으로 달라진 현대에까지 운반하고 있다는 점이다.

현대 세계에서의 살인 심리

이 책에서 자세히 언급한 많은 사례들에서 보았듯이, 현대 인류는 번식 경쟁자, 배우자 도둑, 학대하는 상대 또는 성의 약탈자의 도전에서 완전히 자유롭지 못하다. 또한 우리는 여전히 지위와 안전을 지키기 위해 분투하고 있으며, 친족의 손에 죽을 수도 있는 위협, 의붓부모로부터의 위협과 때로는 불량 집단에 의한 공격에 계속 직면한다. 살인에 대한 기본적인 충동은 우리의 삶에서 여전히 만연되어 나타나지만 우리 대부분은 우리 자신이나 가족, 친구를 보호하는 등의 특수한 경우를 제외하고는 더 이상 살인을 이러한 문제들에 대해 사회적, 도덕적으로 받아들여질 수 있는 해결책으로 여기지 않는다. 그러나 아직 우리는 영겁의 진화 과정에서 우리 뇌에 입력되어 버린 심리 기제와 맞서 싸워야 한다. 예전에도 그랬듯이, 우리는 한 발은 선조들의 과거에, 한 발은 우리가 살고 있는 현대에 디딘 채 살고 있는 것이다.

현대의 우리 행동들이 조상들이 진화시킨 정신 기제에 의해 만들어진다는 사실은 우리가 대면하는 위험에 대한 동시대의 판단에 오류가 있을 수도 있음을 말해 준다. 그 한 예로, 현대에는 낯선 사람보다는 아는 사람에 의해 살인이 훨씬 많이 발생함에도 불구하고, 우리는 아는 사람보다 낯선 사람에게 죽임을 당할지도 모른다는 공포를 더 크게 품고 있다.

우리의 선조들은 대략 50명에서 150명 정도의 소규모 집단을 이루고 살았다. 그 결과 사람들은 집단 내의 모든 사람에 대해 알고 지냈다. 이들 사이에 이방인이란 존재는 없었다. 그래서 실제로 낯선 사람이 갑자기 나타나면 그는 상당한 의심을 받았으며 때때로 죽임을 당하기도 했다.

교통수단이 없었기 때문에 선조들은 자신과 비슷하게 보이는 사람들하고만 어울렸다. 다르게 보이는 사람들은 색칠이나, 옷, 흉터 등으로 자신의 외양을 위장하였다. 만약 다르게 보이면 상대가 적대적인 의도를 품을 가능성이 증가하게 되었다. 부족 문화로부터 얻은 습격이나 매복에 대한 증거로 판단하건대, 과거에는 집단 내의 아는 사람보다 정복하려는 외부 집단의 공격에 의해 더 많은 사람들이 살해당했다. 따라서 외국인을 싫어하는 성향은 선조들의 과거 환경에서는 적응적인 가치가 있었다.

큰 지리적 이동성과 도시 생활로 특징지어지는 현대 세계에서 우리의 삶은 당연히 낯선 사람들로 채워져 있으며, 그들 대부분은 우리와 민족이나 인종이 다르다. 그러나 우리의 심리 회로는 이러한 새로운 현실을 아직 따라잡지 못하고 있다. 대부분의 생명의 위협이 아는 사람들로부터 비롯된다는 사실에도 불구하고 살인에 대한 우리의 두려움은 대부분 낯선 사람을 향해 있다. 살해되는 것에 대한 두려움에 관한 연구에는, 다른 인종 집단에 대한 불균형적인 공포 역시 포함되어 있다. 우리의 조사 대상 중에 백인들은 공통적으로 "큰 흑인", "한 사람의 큰 흑인" 또는 "거무스름한 무서운 사람"의 손에 죽을지도 모른다는 걱정을 했다. 조사 대상 중 아프리카계 미국인들, 특히 흑인 여성들은 "인종 차별주의자임을 공공연히 드러내는 백인 남자"에 의해 죽임을 당하는 것에 대해 두려움을 표출했다. 사실, 압도적으로 많은 수의 살인이 인종이나 민족 집단 내에서 발생한다. 미국에서는 88퍼센트의 백인 희생자들이 다른 백인들에 의해 살해되었고, 94퍼센트의 아프리카계 미국인이 다른 아프리카계 미국인에 의해 살해되었다. 외국인에 대해 공포를 표출하는 것은 시대착오적인 것이다. 외양이 다른 이방인에 대한 공포는 과거에는 대단히 적응적인 것이었지만 현대 세계에서는 인종에 대한 정당하지 않은 증오와 공포의 추악한 모습으로 잘못 나타나고 있는 것이다.

심리 회로가 시대적 상황에 뒤떨어지고 있음을 보여 주는 다른 예로, 낯선 사람에 의해 강간, 살해당하는 것에 대한 여성들의 강렬한 공포를 들

수 있다. 실제로, 대부분의 강간은 여성이 알고 있는 남성에 의해 자행되며 그중 극히 일부만 살인으로 이어진다. 한편, 여성들은 친분이 있는 남자로부터 직면하게 되는 강간의 위험을 과소평가하는 경향이 있는데, 그로 인해 사회적 양식이 발달하고 더욱더 많은 여성들이 집을 떠나 가족의 보호막에서 멀리 떨어져 살게 됨에 따라 강간의 위험 역시 증가해 왔다.

친족 근처에서 사는 여성들은 가족이 수백, 수천 마일 떨어져 사는 여성들에 비해 남편에 의한 폭력을 극적으로 적게 경험한다. 현대 세계에서 매년 여성들이 배우자에 의해 살해당하는 비율은 선조들이 살았던 환경에 비해 더 높을 가능성이 있다. 질투하는 남편에게 살해당한 딸이나 여동생에 대한 친지들의 피의 보복의 위협이 과거에는 아내 살해의 대가를 더 증가시켜 많은 남성들이 살인을 저지르지 못하도록 막는 역할을 했을 것이다. 많은 현대 사회의 여성들은 이러한 보호적인 완충 장치를 많이 놓치고 있다.

우리의 마음이 시대적 변화를 따라잡지 못하고 있다는 사실은 우리가 개발한 여러 현대적 제어 장치에도 불구하고, 여전히 매년 많은 수의 살인이 발생하고 있는 이유를 설명해 준다. 우리는 강력한 법률과 훨씬 전문적인 경찰, 세련된 법의학 조사 방식과 끔찍한 감옥을 가지고 있다. 그 방해물들은 꽤 잘 작동한다. 사실, 살인 판타지에 대한 우리 조사에서 자신의 생각을 실천하지 못한 이유로 가장 많이 거론되었던 것은 바로 평생을 감옥에서 보내야 한다는 두려움이었다. 사람들에게 만약 그들의 범행이 발견되지 않아 처벌을 모면할 수 있다고 한다면 자신의 살인 판타지를 실천에 옮길 가능성이 얼마나 되느냐고 물었을 때 대부분의 남성들은 그 가능성이 네 배 정도 증가한다고 대답했다. 우리 중 많은 사람들이 현대 세계에서 살인을 저지르는 것은 너무나 대가가 큰 행동이라는 사실을 잘 인식하고 있다.

현대 사회가 경찰과 감옥 때문에 살인을 과거보다 훨씬 값비싼 행위로 만들었을지라도 우리는 여전히 고통스러운 질문들을 대면해야만 한다. 번식 적응도의 면에서 모든 형태의 살인들은 오늘날 완전히 비적응적이라고 할 수 있는가? 나는 모든 것을 아는 척할 수 없다. 그러나 겉으로 보이는 것만큼 그렇게 명백하지는 않다는 것은 안다. 아마도 몇몇 경우에 대해서는 확실할 것이다. 경찰들은 여성이 살해되었을 때, 그 가해자가 질투에 눈이 먼 남편이거나 버림받은 애인일 가능성이 50퍼센트 이상이며 살인자들이 감옥에서 징역을 살게 될 가능성도 50퍼센트 이상이라는 것을 알고 있다. 경찰들은 만약 그들이 아직 모르고 있다면 어린 의붓자식이 갑자기 죽었을 때 계부모가 치명적인 폭력을 휘둘렀을 가능성 역시 높다는 사실도 알아야 한다.

그러나 일부 경우는 그렇게 뚜렷하지 않으며 상당히 혼란스럽다. 훨씬 상황이 좋아질 때까지 번식을 미루기 위해 신생아를 유기한 17세 미혼 소녀의 경우는 어떨까? 폭력단에 들어가기 위해 살인을 저지른 도심지의 젊은이의 경우는 어떨까? 그는 그렇게 함으로써 자신의 국지적인 지위를 높이고 여자들을 유혹하고, 마약을 팔아 돈을 벌며, 가까운 친척들에게 자원을 대 주려고 했다. 수년 동안 남편의 학대로 괴로워하다가 살인이 자신과 아이들을 안전하게 구할 수 있는 유일한 길이라는 결정을 내리게 된 여성의 경우는 어떨까? 비록 분명하지는 않을지라도, 이러한 형태의 살인이 오늘날에도 여전히 진화적 이점을 가진다고 할 수는 없을까?

게다가 살해 방어 기제들에 대한 우리의 심층 심리도 현대 사회에서 제대로 작동하지 못하고 있을지도 모른다. 자신의 아내를 위협한 남자의 경우를 고려해 보자. 만약 당신이 나를 떠난다면, 나는 지구 끝까지라도 쫓아가서 당신을 죽여 버리고 말겠어. 얼마나 많은 여성들이 오늘날 이러한 생명에 대한 공포 때문에 원하지 않은 관계에 머물러 있을까? 우리가 진화시킨 '살아서 머무르기' 전략에 이용당하면서 얼마나 많은 죽음의 위협이 여전히 진화적 목적을 달성하는 데 제 역할을 해내고 있을까?

만약 살인을 부추기기 위해 진화된 모든 정신 기제들이 현대 사회에서는 더 이상 적응적이지 않다고 스스로를 확신시킬 수 있다면 훨씬 위안이 될 것이다. 그러나 그들이 정말 적응적이지 않은지는 아직 분명하지 않다.

살인 심리의 관리

우리의 마음속에 살인을 저지르도록 자극하는 적응들이 존재한다는 사실이 우리가 그것을 인간의 본성으로 받아들이고 살인을 퇴치하려는 노력들을 포기해야 한다는 것을 의미하는가? 분명히 그렇지 않다. 인간은 살인에 대한 적응뿐만 아니라 협동, 이타주의, 화해, 우정, 동맹 형성, 자기희생에 대한 적응들 역시 가지고 있다.[13] 살인이 발생할 때, 인간의 본성은 문제가 된다. 그러나 동시에 인간의 본성은 그 문제를 해결할 수 있는 중요한 열쇠를 쥐고 있기도 하다.[14]

내가 버지니아 대학교 법과대학 교수들에게 살인 적응 이론을 설명하기 위해 초청되었을 때, 열띤 논쟁이 일어났다. 몇몇 사람들은 만약 인간이 살인에 대한 적응을 진화시킨 게 사실이라면 이 과학적인 정보가 변호사들에 의해 오용되지 않을까 걱정했다. "내 고객은 살인하지 않을 수 없었습니다. 존경하는 재판장님, 그의 진화된 살인 기제가 그를 이렇게 만들었습니다." 나는 만약 살인의 과학이 그런 방식으로 오용된다면 매우 충격을 받을 것이다. 이러한 종류의 시도들은 피할 수 없는 것이겠지만 그렇다고 그것이 효과적일 거라고 말할 수는 없다. 변호사는 역사적으로 자신의 변호인의 범죄를 가능한 모든 수단을 동원하여 정당화시키려 시도해 왔다. 학대, 동성애, 텔레비전의 폭력, 가난, 인종주의, 차별, 아버지의 부재, 정당방위, 기억상실, 약물 복용, 환각과 일시적인 착란 등 가능한 한 모든 수단을 이용하려 들었다. 일부 변호사들이 이러한 정당화와 변명의 장황한 이야기에 진화된 살인 회로를 하나 더 추가하려고 하는 것도 당연하다. 하지만 앞서도 말했듯이 그들이 빠진 자연주의적 오류를 건전하게 폭로하면 우리의 사법 체계는 이러한 논리를 강력하게 반박할 수 있을 것이다.

버지니아 대학교 법과대학의 또 다른 교수들은 내가 발견한 것이 흥미로우며, 이 발견이 살인을 줄이는 데 실제로 효과가 있을지도 모른다는 전망을 제시하였다. 사법 체계의 목적이 살인을 방지하는 것이기 때문에 그들은 살인이 가장 자연스럽게 일어나게 되는 상황들에 가장 무거운 형벌을 내려야만 한다고 주장했다. 그 결과로 생겨난 새로운 손실들이 살인자가 되는 것에 대한 대가와 이익의 방정식에 변화를 일으켜, 더 많은 사람들에게 살인자가 되면 져야 하는 대가가 너무 크다고 확신시키게 될지도 모른다는 것이다.

이 책에서 제시된 이야기와 증거들은 살인이 하나의 진화된 해결책으로 작용하는 적응적 문제들에 대한 세부적인 지도를 제공해 준다. 즉, 그러한 적응적 문제들을 맞닥뜨리게 되는 상황에서 사람들은 살인을 숙고할 가능성이 가장 커진다. 살인을 저지를 때 져야 하는 대가를 증가시킴으로써 반대로 각각의 적응적 문제들에 대해 치명적이지 않은 해결책을 선택할 때 누리게 되는 이익을 증가시킬 수 있을 것이다.

살인 동기가 무엇이며, 그들이 우리 마음속에 얼마나 깊이 뿌리 내려 있는지를 심층적으로 이해하게 되면 우리의 삶이 가장 큰 위험에 놓이는 상황에 대해 더 잘 알 수 있다. 여성들은 연인에게 살해당할 위험이 가장 높은 상황들에 대해 더 잘 알 수 있게 될 것이다. 즉, 완전히 그를 차 버렸을 때, 특히 이별 후 6개월 이내가 가장 위험하다는 것을 깨닫고 보다 조심하게 될 것이다. 또 이들은 전 연인이나 배우자가 스토킹을 시작하면 자신들이 위험에 처하게 될지도 모르기 때문에 특별히 경계를 하기 시작할 것이다. 계부모 가정을 형성하는 사람들은 계부모와 자식 사이에 생길 수 있는 긴장들에 훨씬 주의하게 될 것이다. 살인 심리가 개입하기 쉬운 바로 그 상황에 대해 더 많이 알게 되면 될수록, 살인 회로를 작동시키는 것을 피하고 자신을 방어하기 위해 보다 잘 대처할 수 있을 것이다.

나는 지난 7년 동안 살인에 대해 연구했다. 그 작업은 나를 깊이, 기대치 않은 방향으로 변화시켰다. 살인 판타지에 대한 5,000건의 세부적인 묘사들과 미시간에서 발생한 375건의 소름끼치는 사건들을 몇 년 동안 열심히 읽다 보면 무자비한 살인에 대해 무감각해지거나 덜 예민해질 것이라고 기대할지도 모른다. 그러나 실제로는 정확히 그 반대였다. 나는 점점 이 일에 고통 받기 시작했다. 한번은 자신의 여자 친구를 살해한 한 남성의 사건을 자세히 읽고 있다가 페이지가 넘어 가는 바람에 세 장의 사건 사진을 보게 되었다. 칼자국과 핏자국으로 범벅이 된 벌거벗은 여자의 시체 사진. 그 사진에 너무 혐오감을 느낀 나머지 나는 프로젝트 전체를 그만두는 일에 대해 곰곰이 생각했다. 오늘날까지도 그때 본 영상들은 머리에서 떠나지 않고 나를 괴롭힌다.

또 다른 위기의 순간은 미시간에서 열린 살인 사건에 대한 재판에서 감정인으로서 증언하도록 요구받았을 때였다. 앤 P.*라는 26세 여성이 피터 K.*라는 남성과 3개월간 데이트를 한 후 헤어졌다. 처음에 그녀를 되돌리려는 피터의 지속적인 노력은 그다지 해가 없어 보였다. 그러나 그는 오래지 않아 그녀를 스토킹하기 시작했다. 그는 그녀의 일터까지 쫓아다녔으며, 여가 시간에 그녀가 어디에 가는지 추적했다. 그는 친구를 시켜 그녀가 어디에 있는지 감시하도록 했으며 그녀의 집을 감시하고 집으로 전화를 걸어 대기 시작했다.

그녀가 다른 남자와 함께 있는 걸 봤을 때, 버림받았다는 데서 온 그의 분노는 극으로 치달았다. 피터는 앤이 그들이 아직 사귀고 있던 동안에 다른 남자와 데이트를 시작한 게 아닌지 의심했다. 그는 그녀를 위협하기 시작했고, 그녀는 겁에 질렸다. 협박의 강도가 점점 강해질수록, 두려워진 앤은 그들이 나눈 대화를 증거로 녹음했다. 그녀는 그 녹음 내용을 경찰에 제출했었다. 나는 6시간 동안 괴롭게 그 내용을 들어야만 했다.

그 대화는 피터와 앤 사이의 복잡한 감정의 그물을 그대로 드러내 주었다. 피터는 다른 남자와 있었던 것에 대해 앤을 몹시 꾸짖었고, 그녀가 그의 믿음을 배신했으며 자신은 완전히 모욕당했다고 말했다. 그는 육체적 위해를 입히겠다고 직접적으로 위협하지는 않았지만 자신의 군대 경력을 언급하고 누구도 자신을 멈추게 할 수 없다고 이야기하며 여러 번 그녀를 은근히 위협했다. 그녀가 두려움을 표할 때마다 그는 사과했지만 그녀의 걱정을 완화시킬 만한 행동은 아무것도 하지 않았다.

그는 둘이 함께했던 시간들이 얼마나 멋졌는지 그들이 나눈 섹스가 얼마나 근사했는지에 대해 회상하는 걸 좋아했다. 그러나 그 후 그는 그녀에게 자신 안에 얼마나 많은 증오와 고통이 담겨 있는지 이야기했다.

앤은 그를 단념시키기 위해 필사적으로 노력했다. 그녀는 다른 남자를 만난 적이 없다고 주장했다. 그리고 그에게 자신의 창문에 가까이 오는 것에 대해 자신이 얼마나 공포를 느끼는지 이야기했다. 그녀는 그에게 상처를 줄 생각은 없었다고 맹세했다. 자신을 스토킹한 것에 대해 화를 내며 비난했다. 그녀는 그에게 자기를 내버려 두라고 간청했다.

갑자기 피터는 귀찮게 구는 전화질과 스토킹을 멈췄다. 앤은 지난 넉 달간 그녀를 괴롭혔던 외로운 심리적인 감옥에서 벗어나 몇 주에 걸쳐 서서히, 안정감을 되찾기 시작했다. 피터가 전화를 걸지 않은 지 한 달 후,

앤은 성별이 남성이었던 친구와 식료품 가게에 갔다가 집으로 돌아왔다. 그녀가 차 밖으로 나오자, 피터는 22구경 소총을 꺼내어 그들 둘을 쏘았다. 앤은 경찰에 여섯 번이나 학대 신고를 했지만 그들은 그녀의 삶을 구해 주지 못했다. 자리에 앉아 몇 시간 동안이나 괴로워하고 두려워하는 앤의 목소리를 듣고 있는 동안 나는 먼저 그녀가 사용한 방어 전략들에 매료되기 시작했다. 나는 그녀가 피터에게 자신을 놓아 주도록 간청할 때 대단한 노력을 기울이고 있음을 느꼈다. 그녀는 자신의 책략을 사용할 때 거의 어머니처럼 친절하려고 노력했다. 그러다 피터를 멈추게 하려 할 때는 퉁명스럽고 무례하게 태도를 바꿨다. 그녀는 그의 위협이 별 것도 아닌 것처럼 행동했다. 그리고 자신의 분노를 표출하며 그녀 나름으로 그를 위협했다. 그녀는 그를 멈추게 하기 위해 전전긍긍하고 약하고 애원하는 듯한 소리를 냈다. 그리고 슬프게도 끝으로 갈수록 그녀의 목소리는 지치고 체념한 듯이 보였다. 그때 한 가지 생각이 떠올랐다. 내가 지금 전성기 때 살해당한 여성의 간청하는 목소리를 듣고 있는 중이라는 생각. 나는 그때 이제는 영원히 죽고 없는 여성의 필사적인 마지막 간청을 듣고 있었던 것이다.

 다시 한번 나는 연구를 모두 그만두고 싶어졌다. 그러나 내가 7년간 품어 왔던 살인에 대한 의문을 멈출 수가 없었다. 나는 위 사건에서 방어를 검증해 주는 걸 거절했다. 피터는 두 명의 무고한 사람들을 무자비하게 살해한 죄로 종신형을 선고받고 가석방의 가능성 없이 지금 복역 중에 있다. 그리고 나는 그가 더 이상 우리들과 섞이지 않게 되어 매우 기쁘다.

 수천 건의 살인 판타지를 집중해서 연구한 경험은 나를 기대치 않은 방식으로 바꿔 놓았다. 나는 직장에서 해고된 사람들, 자신의 경쟁자에게 두들겨 맞은 사람들, 동료들에게 모욕당한 사람들, 연인에게 학대당한 사람들, 배우자에게 배신당한 사람들, 침입자에게 자신의 권리를 빼앗긴 사람들, 운명의 연인에게 아무런 예고 없이 버림받은 사람들, 그들 모두에게 깊은 공감을 가지게 되었다. 나는 그들의 괴로움과 심리적인 고통을 한층 강하게 느낄 수 있었다. 그리고 왜 그들이 자신의 고통을 끝내기 위한 수단으로 살인을 고려하는지에 대해 전에 없던 이상한 연민을 느끼게 되었다.

살인은 인간 본성의 은밀한 내면을 들여다 볼 수 있는 X선을 제공해 준다. 살인에는 어디에서건 인간에게 가장 중요한 문제인 생존, 지위 상승, 명예 방어, 매력적인 배우자의 획득, 연인의 충실성, 강한 동맹 관계, 적들의 제거, 아이들의 보호, 우리의 유전자를 후대에 전달할 아이들의 성공이 있는 그대로 놓인다. 이들은 모두 현대의 인간과 우리의 성공한 조상들이 기꺼이 목숨을 내걸고 또 때로 타인의 목숨을 앗아 가면서까지 얻으려 애썼던 것들이다.

살인 문제에 대해 만병통치약이란 없다. 살인은 인간의 여러 가지 사회적 갈등들에 대해 최고로 효과적인 해결책이었다. 우리의 살인 회로를 작동시키는 상황들은 성공적으로 싸워 이기기에는 너무나 불규칙한 싸움터를 제공해 줄지도 모른다. 만약 그랬다면 이 책에서 마지막으로 명심해야 할 메시지는 당신은 자신의 생명을 보호하려는 직관에 귀 기울여야 한다는 것이다. 이러한 직관들은 우리 모두가 자신의 내부에 운반하고 있는 조상들의 지혜인 것이다.

우리가 알고 있고, 우리가 사랑하는 사람들에게 살해당할 위험이 얼마나 실제적인 것인지 깨달아라. 반갑지 않은 성적인 눈길을 일 초 이상으로 오래 보내는 남자를 경계하라. 당신이 존재하지 않는 걸 더 좋아할지도 모르는 계부모에게 주의하라. 당신의 성공을 배 아파 하며 조용히 앉아 있는 경쟁자를 조심하라. 동료들 앞에서 당신이 준 모욕을 참을성 있게 받아넘긴 사람에 대해 다시 한번 더 생각하라. 방금 유혹한 이성의 전 배우자를 주의하라. 거절하기 전에 당신을 '유일한 한 사람'으로 생각했던 낭만주의자를 경계하라. 떠나지 않으려는, 스토커로 변해 버린 전 애인을 경계하라. 살인자들은 우리를 쳐다보며 기다리고 있다. 그들은 우리 주변에 있다.

감사의 글

이 책이 출간되기까지 여러 사람들에게 많은 도움을 받았다. 무엇보다도 최고의 친구이자 동료인 조슈아 던틀리의 도움이 없었더라면 이 책은 세상에 나오지 못했을 것이다. 살인 연구에 관심을 가지기 시작한 지는 꽤 오래되었지만, 조슈아와 공동 연구를 시작한 후에야 나는 비로소 살인에 대한 이론과 실험들을 세세하게 계획할 수 있었다. 이 책에 소개된 살인에 대한 기초 이론과 여러 실험 조사들은 우리가 공동으로 수행한 연구의 결과물이다. 우리는 이에 대해 함께 학술 논문을 집필하였다. 또 조슈아는 이 책 전반에 걸쳐 통찰력 있는 견해들을 많이 제안해 주었다.

역시 친구이자 연구 동료인 토드 새켈포드 박사에게도 각별한 감사의 마음을 전한다. 그는 방대한 양의 FBI 사건 자료들을 분석하여 공동 논문을 완성하는 데 주도적인 역할을 수행하였다. 또 법무부 치료 감호소의 진단 서비스 센터장인 캐럴 홀든 박사에게도 진심 어린 감사의 말을 전하고 싶다. 그는 우리가 미시간 살인 사건에 대한 귀중한 자료들에 접근할 수 있도록 도와주었으며 살인자들의 심리를 파악하는 데 상당한 통찰력을 제공해 주었다. 아울러 이렇게 가치 있는 자료에 접근할 수 있도록 허락해 준 법무부 치료 감호소의 배려에도 진심으로 감사드린다.

비교 문화 연구를 실시할 때에는 공동 연구자인 게리 브레이즈(영국), 브라이언 파하(싱가포르), 마틴 보라섹(오스트리아), 조지 야마모토(페루)가 큰 기여를 하였다. 압달라 바다다는 아랍 문화에 대한 통찰과 중요한 참고 사항들을 풍부하게 알려 주었다.

많은 친구와 동료들이 내 이론에 유익한 논평을 제공해 주었다. 로잘린 아덴, 빅토리아 베크너, 앤 캠벨, 숀 콘란, 레다 코스미즈, 랜디 디엘, 다이애나 플레시먼, 샘 로슬링, 마티 하셀튼, 사라 힐, 전중환, 스티븐 핀커, 컨 리브, 제임스 로니, 토드 새켈포드, 빌 스완, 돈 시몬스와 존 투비가 바로 그들이다. 법무부의 정신과 의사인 앤디 톰슨은 절친한 친구이자 사려 깊은 동료로서, 오랫동안 내게 무한한 지지와 격려를 보내 주었다. 살인에 대한 이 새로운 이론을 법에 적용시키는 데 탁월한 견해를 제공해 준 버지니아 대학교 법과 대학(특히 존 모나한 교수)과 텍사스 대학교 법과 대학(특히 존 로버트슨 교수)의 교수진들에게도 깊은 감사를 드린다.

살인에 대한 식견과 전문 지식을 아낌없이 나누어 준 노련한 경찰과 강력계 형사들, 그리고 이들과의 만남을 주선해 준 도로시 맥코이 박사와 오스틴 주 경찰청, 사우스캐롤라이나 주의 콜레튼카운티와 클락스톤 군 보안관 사무실에도 이 지면을 빌려 감사의 말을 전하고 싶다.

또한 지난 7년 간 살인 연구에 기여해 준 연구 조교들에게도 고마운 마음을 전한다. 토머스 알라콘, 알렉산드라 알마소브, 로라 아모스코토, 제니퍼 앤더슨, 니콜 벌랜드, 벤저민 보킹, 재클린 덴슨, 에린 다이즈, 캐런 에비, 에프 파인, 제시카 핀들리, 민디 피셔, 애런 고위츠, 케이트 굿리치, 레니 그라피아, 레이첼 그린바움, 로버트 그레샴, 체스터 램비, 스콧 해스팅즈, 케이티 헤이즈, 크리스티나 히노조사, 미셸 호진, 조나단 호이트, 사라 하임즈, 제니퍼 이즈퀴에르도, 쥬네 제임스, 이와 케이스위즈, 조애너 리, 앰버 린젠펠더, 애비 리빙스턴, 매스린 마카파갈, 케이티 맥콜, 에린 맥거원, 데버러 메디나, 미치 미그나노, 앰버 오브라이언, 피터 렌, 켄드라 로버트슨, 알렉시스 루스, 리간 로스, 테일러 러스크, 엘리자베스 스펜서, 앨리샤 스트랜드, 스콧 스트리트맨, 제시카 와이저, 마리사 웜버리.

살인 연구에 있어 나는 이 분야의 개척자인 마틴 데일리와 마고 윌슨에게 특히나 많은 도움을 받았다. 이들의 위대한 연구는 내게 너무나 중요한 정보들을 제공해 주었다.

　이 책의 기획 단계부터 유용한 의견을 제시하고 현명한 충고를 해 준 에이전시의 캐틴카 매드슨과 존 브록만에게 감사드린다. 그리고 마지막으로, 처음부터 이 책을 지지해 주고 책이 완성되기까지 너무나 많은 도움을 준 펭귄 출판사의 담당 편집자인 에밀리 루스에게 감사드린다. 그녀의 총명함과 놀라운 편집 기술, 무조건적인 헌신을 얻을 수 있어서 정말 행운이었다고 생각한다.

주(註)

1장 살인 심리

1. H. Engle, 『격정의 범죄(Crimes of Passion)』(Buffalo, NY: Firefly Books, 2001).
2. Ann Rule, 『네 숨결 하나까지(Every Breath You Take)』(New York: Free Press, 2001).
3. 2번과 같은 책, p. 192.
4. Keeley, 1996, p. 91.
5. Larsen, 1997.
6. David and Gene Lester, 1975.
7. Mann, 1993, 1996.
8. Wilson, Daly, and Pound 2002, p. 383.
9. Personal communication, December 20, 2004.

2장 살인의 진화

1. Josepg Lopreato, 『인간 본성과 생물 문화적 진화(Human Nature and Biocultural Evolution)』 (Boston, MA: Allen and Unwin, 1984).
2. http://www.fbi.gov/ucr/cius_03/xl/03tbl01.xls
3. Harris, Thomas, Fisher, and Hirsch, 2002.
4. Ellis and Walsh, 2000.
5. Cain, 1982.
6. Lester, 1991, p. 39.
7. 5번과 동일.
8. MacDonald, 1986, p. 23.
9. Lester, 1991.

10. Daly and Wilson, 1988.
11. Ellis and Walsh, 2000.
12. Daly and Wilson, 1988; MacDonald, 1986.
13. Lester, 1991.
14. Lester, 1991; Ellis and Walsh, 2000.
15. Berkowitz, 1993, p. 395. 강조.
16. Ellis and Walsh, 2000.
17. Pincus, 2001. p.27.
18. Ellis and Walsh, 2000.
19. 18번과 동일.
20. Tooby and Cosmides, 1988; Wrangham, 1999.
21. Turvey, 2002.
22. Prentky et al., 1989.
23. 22번과 동일.
24. Buss, 2004; Pinker, 2002.
25. Buss, 2000.
26. 이 주제에 대한 심도 있는 논의를 보려면 Buss, 2004를 참조하시오.
27. Wrangham and Peterson, 1996.
28. Chagnon, 1983, p.182.
29. Chagnon, 1983, p.183.

3장 위험한 짝짓기 게임

1. Meloy, 2002, p. 1에 인용된 『페리클레스』 1장 1절.
2. *Texas v. Zamora and Graham*, Court TV Online (www.courttv.com/trials/Zamora/chronology.html)
3. http://www.courttv.com/archive/trials/zamora/grahamconfession.html
4. 3번과 동일.
5. http://www.offthekuff.com/mt/archives/002012.html

6. 5번과 동일.
7. Buss, 1989a.
8. Symons, 1995.
9. Buss and Dedden, 1990; Schmitt and Buss, 1996.
10. Graziano, Jensen, Campbell, Shebilske, and Lundgren, 1993.
11. Buss, 2003.
12. Buss, 2000a.
13. Buss, 2003.
14. Holmberg, 1950, p. 58.
15. Townsend, 1998.
16. Wilson, Daly, and Gordon, 1998.
17. Eccles, 1987, p.240.
18. Schmitt and Buss, 1996.
19. Buss, 2003; http://marriage.rutgers.edu/Publications/SOOU/TEXTSOOU2004.htm#Marriage
20. Bateman, 1948; Williams, 1966; Trivers, 1972.
21. Wilson, Daly, and Pound, 2002.
22. 윌리엄 셰익스피어, 『햄릿』 2장 2절.
23. Greenfield, 1998.
24. Daly and Wilson, 1988.
25. Daly and Wilson, 2001.
26. Daly and Wilson, 1988.
27. 칭기스 칸, Royle, 1989에서 인용.
28. 미디안에게 정복된 후 모세가 내린 지시. E. O. Wilson, 1975, p. 573에서 인용
29. 고어 비달, Ghiglieri, 1999, p. 145에서 인용.
30. http://www.findlaci2003.us/star-5-28-03.html

4장 사랑이 살인을 부를 때

1. 미시간 살인 사건 자료.
2. *Austin American Statesman*, January 24, 2003, p. 1.
3. *Austin American Statesman*, February 8, 2003, p. A4.
4. N. Madigan, "Trial in killing of orthodontist goes to jury," *New York Times*, Feb. 13, 2003. p. A25.
5. Carlson, 1984, p. 9.
6. Campbell, 1992.
7. Greenfeld et al, 1998.
8. Easteal, 1993; Saran, 1974.
9. Guttmacher, 1955.
10. Daly and Wilson, 1988.
11. Campbell, 1992, pp. 106-107.
12. Daly, Wiseman, and Wilson, 1997.
13. Allen, 1990.
14. Wallace, 1986.
15. Shackelford, Buss, and Weekes-Shackelford, 2003.
16. *New York Times*, Feb. 15, 2000, p. D6.
17. 16과 동일.
18. 17과 동일 출처, p. D1.
19. L.A. Fallers, and M.C. Fallers, "Homicide and suicide in Busoga," in P. Bohannan, ed., *African Homicide and Suicide*(Princeton: Princeton University Press, 1960), pp.65-93.
20. Jankowiak and Fisher, 1992; Jankowiak, ed., 1995.
21. Shostak, 1981.
22. Sprecher, Aron, Hafield, Cortese, Potapova, and Levitskaya, 1994.
23. Frank, 1988.
24. H. Fisher, *Why we love*(New York: Henry Holt, 2004).
25. Haselton, Buss, Oubaid, and Angleitner, 2005.
26. Betzig, 1989.

27. Buss, 2000a.
28. Saran, 1974, p. 77.
29. Gangestad and Thornhill, 1997; Thornhill and Gangestad, 1999.
30. Greiling and Buss, 2000.
31. Gangestad, Simpson, Cousins, Garver, and Christensen, 2004; Pillsworth, Haselton, and Buss, 2004; Gangestad, Thornhill and Carver, 2002.
32. Greiling and Buss, 2000.
33. 32번과 동일.
34. Bleske and Buss, 2000, 2001.
35. Lundsgaarde, 1977, pp.60-61.
36. Margo Wilson, personal communication, June 2, 1998.
37. Baker and Bellis, 1995.
38. Safilios-Rothschild, 1969, pp. 78-79.
39. H. Engel, 2001, p. 35.
40. 39번과 동일.
41. Buss, 2000a.
42. Easteal, 1993.
43. Ellis and Walsh, 2000.
44. 43번과 동일.
45. 살인에서 알코올이 수행하는 역할을 제안해 준 앤디 톰슨에게 감사한다.
46. www.aphru.ac.nz/hot/violence.htm
47. Easteal, 1993.
48. 47번과 동일.
49. Ellis and Walsh, 2000.
50. Easteal, 1993.
51. Daly and Wilson, 1988.
52. Buss and Shackelford, 1997.
53. Lundsgaarde, 1977.
54. www.frankstreelreviews.com/shortakes/stratton.htm
55. Wilson, Johnson, and Daly, 1995.

56. Wallace, 1986.
57. Easteal, 1993, p. 62.
58. *New York Times*, Feb. 15, 2000, p. D6.
59. Cerda-Flores et al., 1999.
60. Easteal, 1993; Daly and Wilson, 1988.
61. Easteal, 1993.
62. Brown, 1987.
63. Easteal, 1993, pp. 58-59.

5장 성의 약탈자들

1. Buss and Duntley, 2005.
2. Fox, 1996.
3. Easteal, 1993, p. 69-70. 강조.
4. Buss, 2004.
5. Russell, 1990.
6. Kirkpatrick and Ellis, 2001.
7. Edwards, 1954, p.900.
8. http://www.cbsnews.com/stories/2004/23/48hours/printable613465.shtml, p. 2.
9. 8번과 동일.
10. http://www.courttv.com/trials/paged/wright/verdict.html, p. 2.
11. http://www.cbsnews.com/stories/2004/23/48hours/printable613465.shtml, p. 2.
12. Duntley and Buss, 2005.
13. www.stalkinghelp.org.
14. Duntley and Buss, 2005.
15. Haselton and Buss, 2000.
16. Mullen, Pathe, and Purcell, 2000.
17. Duntley and Buss, 2005.
18. Crowell and Burgess, 1996.

19. Essock-Vitale and McGuire, 1988.
20. Crime in the United States, Uniform Crime Reports, Sept. 28, 1997(Washington, D.C.: U.S Department of Justice, 1996), pp. 23-25.
21. Ghiglieri, 1999, p. 83.
22. Brownmiller, 1975; Ressler, Burgess, and Douglas, 1992.
23. Brownmiller, 1975; Chang, 1997; Allen, 1996.
24. Haselton and Buss, 2000.
25. Buss, 2003.
26. Ghiglieri, 1999.
27. Buss, 2003.
28. http://abcnews.go.com/sections/GMA/GoodMorningAmerica/GMA020819Self_defense_woman.html
29. 28번과 동일.
30. http://www.conservativemonitor.com/news/2002005.shtml
31. 30번과 동일.
32. http://www.prisonactivist.org/pipermail/prisonact-list/1995-December/000112.html
33. 32번과 동일.

6장 배우자 도둑들

1. Thornhill and Alcock, 1983.
2. Schmitt and Buss, 2001; Schmitt et al., 2004.
3. Schmitt et al., 2004.
4. Buss, 2003.
5. Schmitt and Buss, 2001.
6. Buss, 2002.
7. 이러한 통찰력을 제공해 준 조슈아 던틀리에게 감사한다.
8. Buss, 1988.
9. 8번과 동일; Buss and Shackelford, 1997.

10. Buss and Shackelford, 1997.
11. La Fontaine, J. 1960, p. 101-102.
12. 11번과 동일 출처, p. 102.
13. Eibl-Eibesfeldt, 1989.
14. Hart and Pilling, 1960.
15. P. P. Howell, *A Manual of Nuer Law*(London: Oxford University Press, 1954), p. 156.
16. J. C. Vergouwen, *The social organization and customary Law of the Toba-Batak of Northern Sumatra*(The Hague: Martinus Nijhoff, 1964), p. 266.
17. Muller, 1917, p. 229.
18. P. Bohannan, 1960.
19. Texas Penal Code, 1925, Article 1220.
20. Erica Dominitz, In Flagrante Delicto ,1995, http://www.law.georgetown.edu/glh/dominitz.htm
21. Daly and Wilson, 1988.
22. 20번과 동일, p. 190.
23. Buss, 2003.

7장 피와 물

1. Daly and Wilson, 1988, pp.24-25.
2. Rule, 1988.
3. http://www.crimelibrary.com/notorious_murders/famous/downs/bars_2.html?sect=1
4. Daly and Wilson, 1988.
5. 4번과 동일, p. 62.
6. Bugos and McCarthy, 1984, p. 512.
7. Daly and Wilson, 1988.
8. 7번과 동일, p. 48.
9. Bugos and McCarthy, 1984, p. 508.
10. Spencer and Gillen 1927, p. 221.

11. Daly and Wilson, 1988.
12. Smith, 1985, p. 294.
13. Chagnon, 1983, p. 27.
14. K. Scott, K. article in Austin American Statesman, p. B1.
15. Daly and Wilson, 1988.
16. H. Engel, 『격정의 범죄』(Buffalo, NY: FireflyBooks, 2001), p.196.
17. Daly and Wilson, 1988.
18. Hill and Hurtado, 1996.
19. Daly and Wilson, 1988.
20. 사생활 보호를 위해 사건의 세부 사항을 일부 변경하였음.
21. Daly and Wilson, 1998, p. 4.
22. Packer et al., 1988.
23. Daly and Wilson, 1988.
24. Daly and Wilson, 2001.
25. Daly and Wilson, 1994.
26. Daly and Wilson, 2002.
27. Daly and Wilson, 1998.
28. http://news.bbc.co.uk/1/low/wales/3038668.stm
29. 28번과 동일.
30. http://fabland.com/atasteofmoles/archives/000301.html
31. Daly and Wilson, 1998, p. 3.
32. Daly and Wilson, 1998.
33. Hrdy, 1999.
34. 33번과 동일, p. 416.
35. 34번과 동일.
36. Heerwagen and Orians, 2002.
37. 이 가설을 제안해 준 조슈아 던틀리에게 감사한다.
38. www.froes.ads.nl/DALLYWILSON.htm.에 실린 인터뷰 내용에서 인용함.
39. Hillbrand, Alexandre, Young, and Spitz, 1998.
40. 39번과 동일.

41. Daly and Wilson, 1988, p. 98.
42. 41번과 동일, p. 100.
43. Sheykh-Zada, The History of the Forty Vezirs; or, The Story of the Forty Morns and Eves, trans. from Turkish by E.J.W. Gibb (London: George Redway, 1886), p. 395.
44. Daly and Wilson, 1988, p. 31.
45. Saran, 1974.
46. 45번과 동일, p. 95.
47. Buss, 2004.

8장 지위와 명예

1. Guillais, 1990, p.27.
2. Hobbes, 1957[1961], p. 185.
3. Pinker, 2002.
4. Pinker, 1997, p. 498.
5. 3번과 동일.
6. K. Bartholomew, 2003; http://www.stanfordalumni.org/news/magazine/2003/julaug/dept/century.html
7. http://www.angelfire.com/sc/Centner/Ralph1.html; Chicago Tribune, Nov. 4, 1991, p. 3.
8. Ecclesiasticus, 28: 17.
9. Mulvihill, Tumin, and Curis, 1969, p. 230.
10. "Ludicrous Laws,": http://encarta.msn.com/grad_articleludicrouslaws/Ludicrous_laws.html
11. Lewis, 1961, p. 38.
12. Arlacchi, 1980, p. 111-113.
13. Matthiessen, 1962, p. 15.
14. Chagnon, 1988.
15. Matthiessen, 1962, p. 15.

16. 15번과 동일.
17. Nisbett and Cohen, 1966.
18. Lester, 1991.
19. Nisbett and Cohen, 1996.
20. 19번과 동일, p. 27.
21. 19번과 동일, p. 31.
22. 19번과 동일, p. 76.
23. Leyton, 1986, p. 10.
24. 23번과 동일, p. 17.
25. 23번과 동일, p. 18.
26. 23번과 동일, p. 18.
27. Reinhardt, 1960, p. 67, 75, 101.
28. 27번과 동일, p. 42.
29. 27번과 동일, p. 13, 54, 56.
30. 27번과 동일, p. 48.
31. 27번과 동일, p. 51, 강조.
32. Leyton, 1986, p. 18.
33. http://www.worldhistory.com/hussein.htm
34. http://abcnews.go.com/sections/2020/World/saddam_son_030214.html
35. 34번과 동일.
36. http://www.wordiq.com/definition/Pablo_Escobar
37. 36번과 동일.
38. http://www.moreorless.au.com/killers/amin.htm
39. http://www.moreorless.au.com/killers/amin.htm, p. 3-4.
40. 38번과 동일, p. 4.
41. 38번과 동일, p. 7.
42. http://www.moreorless.au.com/killers/duvalier.htm
43. Sargent, 1974, p. 178.

9장 우리 안의 살인마

1. Rhodes, 1999; Pincus, 2002.
2. Keeley, 1996.
3. Yate, 1835, p. 130.
4. Richie, 1996, pp. 29-34.
5. Chagnon, 1983.
6. Ferdon, 1987, p. 267; Vason, 1810.
7. Ghiglieri, 1999.
8. Junker, 1999, p. 336.
9. 8번과 동일, p. 347.
10. Zerjal et al., 2003.
11. Lester, 1991.
12. Figeredo et al, 2001.
13. Buss, 2004.
14. Pinker, 2002; Buss, 2000b.

참고 문헌

Allen, B. *Rape Warfare: The Hidden Genocide in Bsnia-Herzegovina and Croatia.* Minneapolis: University of Minnesota Press, 1996.

Allen, J. A. *Sex and Secrets: Crimes Involving Australian Women Since 1880.* Melbourne: Oxford University Press, 1990.

Arlacchi, P. *Mafia, Peasants and Great Estates. Society in Traditional Calabria.* Cambridge: Cambridge University Press, 1990.

Baker, R. R., and M. Bellis. *Human Sperm Competition.* London: Chapman Hall, 1995.

Bartholomew, K. "Century at Stanford." *Stanford Magazine*, July-Aug. 2003.

Bateman, A. J. "Intra-Sexual Selection in *Drosophila*." *Heredity*, vol. 2 (1948), pp. 349-60.

Berkowitz, L. *Aggression: Its Causes, Consequences, and Control.* New York: McGraw-Hill, 1993.

Betzig, L. "Causes of Conjugal Dissolution." *Current Anthropology*, vol. 30 (1989), pp. 654-76.

Bleske, A. L., and D. M. Buss. "Can Men and Women Just Be Friends?" *Personal Relationships*, vol. 7 (2000), pp. 131-51.

Bleske, A. L., and D. M. Buss. "Opposite Sex Friendship: Sex Differences and Similarities in Initiation, Selection, and Dissolution." *Personality and Social Psychology Bulletin*, vol. 27 (2001), pp. 1310-23.

Bohannan, P. "Homicide Among the Tiv of Central Nigeria," in P. Bohannan, ed., *African Homicide and Suicide.* (Princeton, N.J.: Princetion University press, 1960), pp. 30-64.

Brown, A. *When Battered Women Kill.* New York: Free Press, 1987.

Brownmiller, S. *Against Our Will: Men, Women and Rape.* New York: Bantam Books, 1975.

Bugos, P.E., and L. M. McCarthy. "Ayoreo Infanticide: A Case Study." In G. Hausfater and S. B. Hrdy, eds., *Infanticide: Comparative and Evolutionary Perspectives* (New York: Aldine de Gruyter, 1984), pp. 503-20.

Buss, D. M. "From Vigilance to Violence: Tactics of Mate Retention in American Undergraduates." *Ethology and Sociobiology*, vol. 9 (1988), 291-317.

Buss, D. M. "Sex Differences in Human Mate Preferences: Evolutionary Hypotheses Testing in 37 Cultures." *Behavioral and Brain Sciences*, vol. 12 (1989a), pp. 1-49.

Buss, D. M. *The Dangerous Passion: Why Jealousy Is As Necessary As Love and Sex.* New York: Free Press, 2000a.

Buss, D. M. "The Evolution of Happiness." *American Psychologist*, vol. 55 (2000b), 15-23.

Buss, D. M. "Human Mate Guarding." *Neuroendocrinology Letters*, vol. 23 (2002), pp. 23-29.

Buss, D. M. *The Evolution of Desire: Strategies of Human Mating.* Rev. ed. New York: Free Press, 2003.

Buss, D. M. *Evolutionary Psychology: The New Science of the Mind.* 2nd ed. Boston: Allyn & Bacon, 2004.

Buss, D. M., and L. Dedden. "Derogation of competitors." *Journal of Social and Personal Relationships*, vol. 7 (1990), 395-422.

Buss, D. M. and J. D. Duntley. "Homicide Adaptation Theory." Submitted to *Behavioral and Brain Sciences*, 2005.

Buss, D. M., and T. K. Shackelford. "From Vigilance to Violence: Mate Retention Tactics in Married Couples." *Journal of Personality and Social Psychology*, vol. 72 (1997), pp. 346-61.

Cain, S. "Murder and the Media." In B. L. Danto, J. Bruhns, and A. H. Kutscher, eds., *The Human Side of Homicide* (New York: Columbia University Press, 1982).

Campbell, J. C. "'If I Can't Have You, No One Can': Power and Control in Homicide of Female Partners." In J. Radford and D.E.H. Russell, eds., *Femicide: The Politics of Woman Killing* (New York: Twayne, 1992), pp. 99-113.

Carlson, C. A. "Intrafamilial Homicide: A Sociobiological Perspective." Unpublished bachelor's thesis, McMaster University, Hamilton, Ontario, Canada.

Cerda-Flores, R. M., S. A. Barton, L. F. Marty-Gonzalez, F. Rivas, and R. Chakraborty. "Estimation of Nonpaternity in the Mexican Population of Nueveo Leon: A Validation Study with Blood Group Markers." *American Journal of Physical Anthropology*, vol. 109 (1999), pp. 281-93.

Chagnon, N. *Yanomamö: The Fierce People*. 3rd ed. New York: Holt, Rinehart, & Winston, 1983.

Chagnon, N. "Life Histories, Blood Revenge, and Warfare in a Tribal Population." *Science*, vol. 239 (1988), pp. 985-92.

Chang, I. *The Rape of Nanking*. New York: Penguin, 1997.

Crowell, N. A., and A. W. Burgess, eds. *Understanding Violence Against Women*. Washington, D.C.: National Academy Press, 1996.

Daly, M., and M. Wilson. *Homicide*. Hawthorne, N.Y.: Aldine, 1988.

Daly, M., and M. Wilson. "Some Differential Attributes of Lethal Assaults on Small Children by Stepfathers Versus Genetic Fathers." *Ethology and Sociobiology*, vol. 15 (1994), pp. 207-17.

Daly, M., and M. Wilson. *The Truth About Cinderella: A Darwinian View of Parental Love*. London: Weidenfeld & Nicolson, 1998.

Daly, M., and M. Wilson. "An Assessment of Some Proposed Exceptions to the Phenomenon of Nepotistic Discrimination Against Stepchildren." *Ann. Zool. Fennici*, vol. 38 (2001), pp. 287-96.

Daly, M., and M. Wilson. "The Cinderella Effect: Parental Discrimination Against Stepchildren." *Samfundsøkonomen*, vol. 4 (2002), pp. 39-46.

Daly, M., K. A. Wiseman, and M. Wilson. "Women with Children Sired by Previous Partners Incur Excess Risk of Uxoricide." *Homicide Studies*, vol. 1 (1997), pp. 61-71.

Duntley, J. D., and D. M. Buss. 2005. "The Evolution of Stalking." Unpublished manuscript, Department of Psychology, University of Texas, Austin, Texas.

Easteal, P. W. *Killing the Beloved: Homicide Between Adult Sexual Intimates*. Canberra: Australian Institute of Criminology, 1993.

Eccles, J. S. "Gender Roles and Achievement Patterns: An Expectancy Value Perspective." In J. M. Reinisch et al., eds., *Masculinity/Femininity: Basic Perspectives* (New York:

Oxford University press, 1987), pp. 240-80.

Edwards, J.L.J. "Provocation and the Reasonable Man: Another View." *Criminal Law Review*, 1954, pp. 898-906.

Eibl-Eibesfeldt, I. *Human Ethology*. New York: Aldine de Gruyter, 1989.

Ellis, L., and Walsh. *Criminology: A Global Perspective*. Boston: Allyn & Bacon, 2000.

Engel, H. *Crimes of Passion: An Unblinking Look at Murderous Love*. Buffalo, NY: Firefly Books, 2001.

Essock-Vitale, S. M., and M. T. McGuire. "What 70 Million Years Hath Wrought: Sexual Histories and Reproductive Success of a Random Sample of American Women." In L. Betzig, M. Borgerhoff Mulder, and P. Turke, eds., *Human Reproductive Behavior: A Darwinian Perspective* (New York: Cambridge University Press, 1988), pp. 221-35.

Ferdon, E. N. *Early Tonga: As the Explorers Saw It 1616-1810*. Tucson, Ariz.: Univerisity of Arizona Press, 1987.

Figueredo, A. J., V. Corral-Vedugo, M. Frias-Armenta, K. J. Bachar, J. White, P. L. McNeill, B. R. Kirsner, and I. del P. Castell-Ruiz. "Blood, Solidarity, Status, and Honor: The Sexual Balance of Power and Spousal Abuse in Sonora, Mexico." *Evolution and Human Behavior*, vol. 22 (2001), pp. 295-328.

Fox, J. A. *Uniform Crime Reports [United States]: Supplementary Homicide Reports (1976-1994) [computer file]*. ICPSR Version: Boston: Northeastern University, College of Criminal Justice [producer]. Ann Arbor, MI: Inter-University Consortium for Political and Social Research [distributor]. 1996.

Fox, J. A. and J. Levin. *The Will to Kill*. Boston: Allyn & Bacon, 2003.

Frank, R. *Passions Within Reason*. New York: Norton, 1988.

Gangestad, S. W., J. A. Simpson, A. J. Cousins, C. E. Garver, and N. Christensen. "Women's Preferences for Male Behavioral Displays Change Across the Menstrual Cycle." *Psychological Science*, vol. 15 (2004), pp. 203-207.

Gangestad, S. W., and R. Thornhill. "The Evolutionary Psychology of Extrapair Sex: The Role of Fluctuating Asymmetry." *Evolution and Human Behavior*, vol. 18 (1997), pp. 69-88.

Gangestad, S. W., R. Thornhill, and C. Garver. "Changes in Women's Sexual Interests and

Their Partners' Mate Retention Tactics Across the Menstrual Cycle." *Proceedings of the Royal Society of London, Biological Science*, vol. 269 (2002), pp. 975-82.

Ghiglieri, M. P. *The Dark Side of Man: Tracing the Origins of Violence*. Reading, Mass.: Perseus, 1999.

Graziano, W. G., L. Jensen Cambell, L. Shebilske, and S. Lundgren. "Social Influence, Sex Differences, and Judgments of Beauty: Putting the 'Interpersonal' Back in Interpersonal Attraction." *Journal of Personality and Social Psychology*, vol. 65 (1993), pp. 522-31.

Greenfield, L. A. *Alcohol and Crime*. Washington, D.C.: U.S. Department of Justice, Bureau of Justice Statistics, 1998.

Greenfield, L. A., M. R. Rand, D. Craven, P. A. Klaus, C. A. Perkins, C. Ringel, G. Warchol, C. Maston, and J. A. Fox. *Violence by Intimates*. U.S. Department of Justice, NCJ-167237, 1998.

Greiling, H., and D. M. Buss. "Women's Sexual Strategies: The Hidden Dimension of Extra-Pair Mating." *Personality and Individual Differences*, vol. 28 (2000), pp. 929-63.

Guillais, J. *Crimes of Passion: Dramas of Private Life in Nineteenth Century France*. Cambridge: Polity Press, 1990.

Guttmacher, M. S. "Criminal Responsibility in Certain Homicide Cases Involving Family Members." In P. H. Hoch and J. Zubin, eds., *Psychiatry and the Law* (New York: Strauss & Cudahy, 1955), pp. 73-96.

Harris, A., S. H. Thomas, G. A. Fisher, and D. J. Hirsch. "Murder and Medicine: The Lethality of Criminal Assault 1960-1999." *Homicide Studies*, vol. 6 (2002), pp. 128-66.

Hart, C.W.M., and A. R. Pilling. *The Tiwi of North Australia*. New York: Holt, Rinehart, & Winston, 1960.

Haselton, M., D. M. Buss, V. Oubaid, and A. Angleitner. "Sex, Lies, and Strategic Interference: The Psychology of Deception Between the Sexes." *Personality and Social Psychology Bulletin*, vol. 31 (2005), pp. 3-23.

Haselton, M. G., and D. M. Buss. "Error Management Theory: A New Perspective on Biases in Cross-Sex Mind Reading." *Journal of Personality and Social Psychology*, vol. 78 (2000), pp. 81-91.

Heerwagen, J. H., and G. H. Orians. "The Ecological World of Children." In P. H. Kahn, Jr., and S. R. Kellert, eds. *Children and Nature: Psychological, Sociocultural, and Evolutionary Investigations* (Cambridge, Mass.: MIT Press, 2002), pp. 29-64.

Hill, K., and A. M. Hurtado. *Ache Life History*. New York: Aldine de Gruyter, 1996.

Hillbrand, M., J. W. Alexandre, J. L. Young, and R. T. Spitz. "Parricides: Characteristics of Offenders and Victims, Legal Factors, and Treatment Issues." *Aggression and Violent Behavior*, vol. 4 (1998), pp. 179-90.

Hobbes, T. *Leviathan*. New York: Oxford University Press, 1957 [1691].

Holmberg A. R. *Nomads of the Long Bow: The Siriono of Eastern Bolivia*. Washington, D.C.: United States Government Printing Office, 1950.

Hrdy, S. B. *Mother Nature: A History of Mothers, Infants, and Natural Selection*. New York: Pantheon, 1999.

James, W. The Principles of *Psychology*. New York: Dover, 1890, 1950.

Jankowiak, W. R., ed. *Romantic Passion: A Universal Experience?* New York: Columbia University Press, 1995.

Junker, L. L. Raiding, *Trading, and Feasting: The Political Economy of Philippine Chiefdoms*. Honolulu: University of Hawai'i Press, 1999.

Keeley, L. H. *War Before Civilization*. New York: Oxford University Press, 1996.

Kirkpatrick, L. A., and B. J. Ellis. "Evolutionary Perspectives on Self-Evaluation and Self-Esteem." In M. Clark and G. Fletcher, eds., *The Blackwell Handbook of Social Psychology*, vol. 2, *Interpersonal Processes* (Oxford: Blackwell, 2001).

La Fontaine, J. "Homicide and Suicide Among the Gisu." In P. Bohannan, ed., African Homicide and Suicide (Princeton, N.J.: Princeton University Press, 1960), pp. 94-129.

Larsen, C. L. *Bioarchelogy: Interpreting Behavior from the Human Skeleton*. Cambridge: Cambridge Universit Press, 1997.

Lester, D. *Questions and Answers About Murder*. Philadelphia: Charles Press, 1991.

Lester, D., and G. Lester. *Crime of Passion: Murder and the Murderer*. Chicago: Nelson Hall, 1975.

Lewis, O. *The Children of Sanchez: Autobiography of a Mexican Family*. New York: Random House, 1961.

Leyton, E. *Hunting Humans.* New York: Pocket Books, 1986.

Lundsgaarde, H. P. *Murder in Space City: A Cultural Analysis of Houston Homicide Patterns.* New York: Oxford University Press, 1977.

MacDonald, S. *The Murderer and His Victim.* 2nd ed. Springfield, Ill.: Charles C. Thomas, 1986.

Mann, C. R. "Sister Against Sister: Female Intrasexual Homicides." In C. C. Culliver, ed., *Female Criminality: The State of the Art* (New York: Garland Publishing, Inc., 1993), pp. 195-223.

Mann, C. R. *When Women Kill.* Albany, NY: State University of New York Press, 1996.

Matthiessen, P. *Under the Mountain Wall: A Chronicle of Two Seasons in the Stone Age.* New York: Viking, 1962.

Meloy, J. R. "The Nature and Dynamics of Sexual Homicide. An Integrative Review." *Aggression and Violent Behavior,* vol. 5 (2000), pp. 1-22.

Mullen, P. E., M. Pathe, and R. Purcell. *Stalkers and Their Victims.* Cambridge: Cambridge University Press, 2000.

Muller, W. *Yap, Band 2, Halbband* 1. HRAF trans. Hamburg: Friederischesen, 1917.

Mulvihill, D. J., M. M. Tumin, and L. A. Curtis. *Crimes of Violence.* Vol. 11. Washington, D.C.: U.S. Government Printing Office, 1969.

Nisbett, R. E., and D. Cohen. *Culture of Honor: The Psychology of Violence in the South.* Boulder, Col.: Westview Press, 1996.

Packer, C. L. Herbst, A. E. Pusey, J. D. Bygott, J. P. Hanby, S. J. Cairns, and M. Borherhoff Mulder. "Reproductive Success in Lions." In T. H. Clutton-Brock, ed., *Reproductive Success: Studies in Individual Variation in Contrasing Breeding Systems* (Chicago: University of Chicago Press, 1988), pp. 363-83.

Pillsworth, E. G., M. G. Haselton, and D. M. Buss. "Ovulatory Shifts in Female Sexual Desire." *Journal of Sex Research,* vol. 41 (2004), pp. 55-65.

Pincus, J. H. *Base Instincts: What Makes Killer Kill,* New York: Norton, 2001.

Pinker, S. *How the Mind Works.* New York; Norton, 1997.

Pinker, S. *The Blank Slate: The Modern Denial of Human Nature.* New York: Viking, 2002.

Prentky, R. A., A. W. Burgess, F. Rolous, A. Lee, C. Hartman, R. Ressler, and J. Douglas. "The Presumptive Role of Fantasy in Serial Sexual Homicide." *American Journal of Psychiatry*, vol. 146 (1989), pp. 887-91.

Reinhardt, J. A. *The Murderous Trail of Charles Starkweather.* Springfield, Ill.: Charles C. Thomas, 1960.

Ressler, R. K., A. W. Burgess, and J. E. Douglas. *Sexual Homicide: Patterns and Motives.* New York: Free Press, 1992.

Rhodes, R. *Why They Kill.* New York: Knopf, 1999.

Richie, M. A. *Spirit of the Rainforest: A Yanomamö Shaman's Story.* Chicago: Island Lake Press, 1996.

Royle, T. *A Dictionary of Military Quotations.* New York: Simon & Schuster, 1989.

Rule, A. *Small Sacrifices: A True Story of Passion and Murder.* New York: New American Library, 1988.

Russell, D.E.H. *Rape in Marriage.* Bloomington: University of Indiana Press, 1990.

Safilios-Rothschild, C. "'Honor' Crimes in Contemporary Greece." *British Journal of Sociology*, vol. 20 (1969), pp. 205-18.

Saran, A. B. *Murder and Suicide Among the Munda and the Oraon.* Delhi: National Publishing House, 1974.

Sargent, W. *People of the Valley.* New York: Random House, 1974.

Schmitt, D. P., and D. M. Buss. "Mate Attraction and Competitor Derogation: Context Effects on Perceived Effectiveness." *Journal of Persnality and Social Psychology*, vol. 70 (1996), pp. 1185-1204.

Schmitt, D. P., and D. M. Buss. "Human Mate Poaching: Tactics and Temptations for Infiltrating Existing Mateships." *Journal of Personality and Social Psychology*, vol. 80 (2001), pp. 894-917.

Schmitt, D. P., et al. "Patterns and Universals of Mate Poaching Across 53 Nations: The Effects of Sex, Culture, and Personality on Romantically Attracting Another Person's Partner." *Journal of Personality and Social Psychology*, vol. 86 (2004), pp. 560-84.

Shackelford, T. K., D. M. Buss, and V. Weeks-Shackelford. "Wife-Killings Committed in the Context of a 'Lovers Triangle.'" *Journal of Basic and Applied Social Psychology*, vol. 25 (2003), pp. 137-43.

Shostak, M. *Nisa: The Life and Words of a !Kung Woman*. Combridge, Mass.: Harvard University Press, 1981.

Smith, W. R. *Kinship and Marriage in Early Arabia*. Cambridge: Cambridge University Press, 1885.

Spencer, W. B., and F. J. Gillen. *The Arunta: A Study of a Stone Age People*. London: Macmillan, 1927.

Sprecher, S., A. Aron, E. Hatfield, A. Cortese, E. Potapova, and A. Levitskaya. "Love: American Style, Russian Style, and Japanese Style." *Personal Relationships*, vol. 1 (1994), pp. 349-69.

Symons, D. "Beauty Is in the Adaptations of the Beholder: The Evolutionary Psychology of Human Female Sexual Attractiveness." In P. R. Abramson and S. D. Pinkerton, eds., *Sexual Nature, Sexual Culture* (Chicago: University of Chicago Press, 1995), pp. 80-118.

Thornhill, R., and J. Alcock. *The Evolution of Insect Mating Systems*. Cambridge, Mass.: Harvard University Press, 1983.

Thornhill, R., and S. W. Gangestad. "The Scent of Symmetry: A Human Sex Pheromone That Signals Fitness?" *Evolution and Human Behavior*, vol. 20 (1999), pp. 175-201.

Tooby, J., and L. Cosmides. "The Evolution of War and Its Cognitive Foundations." *Institute for Evolutionary Studies, Technical Report #88-1*, 1998.

Townsed, J. M. *What Women Want, What Men Want*. New York: Oxford University Press, 1998.

Trivers, R. L. "Parental Investment and Sexual Selection." In B. Campbell, ed., *Sexual Selection and the Descent of Man: 1871-1971* (Chicago: Aldine, 1972), pp. 136-79.

Turvey, B. *Criminal Profiling: An Introduction to Behavioral Evidence Analysis*. 2nd ed. New York: Academic Press, 2002.

[Vason, G.] *An Authentic Narrative of Four Years' Residence at Tongataboo, One of the Friendly Island, in the South Pacific, by George Vason Who Went Thither in the Duff, Under Captain Wilson, in 1796*. London: Longman, Hurst, Rees, & Orme, 1810.

Wallace, A. *Homicide: The Social Reality*. Sydney: New South Wales Bureau of Crime

Statistics and Research, 1986.

Williams, G. C. *Adaptation and Natural Selection*. Princeton, N.J.: Princeton University Press, 1966.

Wilson, E. O. *Sociobiolgy: The New Synthesis*. Cambridge, Mass.: Harvard University Press, 1975.

Wilson, M., and M. Daly. "Lethal and Nonlethal Violence Against Wives and the Evolutionary Psychology of Male Sexual Proprietariness." In R. E. Dobash and R. P. Dobash, eds., *Violence Against Women: International and CrossDisciplinary Perspectives* (Thousand Oaks, Calif.: Sage, 1998), pp. 199-230.

Wilson, M., M. Daly, and S. Gordon." The Evolved Psychological Apparatus of Human Decision Making Is One Source of Environmental Problems." In T. Caro, ed., *Behavioral Ecology and Conservation Biology* (New York: Oxford University Press, 1998), pp. 501-23.

Wilson, M., H. Johnson, and M. Daly. "Lethal and Nonlethal Violence Against Wives." *Canadian Journal of Criminology*, July 1995, pp. 331-61.

Wilson, M., M. Daly, and N. Pound. "An Evolutionary Psychological Perspective on the Modulation of Competitive Confrontation and Risk Taking." In D. Pfaff et al., eds., *Hormones, Brain and Behavior*, vol. 5 (San Diego: Academic Press, 2002), pp. 381-408.

Wrangham, R. "Evolution of Coalitionary Killing." *Yearbook of Physical Anthropology*, vol. 42 (1999), pp. 1-30.

Wrangham, R., and D. Peterson. *Demonic Males*. Boston: Houghton Mifflin, 1996.

Yate, W. *An Account of New Zealand*. London: Seeley & bunside, 1835.

Zerjal, T., Yali Xue, Giorgio Bertorelle, R. Spencer Wells, Weidong Bao, Suling Zhu, Raheel Qamar, Qasim Ayub, Aisha Mohyuddin, Songbin Fu, Pu Li, Nadira Yuldasheva, Ruslan Ruzibakiev, Jiujin Xu, Qunfang Shu, Ruofu Du, Huanming Yang, Matthew E. Hurles, Elizabeth Robinson, Tudevdagva Gerelsaikhan, Bumbein Dashnyam, S. Qasim Mehdi, and Chris Tyler-Smith. "The Genetic Legacy of the Mongols." *American Journal of Human Genetics*, Jan. 17, 2003. Published electronically.

옮긴이 후기

진화 심리학이라는 생소한 분야에 발을 들여놓게 된 건 『욕망의 진화』라는 한 권의 책 때문이었다. 한창 연애에 관심이 많던 시절, 단순히 제목만 보고 선택했던 이 책은 뜻밖에도 '왜 나는 너를 사랑하는가, 어째서 사랑은 공평하지 않은가, 왜 사람들은 때로 사랑하는 사람을 상처 입히는가' 같은 사랑에 관한 고질적인 질문들에 지금껏 접해 왔던 답변들 중 가장 논리적이며 과학적인 해답을 제시해 주었다.

인간이 가진 것 중 가장 신비한 영역에 속한다고 여겨지는 마음. 그것을 대담하게도 육체와 같은 진화의 산물로 보고 마음의 구조와 작동 기제를 파고드는 진화 심리학은 당시 내게 무척이나 매력적으로 보였다. 게다가 탄탄한 진화 이론을 바탕으로 현상의 원인을 파악하고 결과를 예측하는 접근 방식은 단순히 드러난 현상들 사이의 상관관계를 추론하던 기존의 접근 방식들에 비해 상당히 논리적이고 과학적인 것이었다. 당시 국내에는 『욕망의 진화』를 비롯한 진화 심리학 관련 서적들이 몇 부 소개되어 있었지만 본격적으로 이 분야를 연구하는 사람은 아무도 없었다. 결국 나는 대학원에 진학해 진화 심리학을 공부하기로 결심하게 되었다. 맨 처음 내게 영향을 주었던 책이 바로 데이비드 버스의 저서였으니 결과적으로 데이비드 버스는 나를 진화 심리학으로 이끈 전도자의 역할을 수행한 셈이다.

대학원에서 내가 연구했던 분야는 바로 인간의 살인 행동이었다. 그중에서도 남성 간 살인과 부모에 의한 자식 살해가 주요 연구 주제였다. 진화 심리학 자체가 역사가 길지 않은 신생 학문이기도 했지만 그때까지 많은 연구들이 주로 배우자 선택과 관련해 이루어졌던 까닭에 살인에 대한 연구는 마틴 데일리와 마고 윌슨의 연구가 거의 전부였다. 그런 상황에서 기존 연구들을 지지해 줄 만한 비교 문화적 자료를 수집하는 것만으로도 충분히 연구의 의의가 있을 것으로 생각되었다. 나는 동료들과 함께 서울과 경기 일부 지역을 대상으로 1994년부터 1999년까지 발생한 살인 사건의 수사 기록들을 조사하였다. 또 규장각에 보존된 조선 시대의 검안 문서를 통해 당시 발생했던 살인 사건의 양상에 대한 귀중한 자료들을 얻을 수 있었다. 이렇게 해서 얻어진 연구 결과들은 진화 심리학에서 예측하는 결과들과 상당히 일치하는 것이었다.

저자가 서문에서 밝힌 것처럼 나의 지도 교수였던 최재천 교수님과 데이비드 버스는 오랜 동료다. 그러나 2003년 여름, 미국에서 열린 '인간 행동과 진화 심리학 학회'에서 직접 만나 보기 전까지는 데이비드 버스가 진행하는 연구들의 세부적인 내용을 알지 못했다. 그랬기에 '살인 판타지'에 대해 처음 들었을 때, 나는 그 발상이 너무 흥미로워서 하루 바삐 그의 연구 결과가 세상에 나오기를 무척이나 기다렸다. 그래서 이렇게 직접 그의 책을 한국에 소개하는 기회를 얻게 되어 매우 기쁘고 영광스럽게 생각한다.

몇몇 독자들은 인간의 마음에 살인을 위한 별도의 심리 회로가 존재한다는 사실을 받아들이기 힘들지도 모른다. 학계 내에서도 살인을 위한 별도의 심리 모듈이 존재하는지 아닌지에 대해서는 더 많은 논의가 이루어져야 할 것이다. 그러나 사건 기사들을 조금만 분석해 봐도 범죄가 발생하는 상황들에 어떤 공통점들이 존재함을, 그리고 자신도 너무나 자연스럽게 그런 상황들을 예측할 수 있음을 알게 될 것이다. 즉, 살인을 위한 별도의 심리 모듈이 존재하는지는 알 수 없어도 인간이 갈등을 일으키는 지점들이 존재하며, 그 지점들이 진화 심리학에서 예측했던 상황들과 일치한다는 것은 인정할 수 있을 것이다.

  자식 살해의 경우를 한 예로 들어 보자. 부모들에게 자식을 살해하는 별도의 모듈이 존재한다고 믿기는 어렵지만 적어도 특정 상황에서 이런 안타까운 일이 벌어질 수도 있다는 데에는 많은 사람들이 동의할 것이다. 아직 아이를 기를 여건이 안 되는 미성년자들이 갓난아이를 유기했다는 기사는 어렵지 않게 찾아볼 수 있으며, '낙태'라는 형태로 이뤄지는 영아 살해도 많이 존재한다. 낙태와 영아 살해가 비단 현대 사회만의 문제는 아닐 것이다. 장화·홍련이나 콩쥐·팥쥐처럼 못된 계모가 의붓자식들을 학대하는 이야기는 우리나라에도 예외 없이 존재한다. 이런 얘기들은 매우 보편적인 것이어서 텔레비전 드라마나 영화에서도 변함없이 반복되어 나타난다. 너무나 흔하고 익숙한 것이기에 어떤 사람들은 계부모에 의한 아동 학대의 위험이 단지 편견과 환상에 지나지 않는다고 얘기하기도 한다. 그러나 서울과 경기도 일대를 대상으로 한 실제 연구 결과는 친부모 가정에서보다 계부모 가정에서 아동이 학대당하고 살해될 위험이 훨씬 높다는 것을 알려 주었다. 물론 세상에는 의붓자식들을 사랑으로 가르치고 키우는 부모들이 훨씬 많지만 이런 위험들이 실제로 존재할 수 있음을 간과해서는 안 될 것이다.

  혹자는 이 책에 소개된 내용이 너무 급진적이라서 그 사회적 파장에 대해 우려할지도 모른다. 내 논문의 심사를 맡아 주셨던 지도 교수님들도 논문의 사회적 파급 효과에 대해 많이 걱정하셨다. 다행히도 졸업한 지 이제 3여 년의 시간이 흘렀지만 논문으로 인해 우려했던 상황들은 아직까지 한 건도 발생하지 않았다. 물론 많은 사람들이 우려하듯 이 책에 쓰인 내용들, 인간 본성의 어두운 면들에 대한 자료들이 범죄를 정당화하는 데 사용될지도 모른다. 하지만 버스가 지적했듯, 적어도 이 책을 제대로 읽은 독자라면 그러한 논리가 어느 점에서 잘못된 것인지 지적해 낼 수 있으리라고 믿는다. 게다가 많은 법과대학 교수들이 버스와의 토론에서 얘기했듯이, 살인 심리에 대한 이해는 오히려 범행을 막고 자신을 보호하는 긍정적인 효과를 낳을 수 있을지도 모른다. 나아가 정신병자나 반사회적인 인물들로 치부되던 범죄자들을 이해하고 앞으로 혹 일어날지 모를 범죄의 양상을 축소시키는 결과를 얻게 될지도 모른다.

검찰청의 어두운 자료실에서 무시무시한 사건 기록들을 열람했던 경험은 내게 사람과 사건에 대한 새로운 시각을 열어 주었다. 마지막 장에서 버스가 고백했듯이, 끔찍한 사건 기록들을 자세히 들여다보는 경험은 살인 사건에 대한 감각들을 무디게 만들기 보다는 오히려 더 예민하게 만들었다. 뉴스에서 흥미를 위해 한껏 포장된 사건들만을 접하다가, 사건 전반에 대해 여과 없이 알려 주는 자세한 정보들을 접하게 되면서 나는 피해자와 가해자 모두에게 더 많은 인간적인 공감을 느낄 수 있었다. 수십 명의 사람들을 별다른 이유 없이 살해하고도 양심의 가책을 느끼지 못하는 연쇄 살인범들의 얘기가 뉴스에서 회자되고 있지만 대부분의 살인은 우리와 같이 따뜻한 가슴과 뜨거운 피를 지닌 사람들에 의해 저질러진다. 물론 이들의 대다수가 제대로 배우지 못하고 사회 경제적으로 열악한 상황에 처한 사람들이지만 성격적 결함이나 정신병, 나쁜 교육과 문화의 영향만으로 이들의 행동을 다 설명할 수는 없다. 자식 살해나 배우자 살해 같은 끔찍한 범죄를 전해 듣고 경악했을 많은 사람들도 이들이 놓여진 상황에 자신이 놓였을 때 비슷한 선택을 하게 될 가능성을 완전히 배제하지는 못할 것이다. 이런 얘기를 하는 건 가해자들의 상황에 호소하여 그들의 범죄를 합리화시키려는 게 아니다. 누구에게나 특정 상황에서는 극단적인 선택을 할 수 있는 기제가 마음속에 있다는 걸 얘기하고 싶을 뿐이다. 그리고 이런 상황을 인정할 때에야 비로소 범죄에 대한 제대로 된 이해가 가능하다고 생각한다. 신체의 질병을 치료하기 위해서 신체의 구조와 질병이 작용하는 방식을 알아야 하듯 마음을 통제하기 위해서는 마음이 작동하는 구조를 알아야 한다. 나는 이 책이 그 일에 도움이 될 수 있다고 생각한다.

 마지막으로, 진화 심리학을 공부했던 사람으로서 이와 같은 책이 한국 과학자들에 의해 국내에서도 출간되기를 바라며 글을 끝맺으려 한다. 혹여 이 책에서 인용된 내용들에 대해 더 많은 정보를 얻고 싶은 독자들은 책 뒷부분의 주와 참고 문헌을 참조하기 바란다.

2006년 7월
홍승효

찾아보기

ㄱ

간통 233
간통 방지 전략 232~235
간통범(자) 231~234
강간 181~199
강간범(자) 181, 186, 189, 196
갱지스태드, 스티브 123
거트마처, 맨트레드 112
계모(의붓어머니) 261, 262, 268~273
계부(의붓아버지) 192, 251, 259~273
세부토 251, 257~269, 350
계획 살인 32, 170, 222, 246
고티, 존 332, 333
군비 확장 경쟁 28, 72, 87, 120, 123, 342
그레일링, 하이디 123
기습 71, 344~346

ㄴ

낯가림 30, 264
내적 대화 23, 53

ㄷ

다윈, 찰스 85
대량 학살 43, 47, 64
대량 학살자 326, 327, 331, 332

대머, 제프리 44, 326
대중 매체 노출 이론 99
대칭성 122, 123
더글러스, 존 51
데일리, 마틴 112, 129, 258, 273, 307
동성 간 경쟁 86, 98
동성 간 살해 45, 47
동종 살해 348, 349

ㄹ

레스터, 데이비드 32, 44
레스터, 진 32
레슬러, 로버트 51
레이튼, 엘리어트 327
로데스, 리처드 342
루이스, 오스카 311

ㅁ

마초 311
매체 폭력 246, 342
맨슨, 찰스 43, 102, 326, 329~331
명예 살인 288
명예의 문화 이론 313, 314
명예의 문화 314
명예의 심리 316
무성생식 84

ㅂ

반두라, 앨버트 48
밤의 스토커 19
배우자 가로채기 204~214, 221, 238, 241
배우자 가치 146
배우자 경쟁 88
배우자 도둑 199, 204~237
배우자 방위 기제 216
배우자 방위 전략 216, 217
배우자 방위 214~219
배우자 살해 111~114, 133~148, 157, 162, 166
배우자 선택 모방 212
배우자 선택 86, 193
배우자 선호 89~91
배우자 선호도 94, 123, 124, 218
버지스, 앤 51
버코위츠, 레너드 48
번디, 테드 102, 330, 331
번식 가치 122, 136, 144, 217
번식 경쟁 63, 98, 102, 114, 134, 347
번식 성공 95, 102, 125, 144, 247, 288
번식 자원 129
번식 적응도 85, 130, 355
번식적 동기 262
범죄 프로파일링 51
병리학 이론 49, 342
부모 살해 판타지 276, 279
부모 살해 274, 280
브라운, 앤젤라 147
빈 라덴, 오사마 24
빈 서판 61
빙하 인간 25

ㅅ

사이코패스 17
사회 학습 이론 48, 342
사회 환경 이론 48
사회학 이론 49
삶의 13, 15, 17, 72, 323
살인 각본 구상 회로 53
살인 예방 사고 145, 148, 304, 322
살인 판타지 19, 20, 23, 34, 53~79, 62, 67, 73, 79, 82, 93, 128, 135~139, 158~162, 171~175, 179~183, 189, 191, 195, 222, 225, 226, 265, 271, 275, 301, 309, 318, 319, 324, 354, 358
살인 패턴 45, 46, 82, 102
살해(살인) 동기 19, 37,73, 89, 157, 161, 171, 186, 225, 249, 284, 299, 309, 317, 357
살해(살인) 방어 기제 28~31, 43, 71, 187, 203, 251, 263~267
살해(살인) 방어 수단 30, 68
살해(살인) 방어 적응 34
살해(살인) 방어 전략 67, 72, 151
기습 70
상습범 44, 47
생존과 번식의 경쟁 28, 343, 351
서약의 문제 118, 119
선택압 72, 102, 297
성선택 83, 85, 86, 115, 212
성의 약탈자 158, 171, 174, 181, 191~199
성적 경쟁 관계 79, 82~84, 221
성적 부정 112~114, 140~153, 172, 173
성적 소유욕 112
성적 접근권 198, 199, 205
성적 학대 160, 164, 165, 170, 181, 183, 198
성적인 판타지 55
성적인 평판 319~323

섹시한 아들 124
손힐, 랜디 123
수잔 스미스 24
스탁웨더, 찰스 328~331
스토커 174~181
스토킹 175~181, 358, 359
신데렐라 261
심리 기제 18

ㅇ

아내 살해 47
아동 학대 259, 263, 268, 269, 271, 342
아민, 이디 334~336
아일린 워노스 43
알라치, 피노 312
알코올 99, 140
암컷 선택 85, 86
언덕의 교살자 19, 43
에론, 렌 342
에클레, 재클린 97
여아 살해 247
연맹 살인 347
연쇄 강간범 52
연쇄 살인범 44, 47, 52, 59, 102, 289, 326~331
윌슨, 마고 112, 129, 258, 307
유성생식 84, 85
유아 살해 47, 247~249, 253, 264
유전자 결정론 60
의붓자식 살해 47, 261~263
의붓자식 학대 260
의붓자식 268, 271
이급 살인 299
일급 살인 170

일부일처제 148

ㅈ

자식 살해 60, 64, 246~254
자연선택 29, 31, 63, 72, 129
자연주의적 오류 350, 351, 357
장기간의 결합 관계 115~118
잭 케보키안 24
적응 23, 28, 262, 307, 338, 349~351, 356
적응도 95, 133~135
적응적 문제 54, 60, 61, 89, 165, 176, 194, 307, 318, 357
적응적 편견 188
적자생존 62
정당방위 166, 197
정신 질환 25, 44, 47
정커, 로라 리 346
제프리 대머 43
존 웨인 게이시 43
존 힝클리 43
지위 경쟁 295, 302
지위 모욕 294, 295, 311~313
지위 방어 312, 317
지위 상승 305, 306
진화 경쟁 63~65, 73, 82, 86, 199, 276, 317, 338
진화 심리학 60~62, 115, 123, 246, 350
진화 이론 50, 60
진화의 병목 125
진화의 압력 88, 89, 91, 248, 257
집단 학살 289
짝짓기 게임 84, 94, 119, 199
짝짓기 경쟁 85, 93, 97, 100, 102, 295
짝짓기 노력 95, 117

짝짓기 시장 63, 94, 100, 120, 126, 133, 217, 281, 319
짝짓기 전략 238, 241

ㅊ

차별적인 번식 129

ㅋ

칸, 칭기스 101, 347, 348
캔터, 데이비드 51
캠퍼, 에드 328

ㅌ

타운센드, 존 마셜 96
터비, 브렌트 51, 52
테드 번디 24, 43
테러범 59

ㅍ

평판 307, 308, 318
프랭크, 로버트 118
핀커, 스티븐 298
핀쿠스, 조너선 342

ㅎ

하디, 새라 264

하이스미스, 퍼트리샤 53
학살 18
헤이그, 데이비드 29
헤이즐우드, 로이 51
형제 살해 282~285
후세인, 사담 333
휘트먼, 찰스 43, 44
휴즈먼, 로웰 342
히치콕, 앨프리드 53

옮긴이 홍승효

서울대학교 생물학과를 졸업하고 동대학원에서 국내에서는 최초로 진화 심리학으로 석사 학위를 취득하였다. 졸업 후 출판사에서 과학 책 만드는 일을 하다, 제약 회사로 옮겨 마케팅 부서에서 3년간 근무하였다. 현재는 국내에 좋은 과학 책을 소개하고, 다양한 범죄 사건들의 수사 기록에서 얻은 경험을 글로써 풀어낼 방법을 구상하고 있다. 저서로 『살인의 진화 심리학』(공저, 2003)이 있다.

이웃집 살인마

1판 1쇄 펴냄 2006년 7월 28일
1판 10쇄 펴냄 2022년 11월 30일

지은이   데이비드 버스
옮긴이   홍승효
펴낸이   박상준
펴낸곳   (주)사이언스북스

출판등록 1997. 3. 24.(제16-1444호)
(06027) 서울특별시 강남구 도산대로1길 62
대표전화 515-2000, 팩시밀리 515-2007
편집부 517-4263, 팩시밀리 514-2329
www.sciencebooks.co.kr

한국어판 ⓒ (주)사이언스북스, 2006. Printed in Seoul, Korea.

ISBN 978-89-8371-182-3 03180

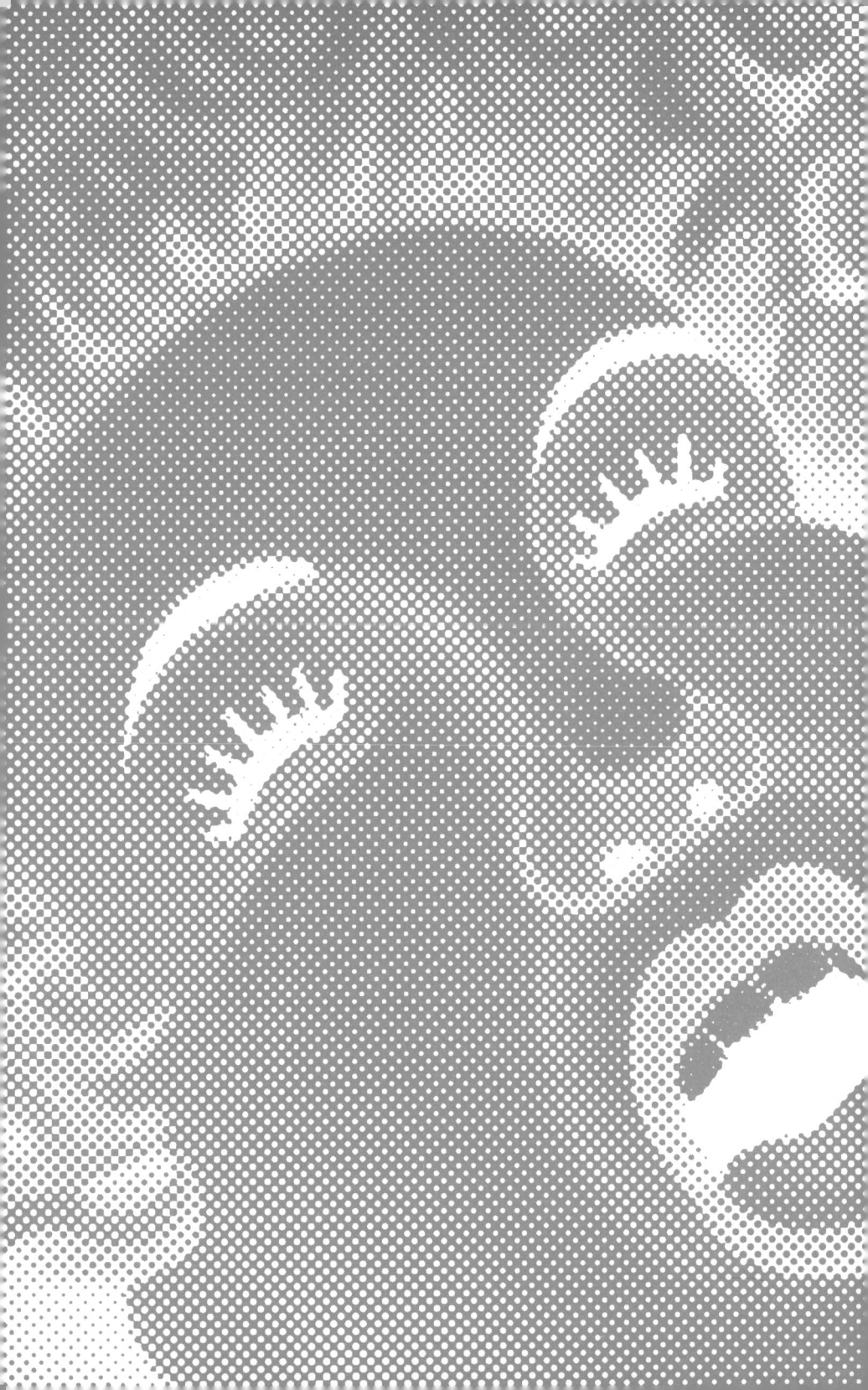

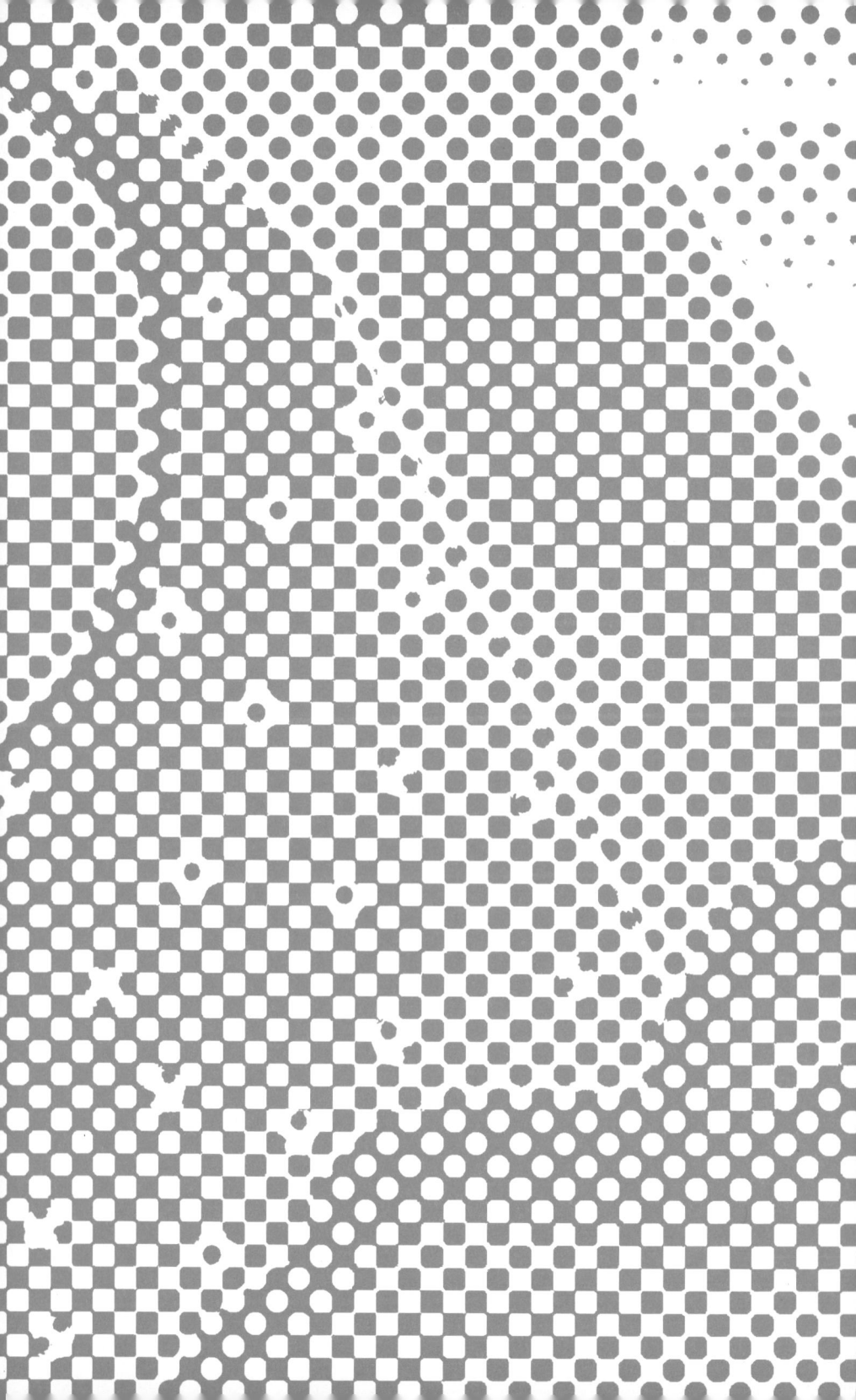